U0358423

北京大學志

第三卷

王学珍 主编

北京大学出版社
PEKING UNIVERSITY PRESS

目　录

第九章　学生

第一节　招生

一、京师大学堂时期

1898年12月3日(光绪二十四年十月二十日),孙家鼐奏报《大学堂开办情形折》称:"本月初九日,内务府将大学生房舍移交臣处接收,当即派办事人员移住堂内,一面出示晓谕,凡愿入堂肄业者,报名纳卷,甄别取去。"当时大学堂仅设仕学院,附设中学堂、小学堂。计划招生500人,实际录取、传到学生218人(当年开学之始仅百余人,翌年达218人),即后来所称"戊戌大学"。1898年12月31日正式开学授课。另大学堂初建时,还附设一医学堂,招考学生20人。

大学堂1899年(光绪二十五年)未招生;1900年,因义和团起事进京、八国联军入侵北京,京师大学堂停办;1902年1月10日(光绪二十七年十二月初一)清政府下令恢复大学堂,1902年10月14日举行速成科招生考试。当时大学堂准备先办预备科和速成科。预备科分为政科、艺科两科,"以经史、政治、法律、通商、理财等事隶政科,以声、光、电、化、农、工、医、算等事隶艺科","三年之后,预备科所造人才……由大学堂考取,升入专门(即本科)肄业"。速成科亦分二门,一为仕学馆,一为师范馆。凡京官五品以下八品以上,以及外官候选及因事留京者,道员以下,教职员以上,皆准应考入仕学馆。举、贡、生、监等皆准应考入师范馆。速成科三至四年卒业。

当年,预备科未招生,只招考速成科学生。其中,仕学馆考生由京师各衙门推荐,参加考试。考试科目有史论、舆地策、政治策、交涉策、算学策、物理策以及外国文论等。师范馆考生除京师由管学大臣主考录取外,另由各省选送,大省七名,中省五名,小省三名。考试科目有修身伦理大义、教育大义、中外史学、中外地理学、算学、物理化学、浅近英文、日本文等八门,"由大学堂拟定格式,颁发各省照格考取后,咨送到京复试,方准入学肄业"。

考试结果,共录取学生92名,其中仕学馆36名,师范馆56名。11月25日,大学堂再次招生,又录取仕学馆、师范馆学生90名(两次招生相加为182

名，而据 1903 年京师大学堂同学录统计，1902 年冬入学学生为 173 名，听讲学生 3 名）。

12 月 17 日，大学堂举行入学典礼，宣布正式开学。新中国成立前，北京大学即以 12 月 17 日为校庆日。

1903 年，京师大学堂增设医学实业馆、译学馆和进士馆。医学馆培养中西医药人员；译学馆分设英、俄、法、德、日五国语言文字专科；进士馆供新科进士入馆学习。

1903 年 2 月，进士馆招收新科进士 100 名，正式开学。1905 年科举制度废除，进士馆失去存在的必要。1906 年 8 月，学部奏准变通进士馆办法，将进士馆甲辰科进士，在内班肄业者均送日本东京法政大学补修班，将外班分部之各员有志游学者送入日本京都法政大学速成科学习。进士馆由此撤销。1907 年 8 月，在进士馆原址设立法政学堂。

医学实业馆于 1903 年 3 月 26 日举行招生考试，投考者 200 余人，录取 30 余名。4 月 2 日开学授课。

译学馆于 1903 年 8 月举行招生考试。投考者年龄以 16 岁以外、22 岁以内为限，考试分两场。8 月 23 日考第一场，考试科目为修身伦理大义一篇、中外史学六问、算学三问。8 月 24 日考第二场，考试科目为中外地理六问、物理三问、外国文论一首或笔对数条。计划招生 120 名，实得百余人（据 1904 年《京师译学馆同学录》，1903 年入馆学生共 98 人）；11 月 2 日开学。

1904 年 5 月，京师大学堂速成科之仕学馆并入进士馆。

1904 年 11 月大学堂举行师范馆和预备科招生考试，考选学生办法分为两种：一由大学堂招考；一由各省咨送应考。分配给各省的名额为：江苏、浙江、湖南各 24 名；四川、福建、广东各 20 名；湖北、安徽、江西各 15 名；直隶 12 名；河南 8 名；奉天、山东、山西、陕西、云南各 6 名；甘肃、贵州各 4 名。如学生及格人数与所定名额参差时，可以随时增减。考试科目有中文论著、中国史地、外国史地、翻译、算术、代数与平面几何、物理及无机化学等七门。考试结果，共录取 360 余人。其中预备科录取 150 余名（1905 年 2 月 23 日开学），师范馆于同年改为优级师范科，录取学生 200 余名。

同年，师范科招收第二期学生，录取人数不详。

同年 10 月，译学馆招收新生 119 名（据 1904 年《京师译学馆同学录》）。《京师译学馆同学录》辛亥（1911）秋重刊名册，称 1903 年入学同学为甲班，1904 年为乙班，1905 年为丙班，1906 年为丁班，1907 年为戊班。1905 年入学之丙班学生 40 人，1906 年入学之丁班同学 139 人，1907 年入学之戊班同学 61 人。五年共招生约 700 余人，毕业 300 余人。其中甲班毕业为 42 人，乙班毕业为 69 人。

1907年，京师大学堂增设博物实习科简易班，分制造标本、模型及图画三类，学制两年(后又增加实习一年)，招生37名。

1909年1月(宣统元年)，京师大学堂公布招生告示："本大学堂开春续办预备科"；"除咨调各省合格学生外，如有中学堂五年毕业，有志入学未及由本省咨送者，亦可报名与考。限正月初十起至十五日止……向后门内京师大学堂报名"。考试科目为：中文论一篇经德文篇，外国文翻译一篇，中外历史、中外地理、物理、无机化学、算术、代数、平面几何各五问。2月23日至25日考试，录取学生人数不详。

1910年京师大学堂分科大学招生、开学。当时分科大学共设七科十三门：经科设《毛诗》、《周礼》、《春秋左传》三门；文科设中国文学、中国史学两门；法政科设政治、法律两门；商科设银行保险学一门；农科设农学门；格致科设地质、化学两门；工科设土木、矿冶两门。

招考学生办法：经科除大学堂预备科毕业生志愿请入外，以各省保送之举人、优贡拔贡考选升入(大省取六名、中省四名、小省二名)；法政科以师范第一类学生及译学馆毕业学生、预科法文班学生升入；文科以师范第二类、第三类学生升入；格致科以预科德文班学生升入；农科以师范第四类学生升入；工科以预科英文班学生升入；商科以译学馆学生及大学堂师范第一类学生升入。此外，各省如有咨送高等毕业生，俟举行升学考试时各按学科程度分拨肄习。该次共录取学生387人。

分科大学于是年3月30日举行开学典礼。

二、中华民国成立至抗日战争全面爆发时期

1912年教育部复信北大，提出对原有学生和外国教师的结束办法9条，其中第9条规定："本年下学期，各分科大学一律不招新生。"

1912年10月29日，教育部发布第二十一号令："各学校以8月为学年始期，业经本部于第六号公布在案。……其有现正规划开办或扩充级数之学校，不能待至明年8月者，亦准于明年正月招收新生一次。"根据这个指令，北大于1913年2月、3月在京、沪、汉口招收预科生200余名；同年9月，招考录取本科生120余名，预科生160余名。这次招考，本科录取的学生人数不足，又于11月招考录取了本科生120余名。按教育部的规定，报考资格预科须在中学校毕业或经试验有同等学力者，报考本科须在预科毕业或经试验有同等学力者。

1914年，胡仁源任校长后，拟订整顿大学计划，提出扩大招生，当年暑期后添招本科生250名，并招收了一批本科旁听生和预科旁听生。旁听生是从报考本科和预科的学生中录取还是单独招考，情况不详。

1916年，《政府公报》刊载的《国立北京大学广告》中规定，报考北大本科以大学预科、高等学校及其同等学校毕业为限，唯报考文科如国文、英文特别优长不在此限。

1917年，学校招考录取预科生190名。

1918年8月10日，学校公布当年录取的学生姓名。其中本科录取32人、预科录取的新生分为正录取生、备取生、暂取生三种。凡各科目试验均及格者为正录取生，其外国语不及格须改习他种外国语始准入学者为备取生，有一二科目不及格须补习者为暂取生。暂取生得与正式生一律听课，但须于一学期内在本校补足未及格之科目。此次录取的预科生中，属正取者201人，属备取者53人，属暂取者90人。

1919年8月学校分三次公布录取新生名单，其中本科生4名，预科生542人，另有预科补习班升入预科36名。1920年8月6日学校公布在京招考录取预科正取生282人；8月20日公布预科改招俄文班正取生37名，备取生5名；8月12日公布在沪招考录取预科正取生50名。

1920年春，北大先后招收了9名女旁听生。同年秋，北大正式招收女学生。这是我国高校实现男女同校之始。

1926年，北大修订入学考试规则。其中规定，报考预科者，须有下列资格之一：旧制中学校毕业者；四二制中学之初级毕业者；二四制中学之高级二年修业期满者；三三制中学之高级一年修业期满者；有上述同等学力而报考德文者。报考本科者，须有下列资格之一：旧制高等学堂毕业者；高等专门学校毕业者；公立大学预科毕业者。

报考预科者，初试科目为国文、外国文、数学；初试及格后复试科目为中外历史、中外地理、物理、化学、博物。

报考本科各系者，考试科目如下：（甲）投考国文学、英文学、法文学、德文学、史学、法律学、政治学、经济学诸系者，考试科目为国文、外国文、数学、伦理学、历史、地理；（乙）投考数学、物理学、化学、地质学、生物学诸系者，考试科目为国文、英文、数学、物理及实验、化学及实验；（丙）投考哲学系及教育系者，可任择以上甲组或乙组考试科目。

1930年，北大评议会决定，从本年起预科停止招生，并不再办补习班；本届招生按系录取，入学后不得申请转系；本年本科考试科目增添党义；报考资格增加国民政府大学院或教育部立案之私立大学预科毕业。

这一时期，北大召考新生的地点，经常是北京（北平）、上海两处或北京（北平）、上海、武昌（汉口）三处，个别年份增加广州一处。

这一时期，通过招生考试录取的本科生和预科生人数（不包括由本校预科升入的学生，不包括旁听生、转学生）见下表。

1913—1937 年 7 月北大历年招考录取的本科生和预科生人数表

日期	招考录取的本科生人数	招考录取的预科生人数	备注
1913 年 3 月		200 余	
9 月	120 余	160 余	
11 月	120 余		
1914 年	250		另招收了一批本科旁听生和预科旁听生
1916 年 10 月		164	
1917 年		190	
1918 年 8、9 月	32	354(内正取生 201,备取生 53,暂取生 90)	
1919 年	3	542	另预科补习班升入预科者 36 人
1920 年 8 月		374	
1921 年 9 月		122	
1922 年 8 月		295	
1923 年 8 月		168	内 8 月 11 日在沪录取 25 人,未说明是本科生还是预科生
1924 年 8 月	13	235	
1925 年 8 月	47	322	
1926 年 7、8 月	38	387	
1927 年 7 月	7	161	
1929 年 7 月	40	267	
1930 年	66(另有 34 名补考后确定)		
1931 年	109		
1932 年	280		
1933 年	284		
1934 年	298		
1935 年	351		
1936 年	433		

三、长沙临时大学和西南联合大学时期

1937 年 7 月，抗日战争爆发，北京大学、清华大学、南开大学联合组成长沙临时大学。当年 9 月 17 日，教育部关于长沙临时大学收纳学生原则的“代电”规定，北大、清华、南开三校学生约略共占百分之七十，他校借读生及新招学生约占百分之三十。11 月 2 日，长沙临大常务委员会通过《长沙临时大学借读生简章》，规定大学遵照教育部规定的比例，收容借读生；借读生须备有原校证明文件及成绩单，并须经甄别试验，以便择班等。

根据以上文件，是年长沙临大共接纳借读生 218 人。北大、清华在武昌联合招考录取的新生和南开中学毕业直升大学的新生共 114 人。新生和借读生合计共 332 人。

1938 年，国立各院校一年级新生均由教育部统一招考（上海各院校除外）。其投考资格为：①曾在公立或已立案之私立高级中学毕业，得有毕业证书或升学证明书者，②曾在公立师范学校或前高中师范科毕业后服务满规定年限得有证明书，或呈准展缓服务给有证明书者。③曾在公立或已立案之私立高级职业学校毕业得有毕业证书者，但限于报考与原肄业学校性质相同之科系。④曾在前公立或已立案之私立大学预科毕业得有毕业证书者。⑤曾受前未立案私立高级中学毕业升学预试及格得有升学预试及格证明书者。⑥具有高级中学毕业同等学力者。考试于 9 月 1 日至 4 日分别在武昌、长沙、吉安、广州、桂林、贵阳、昆明、重庆、成都、南郑（陕西省）、延平（福建省）、永康（浙江省）12 处同时举行。投考学生由教育部核定录取，先依各该生第一志愿分发，如第一志愿学校院系满额时，顺序依第二、三、四志愿分发，如所有志愿学校院系均满额时，由部指派学校。

是年，西南联大上报教育部拟招新生 500 名，实际分发给西南联大新生为 693 名。

另有民国二十六年度借读甄试及格取得正式学籍学生 67 名；南开二十六年度取得学籍复学生 27 名；招考录取各年级转学生 427 名（一年级 47 名，二年级 227 名，三年级 153 名），录取各年级借读生 112 名（一年级 37 名，二年级 40 名，三年级 24 名，四年级 11 名）；录取蒙藏一年级特别生 1 名，华侨特别生 6 名，特别生 4 名，共 11 名；录取旁听新生 46 名（由平津保送暂准旁听生 13 名，战区补考录取旁听生 13 名，其余旁听生 20 名）。

1939 年，国立各院校一年级新生仍由教育部统一招考，全国分设 15 个考区进行。是年，西南联大由统一招考录取的一年级正式生 590 名。

另外招考录取一年级试读生 99 名；录取各年级转学生 257 名（二年级 176 名，三年级 80 名，四年级 1 名）；录取转学试读生 82 名（二年级 64 名，三

年级 15 名，四年级 3 名）；录取借读生 36 名（一年级 14 名；二年级 6 名，三年级 8 名，四年级 8 名）；录取学籍更改生 37 名，其中借读生改试读生 22 名（一年级 1 名，二年级 4 名，三年级 4 名，四年级 13 名），旁听生改试读生 12 名（一年级 6 名，二年级 6 名），特别生改正式生 3 名（一年级 1 名，二年级 2 名）；录取特别生 34 名（一年级 32 名，二年级 1 名，四年级 1 名）；录取先修班生 194 名；录取电讯专修科新生 10 名。

1940 年教育部统一招考录取新生 617 名；录取补习生 1 名；录取复学生 29 名；录取特别生 20 名；录取一年级旁听生 2 名；录取转学生 101 名（二年级 79 名，三年级 22 名）；录取专修班新生 21 名；录取先修班生 55 名。

1941 年国立浙江大学、西南联合大学、中央大学、武汉大学联合招生，其简章规定投考资格为：①曾在公立或已立案之私立高级中学毕业得有毕业证书或升学证明书者。②曾在公立师范学校或前高中师范科毕业得有毕业证书或升学证明书，并于毕业后服务满规定年限（照修业年限加倍计算）者，得报考任何学院系。如服务仅满一年成绩优良得有各省市教育行政机关准考证明书者，只准报考师范学院。③曾在艺术专修学校附中毕业或艺术高级职业学校毕业者，得投考师范学院艺术系。④曾在公立或已立案高级职业学校毕业得有毕业证书者，但限于报考与原毕业学校性质相同之科系。⑤曾在前公立或已立案之私立大学预科毕业得有毕业证书者。⑥曾受前未立案私立高级中学毕业生升学预试及格得有升学预试及格证明书者。⑦具有高级中学毕业同等学力者，唯应受下列各项之限制：甲、同等学力学生录取人数不得超过录取总数百分之五；乙、报考同等学力学生以二十九年暑假前修满高中二年级学业，因战时关系未能修毕高中毕业，在家自修之学生，缴验原肄业学校成绩单，经审查合格者为限；丙、高级职业学校及师范学校学生，虽于二十九年暑假前修满二年级学业者，亦不得以同等学力投考。

考试于 8 月 16 日至 19 日分别在重庆、合川、成都、乐山、贵阳、遵义、昆明、丽水、衡阳 9 处同时举行。

是年，四大学联合招考，西南联大共录取一年级正式生 669 名；录取特别、旁听、借读、试读生共 16 名；录取转学生 71 名（一年级 1 名，二年级 42 名，三年级 26 名，四年级 2 名）。

1942 年西联大开始自行招生，是年共录取一年级正式生 533 名；录取师范学院初级部一年级新生 35 名；录取电讯专修科新生 4 名；录取先修班生 130 名；录取转学生 57 名；录取借读生 15 名；录取特别生 3 名；录取复学生 205 名。

1943 年西南联大招考录取一年级正式生 369 名；录取师范学院初级部一年级正式生 46 名；录取电讯专修科新生 20 名；录取先修班生 164 名；录取

转学生23名（二年级生11名，三年级生11名，四年级生1名）；录取转学试读生29名（二年级生23名，三年级生6名）；录取借读生15名（一年级生2名，二年级生5名，三年级生3名，四年级生3名）；录取试读生6名（一年级5名，三年级1名）。

1944年西南联大第三次自行招生，其招考新生简章规定的投考资格基本上与以前相同，唯同等学力学生录取人数由过去不得超过录取总额的百分之五改为百分之十。初试于8月4日至6日在昆明大西门外本校新校舍、重庆沙坪坝南开中学同时举行。复试于9月4日、5日在昆明本校举行。投考师范学院学生一律于复试时举行口试。考试科目方面，投考文学院、法商学院及师范学院文组（教育、公民训育、国文、外国语、史地各系）者，初试课目为国文、英文、数学（高等代数、平面几何、三角），复试课目为公民、中外史地、理化。投考理、工学院及师范学院理组（数学、理化各系）者，初试课目为国文、英文、数学（高等代数、解析几何、三角），复试课目为公民、史地、物理、化学。投考理学院（地学、生物各系）者，初试课目为国文、英文、数学（高等代数、平面几何、三角），复试课目为公民、理化、生物。

是年，招考录取一年级正式生463名；录取师范学院专修科一年级正式生76名；录取电讯专修科23名；录取先修班生272名；录取转学生34名（二年级16名，三年级14名，四年级4名）；录取借读生89名（一年级27名，二年级48名，三年级12名，四年级2名）；录取试读生62名（一年级46名，二年级10名，三年级5名，四年级1名），录取一年级特别生1名；北大复学生1名（三年级）。

1945年昆明区国立西南联合大学、国立云南大学联合招生。

是年西南联大招考录取一年级正式生335名；录取师范学院专修科一年级正式生33名，二年级插班生5名；录取电讯专修科新生35名；录取先修班新生220名；录取转学生70名（一年级1名，二年级42名，三年级24名，四年级3名）；录取借读生4名（一年级3名，三年级1名）；录取试读生12名（一年级8名，二年级4名）；录取试读生、借读生改正式生21名（一年级7名，二年级8名，三年级4名，四年级2名）；录取复学生70名（一年级18名，二年级23名，三年级15名，四年级12名，2名未注明年级）。

四、复员北平后时期

抗日战争胜利后，1946年5月西南联合大学宣告结束。组成西南联大的北大、清华、南开三校各自独立复员返回北平、天津。5月6日，北大、清华、南开三大学招生委员会决定1946年联合招考一年级新生。其简章规定的投考资格与西南联大后期基本相同。考试于8月10日起分别在昆明、重庆、北平、天津、上海、武汉、广州等七处同时举行。

是年，北京大学由联合招考录取新生445名，转学生5名，先修班生433人，农学院旁听生1名，台湾生13名。

1947年北大、清华、南开继续联合招生。北大、清华、南开三校联席会议通过的《办理联合招生细则》规定，“联合办理，分别阅卷与发榜”；共设北平、武汉、沈阳、上海、成都、昆明、南京、广州、天津九个考区，三校各负责三个考区。保送原则规定，陕西、甘肃、新疆、青海四省本年度起试办保送学生。四省教育厅保送本年度会考成绩最优之学生，经三校招考委员会审查符合标准的，令来京复试，按成绩分别入正式（试读）、先修等班。其名额分配，陕西10名，甘肃、青海、新疆各5名。南开中学由该校保送北大、清华各10名，经各校复试，分别入正式（试读）、先修等班。

北京大学决定是年招收转学生，转学生考试设北平、上海、武汉、广州四个考区；决定成立先修班保送大一成绩审查委员会；决定停办先修班，取消借读办法。

是年三校联合招生，北大共录取一年级新生571名，二年级转学生42名，三年级转学生52名，本校保送先修班免试一年级生176名，北洋大学北平部保送先修班免试入一年级生52名（本校遵部令于8月1日接收北洋大学北平部），共322名。同年有一年级复学生147名，二年级复学生71人，三年级复学生39名，四年级复学生27名，共284名。

1948年北京大学单独招生。3月10日本校招生委员会决议：（一）本校单独招生，不取联合招生方式；（二）设平、沪、京、汉、穗、渝六考区；（三）取消新生保留学籍的规定；（四）取消保送办法。招考一年级新生简章规定的投考资格与1947年相同，但明确规定师范毕业生投考者必须服务满三年，同等学力投考者录取名额不得超过总额的5%。

本年招考录取新生339名，转学生16名，复学生118名。

五、中华人民共和国时期

新中国成立前后，1949年招生仍沿用旧制。北大在北平（京）、南京、上海、武汉、天津五处设立考试点，单独考试招生，对象为高中毕业生、师范学校毕业后服务满二年者、职业学校毕业者（限报考与原毕业学校性质相同之科系）、大学预科毕业者、具有高中毕业同等学力并有中学及中学以上学校证明和县或县以上教育行政机关证明者。是年9月12日，华北高等教育委员会指令：对干部、烈属及现役军属，录取尺度放宽，其程度较差者，可以试读生、旁听生等收录，入学后，学校得给予补习机会，使其达到一般水平。据此，北大放宽了对干部、烈属、现役军属的录取尺度。

1950年5月26日，教育部发出新中国第一个高校招生考试文件《关于高等学校1950年度暑期招考新生的规定》。该规定统一了公、私立高等学校的报考资格、必考科目、考试与发榜时间，并要求各大行政区实行全部或局部高等学校联合或统一招生，北大参加华北区联合招生。考试科目为国文、外语、政治常识、数学、中外历史、中外地理、物理、化学，其中史地、理化可依系别分开或合并考试，对工农学生、革命干部允许免试外语。华北区还规定考题分理工、文法、农医三组。招生对象与1949年相同，但对有三年以上工龄的产业工人、参加工作三年以上的革命干部及革命军人、兄弟民族学生、华侨学生得从宽录取。是年，北大招考的新生第一次向工农开门，有了工农学生。1951年4月24日，教育部发出《关于高等学校1951年暑期招考新生的规定》，全国各大区分别实行联合考试招生。北大仍参加华北区联合招生。

1952年6月12日，教育部发布《关于全国高等学校1952年暑期招收新生的规定》，实行全国统一考试招生。中央成立全国高等学校招生委员会，各大行政区成立相应的招生委员会。考试分为文法财经、理工农医、音体美三类。这是招生考试分科类之始。考试科目有政治常识、国文、外语、中外历史、中外地理、数学、物理、化学、生物。北大列为文法财经类和理工农医类参加统一招生。1953年至1957年，仍实行全国统一招生，并逐步完善全国统一招生制度，包括统一命题，统一规定招考条件、考试科目、政治审查标准、健康检查标准、录取新生的原则，以及招生的方针、政策、方法。各地区根据全国的统一规定，分别办理报名、政审、体检、评卷、录取等工作。其中，1953年规定调干学生得免试外语、中外史地、化学。1954年，考试科类由三类改为文、理两类，1955年后复分为理工、农医、文法财经三类。

1958年，根据教育部《关于高等学校1958年招考新生的规定》，改全国统一考试为各省、市、自治区分别考试。北大在全国二十四个省、市、自治区均招收新生，报考学生均分别参加各该省、市、自治区的联合招生考试。当年，学校还根据教育部的规定，强调贯彻阶级路线，对于工农中学毕业生和工农干部中政治条件好、思想进步、品质优良、身体健康、学业成绩估计入学后可以跟班学习的，实行保送入学，对优秀高中毕业生也可保送入学（1959年不再采取这个办法）。

1959年，恢复全国统一招生考试，分省、市、自治区录取。录取工作分三批进行：留苏预备生和全国重点院校第一批录取，中央和地方党校与新建重点学校第二批录取，其余学校第三批录取。北大作为全国重点院校，第一批录取。1960年和1961年，改全国统一考试为统一领导与分散办理相结合的办法。重点高等学校和中央各部门领导的高等学校，采取全国统一招生的方式，由教育部统一组织命题，其余高等学校的招生方式，由省、市、自治区自行确定，由有关地区或有关学校自行命题，并采取分批录取的办法。北大仍参加全国统一招生考试。1962年至1965年，又恢复全国统一招生，并实行按考试成绩的高低和考生志愿的顺序，从高分到低分分段录取，重点院校可根据各地考生质量，调整原定招生计划，幅度为20%。同时修订了政审标准，强调重在本人表现；取消工农及工农干部优先录取，改为同其他考生一样参加考试；取消某些考生免试外语，将外语成绩计入总分。1964年，又改考试分三个科类为文、理两类。

1966年，"文化大革命"开始，教育部原定推迟半年招生，结果是停止招生4年。

1970年6月27日，中共中央批转《北京大学、清华大学关于招生（试点）的请示报告》。该报告提出：走上海机床厂从工人中培养技术人员的道路；从有实践经验的工人农民中间选拔学生，到学校学几年以后，又回到生产实践中去；招生对象为具有二至三年以上实践经验、有相当于初中以上文化程度的优秀工农兵；学制二至三年；选拔办法是自愿报名、群众推荐、领导批准、学校复审，废除过去的考试制度；招生地区为北京、上海、天津、东北、广东、江西等地区和中央有关部门所属厂矿、解放军部队。依此，北大招收了第一批工农兵学员。

1971年至1976年，继续按上述办法招生。其间，1973年国务院科教组曾提出要重视文化考查，保证入学学生有相当于初中毕业以上的实际文化程度；考查的内容和方法，各省、市、自治区可根据本地具体情况和各专业的不同要求进行试验；然而1974年又指责1973年招生工作中"不少地区曾不同程度地沿袭旧高考的办法"，提出要坚持"自愿报名，群众推荐，领导批准，学校复审"的办法，文化考查可采用调查访问、座谈讨论等多种形式进行；1975年和1976年，又推广朝阳农学院学生"社来社去"、毕业当农民、挣工分的"经验"，让北大生物、哲学、经济、历史等系招收了一部分"社来社去"的学生。

1977年8月8日，邓小平在"科学和教育工作座谈会"上作《关于科学和教育工作的几点意见》的讲话，提出："今年就要下决心恢复从高中毕业生中直接招考学生，不要再搞群众推荐。"是年，高校招生废除了推荐入学的办法，恢复从高中毕业生中直接招生，恢复统一考试制度，实行德智体全面考核、择优录取的原则。10月12日，国务院批转《教育部关于1977年高等学校招生工作的意见》，其中规定，凡是工人、农民、上山下乡和回乡知识青年、复员军人、干部（年龄可放宽到30周岁）和应届毕业生，只要符合条件都可报考。从应届高中毕业生中招收的人数约占招生总数的20%－30%。考生应具有高中毕业或相当于高中毕业的文化水平。招生办法是自愿报名，统一考试，地、市初选，学校录取，省、市、自治区批准。考试分文理两类，由省、市、自治区拟题，县（区）统一组织考试。录取新生时，优先保证重点院校。政审主要看本人表现。北大作为重点高校，在全国招生。1977 年，北大还根据教育部的规定，招收了进修班。进修班主要是根据教学、科研和工农业的实际需要，侧重某一方面的进修提高。招收的学生必须具备所学专业的一定的基础知识和实践经验。进修班学生在校学习期间，工资由原单位照发。

1978 年，改为全国统一命题，省、自治区、直辖市组织考试、评卷，文理两科都必考外语，考生限在 25 岁以下，不再限定应届高中毕业生录取比例。是年，还规定在各省、市、自治区举办的高中应届毕业生和在校生的学科学习竞赛中，成绩特别优秀、其他条件也合格的，可不参加统一的高考，由省、市、自治区招生委员会参照他们的志愿，分配至有关院校。

1979 年至 1982 年，继续按上述办法进行招生。其间，1981 年应内蒙古自治区要求，举办内蒙古民族班，招收学生 30 人（分散在 9 个系 13 个专业），此后每年招生 30 人（1989 年以后人数减少，1991 年只招 15 人）。1983 年，招生计划由单一的指令性计划形式向国家任务、委托培养、自费生三种形式转化。北大从 1983 年开始招收委培生，并应新疆维吾尔自治区要求，招收该自治区在中央民族学院预科部补习两年的 10 名学生。是年，还开始招收国际文化第二学士学位班。1984 年，教育部规定由中学推荐应届毕业生参加统考，这部分学生由高等学校直接录取，1985 年试行在部分省市的少数中学试行招收免试保送生，具体办法是中学推荐，学校考核录取，录取名单张榜公布，向省市招办备案。当年招收中学保送生 161 人。是年，与国防科工委第二十一试验训练基地、中国海洋石油测井公司、北京市半导体器件五厂、青海签订了委托培养协议。是年，还根据教育部的规定开始招少年大学生 20 人，招生对象为学习成绩优异、智力超常并实际具有高中毕业文化程度、年龄在 15 周岁（个别可放宽到 16 周岁）以下初中三年级至高中二年级在校学生（1986 年录取 15 人，1987 年录取 11 人，1988 年录取 8 人，1989 年录取 3 人，1990 年后未招收）。1986 年，招收委培生 30 人、中学保送生 37 人，为北京市海淀区招收中学师资班 70 人。1987 年，继续招收委培生和中学保送生，并为北京市定向招收中学师资班 60 人（1991 年，又招收此班 60 人）。1988 年，在北京、江苏、浙江、广东、海南、福建等省市招收自费生 135 人，在体育院校招收运动心理学第二学士学位学生 10 人（1989 年亦招收 10 人）。1989 年，与新疆维吾尔自治区签订协议，从是年开始至 1992 年，每年录取该自治区在中央民族学院预科生 10 名，1990 年，为云南省定向培养越南语本科生 10 名。1991 年又为其培养缅甸语本科生 15 名。1991 年应教育部要求，举办阿拉伯语第二学位授外中学师资班，共录取 10 人。1993 年招收知识产权第二学位学生。1994 年进行招生、收费制度改革，开始对学生收费，同时实行公费、自费并轨。

新中国成立后，各个时期各年招收的学生人数（不包括转学生，包括当年高考录取并报到入学的学生、当年高考录取保留入学资格的学生、保送生）见下列各表。

1949—1965 年北大历年招收新生人数表

日期	本科生	专修科生	高级护士学校、医预、训练班等学生	备　注
1949 年 10 月	814 人，另试读生 16 人		高级护校 25 人	图书馆专修科的新生数列入本科生中
1950 年	1043 人	185 人	高级护校 44 人	图书馆专修科的新生仍列在本科生中
1951 年 3 月	64 人			东语系单独招收
1951 年	1119 人，另试读生 29 人，借读生 46 人	216		专科生包括银行专修科 166 人，贸易专修科 50 人
1952 年 5 月			少数民族医预班 75 人，试读生 18 人，旁听生 25 人	
1952 年 9 月	1087 人		图书馆专修科 20 人	另外交部保送东语系代培生 57 人，旁听生 8 人
1953 年	978 人		医预班 33 人（由广西、云南、贵州、宁夏等省、自治区保送）	
1954 年	1628 人	19 人（图书馆专修科）		东语系招收一年制代培生 102 人，内有二年级 11 人，三年级 52 人，四年级 39 人
1955 年暑期	1807 人	40 人（图书馆专修科）		
1956 年秋	2482 人	62 人（图书馆专修科）		图书馆专修科从 1956—1957 学年开始改为本科
1957 年科	1537 人			

续表

日期	本科生	专修科生	高级护士学校、医预、训练班等学生	备　注
1958年	2664人			
1959年	1715人			另有代培生449人和少数民族代培生250人
1960年	1831人		训练班113人（无线电45人，半导体30，计算机38）	1960年2月接受代培生50人，同年9月，接受代培生298人
1961年	1469人			另接受代培生323人
1962年	1214人			另接受新疆代培生160人
1963年	1478人			
1964年	1565人			
1965年	1560人			另西语系录取代培生16人

1970—1997年北大历年招收学生人数表

日期	普通班	短训班	进修班	社来社去班	备注
1970年	2468人（内总校1897人，汉中分校106人，江西分校456人）				
1971年[①]	250人（总校）	118人	142人		
1972年	1274人（内总校1059人，汉中分校215人）				
1973年	1265人（内总校1154人，汉中分校111人）		31人		
1974年	2218人（内总校1919人，汉中分校299人）		204人		

① 学校原来决定1971年不招收学生，后应北京市和内蒙古自治区的要求，只在内蒙古自治区两个军区农场招收了数学力学系、地球物理系和东语、西语、俄语三个外语系的250名学生，同时在内蒙古和唐山等地招了一些短训班、进修班学生。

续表

日期	普通班	短训班	进修班	社来社去班	备注
1975 年	2087 人(内总校 1883 人,汉中分校 204 人),后市科教组又批准 10 人,共 2097 人		414	191 人	
1976 年	2176 人(内总校 1932 人,汉中分校 214 人)		390	481	
1977 年	1311 人				是年 11 月进行招生考试。新生于 1978 年 3 月入学
1978 年	1903 人	62 人			另外当年还招收进修班生 456 人①
1979 年	2113 人				
1980 年	2114 人		33 人		
1981 年	2016 人		30 人		
1982 年	2205 人	109 人	30 人		专修科为政治干部专修科,招收在职干部
1983 年	2462 人	258 人	30 人	30 人	
1984 年	2227 人	306 人	30 人	37 人	专修科中有政治干部和经济干部两个专修科 205 人
1985 年	2027 人	491 人	30 人		这次招收的专修科生均为干部专修科学生
1986 年	1081 人		31 人		
1987 年	2205 人	59 人			这年医预科生(为协和培养)未从本科生中单独列出

① 这时进修班亦称专修班。当年教育部规定高等学校主要招收 20 岁左右的青年,一般不超过 25 周岁。为了快出人才,教育部希望高等学校积极举办专修班,主要招收年龄超过 25 周岁的考生。学制为两年,有的专业根据需要也可定为三年。专修班的学生主要根据有关方面实际工作的需要,在专业的某一方面进修提高。

续表

日期	普通班	短训班	进修班	社来社去班	备注
1988 年	2250 人			10 人	医预班学生（为协和培养）未从本科生中单独列出
1989 年	738 人				
1990 年	1490 人		31 人	10 人	
1991 年	1761 人	181 人	30 人	25 人	
1992 年	1837 人	238 人	30 人	20 人	
1993 年	950 人	239 人	30 人	99 人	
1994 年	1773 人	273 人	60 人	17 人	
1995 年	2096 人	276 人	120 人	48 人	医预生中协和 60 人，北医 60 人
1996 人	2178 人	277 人	120 人	51 人	医预生中协和 60 人，北医 60 人
1997 年	2282 人		60 人		

第二节　助学金、奖学金、贷学金

一、京师大学堂时期

京师大学堂初期，学校不收学费，并给学生提供食宿，也不设奖学金、助学金。但有部分省府给本地在京师大学堂学习的学生以津贴。各省津贴的银数不同，筹发的年限亦不一致。如 1903 年，湖北每名月给安家银十二两，在京费用银八两；直隶、山东每名月给银十六两；两广照湖北例，每名月给银二十两，其中十二两为安家银；河南每名月给津银六两，供该生在京领用；江苏每名月给银十二两；江西原来每名月给银六两，1905 年，改为十二两；1905 年，两广总督规定每月拨银四百两，由该地在京师大学堂师范馆、译学馆学习的学生匀分。

1904 年清廷批准的《奏定进士馆章程》规定："其遵章入馆肄业者，翰林中书每年给津贴银二百四十两，部属每年给津贴银一百六十两，以示体恤。"

在《奏定大学堂章程》规定："各分科大学应令贴补学费，由本学堂核计常年经费临时酌定。""各分科大学，每学年可特选学生中之学术优深、品行端正者称之为优等生，免其学费，以示鼓励。”但通儒院（相当于现在的研究生院）学员不征收学费。

1907年9月25日（光绪三十三年八月十八日），学部关于招生办法知照大学堂，“查大学预科瞬届毕业，明年开办分科”，因“现时各省高等学堂未能一律设置完备，所拟续办预科……自应即行照办”。但此项预科生，必须遵照奏定新章，征收学膳费。1908年9月（光绪三十四年八月），大学堂行文各省考选预备科新生，其中附有《征收学费规则》。该规则规定：“每生每月应缴学费龙洋三元，常年以十二个月计算，共洋三十六元，遇闰加缴三元；膳费每生每月龙洋五元，常年以十个月计算，共洋五十元，遇闰加缴五元；学服操装每生每年应缴龙洋二十元；以上各费统计每生常年一百零六元，分两期缴纳。”“每学期考列前三名学生，如果品行端谨、未犯本堂规则、本学期旷课未逾十小时者，作为优待生，减征本学期学费二十元。”

1907年，京师大学堂增设附属博物品实习科。按当年奏准的《实习科规则》，学生“暂时免征学费，唯膳费及一切杂用均由各该生自备”。该规则无津贴之类的规定。

另，根据1904年《奏定译学馆章程》，该馆设有附学一科，“附学生一名每年缴学费龙银一百元（内计脩金三十元，伙食五十元，体操衣靴二十元，分两期缴纳，均于开学时缴齐），其在本馆住宿者，每年另纳房舍金十元”。该章程无免征学费之规定。

二、中华民国成立至抗日战争全面爆发前时期

1. 学生所在省的津贴与贷学金

中华民国成立后，部分省仍照旧例给本省在北大学习的学生以津贴。不同者，是这一时期许多省都规定了津贴的定额，定额有出缺时，按规定递补。如1916年，江西省原给赣籍大学分科学生18名，每名年津贴百元。本学期又有10人入分科学习，他们请求援例给津贴。省长公署决定：“本期如有赣籍分科学生毕业，缺额准其挨次递补，俾资补助而示限制。”又如安徽省省长公署于1918年明确规定递补津贴办法两条：“①津贴出额时先由本科年级最高者顶补，以次及于年级最低各生，若遇分科无人可补时，再以预科各生依法递补。②若同一年级学生多于所缺额数，则由成绩最优者先行顶补。”又如山东规定津贴学生四十名，如有缺额，按年级高低、成绩优劣递补。除这种办法以外，亦有的省规定津贴总数，由在京学生匀分。

上述各种津贴，有的省一直延续到20世纪二三十年代。如1936年，北大鲁籍学生有66名得到该省的津贴。

此外，1918年，四川省以四川省不靖，汇寄艰阻，顾念留学内外国学生，

均感困难，特在交通部川路存款项下借出十万元，用以转贷各生，渡此难关。凡省籍游学省外专门以上学校学生，确因官私费用一时接济中断者，由省公署审查认定，得借与学费。借款数额，国内官费生每名至多不得过六十五元，自费生不得过一百三十元，国外学生不得过一百五十元。一俟学费寄到，照数归还。这虽属临时救急借款，但亦带有贷学金性质。此后，河南省曾正式设立贷学金，如 1936 年，学校曾收到河南省教育厅函送请求贷学金学生成绩体格调查表 19 份，要求学校协助办理。

2. 学校设立的助学金、奖学金

(1) 研究生

1922 年，学校为研究所的研究生设立助学金和奖学金，并于是年 3 月制定《国立北京大学助学金及奖学金条例》。该条例规定，设助学金是为了辅助（本科）毕业生继续求学，设奖学金是为了奖励（本科）毕业生学术上的贡献。助学金之给予，限于贫苦之学生而无职业者；奖学金之给予，以成绩为标准，不限于经济状况。助学金额每名每年国币 200 元，奖学金额每名每年国币 500 元。本校研究所每门设助学金额 6 个，奖学金额 2 个。助学金之授予，由研究所委员会审定。奖学金之授予，由研究所委员会根据当年成绩以四分之三以上的表决，请所长决定。

1935 年，北京大学的研究院为鼓励成绩优良、家境清贫之研究生，制定了新的助学金规程。该规程规定，助学金定额为全院 20 名，每名每年给予国币 320 元，每次以一年为限。凡入院试验成绩特优（平均分数满 75 分以上）者，或初试成绩在 75 分以上者，得请求助学金。如有二人以上成绩相等，而名额不敷时，应给予其家境比较贫寒而有相当证明者。

(2) 本科生

北大教授胡适和郑阳和曾发起组织成美学会，向私人募捐，为本校贫苦无力之学生助学。至 1918 年 5 月，收入票洋 700 余元，现洋 200 余元。5 月 3 日，评议会以本校贫苦无力之学生不少，该会全赖私人之捐助，能力终属有限，决定收回归校自办，并制定了《北京大学成美学额章程》。该章程规定，本学额以协助德智优秀、身体健壮、自费无力之国立大学学生为目的。每年由本校在经常费内提出一万元为本学额基金，至少以十分之七为不动基金，以十分之三及不动基金之利息为本年学额。另募集捐款，以期扩充学额。捐款分普通、特别两组。普通组随意捐款，不限定为何科学生之津贴。特别组捐款至一百六十元以上，并指定为津贴某科某门学生之用。个人或团体捐款助学额一名以上至少足敷四年之用者，此种学额即以捐款人名或团体名名之。每学额每年定费一百六十元。学额之规定，以基金之多寡为衡。该章程还规定，此处所称国立大学学生，以分科生为限，不计学年。凡家道清贫、品行纯厚、身体壮健、学术素优并确信其日进无已者，得申请。本学额以一年为期，但受费者成绩优良，得继续请费。

1932年，学校为本科生设立助学金。是年10月，校务委员会通过《国立北京大学学生助学金规则》。该规则规定，设助学金是为了鼓励成绩优良而家境贫寒之学生。凡本校本科肄业一年以上之学生，平日求学勤敏绝少旷课，每学年成绩其均衡的平均分数在80分以上，家境确系贫寒者，得由各系教授会议提出，经教务会议审查，择优给予此项助学金。助学金定额为全校25名，每名每年银币180元。1934年1月，教务会议通过1933年获助学金名单时，附加了一条规定，即：如遇各该生所属省县有津贴者，则不能照助学金全数180元整付，或以半数补助之。

1934年10月26日，学校公布修正后的《国立北京大学学生助学金规则》。该规则将助学金定额增为全校60名，每年给予国币160元者25名，每年给予100元者35名。但因有得半数者，故实际名额常多于60名。如1934年11月，教务会议通过本年度得助学金学生共73名，其中160元者12名，100元者35名，80元者26名。1935年10月教务会议通过本年度得助学金学生共82名，其中160元者3名，100元者33名，80元者42名，50元者4名。1936年10月教务会议通过应得助学金学生83名，其中160元者7名，100元者28名，80元者40名，50元者5名，40元者3名。

3. 个人或团体设立的助学金、奖学金

（1）克兰夫人奖励女生奖学金。1921年，美国前公使克兰先生之夫人为奖励中国女子教育起见，捐助北京大学4000美元（合华币八千多元），设正科生学额6人，旁听生学额9人，每年进行招考。正科生学额6人自预科一年起，至本科毕业，计6年，每年每人给费150元。凡中学毕业后未逾二年（距离毕业之期在二年以内）之女生，年在19岁以内，身体强健，有志以教育为职业，或从事一种专门学问，无力自给学费者，得应试。旁听生学额暂定9人，得在本科旁听两年，每人每年给费150元。凡中学毕业，现任学校教科或职务，满一年以上，五年以下欲增进其知识或教科能力，无力自给学费者，得应试。但是已在本校之女生，不得应试。1922年5月，对此办法作了少许修改。修改后的办法规定：凡已在本校之女生欲请补此项学额者，须有确实保证书，证明本人之家境，于开学后10日内送交教务长室，由教务会议依据该生之成绩审定。

（2）国立北京大学二十年级毕业同学录筹备委员会奖学金。1931年7月，国立北京大学二十年级毕业同学录筹备委员会在筹办同学录时，计余存大洋360元，商请本校会计课主任存入金城银行，年利9厘。他们决定将此款利息每两年提取一次，作为奖学金，以鼓励在校同学研究学术之兴趣。本奖学金暂设三额，第一奖 25 元，第二奖 20 元，第三奖 15 元。每两年举行一次，每次由同学依照校长会同各学院院长、系主任所命题目递交应征论文，按论文分数之多寡定名次之先后。

(3) 国立北京大学佛法奖学金。1934 年 9 月，北大教员周叔迦先生为弘扬佛法，捐薪 600 元，设立佛法研究奖学金，奖学金定额每年 1 名，奖金 200 元。凡本校本科学生研究佛法著有论文者，均得于每年第一学期终了时提出论文，送请审核委员会审核、决定。

(4) 杨莲府先生纪念助学金。1934 年 10 月，杨珸山先生为纪念其先人杨莲府先生，设"杨莲府先生纪念助学金"。此项助学金自 1934 年实行，先在北大理学院试设 3 名，每名每年国币 200 元。以后如有成效，随时增加名额。凡北大理学院第二年以上之学生，学业成绩在 80 分以上、由家长证明家境贫苦者，均得申请。领得助学金者，其当年学业成绩若能保持其向来之优良，可以继续请求下年度之助学金。如领受者同时得有本省或本县津贴之类，得斟酌减助学金之半数，或分授两名。

(5) 梁士诒助学金。北大梁士诒助学金于 1936 年 10 月设立。它是专为理学院地质学系学生设立的，每年两名，每名每年 225 元，至毕业为止。

(6) 范静生先生纪念奖学金。1937 年 6 月，范静生先生家属捐款给北大算学与物理两系，设"范静生先生纪念奖学金"(捐款数未查到)。此项奖学金聘请校内外数理专家 6 人组织委员会管理，每年只用基金的利息，不得动用基金。每年利息提出最多三分之二作为算学、物理研究生若干名之奖学金，其名额金额由委员会决定。余款加入基金存放。凡北大理学院研究所算学部与物理部研究生成绩优越，经各该部主任及各该生导师之推荐，得请求是项奖学金。

(7) 赵母纪念助学金。1936 年赵廉澄先生为纪念其母朱太夫人设"赵母纪念助学金"。此项助学金自 1936 年度起实行，先在北大经济系试设 1 名，每年法币 200 元。

(8) 东北勤苦学生补助。九一八事变后，东北勤苦学生得受教育部东北青年教育救济处之补助。补助分特别补助、普通补助、备补助三种。如 1934 年度，北大的东北勤苦学生得到特别补助者 9 名，其中 8 名因在原校每年得奖学金 100 元，故每月各补 11.66 元；1 名在原校得奖学金 160 元，故每月补助 6.66 元；得普通补助者 33 名，每名每月补助 10 元。另有备补助者 5 名。1936 年，获特别补助者 4 名，获普通补助者 33 名。

(9) 优待生、公费生。1912 年 9 月，教育部公布《学校征收学费规程》，其中规定高等专门学校每月银元二元至二元五角，"大学征收学费每月银元三元"；"各学校为鼓励学生起见，得于成绩最优者，分别减免学费"；"减免学费章程得由校长定之”。公费生则学费全免。据此规定，各分科大学学生，每学年应交纳学费 30 元（每月 3 元，按 10 个月计算），预科每学年交纳学费 25 元（每月 2.5 元，按 10 个月计算）。该规程同时规定，每学年末由各分科大学学长依学年试验之成绩，选品行敦笃、学问优长之学生，呈请校长定为优待生。优待生免缴学费。此后，学费数额有变动，但优待生可免纳学费则依旧。

1936 年教育部令增设公费生免费生名额，学校决定 1936 年度设免费学额 50 名，一年级 15 名，其余 35 名分配给二、三、四年级成绩优良之学生中曾请求助学金而未给予者。公费生则暂定一年级设 6 名。

三、长沙临时大学和西南联合大学时期

1. 贷金、救济金。1937 年，北大与清华、南开南迁长沙组成长沙临时大学后，临大于是年 10 月决定，“为救济困苦学生起见，由学校在本学期经常费项下节省五千元，作为贷金，以资救济”。凡本校正式生、确系困苦需要救济者，均可申请。贷金额数，1937 年上学期分为三种：甲种 25 元，30 名；乙种 20 元，100 名；丙种 15 元，150 名。

1938 年，世界学生服务社允拨救济名额 320 名为西南联大战区学生之用。联大以待救济人数较多，将救济月费酌予减少，将救济人数扩至 341 名。各月发救济金 7 元，以本年 5、6、7、8 四个月为限。另由学校给予 159 人以贷金，贷金亦月发 7 元，以 5、6、7、8 四个月为限。

2. 贫寒学生医药补助或贷与。1938 年 8 月，学校制定《对于贫寒学生患急性或长期病症者补助或贷与办法》；1939 年 1 月，又修正制定《西南联大学生请求津贴医药费办法》。此两项办法规定，学生患病须入医院治疗或施行手术，而确系贫寒者，得请求学校补助或贷与住院费或手术费。

3. 华盛顿大学奖学金。美国西雅图华盛顿大学全体师生为促进国际学术合作，增加中美学生友谊联系，于 1945 年春季举行募捐运动，将捐得之数，指定在西南联大中文、外文、经济、政治、物理、化学、土木、生物、航空等九系和云南大学矿冶、森林、社会等三系各设奖学金一名。金额（指全部奖学金）本学期暂定国币六万元。是项奖学金由该校委托昆明学生救济委员会办理。

4. 师范生膳食津贴。西南联大遵部令增设师范学院后，于 1939 年 1 月决定：师范学院学生之膳食费，由学校给予津贴，每人每月以国币 7 元为限。

四、复员北平后时期

1. 公费生

1946 年 9 月，教育部令在校贷金生一律改为全公费生。11 月教育部“代电”规定：“公费生名额仍应按全公费半公费各百分之三十之规定办理。”“如

系匪区逃出之学生确实困苦者，可酌予变通。”根据教育部令结合北大实际情况，学校制定了《国立北京大学学生公费申请及审查办法》。其中规定：“旧生中原领得甲贷乙贷之学生……即改为全公费”；“旧生中原领得甲补乙补半公费或未领得公费者均可申请公费”；“志愿从军及被征调充任译员之学生，经原部队核准退伍获有退伍证者，申请公费可尽先核准，不受名额限制。”是年，北大全校学生共3002名，全公费生1434名，半公费生1220名。

1948年2月，教育部训令，1947年度所招新生中，青年军复学学生、就学荣誉军人等一律给予公费，不受名额限制。

2. 奖学金、补助费

除公费生外，学业优长的学生得申请奖学金，奖学金金额与公费生相同。

1948年1月，教育部关于《边疆学生待遇办法》规定：边疆学生在内地中等以上学校肄业，其家境确属清寒者，准予核给奖学金，不受名额限制；边疆学生在肄业期间，如遇特殊事故，或经济情形确实困难无力负担服装书籍等费者，得呈由学校转呈教育部请发特别补助费，每人每年以一次为限，其数额依实际情形定之。

1948年2月，教育部关于《革命抗战功勋子女就学免费补助条例审查细则》规定：功勋子女应免其膳费，以公费生之膳费数额为准；制服书籍等补助费，由学校就所在地经济情形拟定数额，呈报各主管教育行政机关核定。

此外，教育部还规定有回国升学华侨的奖学金。1948年，专科以上学校此类奖学金名额共为20名。

3. 以个人或团体名义发放的奖学金

(1) 教育部发放的安良奖学金、林故主席（林森）奖学金、中正奖学金。1947年度北大获此类奖学金者共15名。其中安良奖学金13名，内本科生12名，每名10万元，研究生1名，20万元；林故主席奖学金1名，15万元；中正奖学金1名，15万元。

(2) 汪华堂奖学金。1946年设立，是年得此奖学金学生13名，每名8万元，以一学期为限。

(3) 杨母百龄寿辰纪念奖学金。1948年设立，暂定名额36名，每名每月暂定为法币50万元，每三个月调整一次。

(4) 竹裴章先生纪念奖学金。1948年设立，名额16名，每名每月暂定法币50万元，每三个月调整一次。

(5) 钟黎园奖学金。1948年设立，分两种：本科三、五两年级学生各班成绩最优者2名，金额每名本年暂定500万元；毕业前在校最末一学年期间总平均最优者1名，金额本年暂定1000万元。

(6) 林巧稚奖学金。1948年设立,分两种:本科四、六年级各班成绩最优者2名,金额每名本年暂定500万元;毕业前在校最末一学期妇产科总平均最优者1名,金额本年暂定1000万元。

五、中华人民共和国成立初期(1949—1966年)

1949年2月,北平市军事管制委员会文化接管委员会接管北京大学后,决定给学生发放生活维持费,每人每月小米80斤。从6月起,实行人民助学金制度,以帮助经济困难的学生。办法是个人申请、民主评议,学校的"人民助学金评议委员会"批准。是年,享受人民助学金的学生共1459名,占全校学生1631名的89.4%。

1952年5月,《教育部关于机关和部队中的干部进入高等学校学习后待遇问题的指示》规定:大灶60工资分(当时实行以"工资分"为单位的工资标准,每一工资分的钱数,各类地区不同),中灶85工资分,小灶110工资分。7月5日,教育部规定:中央贸易部委托北大举办的贸易专修科、中国人民银行委托北大举办的银行专修科学员,一律按学生供给标准,每人每月发给61个工资分。

1952年7月8日,政务院发出《关于调整全国高等学校及中等学校学生人民助学金的通知》。7月23日,教育部发出通知,规定了调整的原则、标准、助学金的使用原则和评定办法。其中规定:高等学校学生全部给予人民助学金;原供给制人员、产业工人的学生,人民助学金标准高于一般学生;尽量照顾革命烈属、革命军人、工农干部、少数民族及回国华侨子女的实际困难。根据以上通知精神,学校于11月制定了《北京大学人民助学金实施办法(草案)》,主要内容包括:(1)各系科之调干离职学生一律平均按每人每月32万元(旧币)标准计算;(2)研究生和各地保送之生活习惯长期特殊之少数民族学生,平均按每人每月25万元标准计算;(3)原在本校享受学生灶或大灶待遇之学生、烈军属子女及一般少数民族学生,平均按每人每月16万元标准计算;(4)数学、图书馆、矿物分析、语言各专修科(油料分析专修科系军委保送学员,不属此项),平均按每人每月14万元标准计算;(5)一般学生平均按每人每月12万元标准计算。1954年,学校修订公布《北京大学学生人民助学金实施办法》,规定助学金标准分为五类:(1)调干离职学生平均每人每月按32万元标准计算;(2)研究生平均按每人每月30万元标准计算;(3)保送少数民族学生平均按每人每月25万元标准计算;(4)学生灶、一般少数民族及军烈属学生平均按每人每月16万元标准计算;(5)一般学生平均按每月12万元标准计算。

1955年8月,高等教育部颁发《全国高等学校一般学生人民助学金实施办法》，规定自1955年10月开始，除高等师范学校外，全国高等学校助学金由全体发给改为部分发给，即凡家庭富裕能自费者，不发给助学金；凡能自费半数或1/3伙食费者，发给所缺部分；完全无力负担者，发给全部伙食费；经济特殊困难的学生的其他费用，可另外申请补助。这里所说一般学生，指不包括调干、产业工人学生在内的在校学生。据此，学校制定了《北京大学一般学生人民助学金实施办法》，规定伙食补助费分为三种：甲种：补助全部伙食费，每月12.5元；乙种：补助2/3伙食费，每月8.4元；丙种：补助1/2伙食费，每月6.3元。日常学习、生活补助费，亦分三等：一等每月4元，二等每月3元，三等每月2元。是年批准获助学金者2779人，占一般学生总数4651人的59.8%。另外还有临时补助费（包括服装、书籍及其他补助），学生可根据实际需要和困难临时提出申请。

1956年12月，高等教育部发出通知，调整全国高等学校研究生人民助学金标准。通知规定：凡参加工作不满二年的研究生，一律每人每月发给45元的助学金，另加地区差价补助；凡参加工作两年以上的研究生，一律按离职前原工资的80%发给助学金，另按地区差价折合计算。

1957年8月，教育部规定：自治区人民委员会选送到高等学校学习的少数民族学生（包括在职干部和青年学生），其助学金每人每月一律按20元（另加地区差价）发给。其中在职干部学生每人每月另按10元编列预算以解决特殊困难，青年每人每月2元编列预算，以解决特殊困难。

1964年3月，中共中央批转高等教育部《关于提高高等学校学生伙食标准和相应提高助学金补助比例的请示报告》，决定高等学校学生人民助学金标准每人每月增加到15.5元，补助比例由原来的70%提高到75%左右。

六、“文化大革命”时期

在此期间，“文革”以前招收的学生仍实行原来的人民助学金办法。

1970年6月，中共中央批转了《北京大学、清华大学关于招生（试点）的请示报告》。该报告规定“工农兵学员”在校学习期的待遇：10年（1971年10月起改为5年）工龄以上的国家职工，由原单位照发工资；其余学员普遍发给伙食费和津贴19.5元；解放军学员由部队负责供给。

1972年6月，学校规定放假期间除继续发伙食费、津贴费外，得申请补助回家往返车船费。具体分三种：全补助、补助一半、补助1/3。一年只补助一次。

七、“文化大革命”以后的时期

1. 助学金、奖学金

1977年12月，恢复实施人民助学金制度。是年，教育部、财政部联合发出《关于普通高等学校、中等专业学校和技工学校实行人民助学金制度的办法》。该办法规定,普通高等学校 1977 年按国家计划招收的学生一律实行人民助学金制度。工龄满 5 年的国家职工进入普通高等学校学习的,工资由原单位照发,一切费用自理。其他学生一律实行人民助学金制度,因家庭经济难以负担本人在校的生活费用又无其他经济来源者可申请人民助学金。助学金享受面按 75%计算。助学金的伙食补助费分每月 15.5 元、12 元、8 元三等,生活困难补助分每月 4 元、3 元、2 元三种。另外还可申请部分临时补助。

1979 年 8 月,教育部、财政部、国家劳动总局发出《关于工龄 5 年以上(指连续工龄)的国家职工考入普通高等学校后实行职工助学金制度的规定》。根据此项规定,从 1979 年 9 月起考入普通高等学校本科的连续工龄满 5 年以上的国家职工,在校学习期间一律实行职工助学金制度,由学校按月发给职工助学金,一切费用自理,不再由原单位发给工资和享受原单位其他待遇。北京市普通高校职工助学金标准为:工龄 5 年以上不满 7 年者,每人每月 28 元;工龄满 7 年以上者每人每月 32 元。

1983 年 7 月,教育部、财政部《关于普通高等学校本、专科学生人民助学金暂行办法》规定:人民助学金按各类院校学生人数的 60%编制预算,一般学生人民助学金每人每月 22 元,工龄满 5 年不满 7 年的职工学生人民助学金每人每月 35 元,工龄满 7 年以上的职工人民助学金每人每月 40 元。

1983 年 7 月 11 日,教育部、财政部《关于普通高等学校本、专科学生人民奖学金试行办法》规定:享受人民奖学金学生的人数按本、专科学生总人数的 10%—15%掌握,可分为几个等级,每个等级的金额应有高低之别,最高金额每年以不超过 150 元为宜。

1986 年 7 月 8 日,国务院批转国家教委、财政部《关于改革现行普通高等学校人民助学金制度的报告》,指出现行的人民助学金制度必须进行改革。改革的内容是把人民助学金制度拟改为奖学金制度和学生贷款制度。奖学金分优秀奖学金、专业奖学金、定向奖学金。是年 7 月 26 日,国家教委、财政部联合发出《普通高等学校本、专科学生实行奖学金制度试行办法》。该试行办法规定,奖学金试点院校中,只从本年开始入学的新生中试行,原在校学生不执行此办法。

根据国家教委、财政部颁行的上述办法,学校决定设立奖学金,以鼓励“三好”(身体好、学习好、工作好)学生以及在学习、体育、社会工作、精神文明建设等某一方面取得优秀成绩的学生,并制定了《北京大学关于评选“三好”学生和颁发奖学金的暂行规定》。评选的条件如下:“三好”学生奖和学习、体育、社会工作、精神文明设四种单项奖均分为一、二两等;获“三好”学生一等奖学金的人数可为学生总数的0.5%，每人每年发奖学金200元；获“三好”学生二等奖学金的人数可为学生总数的5%左右，每人每年发奖学金120元；获单项奖学金的人数可为学生总数的13%左右，其中获一等奖者可为获此项奖人数的20%左右，每人每年发奖学金80元；获二等奖者可为获此项奖人数的80%左右，每人每年发奖学金50元。

1987年，学校对该暂行规定作了部分修改。修改的地方主要是“三好”学生奖从两等改为三等，四种单项奖中取消了精神文明奖。同时将获奖学生的参考比例和奖学金数改为：获“三好”学生一等奖学金的人数不超过学生总数的3%，每人每年颁发奖学金350元；获“三好”学生二等奖学金的人数不超过学生总数的8%，每人每年颁发奖学金250元；获“三好”学生三等奖学金的人数不超过学生总数的15%，每人每年颁发奖学金150元；获单项奖的人数不超过学生总数的5%，每人每年颁发奖学金50元。

1987年以后对上述规定亦有一些小的修改。1997年，学校制定了《北京大学学生奖励条例》，以代替以前的规定。该奖励条例规定的奖励种类中，属个人奖的有“学生五四奖章奖”“三好学生标兵奖”“三好学生奖”“优秀学生干部奖”“学习优秀奖”“红楼艺术奖”“五四体育奖”“社会工作奖”“优秀毕业生奖”等。

1987年，国家教委、财政部颁发了《普通高校本专科学生实行贷学金制度试行办法》，规定对停止发放人民助学金、实行奖学金制度后，一部分家庭确有困难、无力解决在校学习期间的全部或部分生活费用的学生，由国家向其提供无息贷款。每人每年申请贷款最高不超过300元。发放贷款按最高限额每人每年300元计算，控制在本、专科学生人数的30%以内（后来贷款的数额有所增加，控制的比例也有变化）。贷款偿还办法有以下几种：毕业前一次或分次还清；毕业后由其所在的工作单位将全部贷款一次垫还；毕业期满后，2—5年内由所在单位从其工资中逐月扣还；毕业生工作单位可视其工作表现减免垫还的贷款。该办法还规定，贷款由学校发放和催还。据此学校从1987年入学新生中起开始试行此项贷学金办法。

2. 团体或企业设置的奖学（教）金、助学金

（1）程乃颐奖学金：由已故程乃颐教授夫人刘君素捐赠人民币7000元，作为奖学金。自1984年起，每年发放一次。发放范围为心理系三、四年级本科生和研究生。1984年当年的奖金金额为：一般奖100元，特等奖200元。

（2）冯友兰奖学金：由西南联大校友加（加拿大）中（国）友协理事余景山先生从1985年开始，每年提供加币1000元作为奖学金，奖给哲学系本科生2名，每名加币300元；硕士研究生1名，加币400元。

（3）余景山奖学金：由余景山先生从1986年开始每年提供加币1000

元，作为奖学金。奖给中文系本科生 2 名，每名加币 300 元；硕士研究生 1 名，加币 400 元。

（4）严景耀奖学金：由严景耀夫人雷洁琼教授捐赠人民币 10000 元，在社会学系设立该奖学金。自 1986 年开始，每年评选一等奖学生 1 名，人民币 200 元；二等奖 2 名，每名 150 元；三等奖二名，每名 100 元。1989 年改为每年评选本科生 2 名，每名 300 元；研究生 1 名，400 元。

（5）季羡林奖学金：由季羡林教授捐赠人民币 10000 元，设该奖学金。自 1986 年开始，每年奖给东方语言文学系本科生甲等奖 1 名，200 元；乙等奖 2 名，每名 150 元。

（6）怀华奖学金：由加拿大友好人士杨乃英先生自 1986 年开始每年提供加币 1000 元，奖给国际政治系本科生 4 名，每名加币 100 元，硕士研究生 4 名，每名加币 150 元。1989 年开始，每年奖给国际政治系本科生 2 名，每名加币 300 元；硕士研究生 1 名，加币 400 元。

（7）王世仪化学奖：由美籍华裔著名生物化学家王世仪的家属捐赠人民币 60000 元，作为基金，设立该奖。自 1987 年开始，每年向每名获奖者颁发奖章一枚，并按以下三类分别给予奖金：一等奖 2 名，每名人民币 700 元；二等奖 2 名，每名 500 元；三等奖 2 名，每名 300 元。

（8）杨乃英奖学金：由杨乃英先生自 1988 年开始，每年提供加币 1000 元作为奖学金。奖给历史系本科生 2 名，每名加币 300 元，硕士研究生 1 名，加币 400 元。1994 年，增至 2000 加币，奖励本科生 3 名，硕士生 2 名，博士生 1 名。1996 年改为奖给本科生 4 名，每名加币 300 元；硕士生 2 名，每名加币 400 元。

（9）霍铸安奖学金：由霍铸安先生自 1989 年开始，每年提供法律系和经济系各加币 1000 元，奖给该二系本科生各 2 名，每名加币 300 元；硕士研究生各 1 名，每名加币 400 元。

（10）《九章数学杂志》奖学金：由《九章数学杂志》主编孙文先生自 1989 年开始，每学年度赞助人民币 7000 元，奖给数学系本科生每年级 1 名，每名 500 元；硕士生、博士生各 1 名，每名 750 元。每学期评选一次。

（11）NKK 公司（日本钢管株式会社）奖学金：由该公司自 1989 年开始设立，为期五年，每年提供人民币 2000 元，奖给 4 名学生，每名 500 元。1992 年和 1993 年，每年提供金额增至 3200 元，每名受奖学生 800 元。五年期满以后，该奖学金继续设立。1994 年提供 4000 元，每名受奖学生 1000 元；1995 年提供 4800 元，每名 1200 元；1996 年提供 4000 元，每名 1000 元；1997 年提供 1500 元，每名 375 元。

（12）洛东 Rotary 北京大学奖学金：授予对象是对日本文化、历史、考古、政治、经济等学科进行学习和研究的大学本科生、研究生、助教、讲师，授予名额20名，每人每月人民币50元。自1989年开始，为期三年。

(13) 南加州北京大学校友会奖学金：自1989年起，每年五四校庆时奖励5名本科生，每名人民币500元，奖状一纸。

(14) 光华奖学金：1989年，由光华基金会捐资设立，捐赠金额每年不同，获奖学金的学生人数和每人的金额也有变化。自1989年至1997年，每年捐赠的金额分别为：人民币441000元、400000元、443000元、441000元、520000元、520000元、520000元、520000元，800000元、800000元；扣除管理费等各项费用和结余部分，实际用于奖学金的金额分别为：378000元、397250元、404300元、406000元、485400元、489000元、480000元、481800元、736200元、736200元。获奖学金人数分别为648人(博士生65、硕士生345、本科生238)、649人(博士生85、硕士生315、本科生249)、694人(博士生86、硕士生315、本科生293)、678人(博士生107、硕士生349、本科生222)、692人(博士生104、硕士生203、本科生365)、632人(博士生125、硕士生299、本科生208)、401人(博士生76、硕士生205、本科生120)、401人(博士生82、硕士生199、本科生120)、501人(博士生101、硕士生248、本科生152)。每人获奖金的金额，1989年为博士生800元、硕士生600元、本科生500元；1990年为博士生800元、硕士生650元、本科生500元，1991年和1992年为博士生800元、硕士生600元、本科生500元，1993年和1994年为博士生1000元、硕士生800元、本科生600元，1995年和1996年为博士生1500元、硕士生1200元、本科生1000元。1997年为博士生1800元，硕士生1500元，本科生1200元。

(15) 中国古典文献奖学金：1990年，由全国高等院校古籍整理研究工作委员会设立。授予范围是我校古典文献专业等与该委员会有直接联系的单位。该奖学金每两年评一次，分本科生和研究生两类，每类又分甲、乙、丙三等。甲等本科生与研究生各1人，乙等各2人，丙等各5人。本科生甲等每人600元，乙等450元，丙等300元；研究生甲等每人700元、乙等550元，丙等400元。

(16) 光华安泰奖学金和奖教金：1991年，由安泰保险公司捐资设立。捐赠金额每年不同，授予人数和每人所得金额也有变化。自1991年至1997年每年捐赠金额分别为133342.5元、138778元、177568.5元、256325.1元、249000元、129900元、301574元。扣除管理费等各项费用和结余部分，每年实发奖学金分别为64700元、63800元、96400元、120400元、120900元、12900元、129900元；奖教金为57000元、58000元、66800元、114400元、99000元、0元、151800元。获奖学金人数分别为：115人(博士生4、硕士生

60、本科生 51)、110 人(博士生 10、硕士生 58、本科生 42)、130 人(博士生 12、硕士生 68、本科生 50)、158 人(博士生 20、硕士生 88、本科生 50)、103 人(博士生 15、硕士生 52、本科生 36)、112 人(博士生 15、硕士生 52、本科生 45)、91 人(博士生 13、硕士生 43、本科生 35);获奖教金教师人数与科研项目数分别为:23 人、17 项,36 人、11 项,39 人、10 项,82 人、8 项,42 人、18 项,0 人、0 项,42 人、17 项。每人获奖学金金额:1991 年和 1992 年为博士生 800 元、硕士生 600 元、本科生 500 元,1993 年和 1994 年为博士生 1000 元、硕士生 800 元、本科生 600 元,1995 年和 1996 年为博士生 1500 元、硕士生 1200 元、本科生 1000 元,1997 年为博士生 1800 元、硕士生 1500 元、本科生 1200 元。每人获奖教金金额:1991 年和 1992 年为 1000 元,1993 年和 1994 年为 1200 元,1995 年为 1500 元,1997 年为 1800 元。科研项目 1991 年至 1995 年为每项 2000 元,1997 年为每项 3000 元。

(17) 吴凯公司奖学金:1991 年吴凯公司捐款人民币 21500 元,授予学生 39 人,每人 500 元,余 2000 元。

(18) 江泽涵奖学金:1992 年 6 月由江泽涵教授捐款人民币 5 万元设立该奖学金,奖励数学系优秀学生。

(19) 四通集团公司奖学金:由四通集团公司设立。1992 年,授予对象为在国际奥林匹克竞赛中获物理、数学、化学竞赛金牌的北大学生 8 人。自是年 9 月份开始,除寒暑假外,每人每月可得 200 元,寒暑假中的 2 月和 8 月,每月可得 100 元,连续五年,直到毕业为止。1994 年捐赠奖学金 19800 元,奖给我校本科生 9 名,每名 2200 元。1996 年,捐赠奖学金 15400 元,奖给学生 7 名,每名 2200 元。

(20) 芝生奖学金:由已故冯友兰教授的女儿冯钟璞女士于 1992 年捐赠人民币 51600 元作为基金,每年以该基金的利息作为奖学金,授予中文、历史、哲学三系学生各 1 名。

(21) 杨少为助学金:1992 年由杨少为捐赠助学金人民币 1 万元,给予 5 名法学院学生,每人 2000 元。

(22) 泰昌奖学金:1993 年,由泰昌钢铁公司捐资人民币 46000 元,奖给博士生 1 名,每名 1200 元;硕士生 5 名,每名 1000 元;本科生 22 名,每名 900 元。1996 年捐资奖给博士生 8 名,每名 1500 元;硕士生 20 名,每名 1200 元;本科生 20 名,每名 1000 元。

(23) 阿兰克西·高特奖学金:由美国高特兄弟律师事务所于 1993 年设立。奖学金金额为每年人民币 5000 元,奖给法律学系优秀学生:本科生 1 名,800 元;硕士生 2 名,每名 1000 元;博士生 2 名,每名 1100 元。

(24) 立青奖学金和奖教金:由立青文教基金会于 1993 年设立,授予对象为考古系本科生、研究生和青年教师。本科生每人每年600元,硕士生每人每年800元,博士生和青年教师每人每年1000元。1994年,授予本科生20名,每名600元;硕士生8名,每名640元;博士生4名,每名1000元;教师8名,每名1000元。1995年,授予博士生20名,每名1500元;硕士生49名,每名1200元;本科生57名,每名1000元;教师8名,每名1500元。1996年和1997年,分别授予博士生12名、11名,硕士生28名、29名,本科生29名、30名;各类学生每人金额与1995年相同。

(25) 笹川良一优秀青年奖学金:由笹川良一基金会于1992年设立,1993年开始奖励学生。1993年授予博士生6名,每名3000元;硕士生41名,每名2000元;本科生1名,2000元。1994年,授予博士生12名,每名3000元;硕士生35名,每名2000元;教师25名,每名3000元。1995年,授予博士生12名,每名3000元;硕士生35名,每名2000元。

(26) 华新奖学金:1992年,由华新公司捐资设立。1992年和1993年共捐资11000元,授予本科生54名,每名203.7元。1994年捐资6000元,授予本科生25名,每名240元。1996年捐资6000元,授予学生6名,每名1000元。

(27) 宝洁奖学金:1993年,由宝洁(中国)有限公司捐资设立。1993年获奖本科生29名,每名700元,研究生5名,每名800元;教师4名,每名1000元。1994年获奖本科生19名,每名700元;研究生6名,每名800元。1995年获奖本科生60名,每名1500元;硕士生15名,每名2000元。1996年获奖本科生40名,每名1500元;硕士生10名,每名2000元。

(28) 岗松家族奖学金和奖教金:由岗松家族于1994年捐资设立。1994年奖给本科生23人,每人600元;硕士生13人,每人800元;博士生4人,每人800元;教师14人,每人1200元。1995年奖给本科生17人,每人1000元;硕士生11人,每人1200元;博士生4人,每人1500元;教师11人,每人1500元。1996年,奖给本科生30人,硕士生12人,博士生10人,教师19人,各类学生和教师每人的金额与1995年相同。

(29) 九鼎轩奖学金和奖教金:1994年,由九鼎轩公司捐资,奖给本科生12人,每人800元;硕士生14人,每人1000元;博士生3人,每人2000元;教师5人,每人5000元。1996年又捐资奖给本科生12人,每人800元;硕士生10人,每人1000元;博士生5人,每人2000元。

(30) 汇凯奖、助学金:1994年,汇凯公司捐赠奖学金10万元、助学金8万元。获奖学金学生100人,每人1000元;获助学金学生100人,每人800元。1996年和1997年捐赠奖学金12万元,每年奖给学生60人,每人2000元。1997年又捐赠助学金6万元,获助学金学生40人,每人1500元。

(31) 奔驰奖助学金:1994 年奔驰汽车公司捐赠奖助学金人民币 178941.25 元,其中奖学金 36000 元,获奖研究生 12 名,每人 3000 元;助学金 18000 元,获助学金学生 12 人,每人 1500 元;图书馆获奖金 10 万元,另外部分为行政管理等各项费用。1994 年,由奔驰公司捐赠助学金人民币 115200 元,获助学金学生 48 人,每人 2400 元。1996 年,由奔驰公司捐赠奖学金人民币 126000 元,获奖学生 36 人,每人 3500 元。

(32) 建辉奖学金:1994 年,由建辉公司捐赠奖学金人民币 13000 元,奖给本科生 10 人,每人 1300 元。1995 年又捐赠 32785 元,奖给学生 20 人,每人 1600 元,结余 785 元。

(33) 华藏奖学金:1994 年,华藏公司捐赠人民币 17516 元,其中奖学金 14200 元,奖给本科生 8 人,每人 600 元;硕士生 8 人,每人 800 元;博士生 3 人,每人 1000 元;另资助哲学系学生刊物 2000 元,行政管理等费用 1316 元。1995 年捐赠 16460 元,其中奖学金 14200 元,奖给的学生数与每人金额与 1994 年相同。另给哲学系学生刊物 2000 元,其余为行政管理等费用及证书制作费。

(34) 联合信号奖学金:1994 年联合信号公司捐赠奖学金人民币 43183.5 元,奖给本科生 50 名,每人 800 元,管理费等各项费用 3185.5 元。

(35) 宝钢奖学金、奖教金:1994 年宝钢公司捐赠奖学金、奖教金 6 万元,学生获一等奖 5 人,每人 2000 元;二等奖 15 人,每人 1000 元;教师获特等奖 1 人,10000 元;优等奖 5 人,每人 5000 元。1996 年,捐赠 4 万元,奖给学生 20 人,每人 2000 元。

(36) 东京银行奖学金:1994 年,日本东京银行捐赠奖学金人民币 48000 元,奖给硕士生 30 人,博士生 10 人,每人 1200 元。

(37) 三和银行、三和国际基金奖学金:1994 年,三和银行捐赠奖学金 4 万美元,奖给本科生 40 人,每人 100 美元。1996 年捐赠 1 万美元,奖给学生 40 人,每人 250 美元。1997 年,三和国际基金会捐赠 1 万美元,奖给学生 40 人,每人 250 美元。

(38) 朱光潜奖教金:1994 年,已故朱光潜教授亲属捐赠人民币 9900 元,奖给教师一等奖 3 人,每人 2000 元;二等奖 2 人,每人 1000 元;另管理、评审等费用 1900 元。

(39) 钱穆中国历史奖学金:由余景山先生在历史系设立该奖学金,从 1995 年开始,每年奖励博士生 1 人,金额 400 加元。

(40) 郑格如基金奖、助学金:1995 年,郑格如基金捐赠奖学金人民币 45000 元,奖励学生 15 名,每人 3000 元。1996 年,又捐赠助学金 324000 元,获助学金学生 81 人,每人 4000 元。

(41) 晨兴奖、助学金：1995 年，晨兴（中国）有限公司捐赠奖学金人民币 50000 元，奖励入学新生 25 人，每人 2000 元。1996 年又捐赠助学金 20 万元，获助学金学生 100 人，每人 2000 元。

(42) 摩托罗拉（中国）奖学金、奖教金：1995 年和 1996 年，摩托罗拉（中国）电子有限公司各捐赠奖学金人民币 20 万元，每年获特等奖学生 10 人，每人 4000 元；获优秀奖学生 144 人，每人 1000 元；另管理费等各项费用 16000 元。1997 年，捐赠奖学金、奖教金 20 万元，获特等奖学生 10 人，每人 4000 元；获优秀奖学生 84 人，每人 1000 元；获优秀奖教师 12 人，每人 5000 元；另管理费等各项费用 16000 元。

(43) 菲律宾首都银行奖学金：1995 年，由该银行基金会捐赠人民币 26000 元，奖励学生 13 人，每人 2000 元。1996 年和 1997 年，各捐赠 25500 元，每年获特等奖学生 1 人，4000 元；一等奖学生 2 人，每人 3000 元；二等奖学生 3 人，每人 2500 元；三等奖学生 4 人，每人 2000 元。

(44) 震宇助学金：1995 年，由震宇公司张震宇先生捐赠助学金人民币 2 万元，获助学金学生 10 人，每人 2000 元。

(45) 春之会助学金：1996 年春之会（日本）捐赠人民币 4000 元，援助两名经济困难学生，每人 2000 元。

(46) 冯奚乔奖学金：由冯奚乔先生捐资，奖给物理系三年级本科生 1 至 2 人，每人 2000 元。

(47) 方正集团助学金：1996 年方正集团设立“北京大学贫困生奖、助学金”，由北大方正集团公司四川金融租赁公司提供 20 万元。另外方正集团公司总裁及主要负责人决定每人每年资助一位贫困学生 2000 元。当年，共捐资 4 万元，资助学生 20 人。

(48) 瑞安归侨、归侨女子奖学金：1996 年，彭瑞安教育福利基金会捐赠奖学金 8800 元，获该奖学金一等奖学生 3 名，每人 2000 元；二等奖 2 名，每人 1000 元；另管理费等各项费用 800 元。

(49) 瑞得奖学金、奖教金：1996 年，瑞得（集团）公司捐赠 5 万元，奖给学生 10 人，每人 2000 元；给予金融、工商管理领域 5 个研究课题，每个 5000 元（其中导师共 5 人，每人 3000 元；研究人员 5 人，每人 2000 元）；节余 5000 元。1997 年捐资 7 万元，奖给学生 20 人，每人 2000 元，给予开展课题研究的导师 6 人，每人 3000 元；研究生 6 人，每人 2000 元。

(50) 香港城市大学校长奖学金：1996 年，香港城市大学校长捐资 2 万元，奖给本科生 10 人，每人 1000 元；研究生 5 人，每人 2000 元。

(51) 三星奖学金：1996 年，韩国三星集团公司捐资人民币 53300 元，奖给研究生 3 人，每人 8200 元；本科生 7 人，每人 4100 元。

(52) 住友商事奖学金:1996年,住友商事株式会社捐赠1000美元,奖给学生5人,每人200美元。

(53) 三菱东京银行奖学金:1996年,三菱东京银行捐赠人民币40万元(由日元折合)奖给研究生160人,每人2500元。

(54) 住友银行奖学金:1996年,住友银行捐赠4000美元,奖给学生20人,每人200美元。

(55) 董氏东方奖学金、海外研究奖学金:1996年,董氏东方公司捐赠人民币15万元,奖给本科生40人、硕士生20人,每人2500元。

(56) 菲利普集团奖学金:1996年,菲利普集团捐赠人民币5万元。获该奖学金一等奖本科生2人、研究生3人,每人4000元;二等奖本科生5人、研究生5人,每人3000元。

(57) 松下电器育英基金奖学金、松下育英奖学金:1996年,松下电器育英基金会捐赠奖学金36000元人民币,奖给学生24人,每人1500元。1997年捐赠4万元,获奖学生每人1000元至1500元,得奖学生25名。

(58) 美国香港通用电器奖学金:1996年,该通用电器公司捐赠人民币6万元。

(59) 张昌城奖学金:1996年张昌城先生捐赠2000美元,奖给学生10人,每人200美元。

(60) 韩国奖学金:1996年,韩国捐赠人民币18000元,奖给学生12人,每人1500元。

(61) 中国经济研究会奖学金:1996年,中国经济研究会捐赠100800元,奖给本科生10人、硕士生6人,每人4800元;博士生4人,每人6000元。

(62) 韩国学奖学金、奖教金:1997年,韩国学研究与韩国学问交流所捐赠18000美元,奖给硕士生18人,每人400美元;博士生6人,每人600美元;教师9人,每人800美元。

(63) 杜邦奖学金:杜邦公司自1997年至1999年,每年向北京大学捐赠奖学金人民币7万元。1997年奖给本科生15人,每人2500元;研究生10人,每人3000元,结余2500元。

(64) 林超地理奖学金:为纪念已故林超教授对北京大学地理事业的贡献,1997年起,刘闯、刘阳母子设立该奖学金。1997年捐赠人民币1万元。奖给博士生1人、硕士生1人,各3000元;本科生2人,每人2000元。

(65) 立青文教奖学金:1997年立青文教基金会捐赠人民币81300元。奖给本科生30人,每人1000元;硕士生29人,每人1200元;博士生11人,每人1500元。

(66) 华为奖学金、奖教金:1997年,华为技术有限公司捐赠5万元。奖给学生10人，每人3000元；教师5人，每人4000元。

（67）黄乾亨助学金：1997年，黄乾亨基金会捐赠29500元。获资助本科生8人，每人1500元；硕士生4人，每人2000元；博士生4人，每人2500元（超支500元）。

（68）智慧助学金：1997年智慧基金会捐赠8000元。资助本科生4人，每人1000元；研究生2人，每人2000元。

（69）金都首饰模具助学金：1997年，金都首饰模具有限公司捐赠34000元，资助学生17人，每人2000元。

第三节　学生思想政治工作

一、学生思想政治工作的机构

京师大学堂刚成立时，其章程规定在总办、总教习之下，设提调八人，其中五人分股稽查学生功课。1902年，在总办、副总办之下，设堂提调四员，稽查学生操行勤惰。1904年《奏定大学堂章程》规定，在分科大学监督之下设教务提调，总管该分科功课及师生一切事务。另设斋务提调管理整饬斋舍、监察起住一切事物。其下设有监学官。当时没有设置专门负责学生思想政治工作的机构。中华民国成立后，改分科大学监督为学长，如文科学长、理科学长等，负责该科教务，下设学监主任、学监，取消提调这项职务。蔡元培长校后，在行政会议下设有“学生自治委员会”“新生指导委员会”“学生事务委员会”等。1931年8月，国民政府教育部颁发《各级学校党义教员及训育主任工作大纲》，规定党义教师和训育主任“应时时与学生接触借以正其思想、言论、行动”。西南联大时也设有各科专门委员会如文理法工一年级课业指导委员会等。1939年7月，遵照教育部令，西南联大设立训导长和训导处。训导处下设生活指导组、军事管理组和体育卫生组。复员后的北大仍设训导长和训导处。训导处中设体育委员会、学生卫生委员会。委员由校长就教职员中聘任。训导处下设生活指导组、课外活动指导组、斋务组。有了训导长、训导处后，除教务方面的问题以外，有关学生的工作，均由训导长、训导处负责。

新中国成立初，学生的思想政治工作，在校党委（开始时为党总支）领导下，由党、行政、青年团、学生会等配合进行，未设专门的机构。1953年11月，为加强学生的政治思想工作，学校决定设置半脱离学习的政治工作干部，当年选拔了14名学生担任这一工作，并延长他们的修业期限一年。半脱产的政治工作干部一般可担任党支部书记或团总支书记，其工作直接受校党委领导，同时接受学校行政和系（科）行政的指导和领导。1965 年，为加强政治工作干部队伍，学校根据上年 6 月中共中央批转的高教部党组《关于加强高等学校政治工作和建立政治工作机构试点问题的报告》，决定设置政治辅导员，当年配备专职辅导员 70 名，兼职辅导员 24 名。专职辅导员主要是近两年留校工作的大学毕业生，兼职辅导员为年轻的党员助教。

"文革"期间，思想政治工作机构被打乱。"文革"后，1979 年 4 月，校党委成立青年工作部，1980 年二三月间改名为学生工作部。1980 年 3 月，校党委发布《关于配备学生政治辅导员、班级主任和充实加强团干部的决定》，恢复政治辅导员和班级主任的设置。1981 年 8 月，学校成立学生工作处，处长兼任学生工作部的副部长。1984 年 9 月，学校决定将北京大学党委学生工作部和北京大学学生工作处合并，合并后称"北京大学学生工作部"。它既是党委的一个职能部门，又是校行政的一个工作机构，在校党委和校长的领导下负责学生的思想政治工作和有关的行政管理工作。

二、思想政治教育

1. 新中国成立前的思想政治教育

京师大学堂之创设，从清政府来说，其目的是为了培养维护封建王朝的人才，其立学宗旨为"中学为体、西学为用"，强调"忠君""尊孔"，"以忠孝为本，以经史之学为基"。如《钦定京师大学堂章程》规定："京师大学堂之设，所以激发忠爱，开通智慧，振兴实业；谨遵此次谕旨，端正趋向，造就通才，为全学之纲领。"1904 年张之洞等在《遵旨重订学堂章程妥筹办法恭折》中更明确提出，"至于立学宗旨，无论何等学堂，均以忠孝为本，以中国经史之学为基，俾学生心术壹归于纯正"。1906 年学部还奏准以忠君、尊孔、尚公、尚武、尚实五项为全国教育宗旨。京师大学堂时期，学校当局即遵照以上规定对学生进行思想政治教育。

1912 年，中华民国成立。临时政府教育总长蔡元培提出军国民教育（即军事体育教育）、实利主义教育（即智育）、公民道德教育、世界观教育和美感教育"五育并举"的教育方针。是年 9 月，教育部公布以蔡元培提出的教育方针为基础制定的民国教育宗旨："注重道德教育，以实利教育、军国民教育辅之，更以美感教育完成其道德。"

袁世凯窃取大总统职位后，为复辟帝制的需要，恢复尊孔读经，并于 1915 年 2 月颁布《颁定教育要旨》，提出要"矩矱本诸先民，智慧求诸世界"，"于忠孝节义植其基，于智识技能求其阙"为总的精神，废除民国元年的教育宗旨，确定"爱国、尚武、崇实、法孔孟、重自治、戒贪进、戒躁争"为教育宗旨。

其中最主要的是“爱国”和“法孔孟”两项。所谓“爱国”就是要“诚心爱国勿破坏”，对于当时针对袁世凯假共和真独裁的“一切邪说暴行”要“拒之勿听，避之若浼，恶之若鹰鹯之逐鸟雀”，以维护袁的专制统治。1916年袁世凯复辟帝制失败及病死后，教育部才于是年9月撤销袁的教育宗旨，基本上恢复了民国元年制定的教育宗旨。上述教育宗旨的这些曲折变化，直接影响学校对学生的思想教育，也影响学校的风气。

1917年1月，蔡元培就任北京大学校长后，实行“思想自由、兼容并包”的方针，对北大进行改革。他积极支持新文化运动，倡导以民主和科学为旗帜的新思潮，使北大成为新文化运动的中心，五四爱国运动的策源地。他施行的“思想自由、兼容并包”的方针，也在客观上为马克思主义的传播开辟了道路，使北大成为我国传播马克思主义最初的基地。北大由此形成了爱国主义，学习、研究和传播马克思主义，民主与科学（后概括为爱国、进步、民主、科学）的革命传统。

1928年6月，国民党南京国民政府夺取了奉系军阀张作霖占据的包括平、津在内的华北地区。南京国民政府于1927年提出要施行“党化教育”，“使学生受本党（国民党）之指挥而指挥民众，并以三民主义感化具有革命性而误入歧途之青年”。1928年5月，中华民国大学院召开的第一次全国教育会议议决，不再用“党化教育”的提法，而代之以“三民主义教育”。1929年3月，国民党第三次全国代表大会通过决议提出，“中华民国今后之教育应为三民主义之教育”，“必须使一切教育之设施，全部皆贯以三民主义之精神，无处不具备三民主义之功用”。根据这一决议案，国民政府于同年4月正式公布《中华民国教育宗旨及其实施方针》，明令施行。该文件规定的教育宗旨为：“中华民国之教育，根据三民主义，以充实人民生活，扶植社会生存，发展国民生计，延续民族生命为目的。务期民族独立，民权普遍，民生发展，以促进世界大同。”国民党南京国民政府所讲的三民主义，并不是孙中山所阐释的三民主义。它不是孙中山讲的“民族独立、民权自由、民生幸福”的三民主义，更不是孙中山讲的实行联俄、联共、扶助农工三大政策的三民主义，实际上乃是“党化教育”的另一种说法。为贯彻“三民主义教育宗旨”，1929年8月教育部公布的《大学规程》规定：国民党党义是所有大学的必修课程。1931年9月，国民党又制定《三民主义教育实施原则》，规定学校建立训育制度，训育应以三民主义为中心，养成德、智、体、群、美兼备之人格。这时期，北大学校领导一方面贯彻执行国民党政府的一套教育方针政策，对学生施行三民主义教育，另一方面还在相当程度上保留蔡元培倡导的“思想自由、兼容并包”的精神。蔡元培长校期间开设的一些有关马克思主义和社会主义学说的课程，得以继续开设。

抗日战争时期，国民政府加紧推行“三民主义教育”，并加强对学校和学生的管理控制。西南联大在贯彻执行的同时，也继承和发扬北大、清华、南开三校的优良传统。三校各有不同的历史和校风，但都有一个共同的传统，即爱国、民主和科学，学校还决定以“刚毅坚卓”为校训，培养学生刚强、果敢、坚韧不拔、卓然不群的精神。对于教育部规定的共同必修课“党义”，则改为讲座方式，确定10个讲题由教师轮流主讲，后改用交读书报告代替。实际上有些人从来没有听过讲、交过读书报告。复员后的北大，仍是一面执行国民党的教育方针政策，一面继承和发扬战前北大和西南联大的优良传统。当时还实际上取消了“三民主义”课(即党义课)和军训。

2. 新中国建立后的思想政治教育

(1) 新中国成立初期

1948年12月，解放军包围北平，北平解放在即。北大地下党组织遵照华北局城工部和北平地下党学委的指示，大力进行目前形势和中国共产党的政策的宣传。当时曾由北大印刷厂的地下党员和进步分子翻印了《中国人民解放军平津前线司令部约法八章》《北平军事管制委员会告北平各界同胞书》等传单，秘密散发给学生。北平解放后，学校党组织根据广大师生员工的要求，通过组织学习有关文件文章、请在北平的党政领导和老解放区来的学者做报告等方式，继续进行党的政策的宣传教育，使大家了解党的城市政策、文教政策、知识分子政策以及新民主主义教育方针政策等。

1949年4月初，法律系进行课程改革，决定停开13门旧课程，增设5门新课程。5门新课程中有“新哲学”“社会发展史”“马克思经济学说”等。5月，文学院、法学院均开设“社会发展史”和“新民主主义经济政策”课程，由著名学者何干之、薛暮桥分别讲授。这是新中国成立后北大开设马克思主义理论课、进行马克思主义理论教育之始。

1949年9月，学校遵照华北高等教育委员会的规定，决定1949学年度一、二、三、四各年级均必修“辩证唯物论与历史唯物论(包括社会发展史)”，第一学期学完，每周三小时；“新民主主义论(包括近代中国革命运动史)”，第二学期学完，每周三小时；本学年度文、法、教育学院毕业班学生必修“政治经济学”，每周三小时，一年学完。研究生各年级亦相应开设上述课程。自此，马克思主义理论课成为全校各院系共同必修课。

1951年3月，学校根据教育部关于设立时事课、成立时事学习委员会的指示，决定成立北大时事学习委员会，委员会由副教务长杨晦主持，由政治课教员代表、学生会代表、工会代表组成。时事课上课时间暂定为每星期六下午。自此，时事政策学习亦作为一门课程，成为经常性思想政治教育的一项内容。

1950年10月，中国人民志愿军跨过鸭绿江，全国掀起抗美援朝运动。学校结合运动对师生进行抗美援朝、保家卫国，发扬爱国主义、国际主义精神的宣传教育，组织大家学习讨论周恩来总理9月30日的严正声明“中国人民绝不能容忍外国的侵略，也不能听任帝国主义者对自己的邻人肆行侵略而置之不理”，学习讨论11月6日《人民日报》社论“为什么我们对美国侵略朝鲜不能置之不理”。为加强统一领导，学校先后成立“北大学生反美侵略临时工作委员会”和“中国人民保卫世界和平反对美国侵略北京大学委员会”，举办反美侵略的文艺晚会、展览会和座谈会。学校还决定自11月8日开始，全校停课两周，组织学生到郊区农村、市区街道进行抗美援朝宣传活动。1951年4月5日至7日，学校利用春假，组织师生员工2761人参加北京市组织的大专学校师生到郊区农村及铁路、工厂、市区街道进行的宣传活动。这些宣传教育破除了一些学生的恐美、崇美、亲美的思想，增强了民族自尊心、自信心和爱国心。

1950年，新解放区开始开展土地改革运动。学校结合运动，对学生进行了解封建剥削的残酷、树立无产阶级立场、走与工农相结合的道路的教育。学校除组织学习有关文件和政策以外，1950年1月，组织法律系学生，在教师带领下，到京郊13区和17区参加土改；1951年7月，决定政治、经济、法律三系二、三、四年级学生和研究生，于本年秋季（9月初）分批赴中南地区参加半年的土改运动，欢迎教师参加；1951年10月，组织中文系四年级和哲学系、历史系二、三年级学生及10名教师，组成一个工作团去江西吉安参加土改（师生到吉安后即分派到实行土改的各个村点，参加当地派出的工作队，接受其领导）。参加土改的学生和教师回校后，都认真进行思想总结，很多人认为亲自经历土改的实践受到了一次终生难忘的教育。

1950年12月起，在全国范围内大张旗鼓地开展了镇压反革命的运动。学校除了请公安等有关部门领导人来校做报告以外，还组织广大学生收听北京市几次大规模控诉会的实况转播，并组织学生分别参加了一些控诉会。

1951年9月29日，周恩来总理受中共中央委托，为京津20所高校和中科院等研究单位的教师、研究人员作《关于知识分子的改造问题》的报告。我校全体教师及干部、学生400多人参加，以此为起点，北大同京津其他高校一起，开展了教师思想改造运动。1951年12月下旬，学校又遵照中央和市委的指示，开展“反贪污、反浪费、反官僚主义运动”（简称“三反”运动）。在教师中这两个运动结合进行。运动分为三个阶段：第一阶段是通过听报告、学习文件，以马列主义、毛泽东思想武装自己，开展批评与自我批评，明确思想改造运动的目的，端正态度；第二阶段是以“三反”斗争为主，揭发批判贪污、浪费、官僚主义；第三阶段是思想总结和检查的阶段，当时也称为“洗澡”

的阶段，就是通过批评与自我批评，洗去反动、错误思想的泥污。学校组织学生参与了运动的全过程。

北大有光荣的革命传统，1949 年五四前后，学校举办多种活动，纪念五四运动，继承和发扬五四以来形成的“爱国、进步、民主、科学”的革命传统。如 5 月 4 日晚在民主广场举行的纪念晚会和营火晚会，请陆定一到会讲话；中文系和文艺社举办“文艺晚会”，请老舍、丁玲讲演；历史系举办“历史晚会”，请徐特立、许德珩演讲；经济系举行“经济晚会”，请政务院财经委员会委员冀朝鼎、全国政协财经组组长章乃器讲演；地质系举办“科学晚会”，请华罗庚、丁燮林等讲演；理学院和工学院分别举办科学展览会。1949 年以后，除“文革”期间以外，北大每年都结合“五四”“一二・九”“一二・一”等革命运动纪念日，举行多种活动，对学生进行革命传统教育。

(2) 院系调整至“文革”前

从 1953 年起，国家开始进入对生产资料私有制进行社会主义改造和有计划地进行社会主义建设的时期。1953 年 6 月，毛泽东主席提出“身体好，学习好，工作好”的“三好”号召。学校围绕“三好”，对学生进行了多种多样的思想政治教育。第一，是进行端正学习目的、学习态度和热爱专业的教育。每年新生一入学，学校即开始对他们进行这方面的思想教育，引导他们树立为国家建设而学的学习目的和不怕困难、顽强刻苦学习的精神，掌握正确的学习方法，从国家利益出发，安心所学的专业。第二，是进行“全面发展”的教育。引导学生德、智、体全面发展（不是平均发展），成为具有社会主义觉悟、掌握专业知识与技能、体魄健全的社会主义建设者。第三，鼓励学生做好社会工作，培养全心全意为人民服务的精神。学生担任社会工作要根据各人的特长和志趣，并以一人一职为原则。

1956 年 1 月，中共中央召开关于知识分子的会议，提出“向科学进军”的号召，学校在继续开展“三好”活动的基础上，对学生进行树立远大理想、努力攀登科学高峰、刻苦钻研业务的教育，并组织学生参加科研活动，成立学生自愿参加的科研小组。学校同时指出，“三好”中的“学习好”就包括了向科学进军的意思；向科学进军不是将“三好”变成“一好”，而是要求学生学习劲头更足一些，学习速度更快一些，学习质量更高一些；向科学进军对学生来说就是出色地完成学习任务，同时加强课外的科研活动。

1957 年 6 月，学校按照党中央和市委的部署，开展反右派斗争，发动和组织学生和教职工召开各种批判会、贴大字报，批判右派言行，并通过这场斗争对学生进行必须坚持党的领导、坚持社会主义道路、坚持人民民主专政、坚持马克思主义指导的教育。反右派斗争在取得成绩的同时，犯了严重的扩大化的错误，思想教育中存在着严重混淆两类不同性质的矛盾的问题。

1958年3月，中共中央发布《关于开展反浪费、反保守运动的指示》，学校随即开展“双反运动”，提出改革教学，改造思想，为国家培养又红又专的干部，学校培养出来的学生不红不专是最大的浪费。接着，学校发动群众开展一场红专大辩论，分析批判“只专不红”“只红不专”“红专分工”“先专后红”“先红后专”“多专少红”“粉红色道路”等错误思想，教育学生要认真改造思想，树立革命人生观，坚定走“又红又专”道路。

1958年6月开始，全国高校开展了一场“教育与生产劳动相结合”方针为主要内容的教育革命。学校组织学生到农村、工厂进行生产劳动，在校内外参加大炼钢铁运动，一些系还组织学生参与兴办工厂的劳动。

1960年，中苏两党关系恶化，1963年发生中苏两党关于国际共产主义运动的大论战。学校遵照党中央和市委的指示，组织学生学习有关文件和“九评”等文章，对学生进行反对“现代修正主义”的教育。

1963年2月，中央发出《关于在全国青少年中广泛开展学习雷锋的教育活动》的通知。同年3月5日，《人民日报》发表毛泽东“向雷锋同志学习”题词。学校响应号召，组织学生开展学习雷锋活动，培养他们全心全意为人民服务的精神，树立助人为乐、毫不利己专门利人的共产主义人生观。

1963年5月开始，全国开展农村社会主义教育运动（即“四清”运动）。1964年7月，毛泽东同侄子毛远新谈话，指出“阶级斗争是你们的一门主课”，“你们学院应去农村搞四清，去工厂搞五反”，“阶级斗争都不知道，怎么能算大学毕业”。与此同时，教育部和中共中央、国务院从1963年起，相继发出高校文科师生和理工科师生参加农村“四清”运动的通知。学校根据毛泽东的指示和上述通知，从1963年9月至1965年，分期分批组织学生参加农村“四清”运动，以使他们受到阶级和阶级斗争的教育。

（3）“文革”十年

1970年，经中央批准，北大开始招收工农兵学员。当时提出的培养目标是“培养高举毛泽东思想伟大红旗，无限忠于毛主席，无限忠于毛泽东思想，无限忠于毛主席革命路线的全心全意为社会主义革命和社会主义建设服务的有文化科学理论又有实践经验的劳动者”。其中突出的是“一高举、三忠于”。当时还提出实施教育培养的一条新的原则，即“工农兵学员上大学，管大学，用毛泽东思想改造大学”，简称“上、管、改”。对入学的工农兵学员主要是灌输“文化大革命”的指导思想“无产阶级专政下继续革命的理论”，教育学生接受“两个估计”：第一个估计是新中国成立后十七年“毛主席的无产阶级教育路线基本上没有得到贯彻执行，教育制度，教学方针和方法几乎全是旧的一套”，在教育战线上“资产阶级专了无产阶级的政”；第二个估计是原有教师队伍中的大多数，“世界观基本上是资产阶级的”。同时，通过组织学生参加“批林批孔”“评法批儒”“反对右倾回潮”“评水浒”“反对右倾翻案风”等活动,对他们进行一系列极“左”理论的宣传教育。

(4) 改革开放时期

“文革”结束后,党和人民面临拨乱反正、正本清源的迫切任务。学校在完成这一任务的过程中,组织学生参加揭发、批判“四人帮”的一系列活动,批判“文化大革命”的错误指导思想“无产阶级专政下继续革命的理论”,批判“两个估计”,批判破坏教育事业、搞乱教育思想的种种谬论,帮助他们清除“四人帮”的流毒,回到马克思主义和党的正确的方针、政策上来。

1978 年 5 月开始,学校组织学生学习《实践是检验真理的唯一标准》一文和其他有关文章,参加关于真理标准的大讨论,批判“两个凡是”(即:凡是毛主席作出的决策,我们都坚决拥护;凡是毛主席的指示,我们都始终不渝地遵循)的方针,对他们进行实事求是思想路线的教育。

党的十一届三中全会以后,学校组织学生学习中央有关文件精神,进行党领导人民从“以阶级斗争为纲”到“以经济建设为中心”的战略转移的教育,进行改革开放和必须“坚持四项基本原则”(必须坚持社会主义道路,必须坚持无产阶级专政,必须坚持共产党的领导,必须坚持马列主义毛泽东思想)的教育。1981 年,学校又组织学生认真学习党的十一届六中全会通过的《关于建国以来党的若干历史问题的决议》,引导学生运用辩证唯物主义和历史唯物主义观点,正确评价新中国成立以来党的工作,正确认识党的历史。

20 世纪 80 年代中后期,社会上资产阶级自由化思潮几度泛滥,高教界学潮频频爆发,学校按照中央、国家教委、北京市委的指示,对学生进行坚持四项基本原则、坚定理想信念、反对资产阶级自由化、维护安定团结的教育。1987 年,党的十三大以后,学校组织学生学习十三大文件,对他们进行“中国特色社会主义”和党的建设有中国特色社会主义基本路线的教育。党的十三届四中全会和 1990 年以后,又组织学生学习建设有中国特色社会主义理论,引导学生认识只有走社会主义道路才有出路的道理。

1994 年 8 月,中共中央印发《爱国主义教育实施纲要》,学校围绕该纲要,在学生中深入开展爱国主义教育,并把爱国主义、社会主义、集体主义教育结合起来进行。

3. 评选奖励先进集体和先进个人

1954 年,为了树立优良的校风,培养德才兼备、体魄健全的祖国文化科学建设干部,鼓励学生发扬集体主义与革命英雄主义精神,贯彻毛主席“身体好、学习好、工作好”的指示,学校建立了评选、奖励先进集体和先进个人的制度。当年,制定了《北京大学奖励学习模范生与模范班暂行条例》,并开始实施,翌年,将“模范班”改为“先进班”,将“模范生”改为“优秀生”,并在原条例的基础上修订为《北京大学奖励“先进班”与“优秀生”条例》。其中规定,先进班的条件为:(1)全班学生学习目的明确、学习态度端正;能热爱所学专业,努力学习,积极钻研,不断提高独立工作能力;学习成绩提高较快,成绩优良比例为全校各班中较高者;(2)全班学生能关心时事、政治;尊敬师长;遵守政府法令、学校纪律和学生守则,积极响应行政、党、团、学生会的号召,在社会活动中表现良好;(3)全班学生积极参加锻炼,体质正常的学生并能全部参加劳卫锻炼;(4)全班学生能自觉地提高共产主义的道德品质;能团结友爱,开展批评与自我批评;能热爱并积极参加劳动,爱护公共财物。奖励办法为:由校长明令表扬,并给以奖旗与奖品;连续两次受奖者,给以银质奖章;连续三次受奖者,给以金质奖章。优秀生的条件为:(1)学习目的明确,学习态度端正;能热爱所学专业,努力学习,积极钻研,不断提高独立工作能力;连续两学期考查成绩均及格,考试成绩均系优等;或学习上有突出表现或突出进步,且连续两学期考查成绩全部及格、考试成绩优良。(2)关心时事政治,尊敬师长,热爱劳动,爱护公共财物,遵守政府法令、学校纪律和学生守则,积极响应行政、党、团、学生会的号召,在社会活动中起模范作用。(3)积极进行体育锻炼。奖励办法为:由校长明令表扬,并给以奖状和奖品;连续两次受奖者,给以银质奖章;连续三次受奖者,给以金质奖章。该条例还规定先进班与优秀生每年评定一次。

根据上述两个条例,1954 年评定、奖励了两个先进班(当时称模范班)、55 名优秀生(当时称模范生),1955 年评定、奖励了 40 个先进班、若干名优秀生(数字不详),1956 年评定奖励了 84 个班、若干名优秀生(数字不详)。

1956 年以后至“文化大革命”结束,由于运动频繁(如 1957 年、1958 年的反右派斗争,1958 年的“大跃进”和“教育革命”,1963 年至 1966 年参加农村“四清”运动,1966 年开始的“文化大革命”等),又由于其间遭遇三年暂时经济困难等原因,评选奖励先进集体和先进个人的工作未能继续进行。

“文革”后,1978 年开始恢复评选奖励先进集体和先进个人的工作。当时,先进个人分别称为三好学生、优秀三好学生和优秀学生干部,后又增加优秀三好学生标兵。1978 年 11 月,学校召开“学雷锋、创三好”活动表彰大会,宣布《北京大学、北大团委、北大学生会关于表彰三好学生、优秀学生干部和先进集体的决定》,表扬三好学生 482 名,优秀三好学生 34 名,优秀学生干部 32 名,先进集体 3 个。1979 年 11 月 1 日,学校和校团委、校学生会联合表扬三好学生 482 名,优秀三好学生 34 名,优秀学生干部 323 名。1980 年 12 月,学校表扬三好学生 711 名,优秀三好学生 41 名,优秀学生干部 343 名,先进集体 47 个;另有 44 名社团积极分子受到表扬。1982 年学校对评选三好学生的办法进行了改进，制定了《北京大学评选三好学生、先进班集体的若干规定》。是年5、6月在国政、生物、西语、地质的部分班级进行试点，暑假后在全校78、80、81三个一年级进行评定。全校共评出优秀三好标兵18名，优秀三好学生61名，三好学生671名，先进集体31个。此后，各年的表扬情况如下表。

日期	先进个人				先进集体（先进班、优秀班）	其他
	三好学生	优秀三好学生	优秀三好学生标兵	优秀学生干部		
1983年11月	802	78	18		36	
1984年12月	984	140	31			
1990年11、12月	1158				34	269名学生获单项奖
1993年11月	452	227	55		优秀班集体25，先进学风班39	

第四节　学生社团

一、五四运动前后

北京大学自蔡元培长校，在他的积极倡导和热心支持之下，始兴社团的组织与活动。到五四运动前后，社团组织与活动达到了高潮。当时的社团大多由学生组织，请教师和校外专家指导或当顾问，但也有师生共同参加组织的社团。社团的成员，多数仅限于在校师生，但也有的允许校外人员参加。多数社团属于革新派，但也有校内守旧派建立的社团。社团所需经费，学校视情况可给予部分或全部津贴。这些社团按其性质，大体有以下几类。

1. 主要属于政治性的有：《国民》杂志社、新潮社、马克思学说研究会、少年中国学会等。

2. 主要属于学术性的有：数理研究会、地质研究会、化学研究会、哲学研究会、政治研究会、法律研究会、教育研究会、史学会、经济研究会、罗素学术研究会、新闻学研究会、考古学会、社会科学研究会、社会改良研究会、国是研究会、《科学常识》杂志社、学术研究会、国家主义研究会、国史征集会、世界语研究会、速记学会、歌谣研究会、风俗调查会、《国故》月刊社、孔子研究会、新知编译社、雄辩会、辩论会、国语演说会、佛学讲演会、英文演说会、阅书报社等。

3. 主要属于文化艺术性质的有：音乐研究会、书法研究会、画法研究会(1923年5月，书法研究会和画法研究会合并为造型美术研究会)、戏剧研究会、新剧团等。

4. 主要属于体育卫生性质的有：健身会、体育会、技击会、静坐会、卫生学会等。

5. 主要属于教育性质的有：平民教育讲演团、学生会平民夜校、校役夜班等。

6. 主要属于个人道德修养性质的有：进德会、励进会、北京大学同学俭学会等。

7. 主要属于生活福利性质的有：学生银行、消费公社、青年互助团等。

8. 主要属于联谊性质的有：学余俱乐部、教职员会等。

这一时期，在校内和在社会上影响较大、较为著名的社团情况如下。

1. 北京大学新闻学研究会。该会是我国第一个有组织的新闻学研究团体，由校长蔡元培、文科教授徐宝璜、《京报》社长邵飘萍发起组织。该会于1918年10月14日晚在北大二院理科第十六教室召开成立大会。会长蔡元培，研究会主任徐宝璜，导师邵飘萍。研究会简章规定，其定名为北京大学新闻研究会，宗旨为“灌输新闻知识，培养新闻人才”。1919年2月19日，该会改名为“北京大学新闻学研究会”，其宗旨改为“研究新闻学理论，增长新闻经验，以谋新闻事业之发展”。参加研究会的有高君宇、谭鸣谦(谭平山)、罗璈(罗章龙)、陈公博、区声白、杨兴栋(杨晦)等。当时在北大图书馆任助理员的毛泽东也是成员，并获得听讲半年的期满证书。研究会会刊《新闻周刊》于1919年4月20日创刊。1920年12月因研究会骨干有的毕业，有的出走，该会停止活动。

2. 北大哲学研究会。该会由北大教授马叙伦、陈大齐、杨昌济、陶履恭、胡适、梁漱溟及学生陈钟凡等发起组织，于1919年1月25日正式成立。它以“研究东西诸家哲学，瀹启新知”为宗旨。研究方法为讲演、调查、编译等。毛泽东在北大图书馆工作期间曾参加这个研究会。

3.《国民》杂志社。该社是学生救国会的机关刊物，1918年10月20日成立。《国民》杂志社的成员不限于北大师生，但在其中起骨干作用的是当时北大的学生邓中夏、黄日葵、高君宇、许德珩等。该社宗旨为：“(一)增进国民人格；(二)灌输国民常识；(三)研究学术；(四)提倡国货。”1919年1月1日，《国民》杂志创刊，蔡元培校长为创刊号作序。李大钊在该杂志上发表了《大亚细亚主义与新亚细亚主义》《再论新亚细亚主义》等文章。该社许多成员积极参加了随后不久爆发的五四运动，起了显著的作用。

4. 新潮社。它是北大学生傅斯年、顾颉刚、徐彦之、罗家伦、潘家洵等发起，于1918年12月3日成立，社址设在北大红楼一层二十二号房间。它"专以介绍西洋近代思潮，批评中国现代学术上、社会上各问题为司职"，主张"去遗传的科举思想，进于现代的科学思想；去主观的武断思想，进于客观的怀疑思想"。它的主要任务是出版《新潮》月刊，其英文译名为"The Renaissanee"，即"文艺复兴"。新潮社编辑部主任编辑为傅斯年，编辑罗家伦，书记杨振声；干事部主任干事为徐彦之，干事为康白情，书记为俞平伯。1919年1月，《新潮》月刊出版，经蔡元培、陈独秀同意，印刷费由学校垫付。蔡元培还为《新潮》题写了刊名。《新潮》月刊每期发行一万多份。它与《新青年》相呼应，反对封建礼教，提倡个性解放，提倡写白话文，在新文化运动中曾产生广泛影响。新潮社除出版《新潮》月刊外，还发行一套文艺丛书，定名为"新潮文艺"。五四运动以后，新潮社逐步向右转，成为宣传实用主义的阵地。随后，傅斯年、罗家伦等人相继出国留学。1925年北新书店成立("北新"一词即"北大新潮"之意)，把新潮社的出版发行工作接收过去，新潮社的工作逐渐停止。

5. 平民教育讲演团。它是北大学生邓康(邓中夏)、廖书仓、黄日葵、许德珩等14人发起成立的，于1919年3月27日在二院理科校长室召开了成立大会，到会团员35人。大会通过的简章规定："本团定名为北京大学平民教育讲演团；以增进平民知识，唤起平民之自觉心为宗旨；本团由北大学生热心平民教育者组织之，但教职员赞成本团宗旨者亦得加入；本团讲演分定期与不定期两种。定期讲演每月四次，于每星期日下午一时后举行之；不定期讲演，如有事件发生，或春假、暑假及国庆日，经本团团员认为必须讲演时，临时酌定。"简章还规定团员有轮流讲演之义务。大会选举廖书仓、邓康为总务干事，罗家伦、康白情为编辑干事，周炳琳为文牍干事，易克嶷为会计干事。

讲演团最初以露天讲演为主，到1919年4月底，向京师学务局借用了该局在东、南、西、北城讲演所四处，分四组进行讲演；1920年5月，增加了可容400多人的虎坊桥"京师模范讲演所"；1921年年初，经学校总务会议同意，在食劳轩旧址(马神庙东口松公府夹道八号)自设讲演所一处。该所于1921年3月7日开始，每星期一、三、五晚七时以后举行定期讲演。

讲演团讲演的内容包括反日爱国、民主政治、破除迷信、反对陋习、普及科学、提倡文化学习等方面。

讲演团成立后，于1919年4月3日至5日，利用学校放春假，在东便门内蟠桃宫举行第一次讲演(时蟠桃宫举行三天庙会)。参加者有廖书仓等25

名团员，共讲38讲。主要的讲题有邓康的“家庭制度”“现在的皇帝倒霉了”、廖书仓的“平民教育讲演之意义”、许德珩的“勤劳与知识”、易克嶷的“如何求幸福”、康白情的“迷信”。

五四运动爆发后，讲演团对“五四”运动“尽力奔走呼号，竭力宣传”。如5月14日、18日，团员曾分赴东、西、南、北各讲所讲演，其中18日讲题有周炳琳的“山东与全国之关系”、邓康的“青岛交涉失败史”、廖书仓的“国民与民国的关系”等。

1920年3月14日，讲演团召开第三次常会，邓中夏再次当选为总务干事，高君宇为文牍干事。会议决定“除城市讲演外，并注重农村讲演，工厂讲演”。3月27日晚，干事会议决乡村讲演的具体办法八项，其中规定：讲演日期为春假期间2、4、6、8四天；每天出发，至多不得过两队；每队不得过5人；讲演队由报名团员自由组织；地点定为卢沟桥、丰台、长辛店、海淀、罗道庄等处；火车费由团中开支，但饭费则由各人自备。1920年10月8日，全体大会议决：“长辛店盼望本团讲演非常迫切……决定自本学期起，定该处为间周讲演之用。”

讲演团的活动何时结束，已无法查证。现只知1926年《北京大学日刊》还刊登过讲演团关于通知团员讲演时间和地点的启事。

6. 北京大学马克思学说研究会。这是中国最早的一个学习、传播和研究马克思主义的团体，由李大钊和邓中夏、高君宇等人于1920年3月秘密组织。1921年11月17日，高崇焕、王有德、邓中夏、罗章龙、吴汝铭、黄绍谷、王复生、黄日葵、李骏、杨人杞、李梅羹、吴容沧、刘仁静、范鸿劼、宋天放、高尚德、何孟雄、朱务善、范齐韩等19人署名，在《北京大学日刊》上登出启事，公开宣布研究会成立，同时公布研究会规约，并征求会员。启事事先曾经蔡元培校长同意。研究会的规约规定：“（一）本会叫做马克斯学说研究会，以研究关于马克斯派的著述为目的。（二）对于马克斯派学说研究有兴味的和愿意研究马氏学说的人，都可以做本会底会员。入会手续，由会员介绍或自己情愿，但须经会中认可。（三）研究方法分四项：搜集马氏学说底德、英、法、日、中文各种图书；讨论会；演讲会；编辑、刊印马克斯全集和其他有关的论文。”会址设在马神庙北大第二院（理科）。启事刊出后，1921年会员发展到50余人，1922年发展到150余人，1923年发展到250至300人左右。其中，除北大师生员工外，还有北京其他学校和外地的同学。

1922年2月2日，研究会发出通告，公布此届公举固定的三个职员姓名：书记黄绍谷，庶务兼会计李骏，图书经理范鸿劼。

研究会成立了三个特别研究组，如由几个英文程度不很好的会员组成《共产党宣言》的特别研究组，在一起读宣言英文本，既学马克思主义，又学英文。研究会还按专题成立十个固定研究组，进行专题研究（专题有唯物史观、阶级斗争、剩余价值、社会主义史等），并不定期举行讨论会、讲演会、辩论会。研究会向学校争取到两间房子作为活动场所，其中一间作为图书室，取名“亢慕义斋”，意即“共产主义小室”。“亢慕义斋”收集了汉、英、德等各种文字的马克思主义文献及报刊达几百种。

1922年5月5日，研究会在北大三院（北河沿）大礼堂举行纪念大会，请李大钊、顾孟余、陈启修、高一函等讲演；1923年1月15日，在厂甸高等师范学校举行李卜克内西和卢森堡女士殉难四周年纪念大会，敦请名流讲演，并当场发送两人之出版物；1922年11月，开展对开滦煤矿工人罢工斗争的支援活动。

研究会活动时间较长，影响较大，一直到1925年11月7日还在《北大日刊》上刊登为纪念苏俄革命八周年举行的讲演大会的启事。

7. 北京大学社会主义研究会。它于1920年12月由李大钊、何思枢（北衡）、徐其湘（六儿）、徐学池（儒康）、郭弼藩（梦良）、陈顾远（晴皋）、费秉铎（觉天）、鄢祥禔（公复）8人发起成立。其简章规定：宗旨是集合信仰和有能力研究社会主义的同志，研究并传播社会主义思想；研究方法是“1. 文字宣传：A 编译社会主义丛书，B 翻译社会研究集，C 发表社会主义论文；2. 讲演”；会员是对于社会主义有信仰和有研究能力的北大同学，由本会会员介绍或自愿入会，均经全体会员通过加入；会务由全体会员负责，采轮流或自由担任制度。

研究会成立后，于1921年5月1日劳动节在北河沿法科大礼堂举行公开演讲大会，由李大钊、陈启修、高一涵等人讲演。研究会还着力介绍优秀书籍，组织编辑研究丛书。1921年初即出版了《基尔特社会主义》一书。

8. 少年中国学会。1918年6月30日，王光祈、曾琦等六人在北京顺治门外岳云别墅开会，讨论筹建少年中国学会，组织筹备处，推王光祈为主任，并邀李大钊列名发起。1919年7月1日，少年中国学会在北京回回营陈宅举行成立大会，通过了学会规约，规定学会的宗旨为“本科学的精神，为社会的活动，以创造少年中国”。学会设评议部、执行部、编辑部，推举曾琦为评议部主任，王光祈为执行部主任，李大钊、黄日葵等七人为编译部译员，并决定出版《少年中国》《少年世界》等刊物，由李大钊任刊物编辑主任。学会总部设在北京，在南京、成都、上海和法国巴黎设立了分会。毛泽东、恽代英、高君宇、赵世炎、沈泽民、杨贤江、张闻天、朱自清、杨钟健等均为成员。学会经常举办各种讲演和学术活动，组织会员讨论国家大事、世界形势和信仰、主义等问题。学会的成员遍及南北不少省市，在五四运动中起过明显的联系、推动作用。1920年以后，学会内在要不要信仰社会主义的问题上发生争论，以后分歧日益严重并表面化。1924 年学会总部迁到南京，学会的主要领导职务由国家主义派左舜生、陈启天等掌握。他们决定停办《少年中国》，另办《醒狮》周刊，发表大量反对中国共产党和中国人民反帝反封建斗争的言论。1925 年 7 月学会在南京召开了最后一次常年大会。会上，恽代英、沈泽民与国家主义派进行了针锋相对的斗争，并宣布放弃表决权以示抵制。这次大会后，学会实际上就停止了活动。

9.《国故》月刊社。它由北大中文系教授刘师培和黄侃、陈汉章等人发起成立，1919 年 1 月 26 日在刘申叔宅内举行成立大会。创刊的原委是“慨然于国学沦夷，欲发起学报，以图挽救”。该社的章程规定“本月刊以昌明中国固有之学术为宗旨”；内容约分九门：通论、专著、遗著、艺文、杂俎、记事、外稿选录、著述提要、通讯；“凡北大同学有赞成本刊宗旨者得为本社社员”；“本社设于北京大学文科”。月刊的总编辑为刘师培、黄侃，特别编辑有陈汉年、黄节、林损等。他们反对新文化的输入，反对科学和民主。《国故》月刊第 3 期《讲学救时议》一文中说：“功利倡而廉耻丧，科学尊而礼义亡，以放荡为自由，以攘夺为责任，斥道德为虚伪，诋圣贤为国愿，滔滔者皆是也。”五四运动前出版的几期《国故》月刊，全用文言写成，并不加标点。

10. 进德会。它是一个提倡个人道德修养的组织，由蔡元培发起成立。它规定会员分三种：甲种会员以不嫖、不赌、不纳妾三项为基本条件；乙种会员于前三戒外，加不作官吏、不作议员二戒；丙种会员于前五戒外，又加不吸烟、不饮酒、不食肉三戒（以后改为不分等，以前三戒为条件，后五戒随意自择）。它还规定不咎既往。凡该会会员入会以前之行为，该会均不过问，唯入会以后，于所认定之戒律有犯者，罚之。这个组织在校内很有影响。蔡元培于 1918 年 1 月发起，到 1918 年 6 月开成立大会时，教员中入会的有 70 余人，职员中有 90 余人，学生中有 300 余人。行政人员和教授中的大半入了会。其中，蔡元培、钱玄同等为乙种会员，李大钊、马叙伦、胡适、沈兼士、章士钊、夏元瑮、陈大齐、刘师培、辜鸿铭等为甲种会员。学生中张申府、张国焘、康白情、罗家伦、傅斯年、潘家洵等也都入了会。后来会员陆续有增加。

由于师生社团众多，为加强管理，1922 年 3 月 25 日校评议会第七次会议议决设立学生事业委员会，议决说：“因学生所办各种事业如书画法研究会、音乐会等，学生办理，渐渐表示其无能力，不能不由学校着手整顿，故有特设委员会之必要。”校评议会公布的《国立北京大学学生事业委员会暂行组织大纲》规定：“凡本大学学生兴办事业，须于未成立以前，将其宗旨、办法及职员姓名，函经本委员会审议，转呈校长查核备案；其已兴办之事业，本委员会得依其职权调查或整理之。”蒋梦麟、李大钊都担任过该委员会委员长。

二、1927 年至 1937 年全面抗日战争爆发前

1927 年大革命失败后，奉系军阀张作霖下令取消北京大学，把它和其他八所国立高等学校合并成立“京师大学校”，并解散众多社团组织。1928 年，奉系战败出京，南京国民政府又将北大等九所国立高等学校合组为“中华大学”，后改为“北平大学”。这期间，北大师生主要是秘密或公开为复校而斗争，社团发展受到很大限制。1929 年，北京大学恢复校名后，社团组织才得以逐步发展。但许多进步社团仍屡屡受到限制和查禁。到 1935 年“一二・九”运动前后，情况才有所改变。但终此时期，没有再出现像五四运动前后那样兴盛的局面。

这一时期的社团情形如下。

1. 以系为范围的学术性的学会，如国文学会、数学学会、物理学会、无线电学会、生物学会、心理学会、英文学会、法文学会、德文学会、日文学会等。这些学会以各系师生为主要会员，以研究各系、各学科发展为宗旨，主要活动是进行分组研究、邀请学者讲演、主办刊物等。

2. 全校范围的或系际的学术性、政治性的社团，如一九三六研究会、北大演说辩论会、国际问题研究会、国防化学研究会、社会科学研究会、新哲学研究会、新文艺研究会、新诗谈话会、新文学研究会、世界语协会等。其中一九三六研究会由一部分学生于 1933 年 12 月发起，1934 年 3 月 4 日正式成立。之所以称为“一九三六研究会”，是因为苏联第二个五年计划将于 1936 年成功。苏联和日本有旧恨新仇关系，已经势不两立。日本当局亦早以 1936 年为其国之紧急关头，日本人对于未来一九三六所象征之第二次世界大战深为注意。该研究会由师生合作，研究国际趋势，以供国人之参考。该会规定，以北大为单位，在校同学皆可参加，聘请专门研究者为导师，会务活动以课外为原则。研究会分政治外交、经济及军事三部，分别研究各种专门问题，组织干事会以总理会务。

北大演说辩论会于 1929 年成立。其简章规定：以练习演说辩论、阐发学理、交换智识为宗旨；凡本校同学愿意加入遵守本章程者得为本会会员；分为演说辩论两部，部下各分国语组、外国组；聘请学校教师充当导师，在本会每次演习时评定演员之优劣，并指导其得失；经费由学校津贴，在必要时得征收会费；常会演说辩论每周各进行一次，赛会每年择期作演说或辩论比赛大会一次。

除一九三六研究会、北大演说辩论会外，上述其他各社团多于“一二・九”运动前后建立。

3. 文艺性质的社团。如音乐学会、摄影研究会、造型美术研究社、旧剧

研究社、话剧研究会、围棋研究会、黎明歌咏团等。

4. 教育性质的社团有北大附设民众夜校。它于 1930 年 10 月成立，以增进民众知识俾能服务社会为宗旨；教职员由北大学生担任，必要时延请校外热心民众教育者担任；设小学（四、二制）、师范（二年毕业）二部，必要时设中学、成人等班；修业期满，经考查成绩合格，发给毕业证书或证书。

除上述社团外，还有一些刊物和壁报社、读书会、歌咏团等。

三、长沙临时大学和西南联合大学时期

抗战初期，随着抗日民主运动的开展，成立了一批进步社团。它们出版壁报，组织各种演讲会、讨论会、时事座谈会，举办各种讲习班，开展各种集体文体活动，呈现出生气蓬勃的景象。1941 年皖南事变后，学校笼罩在白色恐怖的阴影里，社团活动暂趋沉寂。1944 年，西南联大的民主运动和社团活动再度活跃起来。众多社团开展了政治、学术、文艺、体育、社会服务等各种活动，使联大校园空前热闹起来，其兴盛程度超过了抗战初期。

1938 年 7 月和 1939 年 5 月，学校为加强管理，先后制定了《西南联大学生课外团体作业规则》和《西南联大学生会社管理规则》。其中规定："（一）学生组织会社应以下列性质者为限：甲、关于学生自治者，如学生自治会、级会。乙、关于学术研究者，如各种学会。丙、关于课外作业者，如体育会、音乐会、演说辩论会、出版组织。丁、关于日常生活者，如伙食团体。（二）凡属第一条所列性质之会社得向教务处请求登记。（三）凡请求登记之会社，应将其简章或办法及负责人名单送教务处，经核准后方得登记。（四）学生会社应聘请教职员为顾问。"另外还规定："凡学生成绩或平时操行不良者，不得当选学生会社职员。""学生会社经费完全由会员负担。"

这一时期的社团情形如下。

1. 群社。它由中共地下党员、民先队员等 20 多人共同发起，于 1938 年年底在昆中南院召开成立大会。其宗旨是：互相联络感情，增进友谊，开展学术交流和文化体育活动。第一届干事会由 9 人组成，邢福津（邢方群）为社长。干事会下设学术、时事、壁报、康乐、文艺、服务等股。先后聘请曾昭抡、余冠英、吴晓玲等教授为顾问。群社最盛时有两百多名社员，为当时联大最大的学生社团。

群社的学术股曾举办哲学、政治经济学、文学、俄语、世界语等讲习班，并经常举办各种学术讲座，如请孙伏园介绍鲁迅生平和《阿 Q 正传》创作发表的经过，请魏建功讲解鲁迅的旧体诗等。

时事股经常举办时事讲座，如请张奚若等教授讲国际形势，请名记者陆诒、范长江讲抗战形势、前途以及八路军抗日情况等。

群社在校内出版《群声》壁报，每周一期，主编林抡元（林元）、陈潜（金逊）。其内容以时事政治分析为主，还有新评介、文艺创作等栏目。壁报股还在校外大西门的城门洞里出版街头壁报《大家看》，主要负责人陈潜。

康乐股组织球赛、郊游、月光会、夏令营等，参加者不限社员，还成立了歌咏小组，练唱抗战歌曲。

文艺股成立文艺小组，吸收爱好文学的同学参加，定期讨论文学理论问题，并与学术股联合举办文艺专题讲座。

服务股主要帮助同学成立伙食委员会，也搞一些社会服务活动，如组织民众夜校，发动同学去抢救敌机轰炸中受伤的群众。

群社组织的活动内容丰富多彩，适合广大同学要求，影响不断扩大。1941 年 1 月皖南事变后，它被迫停止活动。

2. 冬青文艺社。该社于 1940 年年初成立，最初的社员都是群社文艺小组的成员。该社聘请闻一多、冯至、卞之琳、李广田等教授为导师。它在校内出版专门刊登杂文的《冬青》壁报，内容主要是针对时局及当时的社会问题，也有一些学校的问题，一事一议，很受欢迎。1941 年到 1942 年 8 月，他们在《贵州日报》上出版了《冬青诗页》，每月一期，半版，共出了 11 期。该社多次组织诗歌朗诵会、讲演会、游园活动等。冬青文艺社是联大历时最长、影响最大的文艺社团，一直到 1946 年夏三校复员才停止活动。

3. 联大歌咏团。该团以群社的歌咏小组扩展而成的群声歌咏队为骨干，于 1940 年成立。群声歌咏队经常组织同学唱抗战歌曲。联大歌咏团成立后，常唱《五月的鲜花》《中国不会亡》等歌曲，并曾在昆明广播电台成立时演唱《保卫黄河》《游击队歌》《旗正飘飘》等歌曲。

4. 高声唱歌咏队。该团 1945 年 3 月 10 日成立，提出“要为光明而歌唱”。它既唱抗战救亡歌曲，也唱艺术性强的抒情歌曲，并培养了一支歌曲创作队伍。在“一二·一”运动中，黎章民、严宝瑜分别写了《凶手，你逃不了！》和《送葬歌》，发挥了音乐的战斗作用。其成员除联大同学外，还吸收了部分中学同学，共 100 多人。

5. 联大话剧团（简称联大剧团）。它由联大中共地下党员、民先队员和平津等地来校爱好戏剧的同学发起，于 1938 年年底成立。其宗旨是：互相砥砺，共同切磋，为开展抗日救国的戏剧活动，丰富文化生活，研究戏剧艺术而努力。该社聘请闻一多、孙毓棠为导师，于 1939 年 1 月和 7 月，先后在新滨大戏院演出孙毓棠导演、闻一多设计布景的《祖国》和曹禺导演、孙毓棠任戏台监督、闻一多任服装布景设计的《原野》，获得很大成功。它还演出过《夜光杯》《雷雨》《傀儡家庭》《雾重庆》和一些短剧如《放下你的鞭子》等。他们有时利用假日到工厂、农村演出。

6. 戏剧研究社。它以群社中的戏剧爱好者和联大剧团中的一部分团员为骨干，于1940年5月成立。它开展进步的戏剧活动，为宣传抗日服务。是年9月，为募集救助联大同学的基金，曾在省党部礼堂连着演出15场由田汉改编的《阿Q正传》，共募得3000余元。联大学生救济委员会用这笔钱在昆中北院开办学生消费服务社，供应廉价早点。

7. 青年剧社、国民剧社。青年剧社是1940年2月由联大剧团分出来的以三青团员为骨干的同学组成，曾演出《前夜》《权与死》《地牢》等剧。1941年5月，由青年剧社分出来的一部分人又另行成立国民剧社，曾演出《野玫瑰》等。

8. 剧艺社。1944年暑假，基督教青年会学生服务部组织联大同学成立劳军工作队，到昆明郊区慰劳驻军，同时进行抗日和民主的宣传活动，曾演出独幕剧《锁着的箱子》。同年寒假，服务部又组织联大同学去建水劳军，宣传抗日和反对内战，曾演出《草木皆兵》。回校后，这些爱好戏剧的同学又组织了两次晚会，演出了几个独幕剧，并办了一个壁报，叫《剧艺》。开学后，他们用“剧艺社”名义征求社员，参加者三四十人，该社由是成立。它演出过《风雪夜归人》。在“一二·一”运动中它编演了《匪警》《凯旋》《审判前夜》《告地状》《血债》等广场剧、街头剧及三幕话剧《潘琰传》。它还协助新中国剧社演出过《草莽英雄》《大雷雨》等。

9. 山海云剧社、怒潮剧社。这两个剧社均在1942年成立，前者演出过《秋收》《家》，后者组成宣传队演出一些小戏。

10.《文艺》壁报、文艺社。《文艺》壁报于1933年10月1日创刊，每半月出一期，内容有论文、书评、小说、散文、诗歌、翻译短剧等。1945年3月26日，由《文艺》壁报的发起人和投稿者共23人成立了文艺社。文艺社成立后，除继续出《文艺》壁报外，主要活动是讨论作家作品，交流和讨论个人习作。1945年11月1日出版了铅印的《文艺新报》。《文艺新报》于是年11月26日出了“反内战专号”；在“一二·一”运动中出了“一二·一殉难四烈士纪念专号”。该报出到第8期后停刊。

11. 新诗社。1944年4月9日成立。聘请闻一多为导师。它以“生活的道路，就是创作的道路；民主的前途，就是诗歌的前途”为纲领，出版《诗与画》壁报，经常举行小型诗歌讨论会，每逢节日则举行较大型诗歌朗诵会。它曾响应全国文协关于捐助贫病作家的号召，把社员的诗作印成《七月诗页》义卖，并向社会开展募捐活动，闻一多也以刻图章义卖支持，共募得36万元，占全国大后方各大都市募捐数的1/10，受到全国文协的表彰。后来，一些爱好绘画的社员另组阳光美术社，新诗社的壁报改名为《新诗》。

12. 铁马体育会、悠悠体育会。铁马体育会成立于1940年4月，只收工学院的会员，主要是组织各种球类和田径、游泳、旅行、夏令营等活动。悠悠体育会由1944年元旦成立的悠悠球队发展而来，主要是组织球赛、郊游等活动。1944年11月1日曾举办盟邦战时照片展览。1945年2月21日举办路南旅行团，闻一多、曾昭抡也参加了。

13. 除夕社。1945年12月31日成立。成员多是"一二·一"运动时热心工作的人员，因对学生自治会决定12月下旬即复课持保留态度或对自治会领导作风有些意见而成立这一新的社团。除夕社成立后，出版了《除夕》壁报。

14. 各种壁报和西南联大壁报协会、西南联大壁报联合会。西南联大壁报众多，除上述一些社团办有壁报外，主要还有《腊月壁报》(1940年创办)、《热风壁报》(1940年创办)、《希谷》《流火》壁报(由叙永分校学生创办)、《春秋壁报》(1941年秋创办，出了两期即被训导处劝令停刊)、《耕耘壁报》(1943年创办)、生活壁报(1943年创办)、《潮汐》《民主》壁报(1944年5月创办)、《现实壁报》(1944年夏创办)以及1945年创办的《街头》《论坛》《科学》《法学》《南苑》《春雷》《政风》《大路》《论衡》《黎明》《人民》《学习》《尝试》《透视》《国风》《翻译》《社会》《新阵地》《希望》《民主》《火炬》《乱弹》《青年》《学苑》等壁报。此外，还有反苏反共的《辨奸》《火炬》《诛伐》等壁报。

1944年5月成立联大壁报协会(简称"报协")。当时联大的壁报几乎全体加入，并推《文艺》《生活》《耕耘》3家壁报为常委。是年7月7日，"报协"曾与云大、中法、英专三校学生自治会在云大致公堂联合举行抗日战争七周年时事座谈会。与会者约2000人，吴晗、闻一多、罗隆基、潘光旦、杨西孟等10余位学者、教授应邀讲了话。

1944年9月，由于反苏反共的《辨奸》《火炬》《诛伐》等壁报大量造谣漫骂、粗制滥造的文章的出现，而"报协"则已渐渐不再代表联大所有壁报，因而，以《冬青》《现实》壁报为主，成立了联大壁报联合会(简称"报联")，取代"报协"。10月10日，"报联"曾与云大、中法学生自治会联合举行昆明各界纪念双十节、保卫大西南群众大会，发表宣言，要求国民党结束一党专政，召开国是会议，组成全民政府。"报联"还多次为了发表国是宣言、护国纪念、纪念五四等活动出过联合版。

15. 学会。联大还有各种学会。如国文学会、外文学会、历史学会、社会科学研究会等。它们曾举办过"文史讲座"以及1944年、1945年"五四"文艺晚会等。

四、复员北平后时期

1946年秋，北大复员回京后，同学们继承西南联大的传统，与分配到北大的临时大学同学一道，成立了各种各样的社团。北大的地下党并把组织与领导社团作为当时工作的一个重心，派党员和盟员到各社团去，广泛地团结群众。当时，出壁报是社团的一项主要活动。很多社团都有自己的壁报，也有主要是出壁报的壁报社。各民主壁报团体还组织起来，成立了“壁联”，以使在民主运动中统一步调，反映广大同学的呼声。各文艺性质的社团则成立了“艺联”。学校训导处为了对社团进行控制和管理，于 1946 年 11 月 27 日制定了社团和壁报登记管理的两个办法，规定各社团和壁报必须将章程和全部参加者名单向训导处申请登记。同学们经过斗争，只报了负责人名单。关于社团的宗旨则大都填为“砥砺学业”或“补习功课”。1948 年，随着解放战争的发展和反动当局迫害的加剧，北大地下党要求将工作重心由社团转向系级，一些社团逐渐停止了活动。

这一时期主要的社团情形如下。

1. 综合性质的社团

（1）实习社。1946 年成立，社员 30 多人。原来是一个纯读书团体，后亦参加了爱国民主运动。它以社员读书兴趣，分为哲学、社会学、时事、文学等组。主编的壁报有《时事》《求实》《文学》《实学》。四个组基本上每周都举行一次讨论会。哲学组曾讨论“新哲学大纲”，社会学组曾讨论“历史唯物主义”，文学组曾讨论蔡仪的“新艺术论”。

（2）风雨社。1946 年 11 月成立。社名取自“风雨如晦，鸡鸣不已”。其主要活动是组织读书会和出壁报。读书会有哲学、经济等组。1947 年 5 月，受“壁联”委托，编辑发行《五四在北大》，记述了 1947 年北大同学举办的“五四周”。它还编辑了内部发行的“自由文丛”三集——《社会贤达考》《沧南行》《论南北朝》，文章多为名家之作，切中时弊。

（3）黄河社。1946 年年底成立。它勇于面对现实，针砭时弊，主要活动是出壁报。

（4）呐喊社。1946 年 12 月成立。主要工作是出壁报和组织读书会。《呐喊》壁报刊登的“冀东解放区归来谈”一文，报道了解放区人民翻身做主人的情景，颇有影响。

（5）北京人社。1947 年 4 月成立。它以“增进学习、练习写作”为宗旨，以“打击黑暗、迎接文明”为己任。中心工作是出壁报。

（6）大众社。1946 年 11 月成立，以临大同学为主，除出壁报外，还组织了读书会、边疆问题研究会和翻译小组（英、法、俄、德、日五组）。

（7）其他重要社团：生活社、南北社、奔流社、扬子江社、希望社、拓荒社、晓风社、夜星社、野草社（工学院）和工学院的工力、地质系的火山、医学院的时与潮、点滴、冬青、种子等壁报社。

此外，还有反对民主运动的“创造社”和三青团、国民党特务学生的壁报《情报网》《独立评论》《前锋论坛》。

2. 文艺性质的社团

(1) 新诗社。它在西南联大时期成立。复员后，由北大的该社同学继续主办并加以发展。它请冯至教授为导师，工作以诗朗诵为主，也出壁报，并出过几期街头诗。它以诗歌朗诵形式参加“抗暴”“反饥饿、反内战”等运动，和其他团体合印过《五四特刊》《诗人节特刊》《北平诗联特刊》，还油印过《新诗年选》，举办过诗歌晚会。

当时工学院还有一个新诗社，它亦以诗朗诵为主，在学生运动中担任过宣传、募捐等工作。

(2) 文艺社。它成立于西南联大时期，复员后，分为北大和清华两个社。它主要是出壁报，举行文艺讨论会和举办演讲会。1947 年五四纪念周时，在它举办的文艺晚会上，朱自清教授、冯至教授都作了讲演。

(3) 蚯蚓社。1947 年秋成立。它专门翻译、介绍外国文学。

(4) 剧艺社、锄头剧社。剧艺社成立于西南联大时期。复员后，该社的北大同学继续加以发展；演出过《凯旋》《一个女人和一条狗》和《升官图》等。锄头剧社，由工学院同学于 1947 年 5 月成立，曾演出《民主战士郑宵》(郑霄是“五一八惨案”中受伤的同学)和讽刺国民党中央通讯社造谣的《择秧社》。

(5) 民间歌舞社(前身是北斗社读书会)。1947 年 4 月成立，社员达 300 多人。它的主要工作是演出歌剧和舞蹈。它演出的民间舞蹈《年关》，揭露了封建剥削制度的罪恶和地主阶级的凶残。

(6) 沙滩合唱团、大一歌咏团、大地合唱团、健康歌咏队、新声歌唱团。沙滩合唱团成立于 1946 年 12 月，团员各院系各年级都有，共 60 人左右。大一歌咏团是 1947 年 2 月由大一同学自治会发起成立。大地合唱团的前身是大一歌咏团。它的成员大部分是大一、大二同学。健身歌咏队是沙滩区医预科同学组成的。新声歌唱团是工学院同学组织的。它们经常演唱《停止反人民的内战》《你这个坏东西》《农家苦》《光明赞》《跌倒算什么》《胜利是我们的》《游击队歌》《凯旋曲》《读书郎》等进步歌曲，并曾演出冼星海的《黄河大合唱》。

(7) 乐育提琴社。曾于 1948 年 6 月 4 日在北楼礼堂举办音乐演奏会。节目有三重奏和提琴、钢琴、琵琶、南胡独奏等。

(8) 南友摄影社、企鹅摄影社。它们在历次运动与集会上，摄下了众多照片。

3. 体育性质的社团

北星体育会。1946 年 12 月成立。它以追求健康、活泼、自由的集体生活为宗旨；组织了篮球队、垒球队、游泳队；在助学运动中曾举行助学球赛；在“反饥饿、反内战、反迫害”等运动中经常参加宣传、纠察、联络工作。

4. 结合专业的学习研究团体

(1) 教育系的新教育社。它以陶行知“生活即教育”的观点研究批判现行教育制度，办有《新教育》壁报。

(2) 史学系的新史学研究会。它“欲以新方法研究中国历史，开辟新的史学途径。”

(3) 法律系的法学研究会、现实法律问题研究会、新知法学会、法联学会、法声学会、新法学研究会。它们都想用自己的智能去探求法学的新途径。办有壁报《法声》等。

(4) 经济系的经济学会。办有《经济论坛》壁报。

(5) 政治学会、国际关系研究会、西语研究会等。

5. 生活福利性质的团体

(1) 沙滩学生合作社。1948 年 5 月 30 日成立。入股 526 人，股金 8270 万元。它为同学购买一些廉价日用品服务。

(2) 北大福利银行。它由学生自治会主办。1948 年 11 月 14 日开始营业，营业项目分为存储部和贷放部两部分。是年 11 月 25 日，北大四院福利银行也正式开幕。

(3) 文化服务社。1947 年 10 月由一些进步学生组织成立，11 月底，由学生自治会接办。它从上海、香港等地购进中外出版社出版的进步书籍，以高于成本不多的价格出售给同学。除北大同学外，它也为天津、唐山等地高校的同学代购书籍。它还成立了“自治会文化同学服务社租书部”，租书给同学阅读。

除上述各种性质的社团以外，还有北大天主教同学会等社团。

五、中华人民共和国成立后

新中国成立后，情况有所改变，系级和班会的活动在学生中起着很重要的作用，但学生社团仍得到一定的发展。1950 年暑期，学校党团组织提出发展社团的问题，指出社团的中心任务是辅导学习、培养优秀品质。1949 年至 1952 年院系调整前，主要的社团有新文艺社（1949 年春由新诗社和文艺社合并成立）、剧艺社、音乐社、舞蹈社、美术组、摄影学社、时事学习社、黑板报、北大通讯社和学生文工团等。

1952 年院系调整后至 1966 年“文革”前，主要的社团有五四文学社、文学朗诵社、合唱团、京剧社、地方戏曲社、钢琴社、民族管弦乐队、军乐队、学生文工团、武术队、田径队等。其中成立于 1956 年的五四文学社，经常组织系列讲座，举办诗歌朗诵会、散文征文比赛等活动，并办有社刊《未名湖》，后来又办了专登诗歌的《天方》等刊。

“文革”期间没有社团活动。

“文革”后，随着改革、开放的深入，社团的发展进入了一个新的高峰时期，涌现出了大批社团组织。学校总结过去的经验，提出要“在充分自由、高度规范的条件下，把整个社团体系建设成为学术的基地、兴趣的乐园、人才的摇篮和沟通师生关系的桥梁”。社团的登记和管理由校团委的社团部负责。从1979年到1997年年底，总共有过219个学生社团。其中理论学习类63个，实践类64个，文艺类54个，体育类38个。1997年，全校共有社团70多个，主要情形如下。

1. 理论学习类。它们是：邓小平理论与实践研究会、北大百年同行协会、博物馆发展协会、禅学社、东方学研究会、中国改革与发展研究会、贵州经济文化研究会、湖湘文化研究会、环境与发展协会、会计俱乐部、加拿大研究会、江淮发展研究会、金融研究会、宁夏社会发展研究会、青年天文学会、人及其历史研究会、日本研究会、文物爱好者协会、香港研究会、心理学社、法学社、学友经济研究社、延安精神研究会、武侠文化协会。

2. 实践类。它们是：爱心社、博士生知行协会、电脑创意协会、电子协会、法律救助协会、国际交流协会、汇凯企业战略研究会、计算机科学协会、计算机协会、跨世纪协会、绿色生命协会、市场营销协会、网络协会、维护安全权益协会、希望工程支持会、演讲艺术协会、阳光社、医学救助协会。

3. 文艺类。它们是：五四文学社、现代艺术学会、戏剧社、青年摄影学会、燕园新闻、影视纵横协会、日语俱乐部、奇石研究会、京剧昆曲爱好者协会、广告协会、法语俱乐部、博雅书友会、宝石协会、学生合唱团、学生舞蹈团、学生交响乐团、学生民乐团、爱乐社、“我们”文学社、英语俱乐部、书画协会、未名创作社、德语俱乐部。

4. 体育类。它们是：山鹰社、自行车协会、篮球协会、旅行家协会、排球协会、围棋协会、杨氏太极拳协会、足球爱好者协会、智能气功科学协会、轮滑运动发展会、中功研究会、网球协会。

在上述社团中，活动较多、成绩较著、影响较大者，主要如下。

1. 邓小平理论与实践研究会。1993年12月15日成立，会员96人。其宗旨是：学习、宣传邓小平理论，用邓小平理论武装头脑，指导实践，在实践中推动邓小平理论与实践研究的深化。其主要活动是组织会员系统读书，定期组织读书心得交流，举办系列讲座。1994年、1995年暑期，曾组织赴延安老区、东莞开发区和邢台地区进行社会调查。1996年5月举办“万汇”邓小平理论研究学术征文大赛，共收应征文稿126篇，评出获奖论文20篇。编写出版由同学们写的论著《小平您好》。1996年，在北京市教育工委、北京团市委、北京市学联举办的“第一届首都大学生十大优秀理论社团”评比中，获第二名。

2. 环境与发展协会。1991年5月成立。有新老会员431名，其宗旨是：增强环境意识，促进持续发展。主要活动是举办讲座、征文、研讨会、座谈会，编辑科普读物；组织实地参观考察和调查；通过举办环境与发展文化节、办会刊快讯和板报等进行宣传。曾与校环保办公室联合编写《环境污染与健康》《北京大学校园环境报告书》。曾组织参观考察密云水库、官厅水库的水源保护情况，龙庆峡、康西草原的旅游资源保护情况，鞍山钢铁厂、北京焦化厂、山东嘉祥县造纸厂的环保情况，西双版纳、张家界等自然保护区的情况。它的许多活动曾被《人民日报》《北京日报》《中国日报》《中国环境报》《中国绿色时报》和北京电视台、中央人民广播电台报道过。

3. 青年天文学会。1990年4月25日成立，会员300人左右。其宗旨是：着眼普及、适当提高。主要活动有：(1)举办讲座、沙龙。从1990年5月至1995年10月共举办讲座40次，内容既有普及天文知识的，也有讲解天文学的最新进展的。(2)观测活动。已组织了近40次观测活动。如1992年观测象限仪流星雨，并将资料寄往全国流星雨观测网。(3)出版会刊《天文探索》(后改名《天间》)。(4)举办天文知识竞赛，播放幻灯和录像，与地球物理系共同组织“天·地·人”文化活动月。

4. 文物爱好者协会。1984年12月14日成立。其宗旨是：普及文物知识，宣传文物法，增强文物意识。1994年曾举办“保护三峡文物，弘扬民族文化”的文物保护宣传活动，从北京出发，经冀、豫、鄂、川等省20多个城市，进行了广泛的宣传。《中国青年报》《光明日报》《中国文物报》《洛阳日报》等十多家报纸作了报道。它多次到各单位进行文物知识、文物保护和文物法的宣传，并办有会刊《青年考古学家》。它多次得到国家文物局、北京市文物局的表扬。

5. 爱心社。1993年11月23日成立。有新老社员1000多人。其宗旨是：呼唤爱心，奉献爱心。其口号是：“从小事做起，从身边做起。”主要活动有：与有关单位合作，进行教学楼、宿舍、园区、社区共建活动；为老年人服务的活动；协助残疾者的活动；迎接新生的系列活动等。在学校评选的“十佳社团”中，它连续两次名列前茅。

6. 法律救助协会。1994年10月成立。会员200多人。其宗旨为：立足北大，面向社会，为维护公民的合法权益做些实在的事情。主要活动有：(1)口头和书面法律咨询。到1997年年底，已接待来访100多人次，回复信件200多封，代写法律文书多份。(2)定期到社会公共场所举办义务法律咨询和宣传活动。一般每季度一次。(3)进行对法律援助制度的理论研究。组织会员翻译了美国、英国、加拿大、韩国等国有关法律援助制度的文书资料。

7. 燕园新闻社。1981 年秋成立。会员近百人。其宗旨是:服务于北大,服务于同学。它设有采访部、外联部、燕园论坛部、宣传部、新闻中心、秘书处、《中国青年报》特别报道小组,办有社报《燕声》。它在校内外进行广泛的采访、报道,在《中国青年报》《北京青年报》《北京日报》《中国教育报》《北京电子报》等报刊发表了近百篇文章,介绍、宣传北大。

8. 学生合唱团。1991 年成立。它以继承和发扬蔡元培长校时成立的音乐研究会、音乐传习所的传统为己任。1992 年、1994 年两次获首都大学生"理想之歌"合唱比赛一等奖。1993 年 6 月,在北京音乐厅成功地举办了"心向奥运"专场音乐会。1994 年 10 月赴天津参加了"21 世纪华人音乐经典"音乐会演出。1997 年,应邀参加是年 7 月 26 日至 8 月 2 日在西班牙托列维哈举办的第 43 届"哈巴涅拉与波列尼亚国际比赛",获一等奖,该团聘请的指挥高伟获指挥奖。

9. 学生管弦乐团:1992 年 12 月 5 日,在石家庄陆军学院军训的北大学生成立了军乐队。翌年 5 月,在北大 95 周年校庆期间,回校演奏了《欢迎进行曲》《歌唱祖国》等曲,并为北大烈士纪念碑揭幕演奏了《致敬曲》。1993 年 7 月,军训结束回校,同年 12 月 4 日,更名为北大学生管乐团。12 月 26 日,在大讲堂为纪念毛泽东百年诞辰会议举行了汇报演出。此后,常为开学典礼、学位授予仪式、光华大楼奠基典礼、体育文化开幕式等演出。1995 年 12 月 5 日,在办公楼礼堂为庆祝建团 3 周年进行了演出。1997 年,北大弦乐团成立后,管乐团与弦乐团合组为管弦乐团。

10. 学生舞蹈团。1987 年成立。1988 年北大 90 周年校庆时,演出了颂扬"五四"精神的《春潮》等三个大型节目,受到国家教委的表彰。同年,在参加首都高校舞蹈比赛时,演出了《安塞腰鼓》,获得一等奖。两年后,再次获得上述比赛的一等奖。1995 年 10 月 6 日—16 日,应美国夏威夷大学和东西方中心的邀请,到夏威夷进行了为期十天的访问演出。该团除在校内演出外,还多次参加了中央电视台、北京电视台的国庆、元旦和春节大型晚会的演出。

11. 京剧昆曲爱好者协会。1991 年 3 月 29 日成立。其宗旨是:弘扬民族传统文化,振兴京昆艺术,传播京昆文化。主要活动为举办京剧讲座和演出京剧。前者,如讲解京剧的基础知识、京剧的行当、京剧的音乐等。后者,如在办公楼礼堂多次演出过《女起解》《锁麟囊·避雨》《二进宫》等剧目;与日本天理大学雅乐团进行过交流演出,上演了《望江亭》片断;参加过中央电视台《九州戏苑》和北京电视台《荧屏话梨园》的拍摄,录制了《六月雪》《坐宫》等戏的片断。

12. 戏剧社。1984年重建。会员40多人，分为表演、舞美、宣传、外联、组织等部门。除1992年至1995年以外，每年都为同学作一场专门演出。它除表演训练和演出外，还组织剧场观摩和专业讲座。

13. 山鹰社。1989年4月1日成立。社员1900余人。其宗旨为：走向大自然，征服大自然，为提高社员身体素质和增加对中国山岳资源的了解与研究作出贡献。它倡导的精神是“存鹰之心于高远，取鹰之心而凌云，习鹰之性以涉险，融鹰之神在山巅”。其活动除日常的体能训练、攀岩训练以外，主要是：(1)攀岩：1989年参加第三届全国攀岩赛，获男子双人组亚军。1990年参加首届北京高校攀岩赛，获男女冠、亚军和团体总分第一。1990年参加第四届全国攀岩赛，获男单亚军，团体总分第二等。(2)登山：曾组织登山队登上青海海拔6178米的东昆仑玉珠峰、海拔3958米的华北第一高峰五台山台顶、西藏海拔7177米的念青唐古拉中央峰、长江源头的雪峰。(3)社会实践：除在登山活动中结合高山探险与科学考察，发掘祖国山岳资源外，还利用暑假组织各种考察团，如1993年赴新疆的伊犁边境贸易考察团，1995年的考察纳西文化及该地区经济、教育状况的云南丽江考察团，1996年考察野生动物保护及经济、教育、民族风俗的青海果洛藏族自治州考察团，1997年的“重走西南联大路”考察团。

第五节 奖励与处分

一、清末京师大学堂时期

1899年3月公布的《京师大学堂禁约》指出：“大凡诸生入学，各宜自重，努力向上，造就有体有用之才，庶堪报效君国。若颓废自甘致遭屏弃，岂不可惜？兹立禁约若干条，明白揭示，入学者触目惊心，是为至要。”该禁约规定：“学生必须盥洗洁净，衣服正齐，若使随意污秽，实为不敬，犯者记过，屡犯者斥退。”“戒言语淆乱，凡同堂言语，必俟一人说话既毕，答者已尽，然后他人可接次问答。若两人一齐说话，必至声音嘈杂，淆乱不清。至在师长前执经问难，尤当有条有理，不可抢前乱说，致涉躁妄之愆。声音高下，亦当有节制，此事有关学养，最言切戒，违者记过。”“痰唾任意，最足生厌，厅堂斋舍多备痰盂。便溺污秽，尤非所宜，是宜切记，违者记过。”“行走坐立以长幼为序，不可抢先，违者记过。”“每饭后散步一、二刻，同学者质疑辩难，可在此时，但不准放言高论，致涉浮嚣。过此，各理功课，不准彼此往来，旷误废学，若有三五成群弹唱放纵者，记大过。”“学生不准吸食洋烟、酗酒、赌博、争詈、殴斗，违者斥退。”“不准谈话邪淫，簸弄是非，违者戒斥，屡犯者斥退。”“戒侮慢师长，不受约束，违者斥退。”“每日上堂，逾刻者记过，屡犯者斥退。”“戒有意毁污书籍、器物，违者记过，屡犯者斥退。”“戒不告假私出，违者斥退。”“留外人斋中宿食记大过。”“例假外逾十日以上记大过，无故旷课三日以上，例假外逾二日以上记过。”“凡记过二次并为大过一次，连记大过三次者屏退，大过一次者，停奖一次。”

1903年，京师大学堂重订规条，其中《学生记过条规》规定的主要内容为：“学生住堂者，俱宜按课上堂听讲，不得旷误，如有并未先期告假私自迁延不到者，查出后由教习记大过一次。”“学生因事须告假数天或数时，仍记入旷课册内。按照奏定章程每年积算不得过二十日(每日功课六时即以六时为一日)，如有逾此限者由堂提调知会总教习记大过一次。”“课毕出外次早不归即有碍于功课，其预先报明者(须在未开讲之先)，仍由教习记入旷课簿，其并未报明者，半日以内由堂提调知会总教习记过一次；半日以外记大过一次。又凡告假出外，无论旷课与否，每星期不得过两次，违者由堂提调记过一次。”“学生请告长假……均须于堂提调处订定限期，逾限不到者，由堂提调记过一次，曾经托人续假者，免其记过。若逾限在一月以外者，虽经续假仍须记大过一次。在三月以外，声明事故即予开除……其不声明事故者，作为无故中途辍学。”“请告短假数天或数时，逾限不到并不续假者，由堂提调记过一次，逾限一倍以外并不续假者，记大过一次。”“告假者须将事由亲笔填写于告假条上，面呈堂提调，经允准后方领牌出外。如不在条上写明者，由堂提调记过一次。唯课毕出外无碍功课，免其填写告假条；唯仍须领牌，不领牌者，仍由堂提调记过一次。”“出外不告假亦不领牌，出入自由，致讲堂上无从查考其人之何往，应由堂提调知会总教习记大过一次。”“出外回堂以锁门之时为限，如至逾限由堂提调记过一次。”“学生遇有疾病须出堂者……请假若干天须定限期，逾期不到并未续假者，由堂提调记过一次；在原假期一倍以外者，记大过一次。”“学生在舍内，因疾或事不能上讲堂，应一律在堂提调及斋长处请假，……倘不告假者，由堂提调纪过一次。”“请假不报知斋长者(斋长设立告假牌悬挂门外，告假生自行填写姓名假期于上)，由堂提调记过一次。”“斋长于稽查告假、分知班长各事，办理含混不能称职，除另举斋长外，由堂提调记过一次。”“班长于报告旷课办理含混不能称职，除另派班长外，由总教习记过一次。”“教习上堂开讲时，学生起立致敬，毕讲时亦如之，违者由教习记过一次。”教习上堂“点名时均起立报到，违者由教习记过一次”。“现定打钟后五分钟时，作为教习点名时限，如在五分钟外到堂者，由教习问明迟到之故，无故迟延者记过一次。在十分钟外到堂者，实属玩忽课程，即不准再上讲堂，由教习记过一次。""教习未经讲毕，学生遽告退出堂者，由教习记过一次。其不告退径行出堂者，记大过一次（如有紧急之事，准其报知教习允许出堂免其记过）。""堂内倦睡欠伸、跛倚涕唾、吸烟索茶、言笑无常、发问不伦、袖携杂物、翻阅杂书者，各由教习记过一次。""学生在堂向教习问疑者，须起立致敬。教习有所查问，亦起立敬对，违者由教习记过一次。"《学生记过条规》还规定，"讲堂上进退须有仪节，拥挤凌乱者"，"散失所领去之讲义者"，"污损讲堂仪器杂物者"，"行礼时喧哗失仪、避匿不到者"，"不换操服而上操场者"等，均由教习或堂提调记过一次。"考试不成一字及文理荒谬者，由教习记大过一次或呈明管学大臣开除"；"考试违犯规矩者，分别情节，按照考试条规，由教习堂提调记过"；"屡考不及格者，分别情形由教习记大过或呈明管学大臣开除"。"学生在舍内怒詈秽言、大声喧笑、烹茶制食，跳舞醉歌、各由堂提调记过一次。""学生在堂宜受教习之命令，在舍宜受堂提调之节制，如有抗违不遵，䚡置不理，由教习、提调分别轻重记大小过一次。""斗殴者记大过一次。""争嚷者""无故虐待杂役庖人等者""随意便溺者""摇铃后半点钟不熄烛者""早晨鸣锣不起者""饭厅不遵条规、言动失仪者"，各由堂提调记过一次。《学生记过条规》还规定，"三小过并为一大过，每年满三大过者开除"。"学堂考取后三月不到堂者开除（如曾经告假者酌量办理）"；"年假暑假后三星期不到堂者开除（如曾经告假者酌量办理）"；"在堂舍内作非圣无法之议论及匿名揭帖，为游戏俳优之文字者开除"；"学生中吸食洋烟及聚赌者开除"；"学生在外品行卑污、行止不端，既败同学之群，亦隳学堂之望，由在堂各员严密访查，得有实据，轻者开除，仍按章追缴学费；重者呈明管学大臣办理"。

该《学生记过条规》还规定："今特设一功过抵消之法，一功抵一过，以曲全向学之心。凡月考通校分数最优者第一名记大功一次，二、三、四、五名记功一次，期考年考亦如之。又如一年内未经记过者，记大功一次。一学期内未经记过者，记功一次。斋长满期无过记大功一次。班长满任无过分别日期长短记大小功一次。"

1904 年，京师大学堂又重新制定详细规则，其中《学生记过规则》的主要内容基本上与上一年相同。

二、中华民国时期

1916 年 4 月北大刊印的《国立北京大学分科规程：北京大学分科通则》规定，各分科大学，得选品行敦笃、学问优长之学生为优待生。优待生于每学年末由各分科大学学长依其学年试验之成绩呈请校长定之。优待生免其缴纳学费。优待生于其受优待之学年内，如有品行不修、学业荒废或疾病及其他事故，无成业之望者，得停止其优待。

1916 年 4 月北大刊印的《北京大学分科规程：各种细则》中的第二节为“惩戒规则”。其主要内容为：1. 惩戒方法分为以下五种：①谴责；②记过；③停学；④休学；⑤退学。2. 学生有犯下列各款之一，而其情节较轻者，由学长、学监主任、学监面加谴责，命其悛改：①违反校规者；②不勤学者；③对于教职员无礼者；④无故屡次请假或旷课者；⑤与同学交恶者；⑥在校内或在斋舍滋生事端、破坏秩序者；⑦辱骂夫役人等不顾行检者；⑧凡有不正当行为与校内风纪有关者。3. 学生有犯上条所列各款之一，而其情节较重，或已经谴责仍不悛改者，应即记过。4. 凡学生对所习各种功课，有敷衍塞责、屡戒不悛者，或在讲堂内违背教员命令及言动无礼者，如担任教员认为必要时，可以命其对所授功课暂时停学。学生在受暂时停学处分时，在暂时停学处分终止或取消以前，所有钟点均应作为旷课。5. 凡犯以下所列各款之一者，应令其休学一年以上：①一学期内请假及旷课逾授课时间三分之一者，②受暂时停学处分后仍自行上课者；③一学年连受三次暂时停学处分者；④学长认为成绩甚劣难期上进者。6. 凡学生有犯下列各款之一者，应令其退学：①不法行为校长认为与本校秩序或名誉有重大关系者；②前后记过三次者。

1927 年 12 月，国立京师大学校（当时北大被并入该校）制定《本科奖励及惩戒规则》。该规则共有两章。第一章“奖励”：1. 奖励方法分为两种：一、优待；二、奖品。2. 学生品行敦笃学问优长者，得受优待免缴学费一年。3. 学生在一学年内能恪守校规堪为同学之表率者，由学长于年终时酌给奖品。第二章“惩戒”：1. 惩戒方法分四种：谴责、记过、停学、退学。2. 学生有犯下列各款之一而情节较轻者，由学长谴责命其悛改：①违反校规者；②对于职员无礼者；③屡次请假者；④与同学交恶者；⑤辱骂夫役人等不顾行检者；⑥任意粘贴不规则之告白者。3. 学生犯有下列各款之一者，应即记过；①曾经谴责仍不悛改者；②犯上条各款之一而情节较重者；③在校内或宿舍滋生事端破坏秩序者；④一学期内旷课至十小时以上者。4. 凡学生对于所习功课有敷衍塞责屡戒不悛者，或在教室内故意违背教员命令及言动无礼者，教员得命其对所授功课暂时停学。学生在受暂时停学处分时，在暂时停学处分终止或取消以前，所有钟点均应作为缺席。5. 犯有下列各款之一者应令其退学：①有不法行为学长认为与本科秩序或名誉有重大关系者；②一学年内记过三次者；③连续留级两次后仍不及格者；④每学期由开课日起二十日未曾到校亦未请假或假满至一个月以上而不续假者。

1932 年 12 月公布、1933 年 12 月修正的《北京大学学则》规定：入学后查出冒名顶替或所缴毕业证书不实者，即令其退学；凡学生有败坏纪律之行为，得经校长提出校务会议议决开除其学籍。

1934年北大修订公布的《北京大学学则》第14条规定：凡学生有品行不端、败坏纪律或损害校誉之行为，视其情节之轻重，得由校长酌予记过，或由校长提出校务会议议决开除其学籍。凡曾经记过一次之学生，由注册组扣其全年总成绩五分，并取消其在该年内得助学金之权利；记过满三次者，开除其学籍。

抗日战争期间，西南联大于1938年11月修正通过的《本科教务通则》规定：学生如有品行不端或违犯规章者，给予小过、大过或开除学籍之处分。小过三次作大过一次算；积满大过一次者，于一年内不得当选为学生会社职员。积满大过二次者，休学一年。积满大过三次者，开除学籍。该通则还规定：本大学学生所缴证明文件如有伪造、假借、涂改等事，一经查明，应即开除学籍。

西南联大还于1939年1月制定了《国立西南联合大学军事训练队学生奖惩要则》，主要内容如下：1.具有下列情形之一者分别奖励之：①绝对服从命令并热心服务者；②军容整肃礼节周到者；③集合动作静肃者；④内务甚优者；⑤军训学术科从未请假或缺席者；⑥于学科或术科成绩特优者。2.奖励之方法为：①嘉奖（三次嘉奖积为一次小功）；②小功（三次小功积为一次大功）；③大功。3.记大功一次者发给银面奖章一枚，记大功三次者发给金面奖章一枚。4.具有下列情形之一者惩罚之：①不按时起床或不到早点名者；②不到升旗或不出晨操者；③不到晚点名或不按时就寝者；④不按规定穿着服装或军容不整者；⑤不按规定整理内务或内务不良者；⑥不爱护公物或任意搬用者；⑦不守宿舍规则或不服从纠正者；⑧不到各种集合者。5.惩罚之方法如下：①警告（三次警告积为一次小过）；②小过（三次小过积为一次大过）；③大过（三次大过开除学籍）。6.记小过一次者，如领有救济金或贷金，其救济金或贷金停发一月；记大过一次者停发一学期。已停发之救济金或贷金概不补发。7.奖惩各项功过准予相抵。

抗战胜利，北大复员后于1947年10月制定的《国立北京大学教务通则》中，关于学生品行不端或违犯规章者给予处分的规定，基本上与西南联大时相同，只删去了“积满大过一次者，于一年内不得当选为学生会社职员”这项内容。另外，由于复员后的北大不再对学生进行军事训练，因此，也不再需要如西南联大时那样制定类似“军事训练队学生奖惩要则”的规定。

三、中华人民共和国时期

新中国成立后，1953年11月，北大制定《学生考勤暂行办法》，其中有“奖励与处分”一节，主要内容包括：(1)学生应自觉地遵守学习纪律，积极地完成学习任务。上课不应迟到早退，非必要时不应请假，更不应旷课。(2)凡出勤率经常保持最高纪录，堪称模范且无违反学习纪律情况的系（科）班，得予以表扬或奖励。(3)学生无故迟到或早退,应予以批评,屡经批评不改者,视其情节轻重,予以纪律处分。(4)学生旷课在三大节内者应予以批评,旷课超过三大节者分别予以下列处分:①旷课累积满四大节者,予以劝诫处分;②旷课累积满八大节者,予以记过处分;③旷课累积满十二大节者,予以严重警告处分;④旷课累积满十六大节者,予以开除学籍处分。(5)学生在违反学习纪律后,能彻底认识自己的错误并认真检讨者,可酌情减轻处分,不接受教育、不认真检讨者,则加重其处分。(6)如自受处分之日起一年内,该生再无旷课情况时,可取消其处分;如自受处分之日起一年内,该生在遵守学习纪律上有良好表现者,可提前取消其处分。

1959年11月制定的《北京大学学生考勤办法》也有"纪律处分"一节,其主要内容为:对旷课或无故不参加教学计划规定的科学研究、生产劳动和学校规定的各种政治时事学习的学生应及时进行批评教育。对一再批评教育仍不改正的学生依情况分别给以下列处分:(1)旷课累计满8学时的给以警告处分;(2)旷课累计满16学时的给以记过处分;(3)旷课累计满24学时的给以留校察看处分;(4)旷课累计满32学时的开除学籍。科学研究、生产劳动和政治时事学习的旷课处分分别按8小时、16小时、24小时、32小时计算旷课时间均按学期累计数计算。学生迟到、早退以教师上、下课为准。对迟到早退的学生,班长应及时提醒本人注意或给以批评。屡经批评不改态度恶劣的也应依情节轻重给以纪律处分。学生违反学习纪律后如能接受教育,认真检讨,决心悔改的可酌情减轻或免予处分。

"文革"期间,上述规定被废除。

"文革"后,1978年12月,教育部发布《高等学校学生学籍管理的暂行规定》。该暂行规定中有"关于奖励和处分"一节,其内容包括:(1)政治思想、学业、锻炼身体等方面表现优秀的学生,应予表扬和奖励。(2)对破坏革命纪律、破坏公共财产以及有偷窃等不良行为的学生,可视其情节,分别给以批评教育、警告、记过、留校察看直至开除学籍处分。留校察看的学生,一年内有显著进步表现的,可取消其留校察看处分,经教育不改的应令其退学。(3)思想反动,品质恶劣,道德败坏,或者是流氓、阿飞学生,经过教育不改的,应开除学籍。

1979年6月,学校根据上述暂行规定制定了《北京大学关于学生学籍管理的暂行规定》。其中关于纪律处分的主要内容为:对违反国家法令、破坏纪律、破坏公共财产、违犯学校规章制度以及有偷窃等不良行为的学生,可视其情节,给予警告、记过、留校察看、开除学籍处分。留校察看的学生,一年内有显著进步表现的,可取消其留校察看处分。留校察看一年内,经群众讨论,确无进步表现的,应取消其学籍;经教育不改的,应开除学籍。思想反动、品质恶劣、道德败坏的学生，经教育不改者，应开除学籍。1979年6月制定的《北京大学关于学生考勤的暂行规定》中也有关于纪律处分的内容，主要包括：对旷课或无故不参加教学计划规定的各项活动的学生，应及时进行批评教育；一学期旷课累计满16学时者，给予警告处分；一学期旷课累计满32学时者，给予记过处分；一学期旷课累计超过50学时者，根据情节轻重分别给予留校察看直到开除学籍的纪律处分。

1983年1月教育部发布《全日制普通高等学校学生学籍管理办法》。学校根据这个办法的基本原则，结合学校情况制定了《北京大学关于大学生学籍管理的试行办法》，其中"奖励与处分"部分有下列主要内容：(1)对德智体美全面发展或在思想品德、学习成绩、体育运动等某一方面表现突出的学生，可分别授予"三好学生"或其他单项荣誉称号，并颁发奖学金。奖励实行精神鼓励和物质奖励相结合、以精神鼓励为主的办法。表扬和奖励的方式有：口头表扬，通报表扬，颁发奖状、证书、奖品或设置不同等级的奖学金等。(2)对犯有错误的学生，视其情节轻重给予批评教育或纪律处分。处分分下列六种：①警告；②严重警告；③记过；④留校察看；⑤勒令退学；⑥开除学籍。毕业班学生不给予留校察看处分。受留校察看处分的学生，一年内有显著进步表现的，可解除留校察看处分；经教育不改的可勒令退学或开除学籍。(3)对旷课的学生，应及时进行批评教育，情节严重的，应给予纪律处分；一学期旷课累计达10学时者，给以警告处分；累计达20学时者，给以严重警告处分；累计达30学时者，给以记过处分；累计达40学时者，给以留校察看处分；累计达50学时以上者，给以勒令退学处分。(4)犯有下列错误的学生，可酌情给予勒令退学或开除学籍处分：①违反四项基本原则，有明显反对共产党领导、反对社会主义的言论和行为者，以及组织和煽动闹事、扰乱社会秩序、破坏安定团结而坚持不改者；②违反国家政策法令、触犯国家刑律的各种犯罪分子；③破坏公共财产，偷窃国家、集体和个人财物造成严重损失和危害者；④小偷小摸，屡教不改，品行极为恶劣、道德败坏者；⑤违反学校纪律，情节极为严重者。对犯有上述严重错误的学生，经教育后认识错误较好，并有悔改或立功表现者，可给予留校察看的处分。(5)对犯错误的学生要进行说服教育。处理时要持慎重态度，坚持调查研究，实事求是，善于将思想认识问题同政治立场问题相区别，处分要适当。处理结果要同本人见面，允许本人申辩、申诉和保留不同意见。

1990年5月，学校公布经修改的《北京大学大学生学籍管理细则》。其中关于"奖励与处分"的内容，基本上和上述规定相同，主要修改有以下三处：(1)上述规定的第4条第1款原规定为"反对四项基本原则，有明显反对共产党领导、反对社会主义的言论和行为者，以及组织和煽动闹事、扰乱社会秩序、破坏安定团结而坚持不改者”,改为“有反对四项基本原则的反动言论和行为者,组织和煽动闹事,扰乱社会秩序、破坏安定团结、侮辱和诽谤他人而坚持不改者”。(2)上述规定的第4条第2款原规定为:“违反国家法令,触犯国家刑律的各种犯罪分子”,改为“触犯国家刑律构成刑事犯罪者”。(3)上述规定的第4条第4款原规定为“小偷小摸、屡教不改,品行极端恶劣、道德败坏者”,改为“有偷窃行为屡教不改者,酗酒、赌博、打架斗殴情节严重者和品行极为恶劣、道德败坏者”。自此以后至1997年,未再作修改。

第十章　教师与职工

第一节　概况

京师大学堂创办之初，根据1900年2月许景澄在《奏复大学堂功效折》中所述，自1898年至1900年，大学堂共“派委教习八人，又洋教习八人，西文教习十二人”，共计28人。当时学生人数，据喻长霖在《京师大学堂沿革略》中所说，大学堂于1898年12月开学时，学生“不及百人”。但据1899年1月17日（光绪二十四年十二月初六日）《申报》“学堂纪事”的报道为一百六十余人。1899年5月10日（光绪二十五年四月初一）孙家鼐在《奏陈大学堂整顿折》中说，到是年5月，大学堂“现时传到者二百一十八人”。1900年2月（光绪二十六年正月），许景澄在《奏复大学堂功效折》中更有详细统计，说“现计住堂肄业者，仕学院学生二十七人，中学生一百五十一人，小学生十七人，又附课学生四十三人”。

当时，大学堂还附设一个医学堂。根据孙家鼐呈奏《拟办医学堂章程》的规定，医学堂派中医教习2人，一内科，一外科；聘西医教习2人，一西人，一华人；招考学生20人。

1902年1月10日（光绪二十七年十二月初一），诏谕恢复京师大学堂。1902年12月17日（光绪二十八年十一月十八日）恢复后的京师大学堂开学。根据1903年12月至1906年2月（光绪二十九年至三十二年）的“教习执事题名录”进行统计，不包括管理学务大臣和总监督，这期间共聘任教习54人和图书标本处助手、制造标本处助手各1人，任用执事（包括提调、会计官、文案官、监学官、检察官、杂务官、卫生员、讲堂员）29人。1906年至1911年期间全校教职员的人数和学生数，未查到有关统计材料。

1912年中华民国成立后，教职员数和学生数均有很大增加，但随着蔡元培校长提出的扩充文、理两科，停办工科、商科的学科设置改革计划逐步实施和教育经费短缺等原因，20世纪20年代至30年代，教职员数和学生数又有很大下降。1912年至1936年，教职员数和学生数的具体情况，见下列两表。

1912—1920 年北大各年教职员数和学生数统计表

<table>
<tr><td>年份</td><td>1912 年</td><td>1913 年</td><td>1914 年</td><td>1915 年</td><td>1916 年</td><td>1917 年</td><td>1918 年</td><td>1919 年</td><td>1920 年</td></tr>
<tr><td>教员</td><td>53</td><td>62</td><td>92</td><td>115</td><td>148</td><td>133</td><td rowspan="2">248</td><td rowspan="2">305</td><td rowspan="2">398</td></tr>
<tr><td>职员</td><td>32</td><td>49</td><td>50</td><td>39</td><td>44</td><td>41</td></tr>
<tr><td>学生</td><td>818</td><td>718</td><td>942</td><td>1333</td><td>1503</td><td>1695</td><td>2001</td><td>2228</td><td>2565</td></tr>
</table>

1922 年、1934 年、1936 年教职员数和学生数统计表

日期	教员总数	教授	副教授	讲师	讲员教员	助教	职员	学生总数	本科生	研究生	旁听生	借读及其他	备注
1922.6	376	258		118			261	2339	2249			78	学生数是1923 年 4 月统计数
1934.7—10	178	60	11	77		30		958	931	27			
1936	217	80	14	73		41	136	958	926	32			学生数是1935 年 11 月统计数

1937 年，全面抗日战争爆发，北大、清华、南开三校南迁，组成长沙临时大学。临大共有教职员 345 人，其中教员 237 人(教授 146，副教授 6，讲师 12，讲员、教员 16，助教 57)，职员 108 人。学生人数，根据 1938 年 1 月学生名单统计为 1498 人；按照《国立西南联合大学历年在校学生人数统计表》为 1506 人。1938 年，临大迁昆明后改名国立西南联合大学。西南联大的教职员数和学生数，根据联大上报教育部的数字列表如下。

西南联合大学各年教职员数和学生数统计表

年份	1938 年	1939 年	1940 年	1941 年	1943 学年第一学期	1944 学年第一学期	1944 学年第二学期	1945 学年第一学期
教员数	296	339	346	423	401(内兼任 10)	381(内兼任 10)	390	378
职员数	138	157	165	168	203	178	168	173
学生数	1952	3019	2742	2678	1945		2058	2319

说明：缺 1942 年学生数。1938 年至 1942 年的学生数是根据西南联大上报教育部的数字。1943 学年至 1945 学年的学生数是根据《国立西南联合大学历年在校学生人数统计表》的数字。

抗战胜利，北大于1946年复员回北平，并于当年10月开学上课。由于当时有北平临时大学分发给北大的学生1562人，又招收了先修班学生433人，所以学生数有很大增长，教职员数亦相应有很大增加。1946年至1948年，教职员数和学生数的具体情况见下表。

1946—1948年北大各年教职员数和学生数统计表

日期	教员总数	教授	副教授	临证教授副教授	讲师	讲员教员	助教	职员	学生总数	本科生	研究生	借读生其他	先修班	备注
1946.10	564	190	35	23	89	32	195	472	3420	2932	4	51	433	学生数是1946年12月统计
1947学年第一学期	765	201（内兼任2）	64		198（内兼任85）		302	575	3535	3421	61	专修科护士班43		
1948学年第一学期	864	202（内兼任1）	73		268（内兼任108）		321	679	2924	2809	65	专修科护士班31		

1949年北京解放后至1952年院系调整前，由于有些院、系按照领导的决定，调离北大，又奉命新举办了一些专修科，所以教职工有不少变动；由于有些同学被抽调参加北京市工作，有些同学响应号召参加南下工作团，又有因为国家需要而提前毕业的，学生数变动就更大一些。这期间各年的教职工数和学生数见下表。

1949—1951年北大各年教职工数和学生数统计表

年月	教职工					学生		
	总计	教学人员	职员	工勤人员	其他	总计	本专科生	研究生
1949.12	1353	493	439	421		2402	2327	75
1950.8	1255	367	216	338	334（编外）	2931	2809（内干部学生160）	122
1951.10						3571	3506	65

1952年，经过院系调整，北大的系科设置和教职工队伍有了很大变化，教职工人数也随着学生人数的增加而增加。在1958年至1960年的“大跃

进”和“教育革命”运动中，学校增办了一些工厂，工厂的工人计入学校的工勤人员数中，所以全校的工勤人数有很大的增长，1961 年以后才逐步得到调整。“文革”开始后，停止了招生，也不上课，但并未因此而精减教职工人数。1969 年以后，陆续办起了一些农场、工厂，还增加很多厂场职工。“文革”结束后，经过拨乱反正，特别是 1978 年恢复高考后招收的第一批学生入学后，学校的教学工作和其他工作逐步恢复正常，走上正轨，教职工队伍也得到了合理调整。此后，随着改革开放政策的实施，学校规模和教职工队伍都不断得到了发展。1952 年院系调整后至“文革”爆发时期、“文革”时期和“文革”后改革开放时期，各年的教职工数和学生数见下列三表。

1952—1966 年教职工数与学生数统计表

时间	教职工总数	教学人员数	教学辅助人员数	职员、政治干部数	工程技术、医务、教员教养员数	工勤人员数	学生数						
							合计	本科学生	专修科学生	研究生	进修生	留学生	其他
1952.11	1425	560		360		505	4369	3244	466	83		75	501
1953.10	1536	621	25	392		498	4314	3553	217	220	39	285	
1954.12	2000	853	165	439（内政工 65）	50	493	5221	4606	24	290	112	189	
1955.12	1996	887	278	351（内政工 23）	51	429	6195	5529	58	350	108	150	
1956.5	2255	839	366	481（内政工 31）	71	498	7773	7176	121	223	183	70	
1957.11	3173	1330	380	528（内政工 36）	120	815	8461	7579	144	200	289	249	
1958.7	2796	1219	305	502（内政工 42）	115	655	8862	8159	163	163	199	178	

续表

时间	教职工总数	教学人员数	教学辅助人员数	职员、政治干部数	工程技术、医务、教员教养员数	工勤人员数	学生数						
							合计	本科学生	专修科学生	研究生	进修生	留学生	其他
1959.10	4534	1658	1138	722（内政工 84）	167	849	8842	8145		122	215	360	
1960.12	6071	2058	964	859（内政工 119）	192	1998	11161	10316		218	271	131	225
1961.12	4861	2039	509	802（内政工 128）	191	1320	11407	10637		218	142	147	263
1962.12	4463	1995	416	766（内政工 115）	192	1094	10671	10083		280	111	136	61
1963.6	4295	1927	400	724（内政工 132）	171	1073	10540	10060		242	116	122	
1964.1	4551	1982	410	770（内政工 136）	284	1105	9994	9403		288	153	150	
1965.12	4743	2150	430	860（内政工 216）	199	1104	9270	8658		190	19	403	
1966.5	4869	2148	426	850（内政工 224）	197	1248	9268	8655		186	19	408	

表中教学辅助人员包括翻译、资料员、绘图员、技术员、实验员、打字员、图书员、录音员，还包括在实验室等处工作的工人。从1954年至1966年，各年分别有工人88、23、56、68、74、702、103、53、43、42、42、39、38人。工勤人员包括司机、技工、炊事员、通讯员、保育员、油印员、警卫、勤杂工。1952年教学人员中包括3名外国专家。1965年、1966年勤杂人员中包括16名护理员。

1968—1977 年教职工数与学生数统计表

年月	教职工数							学生数							
	总计	专任教师	教辅人员	行政人员	工勤人员	校办厂(场)职工	其他	总计	本科生	留学生	进修生	训练班	函授	其他	备注
1968.12	4949														
1969.12	4778							434	434						
1970.1	5913	2194						2509	2509						
1971.7	6619	2177	882	890	2561		109	2740	2740						
1972.9	6813	2438	392	741	1148	1858	336	4074	3859		215				
1973.12	6916	2706	384	1315	1120	1368	23	5379	5060	61	63	180		15	
1974	7235	2476	309	909	1203	1517	821	5153	4647		506				
1975	7051	2748	273	1117	1699	1214		5712	4647	159	746		160		学生数为1975年8月25日数统计
1976.12	7046	2846	307	993	1643	1257		7341	7341						
1977	7339	2735	337	1221	1394	1537	115	7322	6991		331				

说明:(1)“文革”开始,学校的各级组织被打乱,1967 年没有正式的全校教职员工的统计数字。工(军)宣队进校后,1968 年和 1969 年有全校的教职工总数,1970 年除总数外,有专任教师数,1971 年开始才有职员分类数。(2)表中的学生数不包括“文革”前入学的等待毕业分配的学生。1969 年的学生数是工(军)宣队派到工厂、农村的教改小分队为探索如何办社会主义大学而举办的各种短期培训试点班的学生。1970 年以后是招收的工农兵学员。“文革”后 1977 年恢复高考,但恢复高考后招收的第一批学生到 1978 年才入学。(3)1971 年起教辅人员数包括技术干部数。1974 年其他项含附属机构人员 254 人,附中、附小、幼儿园、医院 567 人。

1978—1997 年教职工数与学生数统计表

时间	教职工数									学生数												
	教职工总数	校本部教职工数					科研机构人员	校办工厂、农场职工	附属机构人员	在校研究生数	在校本科生数	在校其他学生数									
		合计	专任教师	教辅人员	行政人员	工勤人员						进修班（短训班）	函授班	夜大学	外国留学生	地方扩招	大学后继续教育	干部专修科	成人第二专科学历	专业证书班	成人脱产班
1978.4	7296	5644	2715	335	1208	1386	115	1537													
1979	6560	5161	2615	419	770	1357	118	682	599	621	6997	232									
1980	6524	5145	2559	549	789	1248	130	939	310	650	6984	(93)		90	193	90					
1981	6470	5151	2571	446	668	1466	113	700	506		8922	(20)	1080	87	194						
1982	6664	5391	2734	517	673	1467	123	634	516	818	8339	296 (95)	1038		225			109			628
1983	6590	5276	2646	640	690	1300	237	554	523	1246	9205	427	938		243						
1984	6645	5266	2552	668	761	1285	354	492	533	1854	9631	521 (262)	668		282						
1985	6937	5632	2685	969	638	1340	286	480	539	2520	9912	445 (194)	1386	85	389						
1986	6951	5561	2653	1061	680	1167	309	463	618	2760	9609	350	5557	270	459						
1987	7235	5762	2580	1241	741	1200	425	445	603	2848	9284	173	7441	450	513						
1988	7451	5359	2601	1114	608	1036	1078	416	598	2893	9271	144 (836)	9230	515	518						
1989	7560	5241	2439	1170	638	994	1321	393	605	2764	7696	150 (1258)	5504	400	457						
1990	7594	5096	2434	893	743	1026	1316	374	808	2636	6802	190 (200)	4417	247	540					172	
1991	7532	5226	2347	1325	681	873	1321	347	638	2665	6462	276 (720)	3933	178	539		118			1520	
1992	7349	5600	2302	1344	728	1226	714	311	742	2922	6366	226 (1329)	4206	231	600		260	113			
1993	7488	5551	2224	1440	711	1176	1020	296	621	3161	7526	325 (836)	5341	428	680			331			

续表

时间	教职工数									学生数											
	教职工总数	校本部教职工数					科研机构人员	校办工厂、农场职工	附属机构人员	在校研究生数	在校本科生数	在校其他学生数									
		合计	专任教师	教辅人员	行政人员	工勤人员						进修班（短训班）	函授班	夜大学	外国留学生	地方扩招	大学后继续教育	干部专修科	成人第二专科学历	专业证书班	成人脱产班
1994	7045	4750	2106	1116	636	892	997	643	655	3595	8746	338 (274)	6595	830	750			274			
1995	7090	4853	2108	1098	653	994	740	692	805	4055	9280	(402)	5839	761	930		636				
1996	7351	5146	2161	978	653	1354	751	690	764	4754	9671	(10 81)	5851	792	1016		491		740		
1997	6952	5034	2170	963	670	1231	709	513	696	5415	9033	(200)	5540	1152	1026		621		690		

第二节　教师

一、教师的职称结构

1898 年京师大学堂初建时，按照《奏拟京师大学堂章程》，设总教习和教习。总教习实际上是一种职务，大致相当于后来的教务长。教习又称“分教习”，但通常不用“分教习”这个名称。

1902 年京师大学堂恢复后，按照《钦定京师大学堂章程》，设总教习（一员）、副总教习（二员）和教习、副教习。1904 年颁布《奏定京师大学堂章程》，规定大学堂任教人员为有职官员，取消总教习、副总教习，改设教务提调。总教习的一些行政职务，改由教务提调担任。同时将教师中原来的教习、副教习改称为正教员、副教员。

中华民国成立后，教育部于 1912 年 10 月公布《大学令》，规定大学设教授、助教授，大学必要时得延聘讲师。这样，教师的职称结构分为三类：教授、助教授、讲师。其中讲师多为非专任老师。

1917 年 5 月，教育部公布《国立大学职员任用及薪俸规程》，从各类教师的不同薪俸出发，将大学教师分为正教授、本科教授、预科教授、助教、讲师、外国教员等六类。其中助教等同于助教授；讲师仍为非专任教师，按授课小时给薪俸;外国教师的薪俸分别以契约定之。1917 年 7 月,教育部颁布《修正大学令》,规定大学设正教授、教授、助教授,大学遇必要时得延聘讲师。

1927 年 6 月,国民政府的教育行政委员会制定并公布《大学教员资格条例》,规定大学教员名称分为一、二、三、四四等:一等曰教授,二等曰副教授,三等曰讲师,四等曰助教。教师中未定职者称教员。

1931 年 7 月,北大与中华教育文化基金董事会设立合作研究特款。自 1931 年至 1935 年,每年双方各提供国币 20 万元作为该研究特款。特款的用途之一为设立北大研究教授。研究教授的待遇比一般教授稍高。1931 年至 1935 年被聘为研究教授的,理科有李四光、曾昭抡、冯祖荀、江泽涵、张景钺、丁文江、刘树杞、王守竞、汪敬熙、许骧、谢家荣、孙云铸、朱物华、饶毓泰、萨本栋、斯行健、葛利普(美国籍)、斯伯纳(德国籍)等,文科有罗常培、刘复、汤用彤、陈受颐、张颐、徐志摩、周作人等,法科有赵廼抟、吴定良、张忠绂、刘志扬等。

抗战期间,国民政府教育部于 1941 年决定实行"部聘教授"制度,挑选一些资望较高、任教 10 年以上的教授,由教育部直接聘任。1942 年 8 月,西南联大有 8 位教授被聘为部聘教授,其中有清华的吴宓、吴有训、庄前鼎、陈寅恪,北大的汤用彤、饶毓泰、曾昭抡、张景钺。1945 年 2 月,教育部增聘刘仙洲、冯友兰为部聘教授。1947 年 8 月,北大的汤用彤、饶毓泰、曾昭抡、张景钺、金谦六被聘为部聘教授。20 世纪 40 年代,西南联大还设有研究助教一职,研究助教在担任教学工作的同时,从事研究工作,其级别介于讲师和一般助教之间。

抗战胜利,复员后的北大开始时仍设研究助教一职,后改为设讲员。讲员的级别与研究助教相同。这样,教师共分为五个等级:助教、讲员、讲师、副教授、教授。教师中未定职者仍称为教员。

新中国成立后,1950 年 8 月,经政务院批准,教育部颁布《高等学校暂行规程》,其中规定大学及专门学院教师分为教授、副教授、讲师、助教四级。

"文革"开始后,教授,特别是知名教授,几乎都被打成"反动学术权威"。1971 年 8 月发布的《全国教育工作会议纪要》提出要实行工农兵、革命技术人员和原有教师三结合,建立一支无产阶级教师队伍,并提出工农兵教师是三结合教师队伍的骨干力量。这样,原来教师中的教授、副教授、讲师、助教等职称实际上被否定了,而工农兵、革命技术人员和原有教师三结合的无产阶级队伍也未能真正建立起来。

"文革"后,1978 年 3 月,国务院批转教育部《关于高等学校恢复和提升教师职务问题的请示报告》,规定原来确定和提升的教授、副教授、讲师、助教,一律有效,恢复职称。

二、各级教师的任职资格和教师的聘任、晋升

京师大学堂开办之初,《奏拟京师大学堂章程》规定,教习宜取品学兼优通晓中外者;不论官阶,不论年齿,务以得人为主,又规定设总教习一员(后经管学大臣孙家鼐奏准改为设西学总教习和中学总教习各一员),不拘资格,由特旨擢用,设分教习汉人二十四员,由总教习奏调,其西人为分教习者不以官论。

1902 年,京师大学堂恢复后,按照《钦定京师大学堂章程》设总教习、副总教习和教习、副教习,后改为正教员、副教员。1903 年 12 月(光绪二十九年十一月)发布《奏定任用教员章程》,规定:大学堂分科正教员,以将来通儒院研究毕业,及游学外洋大学院毕业得有文凭者充选;暂时除延访有各科学程度相当之华员充选外,余均择聘外国教师充选;副教员,经将来大学堂分科毕业考列优等及游学外洋得有大学堂毕业优等中等文凭者充选;暂时除延访有各学科程度相当之华员充选外,余均择聘外国教师充选。

中华民国北京政府期间,教育部于 1914 年 7 月制定、1914 年 12 月修订的《直辖专门以上学校职员任用暂行规程》规定:"凡直辖学校教员以专门以上学校毕业或于某门学问具有专长者充之。"凡直属专门以上学校之专任教员、兼任教员均由校长延聘相当之人充之,但须开具详细履历,详报教育总长。"外国教员由校长延聘,但须详经教育总长认可后方生效力。"1919 年 12 月,北大评议会通过《国立北京大学内部组织试行章程》。该试行章程规定,学校设行政会议。行政会议中设若干常设委员会,其中聘任委员会的会员以教授为限。其任务是协助校长办理聘任教职员。自此,各单位提出的教师人选,均需经聘任委员会审查同意,才由校长聘任。1926 年 12 月,评议会专门讨论了教务会议提交的对于各系主任提出聘任教授的手续问题,决定:各学系主任提议聘任教授,须将该项聘任问题提交该学系教授会审议,如得教授会同意,始得提出教务会议,如教务会议认为有聘请之必要,再由主任请校长提交聘任委员会审查,经聘任委员会认可,方得聘为该校教授。

1927 年 6 月,南京国民政府教育行政委员会公布《大学教员资格条例》。其中规定助教的任职资格为:(1)国内外大学毕业,得有学士学位,而有相当成绩者;(2)于国学上有研究者。讲师的任职资格为:(1)国内外大学毕业,得有硕士学位,而有相当成绩者;(2)助教完满一年以上之教务,而有特别成绩者;(3)于国学上有贡献者。副教授的任职资格为:(1)外国大学研究院研究若干年,得有博士学位,而有相当成绩者;(2)讲师完满一年以上之教务,而有特别成绩者;(3)于国学上有特殊之贡献者。教授的任职资格为:副教授完满二年以上之教务,而有特别成绩者。该条例还规定:凡大学教员均须

受审查，审查时，须呈验履历、毕业文凭、著作、服务证书于审查机关。大学之评议会为审查教员资格之机关，审查时由中央教育行政机关派代表一人列席。前项教员之资格审查合格后，由中央教育行政机关认可给予证书。

1929年7月，南京国民政府公布《大学组织法》，1934年4月又修正公布。该组织法规定，大学各学院教员，分教授、副教授、讲师、助教四种，由院长商请校长聘任之。

抗战期间，教育部于1940年9月公布、1943年11月修正公布的《大学及独立学院教员资格审查暂行规程施行细则》规定，学校呈请或教员自请审查资格，应行审查之要项为：(1)国内外大学毕业成绩，审查其毕业考试成绩及名次；(2)学术机关研究或服务成绩，审查其研究报告、著作品、或成绩证明书；(3)得有博士、硕士学位或其同等学力证书者成绩之审查，审查其论文及授予学位或证书之学校或机关之地位；(4)教员服务成绩之审查，审查其教学期间之著作研究或成绩证明书；(5)执行专门职业者成绩之审查，审查其业务成绩或著作品。教授、副教授、讲师、助教，由教育部于审查合格后分别发给证书。该施行细则还规定，在职之专任副教授、讲师、助教完满定期教务，经学校考查其成绩确属优良而有专门著作者，由学校呈请为升等之审查。

1941年，西南联大成立聘任委员会，各学院拟延聘的教师需先送请该委员会审查同意。是年12月，学校常委会还通过了该委员会拟定的《本校教师资格标准》。其主要内容为：(1)教授具有下列三项资格之一：①三年研究院工作或具有博士学位及有在大学授课二年或在研究机关研究二年，执行专门职业二年之经验及于所任学科有重要学术贡献者；②于所任学科有创作或发明者；③曾任大学或同等学校教授或讲师、或在研究机关研究或执行专门职业共六年，具有特殊成绩者。(2)副教授须具有下列三项资格之一：①三年研究院工作或具有博士学位者。②于所任学科有重要学术贡献者；③曾任大学或同等学校教授、副教授、或讲师，或在研究机关研究或执行专门职业共四年，有特殊成绩者。(3)专任讲师须具有下列三项资格之一：①二年研究院工作或具有硕士学位者；②于所任学科有学术贡献者；③于专门职业有特殊经验者。(4)教员须具有下列二项资格之一：①大学毕业成绩特优，具有曾在大学或同等学术机关授课或研究二年者；②于所任学科有专门知识或授课有特殊成绩者。(5)助教须有大学毕业成绩特优之资格。

1948年8月，复员后的北大制定《本校教员升级办法》，其主要内容为：(1)教员升级之推荐，除服务年资外，应根据学术研究之成绩。(2)关于年资之计算如下：①助教改任讲员，须在服务满二年后；②助教或讲员改任讲师，须在服务满六年后(助教讲员服务年限合并计算)；③讲师改任副教授，须在服务满三年后;④副教授改任教授,须在服务满三年后;⑤在同等学校从事同类工作之年资,得合并计算。(3)关于学术研究成绩之标准如下:①研究成绩以有学术性之论文或一定实验报告为限;②改任讲师之研究成绩以相当于研究所毕业论文为标准;③改任副教授之研究成绩,以相当于博士论文为标准;④上项研究成绩,以在原级服务期间完成者为限;⑤学术研究成绩得由升级委员会转请有关学科之校内外专家审查之。(4)教员服务届满规定年限,而研究成绩未达前项标准者不得升级;但研究成绩特优者,亦得不受年资之限制。

北平和平解放后,北大校务委员会于1949年7月通过《国立北京大学专任教员聘任暂行办法》,其主要内容为:(1)本办法所云之教员包括助教、讲员、讲师、副教授及教授而言。(2)助教:凡大学毕业成绩优良并有研究学术之志愿者得聘为助教。(3)讲员:凡合于下列条件之一者得聘为讲员:①任助教三年以上服务成绩优良者;②大学研究院毕业者。(4)讲师:凡合于下列条件者得聘为讲师:①任助教六年以上者,或任讲员三年以上者,或任助教及讲员共六年以上者;②有研究成绩;③有独立之教学能力。(5)副教授:凡合于下列各条件者得聘为副教授:①任讲师三年以上;②有已发表之独立及有价值之研究著作;③对于所习学科有广博的基础,能讲授普通及专门课程。(6)教授:凡合于下列各条件得聘为教授:①任副教授三年以上;②在学术研究上继续有有价值之贡献发表。(7)对于学术研究有特别之贡献或成就者,得不受上述年资及学历之限制,唯须提出校务委员会审核通过。(8)在同等学校、研究机关或专门性事业机关从事同类工作之年资得合并计算。(9)各系科新聘各级教员(包括各级教员晋升)应由系主任或科主任推荐提出向系或科务会议报告讨论,经院务会议之讨论,然后再提交校务委员会决定。

1950年12月,北大校务委员会通过《专任教师聘任暂行办法》,其主要内容为:(1)本大学按照下列各款分别聘任专任教师:①教授:凡合于下列条件之一者,得聘为教授:曾任大学或同等学校之教授或三年以上之副教授,教学成绩优良,并于所任学科有重要学术贡献者;从事专门学术工作有创作或发明者。②副教授:凡合于下列条件之一者,得聘为副教授:曾任大学或同等学校之副教授,或四年以上讲师,教学成绩优良并于所任学科有贡献者;从事专门学术工作有重要贡献者。③讲师:凡合于下列条件之一者得聘为讲师:曾任大学或同等学校之讲师或五年以上之助教,服务有成绩,具有独立授课能力及研究成绩优良者;从事专门学术工作有贡献者。④助教:凡合于下列条件之一者得聘为助教:大学毕业成绩优良者;从事专门学术工作,具有专门知识或技能者。(2)在研究机关或专门性事业机关从事同类工作之年资得合并计算。(3)本大学教师升迁依上列标准办理。

1951年7月学校制定《关于取消讲员一级的过渡办法》《聘任委员会暂行规程》、《北京大学专任教师聘任条例》。《关于取消讲员一级的过渡办法》规定，从当年7月起逐步取消讲员一级。过渡办法是以后助教不再升为讲员，新聘教员不再给讲员名义；原有讲员和助教符合讲师资格者可升为讲师，如不符合仍保留，以后逐步取消。《聘任委员会暂行规程》规定，聘任委员会为咨询性质，直属于校长。其主要任务为根据聘任条例，审查教员的聘任升级事项，将结果报告校长，为校长决定聘任的主要参考。聘任委员会人选为：教务长、副教务长、各院院长、教授四人(每院一人)、讲师二人(理工、文法各一人)。聘任及升级教员人选，由系主任提出，通过院长，再经教务长，向校长提出。校长先交聘任委员会讨论后，再作最后决定。《北京大学专任教员聘任条例》规定，新聘任教员之政治条件为赞同人民政协共同纲领，并努力求进步者。其业务条件为：(1)助教：大学毕业，成绩优良(包括毕业论文及专题报告)，并有研究学术之志愿；(2)讲师：有研究成绩(任助教时其服务成绩得计算在内)，有独立之教学能力；(3)副教授：有已发表之有价值的研究著作；具有理论联系实际之理论基础，能教授普通及专门课程；(4)教授：具有副教授之条件，并继续发表独立及有价值之研究著作，能领导教学及研究工作。该条例还规定：助教改任讲师须任满助教至少四年，讲师改任副教授须任满讲师至少三年，副教授改任教授须任满副教授至少三年。对于学术研究有特别之贡献，经校外校内专家审查推荐者，得不受上列年资及学位之限制。

1953年11月，学校制定的《北京大学关于人员调动手续的规定》对教员的聘任、调动等改为：教员的聘任、调动、兼职和离职，由系主任提出意见交人事室办理；助教以下由人事室商同教务长决定，事后报告校长；讲师以上由人事室征求教务长意见后提出意见，呈请校长批准。

1960年2月，国务院颁布《关于高等学校教师职务名称及其确定与提升办法的暂行规定》，其主要内容如下：(1)高等学校教师职务名称定为：教授、副教授、讲师、助教四级。(2)高等学校教师职务名称的确定和提升，应该以思想政治条件、学识水平和业务工作能力为主要依据；同时，对资历和教龄也必须加以照顾。(3)高等学校教师必须接受共产党的领导，拥护社会主义制度和社会主义建设总路线，全心全意为人民服务；贯彻执行党的教育方针，努力做好教学、生产劳动、科学研究和思想政治教育工作；历史清楚，思想作风好，努力学习马克思列宁主义和毛泽东著作，不断地提高马克思列宁主义的理论水平，积极参加劳动锻炼，自觉地进行思想改造，不断地提高思想政治觉悟和共产主义道德品质的修养。(4)合于本规定第三条要求，并且在高等学校本科毕业生(或者具有同等学力),学业成绩优良,一般经过一年见习期的考察(高等医科院校临床科教师应该有两年临床医生的工作经验),证明能够胜任助教工作的,确定为助教;不能胜任助教工作的,继续见习或者调任其他工作。(5)合于本规定第三条要求,并且具备下列各项条件的助教,根据工作的需要,可提升为讲师:①已经熟练地担任助教工作,成绩优良;②掌握了本专业必需的理论知识与技能,能够讲授某门课程,并且有一定的科学研究能力;③掌握一门外国语,能够顺利地阅读本专业的书籍(对于某些学科和有特殊原因的教师,这一项可暂不列为必备的条件)。(6)合于本规定第三条要求,并且具备下列各项条件的讲师,根据工作需要,可提升为副教授:①能胜任本专业一门或一门以上课程的教学工作,质量较高,成绩优良;②对本门学科具有系统而坚实的理论知识和比较丰富的实际经验,在一定的业务范围内,能够密切联系实际进行比较深入的研究工作,并取得显著的成就,提出具有一定水平的科学论文,或者在生产技术方面有较大的贡献,或者在业务技能上有较高的造诣;③熟练地掌握一门外国语(对于某些学科和有特殊原因的教师,这一项可暂不列为必要的条件)。(7)合于本规定第三条要求,教学工作成绩卓著,对本门学科有科学著作,或者有重大发明创造,证明在学识水平和解决实际能力方面,已经具有更高水平的副教授,根据工作需要,可提升为教授(对于外国语的要求与副教授同)。(8)合于本规定第三条要求,政治上、业务上进步特别快,在教学、生产劳动和科学研究方面成绩特别卓著,或者有重大发明的教师,可以根据需要优先提升。(9)合于本规定第三条要求,长期担任高等学校教学工作,教学成绩卓著,并有丰富的实际经验的讲师和副教授,虽然他们没有科学著作或者重大的发明创造,由于工作需要,也可以提升。(10)新调到高等学校任教的人员,应该经过一定时期的考察,根据前述的教师政治条件和各级教师业务水平的要求,适当地确定他们的职务名称。在未按本规定正式确定职务名称以前,暂称为教员。(11)确定为助教的,须经校务委员会批准。确定或者提升为讲师的,须经校务委员会批准,并且报所在省、自治区、直辖市的高教(教育)厅(局)备案。确定或者提升为副教授的,须经校务委员会讨论通过,报请所在省、自治区、直辖市的高教(教育)厅(局)批准,并且报中央教育部和中央的有关主管部门备案。确定或者提升为教授的,须经校务委员会讨论通过,报请所在省、自治区、直辖市的高教(教育)厅(局)核转中央教育部批准(中央有关主管部门领导的学校,须先商得各该部门的同意)。(12)其他部门和单位的工作人员到高等学校兼课的时候,一般不按本规定确定兼职的职务名称;如果长期在高等学校兼课,必要时也可以按本规定确定兼任的职务名称。此规定颁行以后一直到“文革”前,北大都结合本校情况，贯彻执行这个规定。

“文革”期间，确定和提升教师职务名称的工作中断。

1978 年 3 月，国务院批转《教育部关于高等学校恢复和提升教师职务问题的请示报告》。该报告规定：(1)1960 年国务院颁发《关于高等学校教师职务名称及其确定与提升办法的暂行规定》的基本精神还是基本适用的。在国务院没有作新的规定以前，仍可执行这一规定。在执行中应注意以下问题：①提升教授、副教授是一个严肃的工作。对提升对象的政治情况、教学水平和科研成果，要进行认真考察，广泛听取意见，真正把在群众中有威望的、在学术上有成就的优秀教师提升起来。②提升教授、副教授的条件，一般应按原有规定执行。对少数确有真才实学，在教学科研方面有重大贡献，或有重大发明的教师，可以越级提升。③原规定确定与提升教授、副教授、讲师、助教时，由“校务委员会”审查和批准。目前学校的组织形式已经发生了变化，应改为由校(院)党委审批。(2)原来已确定提升为教授、副教授、讲师、助教的，一律有效，恢复职称。(3)教师提升职务的批准权限，按照过去的规定，教授的提升，由教育部批准，现改为由省、自治区、直辖市批准，报教育部备案。提升副教授、讲师、助教的批准权限，均按原规定执行。

1981 年 4 月，教育部颁发《高等学校教师工作量制度》，要求提职时把完成工作量的情况作为晋升职称的硬性指标。

1982 年 2 月教育部印发《关于当前执行〈国务院关于高等学校教师职务名称及其确定与提升办法的暂行规定〉的实施意见》，其中规定：(1)社会主义高等学校的教师，必须又红又专，能为人师表。对于确定与提升教师职称的思想政治条件，要掌握以下具体要求：必须坚持四项基本原则，热爱社会主义祖国，忠诚党的教育事业，认真贯彻党的教育方针；服从工作需要，积极承担分配的任务，认真完成本职工作，关心爱护学生，既教书又教人；顾全大局，团结合作，作风正派，品行端正，遵纪守法。(2)确定与提升教师职称的业务条件，必须按照国务院暂行规定有关职称的条件和教育部 1979 年 11 月颁发的《关于高等学校教师职责及考核的暂行规定》中有关职称应履行的职责，以及对教师工作量的要求，进行评审，并掌握以下具体要求：①高等学校本科毕业生分配到高等学校作教师，经过一年见习期考察，证明能胜任一门课程的辅导、答疑、习题课、实验课等两种以上教学环节的工作，并能较好完成教学任务的，可确定为助教。不具备上述条件的，其见习期延长一年，或另行安排工作。②已经能够全面地熟练地履行助教、讲师、副教授职责的教师、工作成绩优良，从 1982 年起至提职前平均每学年完成规定的教师工作量(按 1400 学时计算)2/3 以上，方可予以提升。经批准承担较重的科研、实验等方面任务的教师，教学工作可适当降低定额要求。③副教授提升教授，业务条件须达到以下具体要求：教学工作成绩卓著，能胜任并指导两门以上课程(其中有一门基础课或专业基础课、新的选修课)的教学工作，教学内容能反映现代科学的最新成就，教学质量高，成绩优良；对本门学科具有系统而渊博的理论知识和丰富的实际经验，取得本门学科具有创见的科学著作或有重大的科学研究成果，或有重大的发明创造，或在其他方面有重大贡献，或长期从事教学，在编写教材、教学法研究、实验室建设等某一方面成绩卓著；具有指导研究生或讲师以上教师工作的能力；熟练地掌握一门外国语(对于某些学科和有特殊原因的教师，可适当放宽要求或暂不列为必备条件)。④思想政治上符合条件，业务上进步特别快，在教学、科研工作和实验室建设方面成绩特别卓著，或有重大发明创造，可破格提升。(3)根据1960年的国务院颁发的《关于高等学校教师职务名称及其确定与提升办法的暂行规定》，各级教师职称的批准权限为：确定助教，须经校务委员会批准；确定或提升讲师，须经校务委员会批准，并报所在省、自治区、直辖市高教(教育)厅(局)备案；确定或提升副教授，须经校务委员会讨论通过，报所在省、自治区、直辖市高教(教育)厅(局)批准，并报教育部和有关部、委备案；确定和提升教授，须经校务委员会讨论通过，报所在省、自治区、直辖市高教(教育)厅(局)审定，报教育部批准。

1983年9月，中共中央办公厅和国务院办公厅发布《关于整顿职称评定工作的通知》，决定把全国评定职称工作暂停下来，用一年左右的时间，进行检查、总结和整顿，对1978年以来恢复评定职称的工作进行复查验收。

1984年12月，教育部根据中央职称改革领导小组要在全国指定部分单位进行职称改革试点的意见，指定北大等8所高校为试点单位。1985年5月，学校制定《北京大学教师职称标准及评审细则》。该细则的各项规定同国务院、教育部和学校原来的规定基本上是一致的，不同之处，除了结合学校情况更加具体化和细化以外，主要有以下几点：(1)教师职务名称，在教授、副教授、讲师、助教四级以外，增加“高级讲师一级”。教授、副教授、高级讲师被认为属高级职务，讲师属中级职务，助教为初级职务。高级讲师的任职条件为：取得讲师职务满五年，积累了丰富的教学经验，在教学内容或教学方法的改进上有显著贡献，实践证明胜任教授和副教授所应承担的除指导研究生学位论文以外的全部教学工作。达到以上要求的教师，可以根据本单位教师编制及教师队伍结构情况授予高级讲师职称(这一职务名称于1986年取消，1985年已授予高级讲师者，可改聘为副教授)。(2)在各级教师的基本要求中规定“根据工作需要，应兼任适当的党政管理工作(包括学生班级主任)”。如规定根据工作需要，助教应兼任两年以上的班级主任或校内其他党政管理工作，讲师应兼任学生导师等适当的党政管理工作。

1985年7月，中央决定改革职称评定制度，实行专业技术职称聘任制，明确“职称系列”就是专业技术职务的名称系列；专业技术职务不同于一次获得而终身拥有的学位、学术称号。它是根据实际需要设置的专业技能职务岗位，有明确的职责，有一定的任期，由行政领导在经过评审机构审定的符合相应任职条件的专业技术人员中聘任或任命，在任职期间领取专业技术职务工资。1986年3月，中央职称改革工作领导小组转发国家教委《高等学校教师职务试行条例》及有关实施意见、工作部署等文件。该试行条例共有五章。第一章规定，高等学校教师职务是根据学校所承担的教学、科学研究等任务设置的工作岗位。各级职务实行聘任或任命制，并有明确的职责、任职条件和任期。教师的编制应根据国家规定的师生比例确定。教师职务应有合理结构。第二章，职责。(1)助教的职责：承担课程的辅导、答疑、批改作业、辅导课、实验课、实习课、组织课堂讨论等教学工作（公共外语、体育、制图等课程的教师还应讲课），经批准担任某些课程的部分或全部讲课工作，协助指导毕业论文、毕业设计；参加实验室建设，参加组织和指导生产实习、社会调查等方面的工作；担任学生的思想政治工作或教学、科学研究等方面的管理工作；参加教学法研究或科学研究、技术开发、社会服务及其他科学技术工作。(2)讲师的职责：系统地担任一门或一门以上课程的讲授工作，组织课堂讨论，指导实习、社会调查，指导毕业论文、毕业设计；担任实验室建设工作，组织和指导实验教学工作，编写实验课教材及实验指导书；参加科学研究、技术开发、社会服务及其他科学技术工作，参与教学法研究，参加编写、审议教材和教学参考书；根据工作需要协助教授、副教授指导研究生、进修教师等；担任学生的思想政治工作或教学、科学研究方面的管理工作；根据工作需要，担任辅导、答疑、批改作业、辅导课、实验课、实习课和指导学生进行科学技术工作等教学工作。(3)副教授的职责：担任一门主干基础课或者两门或两门以上课程的讲授工作（其中一门应为基础课，包括专业基础课或技术基础课），组织课堂讨论，指导实习、社会调查，指导毕业论文、毕业设计；掌握本学科范围内的学术发展动态，参加学术活动并提出学术报告，参加科学研究、技术开发、社会服务及其他科学技术工作，根据需要担任科学研究课题负责人，负责或参加审阅学术论文；主持或参加编写、审议新教材和教学参考书，主持或参加教学法研究；指导实验室的建设、设计，革新实验手段或充实新的实验内容；根据需要，指导硕士研究生，协助教授指导博士研究生，指导进修教师；担任学生的思想政治工作或教学、科学研究等方面的管理工作；根据工作需要，担任辅导、答疑、批改作业、辅导课、实验课、实习课和指导学生进行科学技术工作等教学工作。(4)教授的职责：除担任副教授职责范围内的工作外，应承担比副教授要求更高的工作；领导本学科教学、科学研究工作，根据需要并通过评审确认后指导博士研究生。第三章，任职条件：高等学校教师应拥护中国共产党的领导，热爱社会主义祖国，努力学习马克思主义和党的路线、方针、政策，有良好的职业道德，遵纪守法，能为人师表，教书育人，能全面地、熟练地履行现职务职责，积极承担工作任务，学风端正，身体健康，能坚持正常工作。各级教师的任职条件，除应符合上述要求外，还应分别具备以下条件之一。(1)助教：①获得学士学位，或在实践中学习提高，经考试或考查，确认达到学士学位，经过一年以上见习使用；②获得硕士学位或研究生班毕业证书或第二学位证书。(2)讲师：①在担任四年或四年以上助教职务工作期间已取得高等学校进修班结业证书，或确认已掌握硕士研究生主要课程内容，具有本专业必需的知识与技能和从事科学技术工作的能力，能顺利阅读本专业的外文书籍；②获得研究生班毕业证书或第二学士学位证书且已承担两年或两年以上助教职务工作，具有本专业必需的知识与技能和从事科学技术工作的能力；③获得硕士学位且已承担两年左右助教职务工作，或获得博士学位。(3)副教授：承担五年以上的讲师职务工作，或获得博士学位且已承担两年以上讲师工作，并具备下列条件：①对本门学科具有系统而坚实的理论基础和比较丰富的实践经验，能及时掌握本门学科发展前沿的情况，并熟练地掌握一门外国语；②教学成绩显著，能较好地对学生进行启发式教育，培养其分析问题解决问题的能力；③发表过有一定水平的科学论文或出版过有价值的著作、教科书，或在教育研究方面有较高造诣，或在实验及其他科学技术工作方面有较大的贡献。(4)教授：承担五年以上副教授职务工作并具备下列条件：①教学成绩卓著；②发表、出版过有创见性的科学论文、著作或教科书，或有重大的创造发明；③在教学管理或科学研究管理方面具有组织领导能力。对在教学工作或科学研究工作及其他科学技术工作方面成绩特别突出的教师，其任职条件可不受上述学历、学位、任职年限等规定的限制。第四章，任职资格评审：助教任职资格由学校教师职务评审委员会审定；讲师任职资格，由学校评审委员会审定后报省、自治区、直辖市或主管部委评审委员会备案；教授、副教授任职资格，由学校报省、自治区、直辖市或主管部委评审委员会审定。部分高等学校教师职务评审委员会，经国家教委批准，有权审定副教授或有权审定副教授、教授任职资格。审定的教授报国家教委备案。第五章，聘任及任命：教师职务的聘任或任命应根据工作岗位需要，一般由系主任、教研室主任或学科组提出人选，经相应评审组织评审通过后，按照限额进行聘任或任命。任职期限由学校确定，一般为 2—4 年，可以续聘或连任。根据以上规定，1985 年全校确定与晋升教授 99 人，副教授 356 人，讲师 100 人。

1986 年，中央职称改革工作领导小组转发《高等学校教师职务试行条例》后，国家教委批准北大有权审定副教授、教授任职资格。同年5月，学校制定《北京大学教师职务聘任工作实施办法》，贯彻执行国家教委的试行条例。该办法具体规定，我校教师可以受聘的职务包括教学岗位（教授、副教授、讲师、助教）、专职科研岗位（研究员、副研究员、助理研究员、研究实习员）、实验技术岗位（高级工程师、工程师、助理工程师及高级实验师）以及其他工作岗位。教师任职年限一般为二年，可以续聘连任。高级职务由校长聘任、初、中级职务由校长委托系主任或直属单位负责人聘任。此后，教师职务评聘工作逐渐转入经常化。

1986年，北大遵照国家教委的有关规定，制定《北京大学研究人员聘任工作实施办法〈草案〉》，在进行教师职务评聘工作的同时，开展了科研人员的评聘工作。该实施办法（草案）规定，研究职务岗位有研究实习员、助理研究员、副研究员、研究员。凡已具备助教、讲师、副教授、教授任职资格者，一般即可聘任相应的研究实习员、助理研究员、副研究员、研究员。研究人员任职资格的评审工作在教师职务评审组织进行，评聘程序和权限与教师相同。研究人员的任职条件也基本上与教师相同，不同处主要是去掉了有关教学方面的要求。

1950—1997年确定和晋升为中级以上职称教师、研究人员人数表

职称（务） 时间	教授	副教授	讲师	讲员	研究员	副研究员	助理研究员
1950—1951年	10	3	9	32			
1952—1953年	4	19	25				
1954—1955年			52				
1955—1956年	1	11	33				
1957年			3				
1958年	1						
1960年			100				
1961年	9	41	125				
1962年			228				
1963年	9						
1978年	34						
1979年	9	228					
1983年	72	147					
1984年	23						
1985年	99	356	100				

续表

职称（务） 时间	教授	副教授	讲师	讲员	研究员	副研究员	助理研究员
1986 年	70	323	132			3	
1987 年	61	139	125			8	65
1988 年	58	207	114			24	17
1989 年	81	145	102		1		
1990 年	104	123	106		5		
1991 年	174	130	72		14	22	41
1992 年	218	162	89		17	15	60
1993 年	165	139	96		16	29	69
1994 年	117	131	73		16	26	41
1995 年	105	115	76		10	22	23
1996 年	103	94	55		8	13	44
1997 年	102	98	57		11	18	23

1950—1997 年确定和晋升教授、研究员人员名单

年月	名单	备注
1950 年	王湘浩、唐敖庆、王鸿桢、王嘉荫、邓广铭、冯文炳、周祖谟、钱学熙、韩寿萱、姚曾荫	
1952 年	陈阅增、曹宗巽、杨周翰、李赋宁	
1956 年	杜连耀	确定为教授
1958 年 5 月	冯定	确定为教授
1961 年 11 月	董铁宝、廖山涛、黄绍湘、杨立铭、胡济民、王乃梁、季镇淮、任继愈、刘麟瑞	董铁宝、廖山涛、黄绍湘 3 人是确定为教授
1963 年 12 月	吴光磊、徐光宪、唐有祺、张滂、陈德明、汪篯、王岷源、王瑶、齐香	
1978 年	邹国兴、阴法鲁、楼邦彦、江泽培、胡祖炽、聂灵沼、郭敦仁、周光炯、冷生明、沈克琦、赵凯华、高小霞、张锡瑜、庞礼、李正理、梅镇安、吴相钰、王仁、张景哲、吴全德、张至善、黄永宝、孙天凤、朱德熙、张芝联、宿白、陈庆华、胡代光、颜保、黄敏中、吴世璜、齐声乔、吴柱存、曹昌祺	邹国兴、阴法鲁、楼邦彦 3 人是确定为教授，曹昌祺由讲师越级晋升为教授

续表

年月	名单	备注
1979年4月	黄敦、郭仲衡、林筠因、韩德则、赵柏林、吴允曾、张祥保、周珊凤、丁石孙	前3人由教员确定为教授，后6人为讲师晋升为教授
1983年2月	张恭庆、姜伯驹、沈燮昌、姜礼尚、钱敏、张芷芬、苏勉曾、孙亦樑、杨文治、赵国玺、郑乐民、吴林襄、仇永炎、朱澂、冯午、梁家骥、胡适宜、吴天敏、吴季兰、冯钟芸、林焘、闫文儒、许大龄、商鸿逵、田余庆、吴同宝、王永兴、厉以宁、张友仁、赵靖、杜度、闵庆全、甘雨霈、肖永清、张宏生、黄楠森、张世英、赵林克悌、杜秉正	田余庆、吴同宝由讲师晋升为教授。王永兴由教员确定为教授
1983年9月	刘振瀛、喜励、沈宗灵、张国华、俞伟超、邹衡、张广达、朱伯崑、王太庆、齐良骥、赵宝煦、陈贻焮、裘锡圭、邵郊、王绍武、朱照宣、杨芙清、马希文、徐承和、西门纪业、黄竹坡、刘元方、孙佶、李椿、杨泽森、高崇寿、尹道乐、丁同仁、梁佩贞、甘子钊、钱祥麟、梁思庄、耿济安	
1984年8月	张玉书、袁行霈、严家炎、金申熊、王式仁、王楚、王选、金声、陈佳洱、邓东皋、应隆安、胡兆量、安泰庠、杨威生、曾谨言、章立源、孙洪洲、张合义、翟中和、岳增元、陈家宜、是勋刚、黄琳	岳增元由讲师晋升为教授
1985年	王萼芳、闻国椿、石青云、李忠、郭长志、刘福绥、秦国刚、杨应昌、谢有畅、张启运、吴瑾光、黎乐民、慈云祥、叶秀林、徐瑞秋、丘坤元、李福绵、顾惕人、邵美成、桂琳琳、蔡益鹏、王平、刘泰槿、高天礼、陈秋士、杨大升、陈受钧、王义遒、董泰乾、唐孝炎、王文清、吴望一、陈耀松、武际可、余同希、何国琦、白顺良、郑淑蕙、冯钟燕、承继成、仇为之、崔之久、陈昌笃、陈静生、杨吾扬、王阳元、陈仲庚、王甦、陈舒永、孙玉石、赵齐平、谢冕、褚斌杰、叶蜚声、唐作藩、陆俭明、张寄谦、罗荣渠、吴荣曾、马克垚、吕遵谔、汤一介、楼宇烈、杨辛、朱德生、肖灼基、范家骧、刘方棫、傅丽元、张康琴、邵津、杨春洗、饶鑫贤、魏敏、李由义、肖蔚云、张汉清、陈哲夫、周文骏、孙宗光、安炳浩、陈嘉厚、郭应德、刘安武、严宝瑜、徐继曾、杨维仪、范大灿、张秋华、彭克巽、胡壮麟、黄继忠、陶洁、肖超然、沙健孙、周宝恩、邓懿、张俊彦、卞立强	

续表

年月	名单	备注
1986年	滕振寰、陈亚浙、戴道生、宋行长、陈家鼎、张玉玲、杨海寿、张启仁、王大钧、陈滨、曲圣年、陈传康、魏心镇、徐兆奎、刘瑞麟、叶于浦、童沈阳、华彤文、林炳雄、胡美浩、顾孝诚、吕德申、郭锡良、徐通锵、胡经之、乐黛云、祝总斌、张传玺、潘润涵、严文明、晏成书、叶朗、徐淑娟、高程德、陆卓明、孙小礼、黄耀枢、向青、江美球、汪永铨、夏吉生、张冠尧、桂裕芳、刘自强、张有福、赵陵生、徐稚芳、陈瑞兰、罗经国、韦旭昇、梁立基、刘升平、关懿娴、荣天琳、张蓉初、关伯仁、赵隆勷、赵琏、黄修已、熊正文、姚殿芳、陈炎、陈玉龙、郭应德、钱存柔、李建武、彭兰、王攻本、龚光鲁、赵光武	
1987年	吴兰成、刘婉如、钱敏平、谢衷洁、韩其智、虞丽生、赵光达、陈慧英、李崇熙、文重、高信增、杨安峰、吴鹤龄、王镜岩、魏菊英、杨景春、张镡、肖佐、卢希庭、钟云霄、韩汝琦、张世龙、叶良修、陈堃銶、孟昭兰、张少康、何九盈、石安石、潘兆明、刘祖熙、高明、宋文坚、谢龙、陈启伟、朱天俊、李德彬、陈良焜、洪君彦、王恩涌、曹长盛、赵振江、康树华、王谦培、张鸿年、金鼎汉、蔡鸿滨、李明滨、吴贻翼、武兆令、韩明谟、李景阴、杜岫石、甘霖、冯瑞芳、王隽彦、何瑾、展凡、杨博民、尹宏、张锦炎、刘士英	
1988年	黄文灶、徐明曜、郑忠国、李守中、俞允强、彭宏安、钟文定、钱尚武、周祖康、赵匡华、黄春辉、严宣申、任磊夫、曹家欣、马霭乃、魏中磊、张人骥、陈守良、戴尧仁、许卓群、许政援、李新章、孙钦差、王福堂、袁良义、李仰松、施德福、张德修、朱克烺、杨娴、李志敏、王哲、梁守德、李景鹏、梁柱、陆庭恩、孙亦丽、齐文颖、毕金献、崔应久、沈石岩、李济生、宋增福、郭汝嵩、陈志全、胡寿文、杜锦珠、葛路、张云秀、周密、张荣起、王胜治、赵振绵、于德仁、殷洪元、黄宗鑑、李真、郝克明	

续表

年月	名单	备注
1989年	程乾生、黄少云、郭懋正、王雪平、吴思诚、李传义、闫守胜、孙駒亨、张榕森、陆承勋、蒋硕健、徐筱杰、蔡生民、刘式适、张霭琛、刘有恒、谢麟振、任明达、潘乃燧、周培爱、陈章良、曹正民、郑亚东、王英华、韩慕康、朱德威、江栋兴、王祥云、吴江航、王敏中、谭长华、沈德灿、毛赞猷、迟惠生、朱宜、张钟、段宝林、蒋绍愚、孙庆升、葛晓音、董学文、朱龙华、余大钧、陈铁梅、杨根、宋一秀、闫国忠、石世奇、胡健颖、巫宁耕、钱淦荣、罗豪才、金瑞林、魏振瀛、黄宗良、丁则勤、张树华、徐昌华、孙凤成、祝畹瑾、李秀琴、岳凤麟、臧仲伦、薛汉伟、陈悠久、周南京、张纯元、曾毅、郭元恒、李作骏、杜淑敏、于民、王作堂、李石生、岳麟章、华青、杨通方、马孟刚、余崇健、蔡文眉、王学珍	
1990年	王理嘉、倪其心、孙静、严绍璗、沈仁安、吴宗国、李伯谦、魏英敏、杨克明、陈来、田心铭、王东、晏智杰、陈德华、由嵘、储槐植、杨殿升、钟哲明、袁明、王万宗、傅成劼、黄琛芳、王文融、赵蓉恒、汪意祥、孙静云、胡家峦、王逢鑫、王永江、安维华、梁英明、闫志民、宫磊、张绪定、陈维桓、彭立中、文兰、张继平、程士宏、林宗涵、戴远东、邹英华、刘弘度、李标国、李宣文、李南强、曹维孝、季爱雪、周其凤、唐镇松、项海格、余耀煌、刘式达、吴庆鹏、丁明孝、张庭芳、杨端、王仁民、谢凝高、唐世渭、张利春、高宏成、李坤、叶庆凯、林建祥、顾小凤、俞士汶、叶文虎、郝斌、徐萃薇、杨葭荪、金韵、张明哲、徐梦侠、殷宗昭、佟伟、寿曼丽、江德爱、苏先基、潘德扬、范心圻、吕乃岩、吴竟存、周怡天、谭圣安、孙淼、田万仓、金以辉、杜家芳、朱华泽、莆坚、王以真、梁根成、白化文、周尔鎏、张咏白、董青子、李廷栋、姜鸿霄、顾稚英、谢青、贺剑诚、向景洁、柯高	
1991年8月	张顺燕、兰以中、方企勤、李正元、李承治、孙山泽、韩汝珊、陈秉乾、包科达、程檀生、吴崇试、吕斯骅、项斯芬、顾镇南、李安模、高执棣、马季铭、俞启全、张鸿志、花文廷、毛节泰、濮祖荫、蒋尚城、	

续表

年月	名单	备注
	沈伯弘、薛增泉、吴德明、潘文石、茹炳根、林稚兰、尚克刚、朱圣庚、徐长法、崔文元、艾永富、刘瑞珣、丁中一、崔海亭、黄润华、周一星、陶澍、武国英、陈葆珏、董士海、方裕、李金龙、王正行、巩令华、杜珣、袁明武、殷有泉、黄永念、朱滢、宋再生、刘燕君、徐希孺、徐云麟、朱万森、贾彦德、沈天佑、马振方、周强、安平秋、林承节、徐天新、梁志明、何芳川、王晓秋、赵家祥、许抗生、陈志尚、张秋舫、周元、秦宛顺、色文、王俊宜、张国有、王国枢、杨紫煊、杨敦先、罗玉中、潘金声、仲跻昆、叶奕良、赵振江、赵登荣、顾蕴璞、左少兴、张砚秋、李淑言、方连庆、陈峰君、宁骚、吴慰慈、卢淑华、马树孚、林志超、闵维方、林良光、杨贺松、潘国华、李士坤、吴同瑞、张万仓、秦寿珪、于洸、李庆荣、陈松岑、郑必俊、李廷举、李清崑、陈颖源、张胜宏、王茂湘、周勤英、蔡沐培、张若羽、刘家兴、陈宝音、魏定仁、杨荫滋、汪其来、李严、邵献图、朴忠禄、黄增业、姚宝琮、李淑、李广庭、王明珠、任清玉、高鲲、曲士培、高宝钧、佘其铨、许全兴、丛树桐、张之翔、黄飞虎、何文望、让庆澜、倪葆龄、冯建章、尚振海、周公度、彭宗慧、霍鸿暹、陈诗闻、方昭希、梅慧生、于豪建、何笃修、汪劲武、曹同庚、宗志祥、任淑仙、杜之兰、修保琨、刘本立、朱亮璞、黄福生、李寿深、许殿彦、陈金榜、邓成光、石世民、张丽霞、沈钟、杨文娴、彭家声、葛淑英	
1992 年 8 月	周先慎、唐沅、马真、钱理群、费振刚、佘树森、汪景寿、闵开德、曹文轩、陈平原、温儒敏、郑家馨、林华国、郭华榕、林被甸、王天有、刘俊文、原思训、马世长、张翼星、张文儒、曹玉文、赵敦华、万俊人、曹凤岐、商德文、李庆云、刘伟、潘国华、林代昭、谢庆奎、张文、李贵连、贾俊玲、程正康、郑莉莉、秦铁辉、肖东发、马戎、汪大年、潘德鼎、曾延生、孔远志、顾海根、张甲民、王邦维、陈君华、李国辰、王庭荣、张荣昌、倪诚恩、罗芃、胡春鹭、韩敏中、刘意青、安美华、王宁、申丹、徐雅民、江	

续表

年月	名单	备注
	长仁、杨淑娟、耿引曾、赵燕皎、陈庆树、汪仁官、庄大蔚、尤承业、周建莹、娄元仁、丘维声、周民强、张筑生、王诗宬、秦旦华、廖绍彬、陈熙谋、陈辰嘉、蔡伯谦、林勤、赵志泳、熊光成、常文葆、唐恢同、郭国霖、羌笛、宏存茂、朱瑕瑶、张婉静、杨锡尧、张有民、严纯华、赵新生、来鲁华、王长清、王庆吉、谢柏青、余道衡、吴锦雷、涂传贻、罗先汉、宋礼庭、乔国俊、陶祖钰、李绍文、刘克球、吴光耀、龙瑞麟、周曾铨、卢光莹、倪逸声、华子千、刘锦荣、顾红雅、徐振邦、王时麒、郑辙、王新平、曾贻善、潘懋、郝守刚、于希贤、董黎明、倪晋仁、杨开忠、陆钟辉、吉利久、张乃孝、夏松江、王德民、施翀、赵夔、哈鸿飞、施兆民、方家驯、郑春开、颜大椿、魏庆鼎、黄筑平、黄福华、温功碧、沈政、谢慧瑗、邵可声、杨东海、徐雷、郭景海、任彦申、唐幸生、崔殿祥、张殿英、杜美、鲍良骏、陈葆华、孝慎、弓孟谦、邱沛玲、林修坡、王炳元、郑如斯、王存厚、张国福、倪申源、施振才、何镇华、包智星、孙坤荣、乔振绪、潘虹、桑凤、陈士林、麻乔志、杨永骝、张光珮、翟峻岚、邵士敏、李文绚、成琍、梁静国、许祖华、汪勤慰、张嘉郁、陈凤翔、褚开鹏、周云镍、冯义谦、施蕴陵、张肇仪、蔡晓明、贺慕严、张新英、杨澄、卢培元、周慧祥、王玉芳、黄杰蕃、杨守仁、毕于润、杨天锡、方锡义、薛祚纮、是长春、蒋曼英、孙桂玉、罗桂玉、毕源章、黄文一、韩启成、程光裕、周琦琇、古平、赵亨利、赵存生、陆永基、张映清、杨以文、张文增、潘乃谷、周起钊	
1993年	索振羽、符淮青、刘烜、李思孝、洪子诚、何顺果、晁华山、夏剑豸、李国秀、范培华、邵朝秦、勒云汇、程道德、王守瑜、朱启超、刘金质、王杰、孟昭晋、郭崇德、山蕴、姚秉彦、孙承熙、赵德明、顾嘉琛、李毓榛、解又明、王兰媛、秦玉珍、沈忠民、王余、	

续表

年月	名单	备注
	张振国、赵敬、孟华、李家浩、王岳川、阎步克、恭新江、王其文、睢国余、涂平、武树臣、龚刃韧、赖茂生、王思斌、易杰雄、杜小真、杨立文、张仁忠、彭燕韩、徐克敏、李宗华、吕学德、万美君、贾弃懋、丁安如、张维福、颜芙、文丽、董镇喜、胡德焜、刘西垣、卫崇德、王守证、高巧君、冯孙齐、钟锡华、叶蕴华、李明谦、金天柱、高盘良、杜垚、吴念祖、刘志雄、邵济安、梁庆林、孙凯、藏绍先、桑建国、尚玉昌、戴灼华、黄仪秀、张昀、廖志杰、杨承运、孙荀英、李茂松、刘继韩、徐海鹏、耿素云、许铭真、严声清、唐任寰、谢淑琴、许方官、韩铭宝、严宗毅、陈文雄、谭小江、王世光、段连运、刘忠范、周乐柱、李雄彪、蔡运龙、郭之虞、叶沿林、方竞、肖建国、潘国宏、王国文、方瑞宜、梁秀慧、黄植文、臧希文、李外郎、龚曼玲、郭凤瑜、王世玉、杨骏英、谢文惠、姚仁杰、蒋邦本、刘宝诚、杨俭美、郭振泉、李荫蓁、来树民、黄祚强、潘其丽、李令媛、刘兆乾、林万智、弁保磊、臧启家、殷纯嘏、谭绪荣、沈敏子、吴荔明、徐浚、任仁眉、江林根、吴名枋、袁荣尧、张钰华、陈坚、张如菊、王模善、周政、侯学忠、杨康善、黄槐成、沈鹏、睢行严、黄道林、马云章、杨永庚、丁国香、刘宏勋、李树恬、焦锦堂、张陶生、张宏健、杜勤、张文儒、沈继英	
1994年8月	耿直、潘文杰、王耀东、刘张炬、王祖铨、朱星、夏蒙棼、张树霖、张永福、章蓓、陈娓兮、钱秋宇、关烨第、程虎民、汤卡罗、邓卓、李芝芬、徐安士、汤俊雄、栾桂冬、龚中麟、李京、李琦、秦瑜、周道祺、吴鑫基、吴永慧、包尚联、唐国有、楼滨乔、罗林儿、崔克明、杨中汉、朱玉贤、白志强、徐备、穆治国、齐文同、夏正楷、葛道凯、张立昂、杨冬青、邵维忠、陈德成、唐世敏、苏先樾、毛德行、张玉范、郑克祥、喻岳青、周学艺、刘家桢、孙靖、李嘉璋、	

续表

年月	名单	备注
	刘尊孝、黄惠忠、王逊、倪学文、沈定予、金丽芳、梁振亚、朱守涛、巩运明、潘爱华、于立德、张茂良、袁忠喜、陈熙中、侯学超、朱零、宋成有、高毅、张希清、成汉昌、陈占安、冯国瑞、李醒塵、魏常海、刘壮虎、饶戈平、周旺生、姜明安、龚文庠、朱善利、易纲、余锦凤、刘世定、周星、石志夫、赵建文、马克承、李谋、史习成、段若川、陈玫、朱邦芳、任光宣、钱景明、石春祯、陈孝模、居三元、丘震、孙玉禄、彭吉象、郭振华、汪淑哲、王淑坤、蒋明、张爱蓉、汪太辅、林钧敬、赵钰林、张荫春、陈美章、苏培成、靳兰征、杨荣华、庞春兰、罗国章、杨福泉、李良助、金德秋、余励勤、顾菡珍、齐大荃、黄昀、龚镇雄、张丽珠、张虹、沈长寿、王丽华、傅淑芳、陈仲生、田昭舆、王淑芳、王美容、曹焯、马莱龄、朱梅湘、李淑鸾、王宪曾、魏绮英、余娟芬、刘经之、周志成、陆善堃、叶以周、王毓钟、张存珪、林绪伦、于海凌、吴阿华、何佩伦、张瑞云、程敦慧、杨孚旺、刘文兰、兴成珍、戴中维、周俊业、曾昭垒	
1995年8月	沈炯、岳庆平、葛英会、靳希平、景云英、张保胜、马文韬、魏玲、孟继有、刘守芬、林勋建、萧国亮、杨岳全、张来武、苍道来、贾蕙萱、万明高、朱孝远、丰子义、吴志攀、叶自成、王浦劬、王立彦、海闻、张维迎、高维新、陆果、赵汝光、钟毓澍、王兰萍、舒幼生、郑钥贵、袁谷、刘兴云、金祥林、李克安、赵振国、肖健、黄嘉佑、吴才宏、孙庆瑞、戚生初、张兆祥、祝西里、阎国翰、韩光辉、王立福、吴良芝、关旭东、夏宗璜、于金祥、钱思进、邹光远、刘宝章、段海豹、王杰、田光善、龚旗煌、林建华、章士伟、王登峰、王红亚、陈钟、韦伦存、王启明、张庆嘉、王淑文、张章才、赵立群、殷金生、刘秋云、张为合、倪朝烁、鲁永令、王启明、赵常林、张嘉南、巴特立、卢尉秋、周芝英、童莉泰、尹光俊、谭国英、张金龙、胡望雨、蔡一坤、朱生传、王学忠、王威礼、林本达、朱仁益、金东瀚、晏继文、王守仁、王仁乾、何玉明、汪厚基、黄祖琇、攀杰、田清乾、孟联忠、过国颖、何绿萍、王桂英、商金林	

续表

年月	名单	备注
1996 年	张双棣、徐万民、张衍田、赵朝洪、李中华、赵杰、任友谅、徐曾惠、孙玉、郑学益、胡坚、朱苏力、郑胜利、贾庆国、王锦贵、杨善华、陈庆云、吴国衡、智效和、李士信、李玉、郑晓瑛、李树芳、王长平、张平文、王正栋、郑志明、陈开茅、林祥芝、段家祇、王文采、林纯镇、刘英骏、何美玉、阮慎康、戴乐蓉、韩玉真、赵璧英、杨华铨、朱元竞、陈晓非、吴月芳、赵进东、唐建国、于龙川、韩凯、姚荣奎、张保澄、刘洪涛、奚中和、刘唯敏、史谞、董熙平、王缉慈、俞孔坚、莫多闻、盛世敏、王德和、于年才、王建平、姚国正、陈国谦、孙绍有、何淑云、陈定芳、史守旭、曹树石、魏引树、周瑜采、赵祖谟、韩德英、计莲芳、何绿野、侯文达、刘继周、杨清传、张玉芬、陈大元、陈朱希昭、高伟良、潘荫基、陈青慧、吴希、刘景生、朱善璐	
1997 年 8 月	夏晓虹、王洪君、钱志熙、戴锦华、徐凯、邓小南、李孝聪、高崇文、林梅村、姚卫群、张志刚、任定成、金可溪、张玉安、刘金才、金海民、沙露茵、辜正坤、李晓琪、张锡镇、刘文忻、孙祁祥、萧琛、刘力、盛杰民、巩献田、傅守灿、李顺荣、刘承鸾、张敏秋、陈学飞、李涌平、周其仁、宋国卿、王铭铭、刘和平、林源渠、徐树方、李治平、陈大岳、何书元、张酣、傅济时、周治宁、王德煌、李振平、张国义、李元宗、甘良兵、姚光庆、宛新华、黄其辰、谢安、谭本旭、王毅、孙久荣、伊敏、魏根栓、钱铭怡、丁富荣、陈金象、王子宇、屈婉玲、梅宏、许保良、蔡永恩、李树德、郛伦、王龙、顾志福、阳振坤、张远航、谭少华、陈珂、张兆东、王丽梅、郭建荣、王文清、张桂英、王兴邦、王春梅、张剑福、李湘、周祖生、徐邦志、葛家振、黄湘友、江子伟、褚德荣、卫新成、王重庆、石进元、史美琪、曾树荣、王式洸、吴义芳、孟杰、田德祥、董文俊、高云鹏、邱水平、林炎志	

三、教师的培养

（一）清末与中华民国时期

京师大学堂创建后，教习乏才，西文和西方近代科学文化知识课程，均主要聘请外国人担任教习，亟须培养自己的教习，而当时培养教习的主要途径是选派学生出国留学，学成后回国任教。1903 年 12 月，张百熙呈《奏为选派学生前赴东西洋各国游学恭折》。其中说，“诚以教育初基，必从培养教员入手，而大学堂教习，尤当储之于早，以资任用”，为此，“现就速成科学生中选得余棨昌……等共三十一人，派往日本游学，定于年内起程；俞同奎……等共十六人，派往西洋各国游学，定于年外起程”。清廷批准了张百熙的奏请。此后，大学堂还多次派学生出国。如 1904 年 4 月，学务处派大学堂译学馆学生 7 人赴西欧游学；1905 年 9 月，译学馆选派 15 名学生分往西洋各国游学；1907 年 3 月，选派师范旧班毕业学生 8 人分赴英、法、美游学。京师大学堂首批派出的留学生大都于 1909 年前后学成回国，其中不少回到大学堂分科大学任教，成为中国现代高等教育一些学科的开拓者，如讲授化学的俞同奎、讲授物理学的何育杰、讲授高等数学的冯祖荀、讲授法学和政治学的余棨昌等。

中华民国时期，教育部于 1917 年 5 月发布《国立大学职员任用及薪俸规程》，规定“凡校长、学长、正教授每连续任职 5 年以上，得赴外国考察一次，以一年为限，除仍支原薪外，并酌支往返川资”。1934 年 6 月，北大为培养教师制定了《国立北京大学资助助教留学规则》，规定：(1)凡助教具有下列两项资格，得由学校资助留学：①在校服务满五年以上勤于职务者；②兼用研究工作，确有相当成绩者。(2)留学时期，第一年薪金照支，第二年如成绩优良，得由该助教向学校请求继续一年。(3)留学助教每系不得同时有二人。(4)助教留学回国后，有尽先在校服务之义务。根据这个规则，学校于 1934 年 10 月批准地质系助教丁道衡留学；1936 年资助张仲桂、沈青襄、胡子安三助教留学，1937 年 5 月并决定再资助他们一年。1934 年 12 月制定的《国立北京大学教授休假研究规程》规定：(1)本大学教授连续服务满五年者，得请求休假一年，如不兼事支半薪，其请求休假半年者，加不兼事支全薪；曾经休假一次者连续服务六年方得再请休假。(2)本大学教授在休假期内赴欧美研究者，其研究计划经学校核准，支给全薪，并给予往来川资各美金 350；赴日本研究者，支给全薪。(3)凡休假教授赴欧美或日本研究者，其在国外研究期间须在十个月以上。(4)本大学教授在休假期间内赴国内各地研究者，除照上述第一条支薪外，其旅行及研究费用，经学校核定，得予以资助，但总数不得超过 1500 元。(5)本大学教授依本规程休假者，于休假期满后有返校服务之义务。根据这个规程,1935年学校批准了谢家荣、郑奠两教授休假在国内外地进行研究,张颐、徐祖正、孙云铸三教授休假赴欧美研究。这个规程的基本内容,亦为后来的西南联大和复员后的北大沿用。

(二)中华人民共和国时期

新中国成立后,教师的数量和质量均不适应学校发展的需要。1953年2月,高等教育部副部长杨秀峰在华北区高等学校负责人座谈会上指出,教师缺乏是一个严重问题,各校必须大力抓紧培养新师资。北大一直把教师的培养作为一项重要工作来抓。教师的培养以在职进修为主、脱产为辅,组织教师提高业务水平,同时选派一些业务基础和教学质量较好、外语水平较高、在科学研究上有培养前途的青年教师,随国内外专家学习或出国留学。1956年8月,学校决定为我校39名中科院学部委员和著名教授各配备一至五名助手,一方面使这些学部委员和著名教授能尽快作出高水平的科研成果或编写出高质量的教材,另一方面使这些作为助手的青年教师能在名师的指导下尽快提高业务水平。1961年,学校制定《北京大学关于教师重点培养的几点意见(草案)》,其中提出要在普遍培养和提高的基础上,对有特殊才能的特别努力钻研的有较大成就的教师,给予重点培养。重点培养应以在职进修为主,也可以安排若干时间脱产。在职进修期间,必须保证他们有不少于5/6工作日的一半时间用于进修与提高等。1963年,学校又制定《北京大学师资培养暂行办法》,对各级教师思想政治上和业务上的基本要求、对优秀青年教师分批进行重点培养、为在职进修的青年教师指定导师、实行教授、副教授和讲师轮流休假制度等,作了较为明确的规定。该暂行办法还没有来得及认真贯彻实施,就在1964年和1965年的北大社会主义教育运动中遭到批判而被搁置。1966年"文革"开始后,教师的培养工作完全停顿,一直到"文革"结束,才得以恢复和加强。由于"文革"十年的耽误,师资队伍老化和青黄不接的情况严重,这一时期的教师培养工作更注重于培养教学骨干和学科带头人。1987年6月,国家教委设立资助优秀年轻教师基金,使他们能尽快脱颖而出。学校把这项措施同国家重点学科、重点实验室的建设和重点科研项目任务及师资培养规划结合起来考虑,使一批优秀青年教师获得了这项基金,为他们的成长创造了更好的条件。

新中国成立后,教师的培养主要有以下途径和方法。

(1) 在教研组(室)边工作,边学习、进修、提高

教研组(室)作为教学的基层组织,其任务之一就是提高全组成员的思想政治水平和业务水平、培养师资。北大于1950年11月建立了第一批教研组(室),1952年院系调整以后即在全校各系普遍建立。教研组(室)每年的工作计划中都有教师培养这一项。对青年教师,教研组(室)一方面指定有

经验的教师（有时是明确指定指导教师）帮助他们备课，向他们传授教学经验，并通过试讲、预讲等办法，帮助他们做好所承担的教学工作，提高教学能力；另一方面帮助他们确定进修方向、制定进修计划，组织他们参加科研等，提高他们的业务水平。青年教师则在教研组（室）边从事教学工作，边进修、提高，这是青年教师在职进修的主要方式。

（2）出国留学、进修

20 世纪 50 年代主要是派基础好、有培养前途的青年教师到苏联学习，也派少数教师到其他社会主义国家（如民主德国、越南、朝鲜等）和非社会主义国家学习。当时出国学习主要有两种方式。一种是读学位，北大许多留苏的青年教师是读学位的，并且都拿到了苏联的副博士学位。另一种是进修、提高，不读学位。如 1956 年 1 月，高等教育部发出《关于 1956 年度选拔高等学校教师赴苏联进行短期专业研究的通知》，学校按照文件的规定和高教部下达的名额选派教师到苏联进修，进修年限一般不超过两年。改革开放以后，学校根据中央关于“按需派遣，保证质量，学用一致”的方针，通过多种渠道，向许多国家，主要是美欧、日本等发达国家，派遣教师做访问学者、进修教师或攻读学位等，以提高业务水平，其人数远超过“文革”以前。

（3）向聘请来校的外国专家学习、提高

20 世纪 50 年代，为适应“学习苏联先进教育经验，进行教学改革”的需要，学校聘请了多名苏联专家来校任教，当时也聘有少数其他国家的专家，但主要是苏联专家。苏联专家的主要任务之一是帮助我们培养教师和研究生，特别是培养一些原来基础比较薄弱的和新设的专业和课程的教师。如 1952 年苏联政治经济学专家古玛青珂和马列主义基础专家鲍罗庭来校任教。学校决定从哲学系抽调 5 名、历史学系抽调 2 名青年讲助及 5 至 6 名学生，由专家指导学习，由有关教研室组织培养工作；决定由哲学系组织 57 名教师听专家课程，并决定开设 4 个班的马列主义课，由专家指导讲课。苏联专家培养的研究生，以后都成为我校或外校教学骨干。

改革开放以后，学校主要从美国等发达国家，也从一些发展中国家，聘请专家来校任教、讲学。聘请的渠道和人数都较“文革”之前多，但时间一般较短，大多为一年。对这些专家，相关院系组织青年教师听他们的课，请他们作学术报告，许多单位选拔有才干的优秀青年教师，由他们重点培养。

（4）送往兄弟院校（科研机构）进修

新中国成立后，教育部让北大等重点高校接受兄弟院校的教师前来进修、提高，还委托北大等校举办各种研修班、进修班、助教进修班等，为兄弟院校培养教师。北大也派出过少数教师到兄弟院校去进修学习。如新中国成立初期，北大的政治理论课教师人数少，业务水平亦亟待提高，曾送一些青年教师到中国人民大学去学习。

(5) 在职攻读硕士、博士研究生

对大学本科毕业的青年教师，凡有条件的，学校支持他们按有关规定报考本校在职硕士或博士研究生，录取后，一边担任教学工作，一边按研究生的要求对他们进行培养，学习年限适当延长。

第三节 职工

一、职工的结构

京师大学堂创办之初，根据《奏拟京师大学堂章程》，职员除管学大臣以外，设总办一人，提调 8 人，供事 16 员，誊录 8 员，藏书楼设提调 1 员、供事 10 员，仪器院设提调 1 员，供事 4 员，另有仆役若干人。

1902 年，京师大学堂恢复后，按《钦定京师大学堂章程》，除管学大臣外，设总办、副总办和提调、襄办各若干员，收掌、供事、书手若干员。1904 年《奏定大学堂章程》颁布后，按此章程，除大学堂总监督、分科大学监督外，设教务提调、庶务提调、斋务提调、文案官、会计官、杂务官、监学官、检察官、卫生官、天文台经理官、植物园经理官、动物园经理官、演习林经理官、医学经理官、图书馆经理官等。另有弁兵夫役若干人，如 1910 年 3 月的《大学堂员生弁夫等薪饷草册》记载，当年有差弁 3 名，号兵 4 名，枪匠 2 名，医兵 3 名，夫役 70 名。

中华民国成立后，1914 年 7 月，教育部颁行的《直辖专门以上学校职员任务暂行规程》规定，大学除校长、学长（由教授兼任）外，设学监主任、学监、庶务主任、事务员。学监主任掌学生之训育，学监承学监主任之命分掌管理学生事宜。庶务主任掌庶务会计事宜，事务员承庶务主任之命分掌庶务会计事宜。

蔡元培就任北大校长初期，除校长、学长（由教授兼任）外，设图书馆主任、庶务主任、校医、事务员。当时，学校所设的文牍处和斋务、杂务、会计等课，文科、理科、工科所设的教务处和法科所设的教务处、杂务课、会计课，以及图书馆和文、理、法各研究所，均设事务员若干人。1919 年，蔡元培进行改革，设教务长和教务处，总务长和总务处，同时设校长室。总务处设总务、注册、庶务、图书、仪器、出版等 6 个部，部下设课。教务长、总务长和总务处各部主任均由教授兼任。教务处、总务处各课设事务员和书记，出版部印刷课还设经理、司事、校对等。校长室设秘书和事务员。

蒋梦麟任校长后,于1931年将教务长改为课业长、教务处改为课业处(1937年5月改回为教务长、教务处),处下设组;将总务长改为秘书长、总务处改为秘书处,处内不设部,课改为组。课业处、秘书处下设的各组设主任、组员、助理、书记(体育组只设体育导师,应属于教员),图书馆下设股,各股设股长、股员、助员、助理、书记。校长室设秘书。各院系有设助理或书记的,理科有的系还有练习生。

1927年,学校将工人分为校警、工匠、工役三类。

抗日战争期间,西南联大除三常委外,设教务长和教务处、总务长和总务处,1938年1月至10月曾设建设长和建设处,1939年起设训导长和训导处。处内设组(室)。教务长、总务长、建设长、训导长均由教授兼任。他们直接领导所属处,不设处长。常务委员会设秘书。各处、组(室)职员设主任、干事、事务员、助理、书记、练习生等,有些组设有技师、技术员,校医室设校医、校医助理、护士。图书馆设主任、馆员、助理、书记、练习生。各学院、学系的职员有助理、练习生,有的有仪器管理员、绘图员。

抗战胜利,北大复员北平后,除校长外,同西南联大一样,设教务长、秘书长、训导长。之下,设组、课、室,图书馆设股。教务长、秘书长、训导长、图书馆馆长均由教授兼任。组和室设主任,课设课长,股设股长。其他属职员系列的有秘书、组员、股员、事务员、助理、书记、练习生等。各院系有的设有助理、练习生,有的设有技士、技佐、绘图员,医学院和医院设有护士长、护士等。

新中国成立后,从1949年5月起,由北京大学校务委员会主持校务。1951年6月中央人民政府才任命新中国成立后的第一任校长。行政组织方面,撤销训导长和训导处,只设秘书长和秘书处、教务长和教务处;1951年4月设人事室。至于行政组织的职员基本与以前相同。1949年6月,中共北京大学总支部公布总支委员名单。从此,党组织和党员结束了秘密活动时期,开始公开活动。党组织设有少数专职干部。不过他们工作虽在北大,而编制则属于中共北京市委组织部(20世纪50年代才改为北大编制)。当时的工人分为勤务人员、技工、校警三类。

1952年院系调整以后,除正副校长外,设正副教务长和教务处、总务长和总务处、校长办公室。教务处、总务处不设处长,下设科、室(卫生室)、组。校长办公室设正副主任,下设人事室和文书室(1955年人事室扩充为人事处,处下设科)。科设科长,室设主任,组设组长。其他职员有秘书、干事、科员、办事员等。卫生室设有校医,有的科设有工程技术人员(技师、技佐等)。图书馆除正副馆长外,设阅览、典藏等部,部下设股。部设主任,股设股长,其下为一般职员。学校党、团组织的专职人员,除书记、副书记外,设部。各部设部长、干事。一些系还设有办公室主任、教务员、资料员、实验员等，聘有苏联专家的系并设有专职翻译。当时工人分为勤杂工、炊事员、技术工、警卫人员等几类。1956 年，设校长助理，取消教务长、总务长，同时设直属校长、副校长领导的教务、科学、总务、人事等处。处设正副处长、处下仍设科一级机构。1958 年，取消校长助理一职，恢复设教务长、总务长，但由教务长、总务长直接领导的处仍设正副处长。同年，将卫生所（1956 年以前称卫生室）改为校医院，所长改为院长。1960 年后，处一级和科一级机构有增加也有调整，但职员的结构基本上没有什么改变。

从 1954 年起，根据上级的规定，将原来的职员（除教师兼任者外），分为教学辅助人员、职员和其他人员三类，教辅人员包括翻译、资料员、绘图员、技术员、实验员、打字员、图书员、录音员等，还包括在实验室、图书室等工作的工人；职员包括政治干部和一般职员；其他人员包括工程技术员、医务人员和教养员。同时，将工勤人员分为司机、技工、炊事员、通讯员、保育员、油印员、警卫、勤杂工等。

"文革"开始，学校党政组织被打散、打乱。许多职工同教师一道被送往江西鲤鱼洲农场和大兴农场等处劳动。1971 年在学校党组织和革委会下设立党政合一的办事机构，但这些机构和人员变动很多，并有一段时间按军队的体制将系改为连队，设连长、副连长等，职工的职务结构难于分清，只是从 1971 年开始，将属于学校编制的职员（工、军宣队不属于学校编制）分为教学辅助人员和行政人员两类加以计算，将原来的工勤人员和新办工厂、农场的职工分开进行计算。"文革"以后，职工的结构逐步恢复到"文革"以前的状况，只是在学校行政方面，于 20 世纪 80 年代中先后成立了研究生院和成人教育学院，设有正副院长；从 1992 年开始增设了校长助理一职。同时，随着学校规模的扩大，处一级、科一级的机构和人员有了增加。另外，在学校和系之间，从 1985 年开始，陆续设立学院，也增加了职工。

二、职工的聘任和任用

京师大学堂时期，大学堂的管学大臣、总监督由清廷直接任命；正副总办、正副总教习、分科大学监督、提调等报请清廷批准、任命；其他职员由大学堂自行任用，工人自然均由大学堂自行任用。

中华民国成立后，总监督改称校长，分科大学监督改称学长。提调取消后，校长由教育部于分科大学学长中推荐一人，由大总统任命，学长由教育部任命。

1914 年 7 月，教育部《直辖专门以上学校职员任用暂行规程》颁行。该规程规定："大学校校长，由大总统任命之"；"学监主任及庶务主任，均由校长延聘相当之人充之，但须开具详细履历，详报教育总长”；“学校之学监及事务员，由校长延用相当之人充之，但须开具详细履历，详报教育总长”；“大学校分科学长及预科学长，由校长就各科专任教员中推举三人，详请教育总长选任”。该规程还规定：“凡直辖学校校长，非专门以上学校毕业，不得充任”；“学监主任以专门以上学校毕业或曾任中学以上学校职员三年以上者充任”；“庶务主任及学监，以曾任中等以上学校职员二年以上或曾办教育行政事务二年以上者充之”。

1917年5月，教育部颁行《国立大学职员任用及薪俸规程》，其中规定：“校长由大总统任命之”；“学长由校长呈请教育总长任用之并呈报大总统”；“正教授、教授、讲师、外国教员、图书馆主任、庶务主任、校医均由校长聘任之，并呈报教育总长”；“助教、事务员均由校长延用之，并汇报教育总长”。

1919年，北大废除学长制，设教务处和教务长、总务处和总务长，并改门为系后，于是年12月制定《国立北京大学内部组织试行章程》，其中规定：校长由大总统任命之；教务长由各系系主任互举，任期一年（后改为固定职务，不再轮流）；系主任由本学系教授公举，任期二年；总务长由校长从总务委员（亦是总务处各部主任）中委任之，以教授为限，任期二年；总务委员由校长委任。1920年10月，教育部给北大发出指令，认为该试行章程“尚属妥协，应准备案”。

1929年7月，南京国民政府公布《大学组织法》。北大复校后，于1932年6月，根据《大学组织法》，结合本校情况，制定《国立北京大学组织大纲》。其中规定：“本大学置校长一人，综理校务，由国民政府任命之”；“各学院各置院长一人，商承校长综理各学院院务，由校长就教授中聘任之”；“各学系各置主任一人，商承院长主持各系教学实施之计划，由院长商请校长就本系教授中聘任之”；“设课业处，置课业长一人，商承校长并同各院院长综理学生课业事宜，由校长就教授中聘任之”；“设秘书处，置秘书长一人，商请校长处理全校事务上行政事宜，并监督所辖各机关，由校长就教授中聘任之”；“设图书馆，置馆长一人，商承校长处理本馆事务，由校长就教授中聘任之”；“课业处、秘书处、图书馆各组主任及事务员均由校长聘任之”。

长沙临时大学和西南联合大学时期，除常务委员会委员和常务委员会秘书主任（1941年杨振声辞秘书主任一职后，此职空缺）由教育部任命外，教务长、总务长、建设长、训导长和院长、系主任，由常委会于教授中聘任，其他职员概由常委员聘任或任用。

抗战胜利，复员北平以后，恢复战前的规定：校长由国民政府任命，教务长、秘书长、训导长、图书馆馆长、各学院院长由校长就教授中聘任，各系系主任由院长商请校长就本系本科教授中聘任，其他职员均由校长聘任或任用。

北平解放后，北平市军事管制委员会文化接管委员会接管北大，于1949年5月4日通知北大，决定成立北京大学校务委员会，任命了校委会委员、常委和主席，全校校务由校委会主持，同时，任命了教务长、秘书长、各学院院长和图书馆馆长。各系系主任由校务委员会聘任，其他职员由校委会聘任或任用。

1950年8月，经政务院政务会议批准的《高等学校暂行规程》公布，其中规定，大学及专门学院实行校（院）长负责制；大学设校长、副校长、教务长、副教务长、总务长、图书馆馆长（主任）、设院者各院设院长、各系设系主任。该暂行规程和其他有关文件规定：校长、副校长由中央教育部呈经政务院提请中央人民政府委员会任命；教务长、副教务长由校长就教授中遴选提请中央教育部任命；总务长由校长提请中央教育部任命，图书馆馆长（主任）由校长聘任，报请中央教育部备案；各院院长和各系系主任由校长就教授中聘任，报请中央教育部备案。不过当时，北大还没有校长、副校长，全校校务还是由校务委员会主持，一直到1951年6月马寅初被任命为校长时为止。

上述暂行规程公布以后，学校制定《国立北京大学职员任免暂行办法草案（初稿）》和《国立北京大学工警任免暂行办法草案（初稿）》。前者规定：本办法所称职员指总办事处、各学院学系及各附属生产单位之事务人员及技术人员；凡本校任用职员时，均由校发给委任状；秘书长、教务长、图书馆长、各学院院长及各附属生产单位首长直辖之各事务部门或技术部门之主管人员，由秘书长、教务长、图书馆长、各学院院长及各附属生产单位首长推荐，经校务委员会讨论通过后委任之；技术人员必须有专门技术之训练，一般职员必须经过考试，录取后试用若干时期经考核服务成绩优异者，始由校正式委任，试用时期最少六个月；职员之任免由校委会组织“职员任免委员会”统一处理。后者规定：本办法所称工警指下列人员：工友：总办事处、各院系、各附属生产单位之勤务人员及技工（包括熟练工人、普通工及学徒），校警：总办事处、各院系、各附属生产单位之警卫人员；工友由事务组庶务课课长统一领导，校警，由事务组校卫队队长统一领导，新工友及新校警由工警会推荐，经庶务课课长校卫队队长选择后试用，技工则需经过考试录取后试用，试用期最少三个月，试用期满经考核服务成绩优良者方得正式任用；工警之任免由校委会“工警任免委员会”统一处理。

1951年9月，学校在关于人事制度的决定中规定：教职员工的任免必须经校长批准；职员在主任级以上的调动必须于事前请示校长批准；一般职员的调动可在秘书长批准执行后向校长报告；工友调动由事务组主任决定执行后向秘书长报告。

院系调整后，学校于1953年11月制定《北京大学关于人员调动手续的规定》。其中，“关于职员的聘任、调动、兼职和离校”一条规定：一般干部由人事室征求各单位（各处、室、馆所及系等）意见决定，科长级以上干部须呈请校长批准。“关于工人的任用、调整、兼职和离职”一条规定：由总务处征求人事室意见后请总务长批准，并通知人事室。

1956年学校实行党委制，同年9月，决定将行政领导组织由三级制改两级制，即取消教务长、总务长一级，由校长、副校长分工领导各方面的工作，同时设校长助理。校长助理由学校报请国务院批准。处（系）一级干部，经校党委常委讨论同意，由校长任命，处以下干部由校长任命。1958年学校取消校长助理一职，恢复设置教务长、副教务长，后又恢复设置正、副总务长。正、副教务长、总务长由学校报请教育部任命。1963年5月，《中共中央国务院关于加强高等学校统一领导、分级管理的决定（试行草案）》颁发，其中规定：中央教育部直属高等学校的正副校长，由教育部提出建议，报国务院批准。

“文革”以后，1978年5月，北京市革命委员会下发通知，撤销各单位的革命委员会。同年7月20日，学校接到中共教育部党组《关于周培源等同志任职的通知》：经华国锋主席、党中央1978年6月17日批准，任命周培源为北京大学校长，高铁、汪小川、冯定等8人为北京大学副校长。10月，教育部下发《关于讨论和试行〈全国重点高等学校暂行工作条例〉（试行草案）》的通知，北大根据其规定实行党委领导下的校长分工负责制。1980年8月，学校决定恢复设正、副教务长和正副总务长。正、副教务长、总务长和各处长、各系系主任由校党委常委开会决定后任命。1987年3月17日，根据国家教委颁发《关于高等学校各级领导干部任免的实施办法》，北大校党委正、副书记和正、副校长的任免由教育部报中央、国务院审批；研究院院长一般由校长或副校长兼任，其任免由学校报教育部任免，副院长的任免由学校征得教育部同意后决定，并报教育部备案；教务长、总务长，其任免由学校征得教育部同意决定，并报教育部备案；处（部）系（所）级以上领导干部，由党组织统一管理和调配，其中属于行政系统的干部，由校长在群众推荐的基础上提名，经组织人事部门考察，党委（或党委常委）集体讨论决定，由校长任免。至于该实施办法规定范围以外的处级以下行政干部（职员）即由校长或人事部门任免。1989年，根据中共中央《关于加强党的建设的通知》，学校的领导体制改为党委领导下的校长负责制，但各级干部的任免办法未作改变。

三、教师、科研人员以外各单位技术职务评聘

1963年3月，为了充分发挥实验技术和资料工作人员为社会主义教育事业服务的积极性与创造性，加速建立一支又红又专的实验技术和资料工

作人员的队伍，便于对他们进行培养、考核与合理使用，学校制定了《北京大学实验技术和资料工作人员职务名称及其确定与提升办法的暂行规定（草案）》。该暂行规定（草案）的主要内容如下。

1. 实验技术和资料工作人员的主要任务是在系或教研室的领导下，认真为教学和科学研究工作服务，积极做好实验技术、实验室管理工作和资料的收集、整理、积累、编译工作。

2. 实验技术人员的职务名称定为：主任实验师（或称主任实验工程师）、实验师（或称实验工程师）、助理实验师（或称助理实验工程师）、实验员四级。

实验技术人员职务名称的确定和提升的业务条件规定如下。

（1）分配在实验室工作的中等技术学校、高级中学毕业生（或具有同等学力者）经过一年见习期的考察，适合在实验室工作，并具备下列业务条件者，可确定为实验员，经过一年见习不合格者，可延长见习期一年或另行分配工作。①能够正确地掌握所在实验室的基本量测技术、操作技能。②了解所在实验室常用和主要的仪器设备、药品等器材的基本性能、规格和保护知识，掌握仪器设备一般的维修、校验和调整工作，掌握药品配制、回收等技术，并且具备实验室管理工作能力。③能够协助教师进行有关实验，并具有记录实验结果的能力。

（2）实验员和高等学校本科毕业生（或具有同等学力者）经过一年见习期的考察，具备下列业务条件时，根据需要可以确定或提升为助理实验师（或称助理实验工程师）。①能够熟练地掌握所在实验室的主要测量技术、操作技能，具有系统检验装置和测量方法的能力，并能正确地掌握某些高级精密仪器设备的操作技术。②具有组织所在实验室的技术工作管理工作的能力，并掌握有关仪器设备的维修、校验和调整技术。③能够在实验技术方面协助教师辅导学生进行有关教学实验，并具备总结、整理教学实验结果的能力。④具有所在实验室有关的专业知识、基础知识和实验原理，并能运用一种外国语阅读专业书刊。

（3）助理实验师具备下列业务条件时，根据工作需要，可以确定或提升为实验师（或称实验工程师）。①专长某方面的实验技术，并提出过具有一定水平的技术报告或者在实验技术方面有较大的革新。②能够设计新的教学和科学研究实验装置。③能够熟练地掌握有关高级精密仪器设备的维修、校验和调整技术。④能够培养和指导实验员、助理实验师进行实验技术工作。⑤能够比较系统而深入地掌握有关的专业知识和基础知识，并能运用一种外国语熟练地阅读专业书刊。

（4）实验师（或称实验工程师）具备下列业务条件时，根据工作需要可以确定或提升为主任实验师(或称主任实验工程师)。①熟悉国内外本专业有关实验技术的发展情况,在实验原理方面有独到的见解。②在本专业实验技术方面具有丰富的实践经验,能够设计较高水平的实验装置和高级精密仪器设备,能够解决重大的技术关键问题。③在培养实验技术人员和指导他们进行实验技术工作方面有显著成绩。④对本专业具有系统而坚实的基础理论和专业知识;能运用一种以上外国语熟练地阅读专业书刊。

3. 资料工作人员的职务名称定为:资料研究员、副资料研究员、助理资料研究员、资料员四级。

资料工作人员职务名称的确定与提升的业务条件规定如下。

(1) 分配在资料室工作的高级中学毕业生(或具有同等学力者),经过一年见习期的考察,能够胜任一般图书资料管理工作的可以确定为资料员。经过一年见习不合格者,可延长见习期一年或另行分配工作。

(2) 凡资料员和经过一年见习期考察的高等学校本科毕业生(或具有同等学力者),具备下列各项条件的,根据工作需要可以提升或确定为助理资料研究员:①熟习本专业的有关资料的分类整理工作。②能够收集整理和初步分析本专业的教学、科学研究所用的参考资料,并能在教师指导下,编制直观教材。③掌握本专业所必需的基础理论、基本知识、基本技能和一定的专门知识。④能运用一种外国语比较熟练地阅读专业书刊。

(3) 凡助理资料研究员具备下列条件时,根据工作需要可以升为副资料研究员:①根据教学和科学研究的需要,可以独立进行资料收集、整理、编纂、翻译工作。②能够培养资料员、助理资料研究员和指导他们进行资料编纂、翻译工作。③具有本专业较深较广的基础理论和专业知识,熟练地掌握本专业所必需的技能,能进行科学研究,并提出具有一定水平的科学论文或其他科研成果。④能运用一种外国语熟练地阅读专业书刊,运用第二种外国语阅读专业书刊(有些专业可以不要求第二种外国语)。

(4) 凡副资料研究员具备下列各项条件,根据工作需要可以提升为资料研究员:①具有编纂、翻译较高水平的专业资料的能力,并提出具有较高水平的科学论文或其他科学研究成果。②在培养工作人员和指导他们进行资料编译工作方面有显著成绩。③具有开设有关本专业的目录学、史料学、工具书使用法或有关专题课的能力。④对本专业具有系统而坚实的理论知识和比较丰富的实际经验。⑤能运用两种外国语熟练地阅读专业书刊(有些专业可以不要求第二外国语)。

4. 确定为实验员、资料员的,须经有关教研室主任提名系主任同意,报学校人事处批准。确定或提升助理实验师(或称助理实验工程师)、助理资料研究员的,须经系主任提名,系务委员会通过,报校务委员会批准。确定或提升为实验师(或称实验师工程师)、副资料研究员的,须经校务委员会批准,并报有关上级备案。确定或提升为主任实验师(或称主任实验工程师)、资料研究员的,须经校务委员会通过,报请有关上级批准。

该暂行规定(草案)的公布和实施,是北大在教师、科研人员以外的人员中进行专业技术职务评聘之始。然而它刚施行不久,即因中宣部在北大进行"社教运动"试点和其后爆发的"文化大革命"而中断了。

1978 年 10 月,教育部继是年 3 月国务院批转其《关于高等学校恢复和提升教师职务问题的请示报告》之后,发布《全国重点高等学校暂行工作条例(试行草案)》,提出要重视对实验员、图书管理员、资料员的使用、培养和提高,使他们成为精通本行的专门人才,要对实验工作人员试行实验员、技术员、工程师的职称,图书管理工作人员和资料员试行图书管理(资料)员、助理图书管理(资料)研究员、图书管理(资料)副研究员、图书管理(资料)研究员的职称。根据这个文件的精神和同年《中共中央关于召开全国科学大会的通知》中"应该对技术职称,建立考核制度,实行技术岗位责任制"的精神,北大于 1979 年 11 月成立"实验技术和图书资料人员职称评定委员会",重新开始实验技术人员和图书资料人员的职称评定工作。1980 年 5 月,在实验技术人员中确定与提升技师(属中级职称)7 人,工程师 81 人;在图书资料人员中确定与提升助理研究员 75 人;在医务人员中确定与提升主治医生 27 人;在财会人员中确定与提升会计师 5 人。1981 年,学校将上述评定委员会改为"实验技术人员职称"和"图书资料档案人员职称"两个评定委员会。

1983 年,中共中央办公厅、国务院办公厅发出通知,要求暂停全国评定职称工作,进行检查、总结和整顿。

1984 年,中央职称改革领导小组决定在全国指定部分单位进行职称改革试点。同年 12 月,北大被指定为职称改革试点单位之一。1985 年,学校在确定与提升一批教师职称的同时,在实验技术人员中确定与提升副高级职称 41 人,中级职称 96 人。

1986 年 2 月,国务院发布《关于实行专业技术职称聘任制度的决定》。10 月,国家教委职称改革工作领导小组发布《关于国家教委所属高校教师以外专业技术职务聘任制工作的几点意见(试行)》。该意见(试行)规定:高等学校教师以外,专业技术人员系指中央批准试行的二十一个职务系列内的人员,目前主要有科学研究人员、实验人员、工程技术人员、会计人员、卫生技术人员、出版专业人员、图书、档案、资料人员等。各高等学校应设立专业技术职务评审委员会。各类专业技术人员职务任职资格评审对学历应有一定要求。担任初级专业技术职务一般应具备中等专业学历,担任中级专业技术职务一般应具备大学专科学历,担任高级专业技术职务一般应具备大学本科学历。考虑到现有专业技术队伍的实际情况和历史原因，对1966年以前从事专业技术工作做出成绩的人员，这次聘任职务时，着重考核履行现职以来的业务实际能力和水平、工作态度与成绩。

1986年，中央职称改革工作领导小组和国家教委还下发和转发了“实验技术人员”“档案工作人员”“图书资料人员”“出版人员”等职务试行条例及其实施意见。

根据以上规定，学校于1986年成立专业技术人员任职资格评审委员会，下分“实验技术人员”“图书、资料、情报专业人员”“编辑人员”等任职资格评审组，1988年增加“工程技术人员职务评议组”。1990年，将任职资格评审组改为“专业职务评议组”，并将组数增加为7个，即“实验技术”“图书资料”“出版”“财会”“卫生技术”“工程技术”“工厂技术(工厂、开发)”等7个评议组。1992年，为了更好地进行教师以外其他专业系列的评审工作，决定在评审委员会下设三个分会，分别负责各评议组的职务评审工作。

1986年，成立了专业技术人员职务评审委员会以后，学校即开始制定“实验技术”“图书资料”“出版编辑”等专业人员职务聘任工作实施办法，或参照中央职称改革工作领导小组转发的各部委有关各类专业人员职务试行条例及实施意见，进行专业职务评审工作。这些实施办法、实施意见、试行条例中规定的各类专业人员的职务名称和任职业务条件，主要如下。

1. 实验技术人员。实验技术职务名称为：实验员、助理实验师、实验师、高级实验师。实验员、助理实验师为初级实验技术职务，实验师为中级实验技术职务，高级实验师为高级实验技术职务。他们任职的学历要求和业务条件如下：(1)实验员：具有中专毕业学历，见习一年期满，或高中毕业，从事实验技术工作两年以上。了解与本门业务有关的专业知识和技术，初步掌握常规实验工作原理、方法、步骤，能正确使用与本职工作有关的仪器，在有关人员指导下，能够完成一般实验任务。经指导，能完成一般教学实验的准备工件和承担实验室的部分管理和物资供应工作。(2)助理实验师：具有大专毕业学历，见习一年期满，或中专(高中)毕业担任实验员工作四年以上。基本掌握本门业务有关的专业知识和技术，掌握常规工作原理、方法、步骤，能熟练使用与本职工作有关的仪器设备，并了解其原理和性能。完成过一定数量的实验工作，初步具有独立拟定实验方案，较好地完成实验和写出报告。能独立完成实验室的部分技术管理和建设任务。(3)实验师：大学毕业，担任助理实验师四年以上，或中专(高中)毕业，担任助理实验师六年以上。掌握与本门业务有关的专业知识和技术，具有独立设计实验方案，创造实验条件的能力，有娴熟的实验技能、技巧和丰富的实验经验。对于与本职有关工作的仪器设备，能够熟练使用，发挥仪器性能和功能，并可以进行一般的维护维修，排除故障。独立完成过一定数量较复杂的实验工作，并写出较高水平实验报告。能够研究并改进实验技术，提供高水平服务和有较好的成果。能独立全面管理和建设一个实验室，并培养和指导初级实验技术人员。具有阅读与本职工作有关的外文资料的能力。(4)高级实验师：担任实验师工作六年以上。掌握本门业务扎实的专业基础理论和知识，熟悉本门业务国内外实验技术现状和发展趋势。确有多方面实验技术专长。具有组织和指导大型实验任务及解决关键技术问题的能力。对实验技术或仪器设备的使用、改进工作中有显著成绩。在组织领导实验室建设和培养实验技术人员方面卓有成效。写过较高水平实验报告或论文。能阅读外文专业书刊。

2. 图书资料人员。图书资料专业职务名称定为：管理员、助理馆员、馆员、副研究馆员、研究馆员。管理员、助理馆员为初级专业职务，馆员为中级专业职务，副研究馆员和研究馆员为高级专业职务。他们任职的学历要求和业务条件如下：(1)管理员：中专或职业高中毕业，见习一年期满；高中毕业，从事图书资料专业工作两年以上；达到高中毕业同等学力，从事图书资料专业工作三年以上。(2)助理馆员：获得硕士学位或研究生毕业，或获得第二学士学位；大学本科毕业，见习一年期满；全日制大专毕业，从事图书资料专业工作二年以上；业余大专毕业，从事图书资料专业工作三年以上；中专或高中毕业，担任管理工作四年以上(高中毕业或达到高中毕业同等学力，1976 年以前参加工作，从事图书资料专业工作七年以上)。(3)馆员：获得博士学位；获得硕士学位或研究生毕业，或获得第二学士学位，从事图书资料专业工作二年以上；大学本科毕业，从事图书资料专业工作五年以上；全日制大专毕业，从事图书资料专业工作七年以上；业余大专毕业，担任助理馆员六年以上；1966 年以前参加工作，从事图书资料专业工作十五年以上而不具备上述学历者，需经过专业知识考试，方能聘为馆员。(4) 副研究馆员：获得博士学位，担任馆员或大学教学、科研等中级职务二年以上；具有大学本科毕业以上(含大学本科毕业)学历，担任馆员(或大学教学科研等中级职务)五年以上；1960 年以前参加工作，并从事图书资料专业工作(或大学教学、科研工作)二十年以上具有大专毕业学历。(5)研究馆员：具备大学本科毕业以上(含大学本科毕业)学历，担任副研究馆员(或大学教学、科研等相应高级职务)五年以上。另外，图书资料专业职务人员必须具备一定的外语水平。研究馆员、副研究员应熟练地掌握一门外语，馆员应掌握一门外语，助理馆员应初步掌握一门外语(对 1966 年以前从事图书资料工作的人员，在外语的要求上可视其具体情况适当放宽，有的可以古代汉语代替)。

3. 编辑人员。编辑人员的职务名称定为：助理编辑、编辑、副编审、编审。助理编辑为初级职务，编辑为中级职务，副编审、编审为高级职务。其任职学历要求和业务条件如下：(1)助理编辑：获得学士学位（或大学本科毕业）或经考试、考察证明达到学士学位同等学力，经过一年以上见习试用，表明能胜任和履行助理编辑职责；获得硕士学位或研究生班结业证书、第二学士学位，经考察，表明能胜任和履行助理编辑职责。(2)编辑：获得研究生班结业证书且已承担二至三年助理编辑或助教职务，具有本专业扎实的基础理论，有较高的文字水平，经考察，能胜任和履行编辑职责；获得硕士学位且已承担二年左右助理编辑或助教工作或获得博士学位，经考察，表明能胜任和履行编辑职责；担任助理编辑或助教职务四年以上，具有本专业扎实的基础理论，熟练地掌握编辑业务，能独立处理稿件，有较高的文字水平，能顺利阅读本专业的一门外文书籍，经考察，能胜任和履行编辑职责。(3)副编审：已承担五年以上编辑或讲师职务，或获得博士学位已承担二年以上编辑或讲师职务，经考察能履行副编审职责，有较广博的科学文化知识，对本门学科有较深的研究，有一定水平的著译（或编辑了一批好书），熟练地掌握一门外语；能解决编辑业务中的疑难问题，指导编辑工作。(4)编审：已能熟练地履行副编审或副教授职责，经考察，能履行编审职责，编辑工作成绩卓著；科学文化知识广博，对本门学科有系统的研究和较深的造诣，有较高水平的著译；有较高的政策、理论水平，能指导专业进修和完成重大编审任务。

4. 会计人员。会计专业职务名称定为：会计员、助理会计师、会计师、高级会计师。会计员和助理会计师为初级职务，会计师为中级职务，高级会计师为高级职务。其任职的学历要求和业务条件如下：(1)会计员：大学专科或中等专业学校毕业，在财务会计工作岗位上见习一年期满。初步掌握财务会计知识和技能；熟悉并能按照执行有关会计法规和财务会计制度；能担负一个岗位的财务会计工作。(2)助理会计师：取得硕士学位或取得第二学士学位或研究生班结业证书，具有履行助理会计师职责的能力；大学本科毕业，在财务会计工作岗位上见习一年期满；大学专科毕业并担任会计职务二年以上；中级专业学校毕业并担任会计员职务四年以上。掌握一般的财务会计基础理论和专业知识；熟练并能执行有关的财经方针、政策和财务会计法规、制度；能担负一个方面或某个重要岗位的财务会计工作。(3)会计师：取得博士学位，并且有履行会计师职责的能力；取得硕士学位并担任助理会计师职务二年左右；取得第二学士学位或研究生班结业证书，并担任助理会计师二至三年；大学本科或大学毕业并担任助理会计师职务四年以上。较系统地掌握财务会计基础理论和专业知识；掌握并能正确贯彻执行有关的财经方针、政策和财务会计法规、制度；具有一定的财务会计工作经验能担负一个单位或管理一个地区、一个部门、一个系统某个方面的财务会计工作；掌握一门外语。(4)高级会计师：取得博士学位并担任会计师职务二至三年；取得硕士学位、第二学士学位或研究生班结业证书，或大学本科毕业并担任会计师职务五年以上。较系统地掌握经济、财务会计理论和专业知识；具有较高的政策水平和丰富的财务会计工作经验，能担负一个地区、一个部门或一个系统的财务会计管理工作；较熟练地掌握一门外语。

5. 工程技术人员：工程技术职务名称定为：技术员、助理工程师、工程师、高级工程师。技术员、助理工程师为初级职务，工程师为中级职务，高级工程师为高级职务。其任职的学历要求和业务条件如下：(1)技术员：大学专科、中等专业学校毕业，在工程技术岗位上见习一年期满，经考察合格。具有完成一般技术辅助性工作的实际能力；初步掌握本专业的基础理论知识和专业技术知识。(2)助理工程师：获得硕士学位或取得第二学士学位经考察合格；大学专科毕业从事技术员工作二年以上，中等专业学校毕业从事技术员工作四年以上。具有完成一般性技术工作的实际能力；能够运用专业的基础理论知识和专业技术知识。(3)工程师：获得博士学位，经考察合格；获得硕士学位或取得第二学士学位，从事助理工程师工作二年左右；获得学士学位或大学本科毕业，从事助理工程师工作四年以上；大学专科毕业，从事助理工程师工作四年以上。如果是在生产、技术管理部门工作的，还需：①基本掌握现代生产管理和技术管理的方法，有独立解决比较复杂的技术问题的能力；②能够灵活应用本专业的基础理论知识和专业技术知识，熟悉本专业国内外现状和发展趋势；③有一定从事生产、技术管理工作的实践经验，取得有实用价值的技术成果和技术经济效益；④能够指导助理工程师的工作和学习。在研究设计部门工作的，还需：①有独立承担较复杂项目的研究、设计工作能力，能解决本专业范围内比较复杂的技术问题；较系统地掌握本专业的基础理论知识和专业技术知识，熟悉本专业国内外现状和发展趋势；②有一定从事工程技术研究、设计工作的实践经验，能吸收、采用国内外先进技术，在提高研究、设计水平和经济效益方面取得一定成绩；③能够指导助理工程师的工作和学习。(4)高级工程师：获得博士学位后从事工程师工作二年以上；大学毕业以上学历，从事工程师工作五年以上。如果在生产、技术管理部门工作的，还需：①具有解决在生产过程或综合技术管理中本专业领域重要技术问题的能力；②有系统广博的专业基础理论知识和专业技术知识，掌握本专业国内外现状和现代管理的发展趋势；③有丰富的生产、技术管理工作实践经验，在生产、技术管理工作中有显著成绩和社会经济效益；④能够指导工程师的工作和学习。在研究、设计部门工作的，还需：①具有独立承担重要研究课题或有主持和组织重大工程项目设计的能力，能解决本专业领域内的关键技术问题；②有系统坚实的专业基础理论知识的专业技术知识，掌握本专业领域内国内外现状和发展趋势；③有丰富的工程技术研究、设计实践经验，取得过具有实用价值或显著社会经济效益的研究、设计成果或发表过有较高水平的技术著作、论文；④能够指导工程师、研究生的工作和学习。另外，担任工程师、高级工程师职务的工程技术人员，应具有阅读本专业外文资料的能力。其中从事工程技术研究、设计、技术开发、技术情报等工作的，应能比较熟练地掌握一门外语。

6. 卫生技术人员：卫生技术职务分为医（医疗）、药（中药、西药）、护（理）、技（技术）四类。卫生技术职务名称定为：医（药、护、技）士、医（药、护、技）师、主治（主管）医（药、护、技）师、副主任医（药、护、技）师、主任医（药、护、技）师。医（药、护、技）士、医（药、护、技）师为初级职务，主治（主管）医（药、护、技）师为中级职务，副主任、主任医（药、护、技）师为高级职务。其任职的学历要求和业务条件如下：(1)医（药、护、技）士：中专毕业见习一年期满；了解本专业基础理论，具有一定的技术操作能力；在上级卫生技术人员指导下，能胜任本专业一般技术工作。(2)医（药、护、技）师：中专毕业从事医（药、护、技）士工作五年以上，经考核证明能胜任医（药、护、技）师职务；大学专科毕业，见习一年期满后，从事专业技术工作二年以上；大学本科毕业，见习一年期满；研究生班结业或取得硕士学位者；熟悉本专业基础理论，具有一定的技术操作能力；能独立处理本专业常见病或常用专业技术问题；借助工具书，能阅读一种外文的专业书刊。(3)主治（主管）医（药、护、技）师：大学毕业或取得学士学位，从事医（药、护、技）师工作四年以上，研究生班结业或取得第二学士学位，从事医（药、护、技）师工作三年左右；取得硕士学位，从事医（药、护、技）师工作二年左右；取得博士学位，熟悉本专业基础理论，具有较系统的专业知识，掌握国内本专业先进技术，能在实际工作中应用；具有较丰富的临床或技术工作经验，能熟练地掌握本专业技术操作；处理较复杂的专业技术问题，能对下一级卫生技术人员进行业务指导；在临床或技术工作中取得较好的成绩，或有一定水平的科学论文或经验总结；能比较顺利阅读一种外文的专业书刊。(4)副主任医（药、护、技）师：具有大学本科以上（含大学本科）学历，从事主治（主管）医（药、护、技）师工作五年以上；取得博士学位，从事主治（主管）医（药、护、技）师工作二年以上；具有本专业较系统的基本理论和专业知识，了解本专业国内外现状和发展趋势，能吸取最新科研成就并应用于实际工作；工作成绩突出，具有较丰富的临床或技术工作经验，能解决本专业复杂疑难问题，或有较高水平的科学论文或经验总结；能顺利阅读一种外文的专业书刊；具有指导和组织本专业技术工作和科学研究的能力，具有指导和培养下一级卫生技术人员工作和学习的能力。（5）主任医（药、护、技）师：从事副主任医（药、护、技）师工作五年以上；精通本专业基础理论和专业知识，掌握本专业国内外发展趋势，能根据国家需要和专业发展确定本专业工作和科学研究方向；工作成就突出，具有丰富的临床或技术工作经验，能解决复杂疑难的重大技术问题或有较高水平的科学专著、论文或经验总结；能熟练阅读一种外文的专业书刊；作为本专业的学术、技术带头人，善于指导和组织本专业的全面业务工作，具有培养专门人才的能力。

1986至1997年，教师以外各类专业人员晋升为中级以上职务的人数如下表。

1986—1997年晋升为教授、研究员以外专业技术职称系列人员人数表

职称 \ 年份		1986	1987	1988	1989	1990	1991	1992	1993	1994	1995	1996	1997
正高级	研究馆员	7		4	1	2	4	6	4	1	4	4	1
	编审	3		1	1	2	5	8	4	6	4	2	2
	译审	2			1			1					
	正高实验师		1			4	5	14	18	15	6	8	8
	正高工程师						3	4	8	6	2	2	2
	主任医师	4						2	2			2	1
副高级	副研究馆员	44	2	8	10	5	7	19	14	11	8	6	7
	副编审	27		6	4	6	5	4	6	9	7	5	4
	副译审	3											
	副高实验师	48	4	51	19	23	22	43	37	28	24	21	14
	副高工程师	6	2	6	4	11	11	17	10	13	9	10	8
	高级会计师	2	1			1		2	2	1	2		3
	副主任医师	13	4	3	5	3	3	2	1	3	3	3	3

续表

职称＼年份		1986	1987	1988	1989	1990	1991	1992	1993	1994	1995	1996	1997
中级	馆员	87	16	21	14	20	16	19	19	11	11	10	8
	编辑（含校对）	21	6	6	8	3	6	4	7	3	4	5	1
	翻译	1											
	实验师	57	15	37	27	34	21	44	43	27	37	33	20
	工程师	10	2	23	15	13	18	14	26	35	32	47	34
	会计师		1	5		11	5	6			10		
	主治医师（含其他中级职称）	27	4	4	17	3	4	6	4	8	6	8	7

第四节　工资

一、晚清时期

京师大学堂设立时，在1898年7月3日奏准的《奏拟京师大学堂章程》中规定，中国官制向患禄薄，今既使之实事求是，必厚其薪俸，使有以自养，然后可责以实心任事。除管学大臣不别领俸外（管学大臣的薪俸由清廷直接发给，不在大学堂领薪），其他各教习及办事人应领薪俸，列一中数为表如下。

职名	人数	每人每月薪水银	每年合计银
总教习	一	三百两	三千六百两
专门学分教习（西人）	十	三百两	三万六千两
普通学分教习头班	六	五十两	三千六百两
普通学分教习二班	八	三十两	二千八百八十两
西人分教习头班（西人）	八	二百两	一万九千二百两
西文分教习二班	八	五十两	四千八百两
总办	一	一百两	一千二百两
提调	八	五十两	四千八百两

续表

职名	人数	每人每月薪水银	每年合计银
藏书楼提调	一	五十两	六百两
仪器院提调	一	五十两	六百两
供事	三十	四两	一千四百四十两
誊录	八	四两	三百八十四两

1899年5月6日，因御史吴鸿甲奏“大学堂靡费过甚，请饬归并删除，并妥定章程”各折，上谕：着孙家鼐按照原奏所指各节，破除情面，认真整顿，并将提调以下各员，分别删除归并，其岁支薪水，仍严行核减，以节虚糜。孙家鼐旋即上奏申述大学堂开办以来的实际情况，并表示薪水拟自本年四月以后，所有在事之总办、提调、教习人等，薪水各按减半发给。1899年11月14日，暂行管理大学堂事务大臣许景澄呈报大学堂光绪二十五年九月份收支情况，显示该月发给各教习及办事人员的薪俸是：总办五十两，帮总办三十两，藏书楼提调、仪器院提调、支应所提调、杂务处提调各二十五两，教习（不包括西人）二十五两，学长十五两或十二两，斋长四两，收掌八两，誊录供事折班四两，誊录供事三两。

1902年，《京师大学堂译书局章程》规定：总译一员，月薪京平足银三百两；分译二员，月薪京平足银各百二十两；又二员，月薪京平足银各百两；笔述兼校勘二员，月薪京平足银一六十两，一四十两；书记四名，月薪京平足银各八两；司账一名，月薪京平足银三十两。

1904年2月6日，清政府根据《奏定大学堂章程》，任命首任专管大学堂事务的总监督。但如1907年7月31日学部在的秦折中所说，当时和此后任命的“历任总监督皆系兼差”，“总监督责重事繁，尤应营训视事”。在这份奏折中，学部建议奏请将总监督改为实缺，秩视左右丞，正三品，“奏旨依议”。1907年10月，大学堂总监督通过学部向吏部、度支部领取秋冬两季六成俸银七十八两，七成俸米九石七斗六升五合。①

1910年3月，大学堂将该月份应领员生薪津并弁兵夫役工食银两数目缮具清册，呈报上级鉴核。清册内容见下表。

① 清代官俸（包括俸银、俸米）很低，官员不能依其维持生活，所以除官俸以外，还有清廷规定的另外的收入。

1910 年 3 月大学堂员生薪津并弁兵夫役工食银两数目表

职员	半/全薪	数额	职员	半/全薪	数额
总办一员	一半薪	公银一百五十两	队长一名	全月薪水	银七十两
监督一员	全月薪水	公银一百八十两	排长十名	全月薪水	银四十两
提调一员	一半薪	公银五十两	医官一名	全月薪水	银八十两
国文修身办学课长一名	全月薪水	银九十两	医官一名	全月薪水	银六十两
国文修身办学教员四名	全月薪水	银五十两	马术助教四名	全月薪水	银九两
德文教员一名	全月薪水	银一百两	体操、操练击刺助教十二名	全月薪水	银九两
英文教员一名	全月薪水	银一百两	文案一名	全月薪水	银五十两
法文教员一名	全月薪水	银一百两	文案一名	全月薪水	银四十两
日文教员一名	全月薪水	银一百两	庶务委员一名	全月薪水	银四十两
日文教员一名	全月薪水	银六十两	收支司事二名	每人每月薪水三十两	共银六十两
历史地理课长一名	全月薪水	银九十两	库储司事二员	每人每月薪水二十四两	共银四十八两
历史地理教员二名	全月薪水	银五十两	医药司事一员	全月薪水	共银二十两
算学教员二名	全月薪水	银七十两	司书兼刷印六员	每人每月薪水十二两	银七十二两
算学教员二名	全月薪水	银六十两	学生四百五十二名	每名每月津贴三两	共银一千三百五十六两
格致教员一名	全月薪水	银七十两	差弁三名	每名每月工食八两	共银二十四两

续表

格致教员二名	全月薪水	银六十两	号兵四名	每名每月工食四两五钱	共银十八两
图画教员一名	全月薪水	银六十两	枪匠二名	每名每月工食六两六钱	共银十三两二钱
图画教员一名	全月薪水	银五十两	医兵三名	每名每月工食四两二钱	共银十二两六钱
马术教员一名	全月薪水	银六十两	夫役七十名	每名每月工食三两	共银二百十两
队长二名	全月薪水	银八十两			

以上共计京平足银四千八百七十两八钱。其中教职工薪津共银三千五百一十四两八钱。

二、中华民国时期

中华民国成立后，根据北大预科 1914 年 2 月和 3 月职教员薪金册，每月的薪金情形见下表。

北大预科 1914 年 2 月、3 月职教员薪金册

职务	姓名	月薪俸	职务	姓名	月薪俸
职员学长	徐崇钦	300 元	专任教员	胡濬济	240 元
庶务长	舒孝先	120 元		沈尹默	240 元
学监	张孝曾	120 元		沈步洲	240 元
教务员	张占鳌	70 元		韩述组	240 元
	梁展章	70 元		张善扬	220 元
掌书员	钱夏	70 元		严恩槱	(二月份)200 元 (三月份)220 元
舍监	沈曾荫	60 元		张大椿	220 元
	周榕	60 元		虞锡晋	200 元
	徐之杰	60 元		周秉清	200 元
会计	沈慕周	60 元		刘良浔	200 元
管理仪器员	陆贵煌 (只二月份领)	50 元		朱希祖	200 元

续表

职务	姓名	月薪俸	职务	姓名	月薪俸
	陈维（只三月份领）	60元		姚宝名	200元
杂务员	包开善	35元		周炬炜	200元
	王朝铨	35元		杜邦杰	200元
英文书记	梁炳奎	30元		陈汉章	200元
	杨宗炯（只三月份领）	30元		李景忠	200元
书记	董联桂	30元		严培南	180元
簿记	胡显之	25元		石葆光	70元
杂务	王士泰	25元	兼任教员	王季绪	140元
书记	周丰	25元		徐崇钦	140元
稽查、书记	王玉麟	20元		沈瓒	120元
书记	杨世芳	20元		厉汝燕	120元
	余庆铣	20元		郭汝熙	112元
	黄奎昌	20元		黄振声	96元
	陈纪元	20元		缪承金	96元
	张兴锐	20元		冯祖荀	80元
	王风山（只二月份领）	10元		王建祖	64元
			外国教员	克德来	450元
				纽伦	450元
				周慕西	420元
				白来士	360元
				陶尔弟	300元
				铎尔孟	300元
				梅尔慈	250元

1914年7月，教育部发布《直辖专门以上学校职员薪俸暂行规程》，其中规定，凡直属专门以上学校职员，除特别规定外，不得兼司他项职务，应支薪俸数目为：大学校长400元，学长300元，预科学长300元，学监主任180元，庶务主任150元，一级学监100元，二级学监80元，三级学监60元，一等一

级事务员 100 元，一等二级事务员 80 元，一等三级事务员 70 元，二等一级事务员 60 元，二等二级事务员 50 元，二等三级事务员 40 元、二等四级事务员 30 元，大学专任教员月支 180 元至 280 元，大学预科专任教员月支 140 元至 240 元。专任教员兼充学长及场长、院长者，支各兼充之原薪，不另支专任教员之薪俸；专任教员兼充学监主任者，仍支专任教员之薪俸。大学专任教员授课时数为每周 10 小时以上，大学预科专任教员授课时数为每周 12 小时以上。专任教员兼充分科学长或场长、院长者，得减规定时间之三分之一。兼职教员每小时酌支 3 元至 5 元，大学校长服务五年以上确有成绩者，得给全年津贴 600 元；大学学监主任服务五年以上确有成绩者，得给全年津贴 400 元；大学专任教员服务五年以上并支最高之薪俸确有成绩者，得给全年津贴 400 元。凡外国教员之薪俸及授课时间，另以契约定之。

1917 年 3 月，教育部致北大训令云：北京大学校长蔡元培，系曾任特任人员，与初任、简任资格不同，经国务会议议决，准改给月俸 600 元(原规定大学校长月俸 400 元)。

1915 年 5 月，教育部发布《国立大学职员任用及薪俸规程》。其中教职员的等级和薪俸见下二表。

国立大学职员月薪俸表

	校长	学长	图书馆主任、庶务主任、校医	一等事务员	二等事务员
第一级	600 元	450 元	200 元	100 元	60 元
第二级	500 元	400 元	180 元	90 元	50 元
第三级	400 元	350 元	160 元	80 元	40 元
第四级		300 元	140 元	70 元	30 元
第五级			120 元		

国立大学教员月薪俸表

	正教授	本科教授	预科教授	助教	讲师	外国教员
第一级	400	280	240	120	每小时 2 至 5 元	薪数别以契约定之
第二级	380	260	220	100		
第三级	360	240	200	80		
第四级	340	220	180	70		
第五级	320	200	160	60		
第六级	300	180	140	50		

1918年9月28日，学校评议会通过《修正讲师支薪规则》，规定：(1)凡教授科学者，授课一小时，本科酬资5元，预科酬资4元。(2)凡教授第一外语者，授课一小时，本科预科均酬资4元。教授兼习第二外国语者，本科预科均酬资3元。(3)凡教授作文者，每一时作二时计算。实验及图画每三时作二时计算。

1921年2月，学校“教职员待遇章程起草委员会”议决修改教职员薪俸等级如下：(1)废止正教授名称。此后教授薪俸即适用今正教授薪俸等级。(2)预科教授薪俸如下：第一级340元，第二级320元，第三级300元，第四级280元，第五级260元，第六级240元。(3)助教薪俸仍旧，唯凡助理学术或行政上事务之助教支薪，按事务员薪俸等级。(4)校长薪俸等级如下：第一级1000元，第二级800元，第三级650元，第四级500元。(5)各部主任及校医薪俸等级；第一级300元，第二级260元，第三级220元，第四级180元，第五级100元。(6)一等事务员薪俸等级：第一级150元，第二级140元，第三级130元，第四级120元。(7)二等事务员薪俸等级：第一级100元，第二级90元，第三级80元，第四级70元。(8)书记薪俸等级：第一级60元，第二级55元，第三级50元。

1921年学校公布《职员待遇规则(草案)》。其中，职员年功津贴规则规定：(1)校长支最高薪俸以后，服务继续三年以上确有成绩者，每年得津贴500元；继续六年以上者，每年1000元。(2)本科教授支最高薪俸以后，服务继续三年以上确有成绩者，每年得津贴300元；继续六年以上者，每年600元。预科教授支最高薪俸以后，服务继续三年以上确有成绩者，每年得津贴200元；继续六年以上者，每年400元。助教支最高薪俸以后，服务继续三年以上确有成绩者，每年得津贴100元；继续六年以上者，每年200元。(3)各部主任及校医支最高薪水俸以后，服务继续三年以上，确有成绩者，每年得津贴200元；继续六年以上者，每年400元。事务员支最高薪俸以后，服务继续三年以上，确有成绩者，每年得津贴100元；继续六年以上者，每年200元。

1927年，奉系军阀张作霖把北京大学等九所北京国立高等学校合并组成国立京师大学校后，北京安国军政府教育部于是年9月20日公布《国立京师大学校职员薪俸规程》。其主要内容如下。

1. 国立京师大学校职员如下：校长、学长、教授、预科教授、助教、讲师、外国教员、校医、事务员。

2. 职员俸薪等级列表如下。

职别 级别	校长	学长	教授	预科教授	助教	事务员
第一级	600 元	400 元	300 元	260 元	120 元	12 元
第二级		300 元	280 元	240 元	100 元	100 元
第三级			260 元	220 元	80 元	80 元
第四级			240 元	200 元	70 元	70 元
第五级			220 元	180 元	60 元	60 元
第六级			200 元	160 元	50 元	50 元
第七级			180 元	140 元	40 元	40 元
第八级			160 元	120 元	30 元	30 元

3. 专门部之学长，支第二级俸；其他各科部学长支第一级俸。

4. 教授、预科教授及助教，初任职者最高自第六级俸起。但曾在其他大学任同等职务满二年者，得支第五级俸，满四年以上者，得支第四级俸。

5. 事务员初任职者，自第八级起，但在他处曾任相当职务满二年者，得支第七级俸；满四年者，得支第六级俸；满六年者，得支第五级俸；满八年以上者，得支第四级俸，其具有专门以上毕业之资格者，得再进一级，但仍以四级为限。

6. 教授兼任系主任者，得加给四十元以内之津贴；助教及事务员兼任课主任者，得加给二十元之津贴。

7. 讲师之薪俸，本科三元至四元，预科及专门部二元至三元，各按授课钟点计算。

8. 校医及外国教员之薪津，另以契约定之。

1927 年 12 月，京师大学校公布本校校警、匠役工资等级如下(单位：元)。

(1)校警工资等级：第一级 16，第二级 15，第三级 14，第四级 13，第五级 12.5，第六级 12，第七级 11.5，第八级 11，第九级 10.5，第十级 10，第十一级 9.5，第十二级 9，第十三级 8.5，第十四级 8。

(2)工匠工资等级：第一级 30，第二级 25，第三级 20，第四级 18，第五级 16，第六级 15，第七级 14，第八级 13，第九级 12。

(3)工役工资等级：第一级 14，第二级 13.5，第三级 13，第四级 12.5，第五级 12，第六级 11.5，第七级 11，第八级 10.5，第九级 10，第十级 9.5，第十一级 9，第十二级 8.5，第十三级 8，第十四级 7.5，第十五级 7。

(4)初到校时除特别情形外应各支最低等级之工资。警长得支校警第一级工资，班长得支校警第三级工资。汽车夫得支工匠第一级工资，锅炉匠得支工匠第二级工资，电灯匠、瓦木匠得支工匠第三级工资。每半年未经记过而确有功绩者得进工资一级。

1928年6月，奉系军阀张作霖在北伐军进逼之下退到关外。此前，南京国民政府教育行政委员会曾于1927年9月12日公布修正后的《大学教员薪俸表》，其中规定大学教员分为教授、副教授、讲师、助教四等。各等教员的月俸为：教授400—600元，副教授260—400元，讲师160—260元，助教100—160元。以上教员的薪俸得因各大学之经济情形而酌量增减之。

1931年7月，北大与中华教育文化基金会董事会设立合作研究特款，规定双方每年（1931年至1935年）提出国币二十万元作为合作特款。研究特款的用途之一为设立北大研究教授。当时规定：研究教授之年俸自4800元至7200元不等，遇有特殊情形，年俸应超出最高额时，得由北大校长商取顾问委员会之同意；每一研究教授每年应有1500元以内之设备费；研究教授名额暂定35人，但不必同时补足。

抗日战争爆发后，1937年9月，教育部训令长沙临时大学筹备委员会：该会常务委员会委员及秘书主任每月薪额定为500元，自九月份起支。同年11月，长沙临大筹委会决定：临时大学教职员薪俸在合组本校之各校经费七折发给时，各按原校薪俸七折计算（50元基本生活费不扣）。由于物价上涨，从1940年1月起，改发全薪，不再打折。

1938年5月，西南联大常委会通过《西南联大职员进级及进薪暂行办法》，其中规定：（1）本校各处馆得设下列各级职员：主任、干事、事务员、助理员、书记、练习生。（2）各级职员月薪及进薪单位规定如下表。

职级	月薪	进薪单位	职级	月薪	进薪单位
主任	200—300元	20元	助理员	40—80元	5元
干事	100—200元	10元	书记	20—40元	5元
事务员	60—120元	10元	练习生	15—24元	3元

凡职员在原校薪水有超过此标准者准予仍旧。

（3）各级职员于每年终了时考绩一次。其成绩优良者得由主管人员呈请常委会准予进级一级或进薪一单位。遇有特殊成绩时，常委会得破格准予进薪二单位。

1939年4月，常委会通过《西南联大任用低级职员支薪标准》：（1）练习生：试用期间支薪20元（原由16元至20元）；正式任用由25元至30元起薪（原照试用原薪加3元），视试用成绩规定。（2）书记：试用期间支薪30元（原定25元);正式任用由40元至45元起薪(原由30元起),视试用成绩规定。(3)助理:试用期间支薪45元(原定40元);正式任用由50元至60元起薪(原照试用原薪加5元、10元不一),视试用成绩规定。(4)录用各员之试用期以一月至二月为限。

1940年3月,常委会通过《西南联大改订低级职员支薪标准》(见下表)。

类别		原订起薪标准	实际起薪标准	拟改起薪标准
练习生	试用	20元	25—30元	35元
	正式	25—30元	30—35元	40—45元
书记	试用	30元	35—45元	45元
	正式	40—45元	45—55元	50—55元
助理	试用	45元	45—65元	60元
	正式	50—60元	60—80元	65—70元

(自1940年4月起实行)

1940年7月,常委会又通过《西南联大改订职员支薪标准》。其主要内容如下:主任月薪240—360元,干事160—280元,事务员80—200元,助理员65、70—120元,试用助理员60元,书记50、55—80元,试用书记45元,练习生40、45—60元,试用练习生35元,副主任以干事待遇。该支薪标准还规定:助理以上职员每满一年加薪10元,书记、练习生每满一年加薪5元。

1940年8月,教育部制订《大学及独立学院任职待遇暂行规程》,其中对专任教员的薪俸规定见下表。

	助教	讲师	副教授	教授
第一级	160元	260元	360元	600元
第二级	140元	240元	340元	560元
第三级	120元	220元	320元	520元
第四级	110元	200元	300元	480元
第五级	100元	180元	280元	440元
第六级	90元	160元	260元	400元
第七级	80元	140元	240元	370元
第八级				340元
第九级				320元

1941年10月,教育部以物价日涨,教职员生活困难,为使其安心服务,

参照《非常时期改善公务人员生活办法》，订定《非常时期改善教职员生活办法》。从是年10月1日起，发给平价食粮代金。凡部办学校教职员，每人每月得报领食米二市斗一升之代金。家属合于下列各款者，每人每月亦得报领食米二斗一升之贷金：(1)配偶及母女必须由其抚养者；(2)父之年龄在六十岁以上必须由其抚养者；(3)子女之年岁在五岁以上十六岁以下者减半计算。唯家属报领代金，至多以五人为限。米代金基本价格，规定每市石五十元。至每人所领代金之数额，依照基本价格与其服务所在地中等熟米之市价差额计算之。又发给教职员生活补助费，不论薪俸多寡，一律发给每人每月五十元。其实支薪俸在二百元以下者，一律每人每月发给二十元。此办法实行一年后，教育部改订《国立学校教职员战时生活补助办法》，于1942年10月1日起施行。该办法规定，教职员依下列规定，每月报领食米代金：(1)年在二十五岁以下者，准领六市斗米代金，(2)年在二十三岁至三十岁者准领八市斗代金，(3)年在三十一岁以上者准领一市石米代金。

1941年12月，联大常委会转呈教授致教育部函指出，"自暑假以来，物价又复飞涨，比于战前多高至三十倍以上"，"同人等薪津平均每月不及六百元，以物价增长三十倍计，其购买力只等于战前之十七八元，平均五口之家何以自存"，"准望每月薪津得依生活指数及战前十分之一二"，"总期其购买力能及战前五十元，俾仰事俯蓄，免于饥寒"。

1942年1月，常委会根据教育部1940年8月制订的《大学及独立学院聘任待遇暂行规程》，结合当时的实际情况，决定：助教薪俸由100元起200元止，教员薪俸由140元起至240元止，专任讲师薪俸由180元起至300元止，副教授薪俸由300元起至400元止，教授薪俸由300元起至600元止。

1943年，教育部决定于是年10月起给专任教员发学术研究补助费，俾便购置图书、仪器、文具，以供参考研究之用。由于物价上涨，法币贬值，学术研究补助费支给标准，每年均有调整。具体情况见下表。

等别	1943年每月发给数	1944年每月发给数	1945年1月至1946年3月每月发给数	1946年4月至6月每月发给数	1946年7月至1947年3月每月发给数	1947年4月至7月每月发给数	1947年8月起每月发给数
教授	500元	1000元	2000元	25000元	50000元	25万元	50万元
副教授	380元	760元	1500元	20000元	40000元	20万元	40万元
讲师	250元	500元	1000元	15000元	30000元	15万元	30万元
助教	130元	260元	500元	10000元	20000元	10万元	20万元

1943年下半年为适应法币大幅贬值、物价连年上涨的情况（据测算，战

前月薪350元的教授，这时拿到的薪津，只给战前8元3角)，政府规定，实际发放的薪金为底薪(按教职工的不同级别规定)乘以加成倍数，再加上生活补助费基本数。1944年8月，联大改订教职员薪额(底薪)如下：教授430—600元，副教授290—450元，专任讲师210—320元，教员140—240元，助教120—200元；主任280—500元，事务员100—260元，助理员75—140元，书记60—100元，练习生40—60元。

抗战胜利后，从1946年度起，废止战时生活补助办法，依行政院规定之各区标准，发生活补助费基本数及加成数，食米代金包括在生活补助费基本数之内，不再另发。1946年3月，教育部通知：昆明生活补助费基本数为5万元，加成倍数150倍。

1946年5月，西南联大结束。8月，北大公布教职员薪给表见下列三表。

北京大学专任教员薪给表　　1946年8月19日，单位：元

级别	助教或技工	研究助教或讲师	讲师	副教授	教授
一	120	140	200	320	440
二	130	150	220	340	460
三	140	160	240	360	480
四	150	170	260	380	500
五	160	180	280	400	520
六	170	190	300	420	540
七	180	200	320	440	560
八	190	220	340	460	580
九	200	240	360	480	600

说明：技佐薪给通用书记表

北京大学职员薪给表　　1946年8月19日，单位：元

级别	书记	助理	事务员	主任与秘书	
一	50	70	100	280	
二	60	80	120	300	
三	70	90	140	320	
四	80	100	160	340	

单位:元　续表

级别	书记	助理	事务员	主任与秘书	
五	90	110	180	360	
六	100	120	200	380	
七	110	130	220	400	
八	120	140	240	420	
九	130	150	260	440	

北京大学练习生薪工表　1946 年 8 月 19 日,单位:元

级别	薪给	级别	薪给	级别	薪给
一	20	四	35	七	50
二	25	五	40	八	55
三	30	六	45	九	60

1946 年 10 月,生活补助基本数为 17 万元,加成倍数为 1100 倍。

1947 年,物价又暴涨,到 5 月上旬,底薪 600 元的教授,实领 142 万元,不够买 10 袋面粉。是年 8 月起,对教职工发给配购实物差额金,每人法币 20 万元,9 月起配购实物。1948 年 1 月起又改为照生活指数发给薪金,以 30 元为基数,照生活指数计算,薪俸超过 30 元之数,一律以十分之一照生活指数计算,两者相加,即为应付之薪金。生活指数每 3 个月调整一次,如 1948 年 1 月至 3 月核定的生活指数,北平市为 11.5 万倍,底薪 600 元的教授领薪 1000.5 万元,不够买 5 袋面粉,实际收入约合抗战前十六七元。5 月份,北平生活指数为 36 万倍,6 月份为 82.5 万倍。

1948 年,教育部通知,自是年 3 月份起将学术研究补助费增加一倍,即教授每人每月 100 万元,副教授 80 万元,讲师 60 万元,助教 40 万元。5 月,教育部通知将学术研究补助费增加到教授 200 万元,副教授 160 万元,讲师 120 万元,助教 80 万元。7 月,教育部又通知,学术研究补充费增加到教授每月 500 万元,副教授 400 万元,讲师 300 万元,助教 200 万元。

1948 年 8 月,国民政府发行金圆券,规定金圆券一元换法币 300 万元。规定职务薪额以 40 元为基数,超过 40 元部分至 300 元以内按十分之二折算,300 元以上按十分之一折算,再加上以上三部分的 45%,薪俸额为 600 元的教授,折领金圆券 176.9 元。

三、中华人民共和国时期

1949 年 1 月 31 日,北平解放。2 月 5 日,北平军事管制委员会文化接管

委员会决定发给师生员工维持费。每人每日小米 24 两，先按半月计，每人二十二斤半。除小米外，底薪金圆券 301 元以上者给 3000 人民币；底薪金圆券 101—300 元者 2000 人民币；底薪金圆券 100 元以下者 1500 人民币；工警 600 元人民币，学生 100 元人民币。

1949 年 5 月，北平军管会文化接管委员会下发的《北平专科以上学校教职工薪给暂行标准》规定：大学校长月薪小米 1300 斤；教授、副教授月薪小米 800 至 1300 斤，分四级支薪；讲师、教员、助教月薪小米 400 斤至 850 斤，分四级支薪；职员月薪小米 250 斤至 800 斤，分五级支薪；工警月薪小米 180 斤至 450 斤，分五级支薪。当时还规定按当月小米价格发给货币工资。根据这个规定，北大制定了各类人员支薪评定办法：（一）教授、副教授薪给由小米 800 斤开始计算，以后分年资、学术贡献和服务成绩三项，按积点逐年增加，总共一百点（每点以小米 5 斤计）。其评定办法如下：(1)年资五十点，每年增加三点，由各系分别审核；(2)学术贡献：二十五点，每种自一点至十点（包括论文及专著），由各系分别审核；(3)服务成绩：二十五点，能力与努力并重（例如：研究、实验、教学及行政等），由各系利用无记名投票评定。（二）讲师、讲员、助教之积点范围如下：讲师 200—425，讲员 200—400，助教 200—350（每积点相当于小米二市斤）。（三）职员支薪评定办法是：个人在该级内所得积点数以在同一等级内之(1)服务成绩占 45%，(2)工作重要性占 30%，(3)服务年资占 25%。工作具有专门技能者另行规定，不在上述重要性内考虑。（四）工警评定办法：(1)技工：凡经过三年学徒有专科及专门的技术工人，每月小米 300—450 斤，如特殊者酌加，但不得超过 550 斤。(2)熟练工：没经过学徒而有熟练技术的工人，每月小米 200—350 斤。(3)普通工：杂役每月小米 180—250 斤，如有特殊者酌加，但不得超过 270 斤。经过评定，教授、副教授 200 人，评薪米数为 221218.00 斤，平均每人 1106 斤；讲师、讲员、助教 368 人，米数为 202364.81斤，平均每人 549.9 斤；职员 502 人，米数 230890.22 斤，平均每人 459.9斤；工警 864 人，米数 214025.00 斤，平均每人 247.7 斤。

1953 年 3 月，中央人民政府教育部对《北平专科以上学校教职员工薪暂行标准》进行了修订。是年教授 101 人，月薪小米数共 115650 斤，平均每人 1145 斤；副教授 26 人，米数 25820 斤，平均每人 993 斤；讲师 52 人，米数 36080 斤，平均每人 693.8 斤；讲员 27 人，米数 17390 斤，平均每人 644 斤；助教 126 人，米数 60990 斤，平均每人 483 斤；兼任教师 46 人，米数 7440 斤，平均每人 161.7 斤；职员 207 人，米数 97265 斤，平均每人 469.8 斤；技工、熟练工、技工助手 69 人，米数 22985 斤，平均每人 333 斤；普通工 275 人，米数 59145 斤，平均每人 215 斤；其他 18 人，米数 4760 斤（退休人员 13 人，米数 3905 斤；南下人员 3 人，米数 695 斤；学生助理 2 人，米数 160 斤）。

1951年4月，部分教职工调整了工资。

1952年7月，经政务院批准，教育部发布《关于调整全国各级各类学校教职员工工资的通知》，规定以实行工资分（按粮、布、油、盐、煤多种实物价格综合折算）为单位的工资标准。这次工资调整提高了教职员工的工资待遇。以各级人员调整前折算的工资分与调整后的工资分相比较，具体情况见下表。

1952年工资调整前后情况统计表

职别	人数	调整前工资分			调整后工资分			增加工资分的人数分数		
		最高	最低	平均	最高	最低	平均	人数	工资分数	增加的工资分占调整前总分数(%)
教授	144	670	425	563.2	880	520	665.7	130	1468.2	18.19
副教授	50	532	329	427.5	600	425	487.9	41	3020	14.12
讲师	130	413	203	323.7	450	305	389.5	114	8553	20.35
助教	180	322	150	211.9	322	165	236.7	151	5451	11.7
职员	243	479	96	246.2	479	161	293.1	184	11405	19
技工	77	302	101	184.9	302	165	224.7	69	3066	21.5
校卫队	58	225	90	129.4	265	130	167.7	55	2150	29.6
工人	212	204	91	126.5	204	110	148.6	168	5697	17.5
医务人员	18	616	127	288.5	616	160	318.8	13	546	10.5
炊事员	53	126	94	112.7	195	140	171.6	53	3123	52.2
总计	1165	670	90	258.3	880	110	307	978	57693	19.16

1954年11月5日和20日，高等教育部先后发出《关于1954年全国高等学校教职员工工资调整的通知》和《关于1954年全国高等学校教职员工工资调整的几个具体问题的答复》。其中规定：废除1952年的工资标准表，施行新修订的《全国高等学校教职员工工资标准表》；在1952年工资等级不变的基础上，适当增加各级的工资分；对工作有显著成绩的、职务已经提升而须晋级的和原工资级别较低、与本人目前所担任的工作显然不相称的，可以考虑晋级，晋级人数一般以不超过总人数的15%为限；评定教职员工工资级别的标准，仍应按其现任职务结合学术成就、工作表现及思想品质并适当照顾资历为原则。1954年教育部新修订的全国高等学校教职工工资标准和是年北大教职工晋级人数情况、工资调整前后比较情况见下列三表。

全国高等学校教职员工工资标准表

1954 年 11 月

<table>
<tr><th>等级</th><th>1</th><th>2</th><th>3</th><th>4</th><th>5</th><th>6</th><th>7</th><th>8</th><th>9</th><th>10</th><th>11</th><th>12</th><th>13</th><th>14</th><th>15</th><th>16</th><th>17</th><th>18</th><th>19</th><th>20</th><th>21</th><th>22</th><th>23</th><th>24</th><th>25</th><th>26</th><th>27</th><th>28</th><th>29</th><th>30</th><th>31</th><th>32</th><th>33</th></tr>
<tr><td>新工资分</td><td>1230</td><td>1150</td><td>1070</td><td>990</td><td>910</td><td>840</td><td>770</td><td>710</td><td>650</td><td>590</td><td>535</td><td>485</td><td>455</td><td>425</td><td>395</td><td>370</td><td>345</td><td>320</td><td>300</td><td>280</td><td>260</td><td>240</td><td>220</td><td>205</td><td>190</td><td>175</td><td>160</td><td>145</td><td>135</td><td>125</td><td>115</td><td>105</td><td>90</td></tr>
<tr><td>旧工资分</td><td>1100</td><td>1000</td><td>940</td><td>880</td><td>760</td><td>700</td><td>650</td><td>600</td><td>550</td><td>500</td><td>450</td><td>425</td><td>400</td><td>375</td><td>350</td><td>325</td><td>305</td><td>285</td><td>265</td><td>245</td><td>225</td><td>210</td><td>195</td><td>180</td><td>165</td><td>150</td><td>140</td><td>130</td><td>120</td><td>110</td><td>100</td><td>90</td><td></td></tr>
<tr><td rowspan="3">教学人员</td><td rowspan="3"></td><td rowspan="3"></td><td rowspan="3"></td><td colspan="9">教授　副教授</td><td></td><td></td><td></td><td></td><td></td><td></td><td></td><td></td><td></td><td></td><td></td><td></td><td></td><td></td><td></td><td></td><td></td><td></td><td></td><td></td><td></td></tr>
<tr><td></td><td></td><td></td><td></td><td></td><td></td><td></td><td colspan="10">讲师</td><td></td><td></td><td></td><td></td><td></td><td></td><td></td><td></td><td></td><td></td><td></td><td></td><td></td></tr>
<tr><td></td><td></td><td></td><td></td><td></td><td></td><td></td><td></td><td></td><td></td><td></td><td></td><td></td><td></td><td></td><td colspan="6">助教</td><td></td><td></td><td></td><td></td><td></td><td></td><td></td><td></td><td></td></tr>
<tr><td rowspan="4">职工</td><td colspan="9">大学正、副校长
独立学院正、副院长</td><td></td><td></td><td></td><td></td><td></td><td></td><td></td><td></td><td></td><td></td><td></td><td></td><td></td><td></td><td></td><td></td><td></td><td></td><td></td><td></td><td></td><td></td><td></td><td></td></tr>
<tr><td></td><td></td><td></td><td></td><td></td><td></td><td colspan="7">专科学校正、副校长</td><td></td><td></td><td></td><td></td><td></td><td></td><td></td><td></td><td></td><td></td><td></td><td></td><td></td><td></td><td></td><td></td><td></td><td></td><td></td><td></td></tr>
<tr><td></td><td></td><td></td><td colspan="10">正、副教务长，正、副研究
部主任，正、副总务长</td><td colspan="14">职员</td><td></td><td></td><td></td><td></td><td></td><td></td></tr>
<tr><td>工警</td><td></td><td></td><td></td><td></td><td></td><td></td><td></td><td></td><td></td><td></td><td></td><td></td><td></td><td></td><td></td><td></td><td></td><td></td><td></td><td></td><td></td><td></td><td></td><td></td><td></td><td colspan="7"></td></tr>
<tr><td>备注</td><td colspan="33">一、本标准适用于全国各类高等学校。二、翻译工作人员、卫生技术人员应分别按国家机关工资包干制、翻译工作人员工资包干标准表及全国卫生技术人员工资标准表评定工资。三、实习工厂技工得依照学校所在地区公营企业同类技术工人的工资标准评定工资。四、特级教育工作人员的工资得依据其具体情况由中华人民共和国高等教育部提出名单及工资数额，报国务院批准，其工资最高可达 1640 分。</td></tr>
</table>

1954 年北大教职工晋级人数统计表

		现有人数	定级人数	百分比基数	晋级人数	百分比
总计		1896	309	1587	362	22.8
教学人员	小计	788.5	73	715.5	232	32.4
	教授	163	14	149	48	32.2
	副教授	55	11	44	17	38.6
	讲师	138.25	11	127.25	25	19.6
	教员	45	11	34	1	2.9
	助教	387.25	26	361.25	141	39

续表

		现有人数	定级人数	百分比基数	晋级人数	百分比
教学辅导人员、行政人员、工警	小计	1107.5	236	871.5	130	14.9
	翻译	53	2	51	19	37.3
	职员	556.5	32	524.5	94	17.9
	技工	249	202	47	3	6.4
	工人	249		249	14	5.6
备考	1.助教升讲师 53 人，占助教数的 13.6%（此 53 人仍统计在助教现有人数里）。2.讲师改教员 3 人（仍统计在讲师里），助教栏内包括助理 16 人。3.工人升职员 21 人。					

1954 年北大教职工工资调整前后比较表

		调整前工资分数	调整后工资分数	平均提高	百分比
总平均数		277.9	299.6	21.7	7.8
教学人员	平均数	368	403.5	35.5	9.6
	教授	652.8	735.7	82.9	12.6
	副教授	499.4	544.2	44.8	8.9
	讲师	385.1	409.7	24.6	6.3
	教员	342.9	373.7	30.8	8.9
	助教	225.9	244.4	18.5	8.1
教学辅助人员行政人员工警	平均数	215.6	227.8	12.2	5.6
	翻译	203.7	223.4	19.7	9.7
	职员	268.9	285.8	16.9	6.2
	技工	195.7	204.8	9.1	4.6
	工人	123.1	126.3	3.2	2.3

1955 年 10 月，高等教育部发出《关于高等学校工作人员全部实行工资制和改行货币工资制的通知》，其中规定，自 1955 年 7 月份起，凡过去按工资分计算的办法改为按货币计算，即一个工资分等于 0.22 元，有物价津贴的地区另加物价津贴。当时，北京地区的物价津贴为 16%。

1956 年 6 月，国务院颁发出《关于工资改革的决定》，7 月，高等教育部发出《关于 1956 年全国高等学校教职工工资评定和调整的通知》，并颁发全国高等学校教学人员、行政职工、教学辅助人员工资标准表。该通知规定从 1956 年 4 月份起实行新的工资标准。新的工资标准大致如下。

教学人员工资标准分为十二级。一级345元，二级287.5元，三级241.5元，四级207元，五级177元，六级149.5元，七级126.5元，八级106元，九级89.5元，十级78元，十一级69元，十二级62元。教授一至六级，副教授三至六级，讲师六至九级，助教九至十二级。

行政职工工资分为二十五级。一级368元，二级322元，三级287.5元，四级253元，五级218.5元，六级195.5元，七级172.5元，八级155.5元，九级138元，十级124元，十一级110.5元，十二级99元，十三级87.5元，十四级78元，十五级70元，十六级62元，十七级56元，十八级49.5元，十九级43元，二十级37.5元，二十一级33元，二十二级30元，二十三级27.5元，二十四级25.5元，二十五级23元，大学正副校长、校长助理一至八级；正副教务长、正副研究部主任、正副总务长四至十级；教务处正副处长、科学研究处正副处长、人事处正副处长、总务处正副处长六至十一级；正副科长九至十四级；科员、办事员十三级至二十一级；工勤人员二十级至二十五级。

教学辅助人员工资分为十二级。一级161元，二级140.5元，三级121元，四级103.5元，五级87.5元，六级73.5元，七级62元，八级53元，九级46元，十级41.5元，十一级37元，十二级33.5元。实验室正副主任、实习工厂正副主任、资料室正副主任一至六级；高级实验员（高级资料员）二至七级；实验员、资料员七至十级；助理员十至十二级。

经过这次调整，教职工生活得到不同程度的改善，全校工资总额增加了22.64%，平均每人增加17.26元（详见下表）。

1956年工资调整结果统计表

		调整前每人平均工资（单位：元）	调整后每人平均工资（单位：元）	每人平均增加工资（单位：元）	增幅（%）
全校教职工		76.22	93.47	17.25	22.64
教学人员	小计	101.65	132.05	30.39	29.90
	教授	192.61	276.68	84.08	43.65
	副教授	136.50	191.19	54.69	40.03
	讲师	93.07	116.60	23.54	25.29
	助教	59.64	72.43	13.78	21.44
	其他	174.27	183.60	9.34	5.35
教学辅助人员	小计	55.59	66.08	10.49	18.87
	实验与资料员	53.55	62.74	9.19	17.16
	技工	57.33	73.90	16.53	28.81
	翻译	65.59	78.75	13.15	20.04

续表

		调整前每人平均工资(单位:元)	调整后每人平均工资(单位:元)	每人平均增加工资(单位:元)	增幅(%)
行政人员	小计	57.27	63.97	6.69	11.69
	行政干部	71.36	80.83	9.47	13.27
	卫生技术人员	75.59	81.25	7.25	9.59
	技工	48.82	55.25	6.43	13.17
	勤杂	38.31	36.75	1.44	4.10

1959年对该定级的人员进行定级，对少数工资偏低的人员调整了工资。定级人员共955人，其中大学毕业生定级245人，工勤人员定级98人，解放军转业人员定级231人，工厂中的解放军转业人员定级381人。升级人员209人，其中教学人员和卫生技术人员共1447人，升级44人；工勤人员共1540人，升级129人，工厂老工人升级36人。

1960年，对一部分教师调整了工资。当时全校共有教师1247人，其中升级调整的510人，升级人数占总人数的41%。其中教授130人，升级2人，占教授总数的1.5%；副教授50人，升级7人，占副教授总数的14%；讲师257人，升级93人，占讲师总数的38.5%；助教773人，升级405人，占助教总数的52.4%；教员37人，升级3人，占教员总数的8.1%。

1963年，教育部根据中央和国务院的有关文件作出关于调整一部分教职工工资的决定。当时规定教学人员：三级以上一般不调，四级到六级可调节5%—10%，七级、八级可调25%—30%，九级以下可调35%；职工党政干部、工勤、教辅人员：十级以上不调，十一级到十三级不得超过5%，十四级到十七级可调25%，十八级以下可调40%—45%。是年全校参加升级调资人员基数为3977人，升级调资的人数为1326人，升级面为33.34%。其中教学人员共1707人，升级466人，升级面为27.3%（升级人员中高教4—6级有8人，7—8级有36人，9级以下422人）；行政人员共639人，升级281人，升级面为43.82%（升级人员中机关14—17级16人，18级以下265人）；教学辅助人员共471人，升级人员197人，升级面为41.8%，工勤人员共812人，升级人员276人，升级面为33.99%；其他人员共348人，升级人员106人，升级面为30.46%（内包括工厂工人118人，升级人员34人）。另有转正定级而增加工资的212人，其中教学人员179人，教学辅助人员3人，行政人员4人，工勤人员3人，工厂工人17人，其他人员6人。

“文革”十年，只1971年对三级以下工人及相似工资的人员进行了一次工资调整。当时应调级人员（不包括汉中分校）855人，实调848人，不调7人。

调级人员中一般升了一级工资(级差不足5元的升5元),有193人升了两级工资。汉中分校属于调级的人数为81人,实调79人,不调2人。调级人员中升了两级工资的有18人。这次调级后,最多增加15.7元,最少增加5元。

1977年,根据国家规定,全校教职工7394人,有2710人增加了一级工资(其中教学人员、行政人员、教辅人员1636人,工勤人员1074人)。另外,留校的工农兵学员等也增加了工资。

1979年全校有3505名教职工升级调资,占教职工总数6866人(不包括未定级人员、徒工117人,停薪留职4人,临时工150人)的49.1%。升级调资人员中讲师以上1659人,占讲师以上总人数的68.36%;干部871人,占干部总人数2082人的41.83%;工人975人,占工人总人数的41.37%。

1982年12月,国务院发布《关于调整国家机关、科学、文教、卫生等部门工作人员工资的决定》,规定除行政10级以上及其他相当于行政10级以上人员外,普遍晋升一级工资;1960年前大学本科毕业生并参加工作、工资相当于行政20级及其以下的,1966年前大学本科毕业并参加工作、工资相当于行政21级及其以下的,升两级工资。这次调资全校升一级的5950人,升两级的1517人。

1985年6月,中共中央、国务院下发《关于国家机关和事业单位工作人员工资制度改革问题的通知》,对1956年制定的现行工资制度进行改革。改革的主要内容为实行以职务工资为主要内容的结构工资制。工资包括基础工资、职务工资、工龄津贴、奖励工资四个组成部分。基础工资,北京地区为每人40元,从领导干部到一般工作人员标准相同;职务工资,按工作人员的职务高低和业务水平确定,职务工资随职务的变动而变动;工龄津贴,按照工作人员的工作年限增长,每工作一年0.5元,最多不超过40年;奖励工资凭工作成绩评定,成绩显著者多奖,不得平均发放。各类人员的基础工资、职务工资标准见下列各表。

教学人员、研究人员基础工资、职务工资标准 单位:元/月

职务	基础工资	职务工资标准										基础工资、职务工资合计									
		一			二	三	四	五	六	七	八	一			二	三	四	五	六	七	八
教授、研究员	40	* 315	* 260	215	190	165	150	140	130	120		* 355	* 300	255	230	205	190	180	170	160	
副教授、副研究员	40	* 190	* 165	150	140	130	120	110	100	91	82	* 230	* 205	190	180	170	160	150	140	131	122

单位:元/月　续表

职务	基础工资	职务工资标准										基础工资、职务工资合计									
		一			二	三	四	五	六	七	八	一			二	三	四	五	六	七	八
讲师、助理研究员	40		* 110	100	91	82	73	65	57				* 150	140	131	122	113	105	97		
助教、研究实习员	40			57	49	42	36	30						97	89	82	76	70			

行政人员基础工资、职务工资标准

单位:元/月

职务	基础工资	基础工资、职务工资合计								基础工资、职务工资合计							
		一		二		三	四	五	六	一		二		三	四	五	六
院(校)长	40	* 215	* 190	165	150	140	130	120	110	* 255	* 230	205	190	180	170	160	150
副院(校)长	40		* 150	140	130	120	110	100	91		* 190	180	170	160	150	140	131
处长	40			130	120	110	100	91	82			170	160	150	140	131	122
副处长	40			110	100	91	82	73	65			150	140	131	122	113	105
科长(主任科员)	40			91	82	73	65	57	49			131	122	113	105	97	89
副科长(副主任科员)	40			73	65	57	49	42	36			113	105	97	89	82	76
科员	40			57	49	42	36	30	24			97	89	82	76	70	64
办事员	40			42	36	30	24	18	12			82	76	70	64	58	52

实验技术人员基础工资、职务工资标准

单位:元/月

职务	基础工资	职务工资标准									基础工资、职务工资合计								
		一	二		三	四	五	六	七	八	一		二	三	四	五	六	七	八
高级实验师	40	* 165	150	140	130	120	110	100	91	82	* 205	190	180	170	160	150	140	131	122
实验师	40		100	91	82	73	65	57	49			140	131	122	113	105	97	89	
助理实验师	40		57	49	42	36	30	24				97	89	82	76	70	64		
实验员	40		42	36	30	24	18					82	76	70	64	58			

工人基础工资、岗位工资标准 单位：元/月

岗位	基础工资	岗位工资标准										基础工资、岗位工资合计									
		一	二	三	四	五	六	七	八	九	十	一	二	三	四	五	六	七	八	九	十
技术工人	40	73	65	57	49	42	36	30	24	18	12	113	105	97	89	82	76	70	64	58	52
普通工人	40	49	42	36	30	24	18	12	6			89	82	76	70	64	58	52	46		

注：表中带＊符号的工资标准，在这次工资改革中只适用于该职务中本人现行工资接近上述工资标准（指基础工资加职务工资之和）的人员。

对这次工资改革，北大分两步走。第一步，先用本人的现行工资套入新拟工资标准，增发套级增加的工资和工龄津贴。第二步，在中央下达各级行政人员和专业技术人员的职务名称等规定后，在确定各类人员职务的基础上，按规定的时间发放职务工资。是年工资改革后，全校月人均增资 18.25 元，月人均工资为 104.08 元。按人员分类：教学人员月人均增资19.23 元，月人均工资为 126.17 元；行政人员月人均增资 17.06 元，月人均工资为 99.5 元；工人月人均增资 16.76 元，月人均工资为 84.42 元。

1986 年，劳动人事部发出《关于一九八六年解决国家机关和事业单位部分工作人员工资问题的通知》。该通知规定 1986 年重点解决专业技术人员中的工资问题，适当解决 1985 年工资改革中部分工作人员存在的突出问题。这次全校教职工中有 2492 人调整了工资，人均月增资额为 8.23 元。

1987 年劳动人事部下发《关于一九八七年解决部分中年专业技术人员工资问题的通知》。该通知规定此次提高部分中年专业技术人员的工资，重点是担任讲师、助理研究员、主治医师、工程师以及相当中级职务的中年专业技术人员，现从事行政管理工作的专业技术人员也可以列入升级增资的范围。学校有 1196 人晋升了一级工资，人均月增资额 8.23 元。

1989 年，学校贯彻执行人事部、国家计委、财政部《一九八九年调整国家机关、事业单位工作人员工资的实施方案》，全校除在职人员 6741 人普调一级工资外，有 6624 人升了第二级，同时，学校利用自筹资金为 3275 人浮动一级工资，平均每人每月增资 25.67 元。

1991 年，学校利用部分自筹资金，增加校内浮动工资。全校教职工总数为 7734 人，其中升四级（含奖金转一级的）为 1730 人；升三级（含奖金转一级的）为 2678 人；升二级（含奖金转一级的）为 2338 人；升一级的为 12 人。

1992 年，国家规定从是年 1 月起，工龄津贴由现行的每工作一年 0.5 元元调整为 1 元。

1993 年，根据《国务院关于机关和事业单位工作人员工资制度改革问题的通知》，从是年 10 月起，全校教职工实行新的工资制度。新工资制度各类

人员的工资标准见下列各表。

教师和研究人员等级工资标准表　　单位:元/月

职务等级	职务工资标准										津贴部分
	一	二	三	四	五	六	七	八	九	十	
教授 研究员	390	430	470	520	570	620	670				71—287 (全额拨款单位,按在工资构成中占30%计算)
副教授 副研究员	275	305	335	365	395	435	475	515	555		
讲师 助理研究员	205	225	245	265	285	315	345	375	405	435	
助教 研究实习员	165	179	193	213	233	253					

高校实验技术人员专业技术职务等级工资标准表　　单位:元/月

职务等级	职务工资标准												津贴部分
	一	二	三	四	五	六	七	八	九	十	十一	十二	
高级实验师	275	305	335	365	395	430	470	510	550	590	630	670	64—287 (全额拨款单位,按在工资构成中占30%计算)
实验师	205	225	245	265	285	315	345	375	405	435			
助理实验师	165	179	193	213	233	253	273	293	313				
实验员	150	162	174	192	210	228	246	264					

职员职务等级工资标准表　　单位:元/月

职员等级	职员职务等级工资标准表										岗位目标管理津贴
	一	二	三	四	五	六	七	八	九	十	
一级职员	480	520	560	605	650	695					52—298 (全额拨款单位,按在工资构成中占30%计算)
二级职员	335	370	405	440	480	520	560				
三级职员	235	260	285	310	340	370	400	430			
四级职员	180	198	216	234	252	276	300	324	348	372	
五级职员	160	174	188	202	216	233	250	267			
六级职员	145	157	169	181	193	207	221	235			

技术工人技术等级工资标准　　单位:元/月

技术职务 技术等级	技术等级工资标准										岗位津贴
	一	二	三	四	五	六	七	八	九	十	
高级技师	245	267	289	315	341	367	393	419			62—180（全额拨款单位，按在工资构成中占30%计算）
技师	205	223	241	259	283	307	331	355	379		
高级工	180	196	212	228	248	268	288	308	328	348	
中级工	160	174	188	202	220	238	256	274	292	310	
初级工	145	157	169	181	197	213	229	245	261	277	

普通工人等级工资标准　　单位:元/月

等级工资标准													岗位津贴
一	二	三	四	五	六	七	八	九	十	十一	十二	十三	58—135(全额拨款单位,按在工资构成中占30%计算)
135	146	157	168	182	196	210	224	242	260	278	296	314	

注:技师、高级技师工资标准,只限在国家规定的考评工种范围内使用。

这次参加工资改革人数为7860人,工资改革套改月人均增资153.49元,套改后按新工资标准月人均工资为406元(其中月人均纳入新工资标准的津贴、补贴65元,月人均冲销奖金47元)。套改后增资不足35元的补齐增资到35元的457人。有少数人有未纳入新工资标准而保留的津贴、补贴,这部分人月人均保留津贴、补贴85元。还有少数人有未纳入新工资标准的奖金,这部分人月人均保留奖金187元。

1994年到1995年,奖励升级共195人。其中正高级职称32人,副高级职称56人,中级职称65人,初级职称16人,管理干部8人,工人18人。1995—1996年正常升级共1052人。

1997年11月,学校根据人事部、财政部《关于1997年调整机关、事业单位工作人员工资标准等问题的通知》和《关于机关、事业单位离退人员增加离退费的通知精神》,决定此次调资分两步走。第一步,1997年12月份兑现提高工资标准和增加离退休费(从1997年7月份补起)。第二步,1998年4月份兑现正常晋升工资档次(从1997年10月份补起)。其中,1997年7月至12月增加的资金,国家教委在1998年追加给学校;1998年增加的资金,国家教委列入翌年学校的拨款预算。

第五节　福利

教职工福利包括教职工生活困难补助、丧葬抚恤、遗属抚恤等。丧葬抚恤、遗属抚恤清末时期和民国时期就有，生活补助是新中国成立以后才有。新中国成立后，将这些抚恤费、补助费均列于福利费项下。

一、教职工生活困难补助

1953年为解决少部分教职工生活上的困难，使其能够安心工作，为人民教育事业服务，学校根据国家有关规定的精神，制定《北京大学教职工警福利费使用暂行办法》，规定在福利费下设教职工警生活困难补助费。补助费分为家属生活补助费、多子女补助、家属医药补助、家属丧葬生育补助和特殊困难补助五种，补助范围为：直系亲属（妻或夫、父、母、子、女等）必须由本人负担其全部生活费用者；旁系亲属年龄在十六岁以下、五十岁以上缺乏劳动力，且目前必须由本人负担其全部生活费用者；如家有两人以上在不同机关或学校工作，只能在一个机关或学校申请。具体的补助办法为：(1)生活困难补助：在职教授、副教授全家收入平均每人不足六十五分（指工资分，下同）者，讲师、助教全家收入平均每人不足五十分者，职员全家收入平均每人不足四十分者，工警全家收入平均每人不足三十五分者，可视其具体困难及工作表现，按月予以补助。教职工警每人每月生活补助之最高额以十二万元（旧币，下同）为限，受补助后之全家收入亦不得超过上述平均分数。(2)多子女补助：在职教授、副教授全家收入平均每人不足六十五分者，讲师、助教全家收入平均每人不足五十分者，职员全家收入平均每人不足四十五分者，工警全家收入平均不足三十五分者，自第三个子女开始予以补助；在职教授、副教授全家的收入平均每人不足七十分者，讲师、助教全家收入平均每人不足五十五分者，职员全家收入平均每人不足五十分者，工警全家收入平均每人不足四十分者，自第四个子女开始予以补助；补助一个子女时为三万元，补助二个子女时共五万元，补助三个子女时共七万元。如受补助子女超过三人者，视其具体困难决定补助数目；子女在四人以上抚养确有实际困难者，视其具体情况酌予补助。(3)家属医药补助：在职教职工警的家属因疾病须付出较大医药费用，而本人确实无力负担者，得申请医药补助，补助数目视其具体情况决定。(4)家属丧葬生育补助：在职教职工警遇有由本人负担全部生活费用家属之丧葬事宜，而本人经济上确有实际困难者，得申请补助，补助数目最高以一百万元为限；在职教职工警遇有由本人负担全部生活费用之家属生育，而本人在经济上确实际困难者，得申请补助，补助数目最高以十五万元为限。(5)特殊困难补助；在职教职工警，在生活上如有其他特殊经济困难，确非本人所能解决者，可具相当证明，申请特殊困难补助，经审核后根据具体情况予以适当补助。

1954年，学校修订了上述暂行办法，主要是修订了各项困难补助的标准：(1)家属生活困难补助：工作人员符合下列标准，可予以定期补助，但补助之最高额不得超过十五万元，受补助后，亦不得超过下列标准：①一至六级干部全家收入每人平均不足100分者；②七至十三级干部全家收入每人平均不足75分者；③十四至十七级干部全家收入每人平均不足55分者；④十八至二十级干部全家收入每人平均不足45分者；⑤二十一至二十四级干部全家收入每人平均不足45分者；⑥二十五级以下干部全家收入每人平均不足35分者。(2)子女教育困难补助：上小学者每个孩子每学期可酌情一次给予五万元以内的补助；上初中者给予七万元以内的补助；上高中者给予十万元以内的补助。(3)家属医药困难补助：工作人员之家属因病须付较大医药费用，而本人确实无力负担者可申请部分的补助，但各级干部及工警每月不超过下列数额者应自行解决不得申请：①一至十三级干部每月不超过十万元者：②十四至十七级干部每月不超过六万元者；③十八至二十四级干部每月不超过四万元者；④二十五级以下干部每月不超过二万元者。(4)家属死亡、生育困难补助：丧葬补助费最高额以一百万元为限；生育补助费以十五万元为限。

1955年，学校又制定了《福利费使用补充办法(草案)》。其中规定：(1)家庭生活困难补助：工作人员符合下列标准者可予定期补助，但补助之最高额不得超过三十元，受补助后亦不得超过下列标准：①本人工资在45元以下，全家收入每人平均不足9元者；②本人工资在46元至68元之间，全家收入每人平均不足10元者，③本人工资在69元至100元之间，全家收入每人平均不足12元者；④本人工资在101元至150元之间，全家收入每人平均不足15元者；⑤本人工资在151元以上，生活确有困难者，标准暂不确定，可视具体情况给予适当补助，但每月最多亦不得超过30元；⑥家住农村不按上项标准计算，如确实生活困难，而本人又无力解决者，得视情况一年给予50元以内的补助。(2)子女教育困难补助：工作人员家庭经济确实困难，子女在校读书又未得到各项助学金者，可申请补助。上小学者每个孩子每学期可酌情一次给予五元以内的补助，上初中者给予七元以内的补助，上高中者给予十元以内的补助。(3)家庭医药困难补助：工作人员及家属因病须付较大医药费用，而本人确实无力负担者，可根据具体情况给予适当补助，但每月在二元之内，不予补助。(4)家属死亡、生育困难补助：丧葬补助最高额以

120元为限，生育补助以15元为限，(5)其他特殊困难，可根据具体情况，酌情给予补助。(6)每年在冬初进行一次冬季困难补助。补助条件及进行程序由福利会根据当时具体情况研究确定。

1959年11月，学校又对1955年的使用办法作了如下修改：(1)定期补助：凡工资收入除去工作本人的15元生活费用以外，余下的按人口平均不足7元者，在可能条件下，一般可补助使其生活水平达到7元。定期补助的最长时间为6个月，6个月以后重新申请。(2)修改部分家属医药困难补助的规定：一般补助金额每次最多不超过本人工资的二分之一，特殊情况可酌情提高。(3)修改部分家属丧葬困难补助：规定补助金额最多不超过70元。

1964年3月，学校根据国务院1963年7月批转劳动部、财政部、全国总工会《关于职工生活困难补助的情况和今后意见的报告》的精神，重新制定《北京大学福利费使用办法(草案)》。这次制定的办法将补助种类分为定期和临时两种：家庭总收入(包括临时性副业收入)平均每人每月达不到当地一般生活水平的，酌情况给予定期补助；生活中遇有特殊困难(患病、丧葬、火灾、失窃等)，本人一年左右时间如确实无力负担的，给予临时补助。两种补助的具体规定为：(1)定期补助：①家庭成员中在未就业或从事副业生产前，可酌情补助使其生活费达到每月8－10元；②1964年10月起新出生的第三个子女应减少补助，第四个子女起不予补助；③职工家属从事临时副业生产所得的收入中，50%计入家庭总收入。(2)临时补助：①生育补助：在两个孩子以内的，每次不超过15元；生育第三个孩子其补助费不超过10元；从第四个孩子起，不给补助。②丧葬补助：每次最高不超过100元。③医药补助：无故不参加医药互助的，原则上不予补助，参加医药互助的其补助数额最高不超过医药费的50%；对患长期慢性病、无法治疗的疾病或需使用贵重药品的，应从严掌握；如需使用补养药品，应由本人负担。④其他：凡正常原因造成的困难，本人短期内确实无力负担的，可补助一部分或全部。⑤各类临时困难补助，一次批准额不得超过本人二个月工资；全年各类临时补助的总额不得超过本人六个月工资，如有特殊情况须超过本人六个月工资的，须经福利委员会讨论审批。

1972年，学校制定的教职工家属互助医疗试行办法规定：参加互助医疗的家属每人每月缴费一角。家庭平均生活费在十五元以下的，每人每月缴费五分，学校福利费补五分。家属看病可报销一半(挂号费、出诊费自理)，一人一年累计报销不得超过五十元。凡我校正式职工供养和抚养的直系亲属和生活上完全由该职工赡养的旁系亲属，家住北京市内和近郊区，属北京市正式户口的，均可参加互助医疗(五类分子除外)。

1980年，学校制定《北京大学关于执行北京市人事局〈关于国家机关、人民团体、事业单位工作人员死亡后遗属生活困难补助的暂行规定〉的实施细则》，其中规定：(1)补助对象：①父满60岁、母满50岁、夫满60岁、妻满50岁，长期没有工作，或因身体残废、长期患病基本丧失劳动能力而又无其他经济来源者，或有部分经济来源但达不到当地一般群众生活水平者；②子女年未满16岁，或者满16岁尚在普通中学学习，或因身体残废、长期患病，基本丧失劳动能力又无其他人员抚养者；③弟妹(指父母双亡或父母无工作之弟妹)，年未满16岁或者年满16岁尚在普通中学学习或因身体残废、长期患病，基本丧失劳动能力而又无其他人员抚养者。(2)定期补助标准：①病故教职工的遗属，家居城市的每人每月补助20元。最高不超过22元(家属外地的，可根据当地一般群众生活水平进行补助)，超过三口人以上的，每超过一口人，降低标准1元。如系孤老，每月可补助25元，最高不超过28元。家属农村的，根据当地社员一般生活水平确定补助标准，最高不超过15元，如系孤老每月最高不超过20元。②因公牺牲的教职工的遗属家居城市的每人每月补助25元，如系孤老每月可补助30元；家居农村的，每人每月补助20元，如系孤老每月可补助25元。(3)死者配偶有经济收入的，除本人必要的生活费(北京地区43元，不足43元的不扣也不补)以后，所余部分应作为其他遗属的生活费，不足上述标准者，再按标准予以补助。(4)在死者遗属中有工资收入的子女，以及死者和兄弟姐妹共同供养的父母，在计算遗属生活困难补助时，应本着子女均有供养父母义务的原则，所遗父母应由其他子女分担，如达不到上述标准时，应根据实际情况，实事求是地进行处理，不应完全由国家补助。(5)对牺牲、病故教职工遗属生活定期补助金额，总数不得超过死者生前的工资。

1980年10月，学校又制定了《关于教职工家属医疗互助暂行办法》。其中规定：(1)医疗互助对象：我校正式教职工家属和由我校负责管理的退休、离休干部的直系亲属和抚养者，家住本市城区或近郊区，在北京有正式居民户口者，均可自愿参加。凡参加医疗互助的，全家一齐参加，不参加即全家都不参加，不能有选择的参加。有以下情况之一者不能参加或不能继续享受家属医疗互助：①已死亡教职工的遗属。②非我校负责管理的退休、离休教职工的家属。③教职工的父母一方有工作，另一方的医疗费用应由参加工作的一方负担。④1979年10月12日北京市革委会关于试行《北京市计划生育暂行规定》的通知下达后违反计划生育的子女。(2)凡参加我校医疗互助的成员，必须按时缴纳医疗互助费，每人每月一角。(3)参加我校家属医疗互助的成员，可凭单报销医药费50%(挂号费、出诊费自理)，但全年累计不得超过五十元；教职工的独生子女，可持独生子女证和就诊医院正式收据报销医药费70%(挂号费、出诊费自理)，但全年累计不得超过75元。(4)具有下列情况之一者不予报销：①自找非国营医院或街道、公社医院、门诊所医院医生看病的医药费。②自购药或不是医院开具证明的外购药。③卫生部规定的自费药。④配制的酒药。⑤打架、斗殴、整形、镶牙和自己肇事受伤的医药费。

1980年，学校还制定了《北京大学关于统战对象遗属生活问题的补助意见》。其中规定：(1)全国人大代表、全国政协委员、各民主党派中的中央委员、一级教授、全国性学术委员会的正副理事长等遗属：无子女者每月可补助35元；其子女平均生活水平在40元以下者，每月可补助25元；其子女平均生活水平在40元以上者，不再考虑补助。(2)市人大代表、市政协委员、各民主党派中的市委委员、市学术委员会正副理事长等遗属：无子女者每月可补助30元；其子女平均生活水平在40元以下者，每月可补助20元；其子女平均生活水平在40元以上者，不再给予补助。(3)二、三级教授如无上述职务其遗属生活补助可参照第二项标准办理。1982年10月，学校对统战对象遗属生活困难补助标准作了如下修订：(1)对全国人大代表、全国政协委员、各民主党派中央常委、一级教授死亡后，其配偶按下列标准补助：无子女者，每月补助40元；其子女平均生活水平在45元以下者，每月补助30元；其子女平均生活水平在45元以上者，不再给予补助。(2)对市人大代表、市政协委员、各民主党派市委正副主任委员、二级和三级教授死亡后，其配偶按下列标准补助：无子女者，每月可补助35元；其子女平均生活水平在45元以下者，每月可补助25元；其子女平均生活水平在45元以上者，不再予补助。1985年，学校又对统战对象遗属生活困难补助标准作了修订，对上述第一类统战对象的遗属改为：无子女者每月补助50元，其子女平均生活水平在50元以下者每月补助40元；对上述第二类统战对象的遗属改为：无子女者每月补助40元，其子女平均生活水平在50元以下者每月补助30元。

1984年，学校对《教职工家属医疗互助办法》进行了补充修订。补助修订的主要内容为：教职工的家属已在其他单位或农村享受劳保待遇或已参加医疗互助、统筹医疗者，不能参加或不能继续享受家属医疗互助的待遇；教职工有兄弟姐妹二人以上而父母又都无工作的，可在我校参加一人；子女在高中毕业以前或在高中毕业后没有工作的，父母一方在北大的可报名参加医疗互助。医疗互助费为：工资低于100元的每人每月交一角；工资在101元至200元的，每人每月交二角；工资在201元以上的，每人每月交三角。参加我校校家属医疗互助的成员可报销医药费（报销范围同公费医疗）的50%，但全年累计不得超过100元，独生子女可报销医药费的75%，但全年累计不得超过150元。

1985年3月，学校按照北京市人事局《关于调整国家机关、人民团体、事业单位工作人员死亡后遗属生活困难补助标准的通知》调整了教职工遗属生活困难的标准：对家住农村的遗属一般控制在每人每月20元至22元，孤身一人的每月 25 元至 28 元；对在保护和抢救国家财产或对敌斗争中牺牲的人员，其遗属生活困难补助可适当提高，一般控制在每人每月 32 元至 35 元，孤身一人的每人每月 40 元至 42 元。

1987 年 5 月，学校重新制定和公布《教职工家属医疗互助暂行办法》，其中关于医疗互助对象部分，基本上与以前相同。关于缴纳医疗互助费部分，改为：工资（含基础工次、职务工资、工龄工资、教龄津贴，下同）低于 100 元的，每人每月交 0.3 元；工资在 100 元以上（含 100 元）低于 150 元的，每人每月交 0.5 元；工资在 150 元以上（含 150 元）低于 200 元的，每人每月交 1 元；工资在 200 元以上（含 200 元）的，每人每月交 1.5 元；在北大工作的双职工以女方为主，按女方的工资缴费。关于报销医药费的数额，改为每次可报销医药费的 50%，全年不超过 100 元；教职工的独生子女可报销医药费的 70%，全年不超过 150 元。

1995 年 6 月，学校对《教职工家属互助办法》补充了以下规定：双职工子女享受学校规定的标准，由其父母所在单位各报销 50%；单职工子女享受学校标准的，由其父母所在单位报销；教职工本人是独生子女，而且父母均无工作（父年龄 60 岁以上，母年龄 50 岁以上）参加我校家属医疗互助的，可享受学校标准；教职工有兄弟姐妹而且父母均无工作的（父年龄 60 岁以上，母年龄 50 岁以上），其父母的医疗费应由兄弟姐妹平均分担（如 2 人各分担 1/2，3 人分担 1/3，依此类推）。

二、教职工丧葬抚恤

清末时期，学部于 1908 年 7 月制定“聘用外国教员合同”十九条。其中规定，“教员如有因公受伤致成残废或病故等事，可酌看情形加给二个月以上四个月以下薪水以示体恤”。

民国初期，没有关于教员恤金的规定，如有需要给予恤金，须呈报申请。如 1914 年教员周慕西因公赴英，病殁旅邸，学校呈请教育部核准，给予暑假期内两个月薪俸八百四十元，以资周恤。教育部还请示大总统，可否比照文官恤金核给一次恤金或遗族恤金。大总统批令：“该故教员，积劳致疾，病殁英京，情殊可悯，本大总统特助一千元，以示优异。余准如拟给恤，交政事堂饬铨叙局酌核办理。”

1921 年，学校制定《国立北京大学职员待遇规则草案》。其中关于“职员及书记死亡之恤金规则”（以前死亡恤金只限于教授一部分，此后各职员及书记一律）规定，凡职员及书记在任内死亡者应送恤金如下：未满五年者两个月薪俸，五年以上者三个月，十年以上者四个月，二十年以上者六个月，二十五年以上者七个月，三十年以上者八个月。1927 年 4 月 28 日李大钊牺牲后，学校发其遗属恤金一年，另自 1932 年至 1937 年 10 月，每月发给五十元。1934 年 7 月 14 日刘复教授因公病故，北京大学、中法大学、中央研究院等十余团体联名呈请国民政府优予抚恤。教育部批准给刘复恤金一万二千元。北大发刘复一年薪金以示抚恤。

新中国成立后，从 1949 年 1 月到 1953 年 9 月，关于丧葬抚恤无统一规定，学校遇到此类情况，请示上级领导作个案处理。如 1949 年 8 月必刚病故，华北高等教育委员会批准增发八、九两个月薪俸，以示抚恤。1951 年 4 月，工友崇安病故，教育部批准拨给埋葬费二十六万四千元，抚恤费四十六万四千元。1952 年 11 月，生物系助教病故，教育部批准埋葬费在四百二十个工资分范围内开支，并一次发给抚恤费原工资六个月。

1953 年 9 月，教育部规定，关于教职工死亡之后埋葬、抚恤问题，可暂按以下办法个别处理：教职工死亡，可在一百万元至一百五十万元内开支埋葬费（包括墓穴、殓衣、棺木、抬埋等），并得视其生前工作情况（如工作年限、工作成绩等）及家庭经济情况等，按其原工资一次发给一个月至十二个月的家属抚恤费（一般凡工作满一年发给两个月工资，一年以上每增加一年加发半个月工资）。1955 年，教育部将此规定作了部分修改，修改的主要内容为：工作人员死亡后，一般可在二百四十元内开支埋葬费；已退休人员死亡时，可酌情发给埋葬费、抚恤费，其数额由校长在规定标准内酌情批办。

1979 年 2 月 1 日起，学校按国家有规定实行新的抚恤标准见下表。

职级	牺牲抚恤	病故抚恤
司局级干部或十三级以上干部	700 元	600 元
处级干部或十四级至十七级干部	650 元	550 元
科级干部或十八级至二十级干部	600 元	500 元
一般干部或二十一级以下干部	550 元	450 元
工勤人员	500 元	400 元

1983 年 7 月 10 日以后，学校根据民政部规定，凡行政十四级、十八级以上离休干部已批准享受司局级和处级政治、生活待遇的，他们病故后的一次抚恤金分别按司局级和处级抚恤金标准发给。

1986 年 7 月 1 日起，学校根据财政部通知，调整抚恤金：因公牺牲的一次抚恤金，按其牺牲时的 20 个月工资计发；病故人员的一次抚恤金，按其病故时的 10 个月工资计发，但其最高数额不得超过 3000 元（1994 年 11 月 15 日起取消对病故后一次性抚恤金最高数额不得超过 3000 元的规定）。1986 年 8 月 1 日起，丧葬费调为 400 元。1993 年 1 月起，丧葬费又调为 800 元。

第六节　考核、考勤与奖惩

一、考核、考勤

（一）中华人民共和国成立前

1902年8月清廷颁发《钦定京师大学堂章程》规定："自副总办以下，供职勤惰，应由正总办按照章程严密稽察，年终出具考语，报明管学大臣查核"；"自副总教习以下教课勤惰，均由正总教习按照章程严密稽察，年终出具考语，报明管学大臣查核"；"设西学功课监督一员，如外国教习不按照此次所定功课教授者，监督得随时查察，责成外国教习照章办理"；"西教习不得在学堂中传习教规"；"教员职员受事之后，应设履历名簿，教习常年督课，职员分门任事，其勤惰皆备书于册，归总教习总办分别主之"。

1903年，京师大学堂制定的《癸卯重订规条》中"汉洋教习职务条规"规定，汉洋教习如有不得已之私事请告长假在半月以上者，须先半月告知总教习（事出仓促不在此例），应自行请人权代，或由总教习派人权代，其薪水归权代人。汉洋教习倘有疾病及要事请假数天或数时，须报明总教习，由总教习记入旷课簿内。若系长病，须由学堂派医验明，量给长假。半月以外，须由总教习陈明管学大臣，其可否免其请代及免扣薪水，须由管学大臣酌定。

1912年7月，教育部照会北京大学：行政机关在职人员勿得兼任他差。1914年8月教育部发布的《教育部直辖专门以上学校职员薪俸暂行规程》规定，直属专门以上学校职员，除特别规定外，不得兼司他项职务。直属学校教员，分专任兼任二种。专任教员除兼充分科学长及学监主任、场长、院长等外，不得兼司他项职务。大学专任教员的授课时间为每周10小时以上；大学预科专任教员每周12小时以上；专任教员兼充学长、场长、院长者，得减规定时间三分之一。专任教员缺席，不得逾两星期。所缺之功课应于本学期按照所缺时间补讲。教员授课时间不合于此规定者，支兼任教员之薪俸。

1922年2月，学校评议会议决，本校教授在校外非教育机关兼职者及在他校兼任重要职务者，须改为讲师，或以教授名义支讲师薪俸。本校教授在他校任充讲师者，须先经本校认可，并限制钟点。

1939年3月，西南联大常委会通过的《教授校外兼课规则》规定，本校教授在其他大学兼课，应先取得本校及有关院系同意。本校教授在外兼课以四小时为限，其所授课程以在本校现授者为限。本校教授在外兼课所得报酬，应由所兼之学校发交本校，另由本校给该教授送车马费，其数最多以40

元为限。本校教授资格以下教师，不得在外兼课。

1941 年，西南联大校务会议通过《职员请假暂行办法》。其中规定，职员非因不得已事故或疾病，不得请假。请假分事假、病假、婚丧假、生育假四项。职员得请事假每年累计不得逾 20 日，职员请病假，每年累计不得逾 30 日。职员遇父母或祖父母丧，得请丧假，以 15 日为限；如遇本人婚嫁或妻丧夫丧以 10 日为限。女职员因生育得请生育假两月。职员请假无论多久暂均须将经办事件委托同事代理，并经核准方得离职，以免延搁公事。职员每年请假逾规定日期者，须按日扣薪。凡不请假而任意缺席者为旷职。旷职一星期以内者，按日扣薪，逾一星期者，报由总务处呈请常委会予以解职，并扣其旷职期间薪金。

（二）中华人民共和国成立后

1951 年 7 月，学校公布《北京大学职工请假休假给假暂行办法》。其中规定，职工因事因病请假在 3 日或 3 日以下者，由直属部门负责人核准，超过 3 日而在 15 日以下者由直属部门签注意见转呈所属处、院、馆、所首长核准，超过 15 日者应经由秘书长核准。职员因事请假一年不超过一个月者，事假期间工资照支，超过一个月时，超过日数工资停发。凡未经请假擅离职守或假期已满而延不销假亦未经续假者，以旷职论。职工遇有下列情况者得分别给假：①本人结婚，给假数以不超过 5 天为原则，在外埠者，另加往返路程实际需要日数；②父母或配偶死亡，给假数以不超过 7 天为原则，在外埠者，另加往返路程实际需要日数；③女职工生育，产前产后给假 45 天，女职工小产，怀孕在三个月以下者给假 15 天，在六个月以下者给假 30 天。职工因本人结婚、父母或配偶死亡、女职工生育按规定日数给假时，给假期间照支工资，超过规定的给假日数时，应分别按因事因病请假办法处理。职工因公伤病时，得按实际所需医疗时限，斟酌给假。本校职工凡服务满一年者，全年可请求一个月（30 天）之休假（服务未满 1 年但已满半年者可请求半个月之休假），休假期间照发工资。

1953 年，学校制定《北京大学人事工作的若干暂行规定》。其中规定，教员请假在 3 天以下者须经系（科）主任同意并报告教务处；3 天以上者须经教务长同意，并转人事室备案；一月以上者须经由系（科）主任、教务长转请校长批准。职工请假不超过一周者由各系（科）、各科（室）负责人批准，超过一周者分别由教务长、总务长批准，并向人事室备案。

1963 年 5 月，学校制定《北京大学关于教职工考勤、请假的若干规定（草案）》。其主要内容如下。

（1）考勤。①凡我校教职工应全心全意、勤勤恳恳为人民服务，自觉地遵守学校的劳动纪律。在工作时间内应集中精力认真工作，不得敷衍塞责、玩忽职守，严格遵守学校所规定的工作时间，不迟到、不早退、不旷工，按时完成任务。②教职工因病因事不能出勤时，应严格执行请假制度。③教职工出勤情况应作为考核成绩决定奖惩的根据之一，教职工旷工者，其旷工期间不发工资。

(2) 请假。①假期。病假：教职工因病需要往医疗机构检查或治疗，必须向所在单位领导请假，领导可根据医生建议给假。产假：女教职工产前、产后给假 56 天，难产或双生 70 天，怀孕不满 7 个月小产时，根据医生意见给予 20—30 天的假期。婴儿哺乳时间：凡有 1 周岁以下婴儿需自己哺乳的女职工，每天在工作时间内可有 1 小时哺乳时间。事假（包括婚丧假）：教职工因不得已情况必须请事假者，领导上可严格掌握，酌情给假。如当年教职工有寒暑假轮休假，凡请过事假者如工作需要即不再享受轮休假或缩短轮休假期。②批准权限。职工请假 3 日以内者由本单位负责人批准，3 日以上至一个月以内者由本单位负责人签署意见，经各系处一级领导批准，一月以上者由系、处一级签署意见报人事处批准。科长级以上干部请假不满一月者由系、处一级批准，一月以上者报人事处转报校长批准。教师不实行上下班制，如因病因事影响教学、科学研究和其他工作任务需要离开本市或请假在 7 日以上时，应及时请假。教师因离开本市请假在 7 日以内的由教研室主任批准。8 日至一个月者（不论是否离本市，下同）经教研室主任签署意见由系主任批准，请假在一个月以上者，经教研室主任和系主任签署意见后送人事处转报校长批准。

1979 年 11 月，教育部颁发《关于高等学校教师职责及考核的暂行规定》。其中关于考核的主要内容如下。

(1) 考核内容。对各级教师的考核，应以规定的职责为内容，主要考核以下三方面：①政治表现。主要看教师的思想政治表现，道德品质和工作态度。②业务水平。主要看教师的教学、科学研究工作的业务水平和创新精神及其能力。③工作成绩。主要看在教学、科学研究等各项工作中的贡献。如积极承担教学任务，完成教师工作量的情况；关心学生，研究改进教学方法在提高教学质量方面取得的成绩；整理或编译资料、教材、著作的成绩；科学研究工作的成绩或成果；实验工作取得的成绩或成果；进修学习的成绩。兼任党政工作的教师，还要考核其所担任的党政工作中，掌握政策、联系群众、以身作则、完成任务的情况。

(2) 考核方法。对教师的考核工作，应重在平时考查，结合教学、科学研究和进修等事项工作进行，并在此基础上，实行定期考核，一般每学年或学期进行一次。每学年或学期末，教师要对自己完成教学、科学研究等任务的情况进行小结，填高等学校教师工作登记卡，必要时应在教研室（组）做工作情况汇报。教研室主任或副主任根据平时考查、了解的情况签署评语，报系主任或系副主任审核。高等学校教师工作登记卡要存入教师的业务档案。

1984年，学校根据教育部1979年颁发的《关于高等学校教师职责及考核的暂行规定》，结合北大执行此规定的实际情况，制定《北京大学教师工作规范与考核暂行办法》，其中关于教师考核的规定与教育部的暂行规定基本相同。其具体规定如下：(1)考核内容。对教师的考核，应按教师工作规范要求进行，主要考核以下三方面：①政治表现。主要看教师的思想政治表现、道德品质和工作态度：能努力学习政治理论，坚持四项基本原则，热爱社会主义祖国，忠于人民教育事业，认真贯彻党的教育方针；服从工作需要积极承担分配的各项任务，认真完成本职工作，关心爱护学生；顾全大局，正确处理好国家、集体、个人三者关系；团结合作，作风正派，品行端正，遵纪守法。②业务水平。主要看教师的教学、科研等业务水平、工作能力和创造精神：掌握本专业(学科)基础理论和专业知识的广度和深度；教学、科研等工作的革新和创造精神，分析问题和解决问题的能力和外语水平等。③工作成绩。主要看在教学和科研等各项工作中的贡献：完成教师工作规范中所规定的各项教学工作的情况，在改进教学方法、提高教学质量方面的成绩；科学研究的成绩和成果，整理或编译教材、资料的成绩，实验工作取得的成果；担任党政管理工作和学生思想工作的成绩以及掌握政策，联系群众，以身作则的情况；经组织安排的进修学习中考试或考核成绩以及掌握科学技术与开展研究的情况。(2)考核办法。对教师的考核，应按考核内容结合本人的具体教学、科研等工作进行；除期中进行检查工作计划外，每学期末教师应将自己完成各项任务的情况填入《教师工作计划及考核表》；承担的课程、实验、实习等，在结束时，教研室主任应该收集学生的意见，同时，教研室主任应组织教员参加听课，观摩其教学活动，做好纪录，以利于相互学习，提出改进意见；科研工作成绩可以通过学术报告会，由学术委员会或组织教师评议；每学年末，每个教员应在教研室或小组会上汇报本人在学年内完成教学、科研以及其他任务的情况，进行自我评定；教研室主任和系主任根据上述情况签署考核意见，对教研室主任的考核意见由系主任签署。

1989年4月，学校制定《教职工考勤办法》。其主要内容有：(1)关于请事假的批准权限：①系、处级以上干部请事假者，必须提前通知党办、校办备案；副职请事假15天以内者，分别向党和行政的正职请假；正职请事假7天以内者，分别报送党办、校办批准；副职请事假15天以上、正职请事假7天以上者，分别报送党委书记和校长批准。②科级及其以下干部，请事假3天以内者，经教研室或科室一级的责任人批准，报系、处领导和人事干部备案；请事假3天以上者，经系、处一级的领导批准。③在一年以内教职工请事假累计超过15天的，从第16天开始按天扣发工资。(2)关于病假期间的生活待遇，按1981年国务院发布的《国家机关工作人员病假期间生活待遇的规定》办理，即：工作人员病假在两个月以内的发给原工资；病假超过两个月的，从第三个月起，工作年限不满10年的，发给本人工资的百分之九十，工作年限满10年的工资照发；病假超过六个月的，第七个月起工作不满10年的发给本人工资的百分之七十，工作年限满10年和10年以上的发给本人工资的百分之八十，1945年9月2日以前参加革命的，发给本人工资的百分之九十，1949年9月底以前参加革命工作的行政公署副专员及相当职务或行政十四级以上的干部、1945年9月2日以前参加革命工作的县人民政府副县长及相当职务或行政十八级以上干部和1937年7月6日以前参加革命工作的人员，在病假期间工资照发。该考勤办法还规定：教职工患病或体弱，经组织批准半日工作、半日休养的，工资原则上照发。(3)生育、婚丧、探视、路程等假期：产假98天，其中产前假15天，难产的增加15天，多胞胎生育的每多生育一个婴儿增加15天，晚育(已婚妇女二十四岁以上生育第一个孩子的)增加奖励15天；怀孕不满四个月流产的给15至30天产假，怀孕四个月以上流产的给42天产假。婚丧假：婚假不得超过7天，晚婚者(男25周岁，女23周岁)给奖励假7天；丧假不得超过5天；探亲假，按国务院规定办理；路程假：在外地结婚、奔丧、探视，可根据实际需要给予路程假，不算事假。

1997年11月，学校根据1995年12月国家人事部制定的《事业单位工作人员考核暂行规定》，结合学校情况，制定《北京大学教职工考核条例(试行)》。其主要内容为：(1)考核内容和标准：考核的内容包括德、能、勤、绩四个方面，重点考核敬业精神和工作实绩。考“德”，包括政治思想、职业道德、团结合作；考“能”，包括业务工作能力、改革创新能力、组织管理能力；考“勤”，包括工作态度、工作作风、工作出勤；考“绩”，包括履行岗位职责、取得的工作成果、单位同行的评价。考核的结果分为合格、不合格两个等次。它们的基本标准，分别是：合格：执行党的路线、方针、政策，遵守国家的法律、法规和学校的规章制度，廉洁自律，工作负责，熟悉业务，能履行岗位职责，完成工作任务；不合格：政治、业务素质较低，组织纪律性较差，难以适应工作要求，履行岗位职责差，不能完成工作任务，或工作责任心不强，工作中造成失误或责任事故。(2)考核的方法和程序：考核实行领导与群众相结合，分平时考核与年度考核。平时考核随时进行，由单位主管领导检查被考核人的工作情况；年度考核在每年末进行，其基本程序是：被考核人做个人总结；所在基层单位对被考核人作出评价；院(系、所、中心)、部(处)考核小组在此基础上，根据被考核人的实际工作情况，提出考核等次意见，并通知被考核人。对各院(系、所、中心)、部(处)主要负责人的考核，由学校考核委员会实施。(3)学校成立以主管副校长任主任、人事处和有关单位负责人及教职工代表组成的北京大学考核委员会，负责学校考核工作，考核的日常事务由人事处负责。

二、奖惩

1904 年 1 月颁行的《奏定学堂章程》中“学务纲要”规定：各省学堂所派之员绅教员，其有确能实心任事、不辞劳怨者，每届五年，准援从前同文馆成案择优保奖。据此，学部于 1908 年 4 月奏准赏给京师大学堂正教员、日本文学博士服部宇之吉和京师法政学堂正教员、日本法学博士严谷孙藏二员二等第二宝星奖，赏给教员、日本法学士杉荣三郎三等第一宝星奖。与此同时，学部还奏准将大学堂斋务提调，记名遇缺题奏翰林院编修袁励准，遇有应升之缺开列在前；东文教员、农工商部候补主事胡宗瀛，免补主事以员外郎候补；德文教员、同知直隶州用候补知县汪昭晟，免补知县，以同知直隶州候补，以资鼓励。此后，还曾多次给大学堂教员和办学人员以奖励。如 1909 年 7、8 月间，赏给教员贾士蔼等八员以三等第一宝星奖；同年赏给已获二等第二宝星奖之日本文学博士服部宇之后以文科进士；1910 年 2、3 月间照章给予任差已满 5 年之教员、管理员江绍铨等六员和任差已满 3 年与 3 年以上之杨书雯等十员以奖等。

另外，1902 年颁行的《钦定京师大学堂章程》还规定，各教习如有教课不勤及任意紊乱课程上之规约等事，无论中外教习，年满与否，管学大臣均有辞退之权。

北洋军阀统治时期，得由教育部呈请批准，或由教育总长径行决定授予学校教职员勋章(奖章)，以资激励。如 1915 年 1 月奉大总统令给予北大外籍教员芬来孙、毕善功、巴特尔、米娄、龙纳根四等嘉禾章，克特来、纽伦、白来士五等嘉禾章；1918 年 1 月，奉令给予北大教员温宗禹、俞同奎、王建祖、黄侃、陈大齐等 14 人勋章；1919 年 1 月，奉大总统令给蔡元培校长二等大绶嘉禾章；1919 年 1 月，教育总长决定给北大事务员周同煌等 4 人三等奖章，给徐之杰等 7 人四等奖章等。

1927 年 12 月，京师大学校制定《本科校匠、警、役工资等级表及奖惩条例》。其奖惩主要内容为：(1)奖功分记功给奖金二种：①记功：拾物不昧者、用物节省者、告发机密而确有实据者、所管办公室教室厕所等处能于长时间特别洁净者、查获窃盗者。②奖金：首先察觉火警及其他危险之事而即查有以上之事实均给二角以上之奖金。(2)惩戒分为记过、罚金、斥革三种：①记过：违反校规、对教职员无礼、屡次请假者、与同事交恶、饮酒斗殴、凡有不正当行为与校内风纪有关者。②罚金：如所犯情节较重除记过外并得罚二角以上之罚金。③斥革：如有不法行为与本校秩序有重大关系者、遗失公文公物者（如遗失公物时酌量情形责令赔偿）。

抗日战争时期，西南联大曾制定《职员考绩办法草案》。其中规定，职员考绩分平日与年功两项。年功考绩由主管部门就平日考核之果送由总务处汇呈常委会分别奖惩。奖励分两种：加薪、晋级；惩戒分三种：告诫、减薪、停职。

1940年4月，教育部公布《教员服务奖励规则》。其中规定，凡连续10年以上成绩优良之教员，经查明属实者，分别授予各等服务奖状：在同一学校连续服务在10年以上15年未满者，授予三等服务奖状；在同一学校连续服务在15年以上，20年未满者，授予二等服务奖状；在同一学校连续服务20年以上者，授予一等服务奖状。

1941年5月，西南联大制定的《职员请假暂行办法》规定，职员每年请假逾规定日期者，须按日扣薪；不请假而任意缺席者为旷职。旷职一星期以内者，按日扣薪。旷职逾一星期者，报由总务处呈请常委会予以解职，并扣其旷职期间薪金。职员满一年不请假者，得由主管部门报由总务处转呈常委会，奖给薪金一个月。

1947年11月，国民政府批准《三十六年度中央公教人员久任奖金给予办法》。其中规定，公教人员在本机关或学校继续服务满10年给予一月薪额之一次奖金。这里所称月薪应按薪俸及生活补助者并计给予。

新中国成立后，1949年7月，校务委员会通过的《北京大学专任教员聘任暂行办法》规定，各级教员如中途不履行聘约或犯重大过失，得予解聘，唯须将事实具体提出系、院务会议及校务委员会，经审核属实。

1951年7月，学校公布《职工请假休假给假暂行办法》，规定凡未经请假擅离职守，或假期已满而延不销假亦未经续假者，以旷职论。旷职人员视情节轻重分别予以处分。1951年，学校还制定了《教员请假休假给假暂行办法》，其中也有相同的规定。

1957年10月，国务院公布《关于国家行政机关工作人员的奖惩暂行规定》，其中规定：本规定适用于企业、事业单位中由国家任命的工作人员。该暂行规定的主要内容如下。

(1) 国家行政机关工作人员有下列表现的，应该予以奖励：①忠于职责，成绩优良，遵守纪律，起模范作用的；②在工作上有发明、创造，提出合理化建议，对于国家有显著贡献的；③防止或者挽救事故有功，使国家和人民利益免受重大损失的；④爱护公共财产，节约国家资财，有重大成绩的；⑤同严重的违法失职行为坚决斗争，有显著功绩的；⑥其他应该予以奖励的。奖励分为：记功、记大功、授予奖品或者奖金、升级、升职、通令嘉奖六种。这几种奖励可以单独使用，也可以同时并用。记功、记大功、授予奖品或者奖金、升级由所在机关或者上级机关给予；升职，由任命其新职务的机关给予；通令嘉奖，由国务院，国务院部门，省、自治区、直辖市人民委员会给予。

（2）国家行政机关工作人员有下列违法失职行为，尚未构成犯罪的，应该予以纪律处分。如果情节轻微，经过批评教育后，也可以免予处分。①违反国家的政策、法律、法令和政府的决议、命令、规章、制度的；②玩忽职守，贻误工作的；③违反民主集中制不服从上级决议、命令，压制批评、打击报复的；④弄虚作假，欺骗组织的；⑤拨弄是非，破坏团结的；⑥丧失立场，包庇坏人的；⑦贪污盗窃国家财产的；⑧浪费国家资财，损害公共财物的；⑨滥用职权，侵犯人民群众利益，损害国家机关和人民群众关系的；⑩泄露国家机密的；⑪腐化堕落，损害国家机关威信的；⑫其他违反国家纪律的。纪律处分分为：警告、记过、记大过、降级、降职、撤职、开除留用察看、开除八种。

（3）国家行政机关对于违反国家纪律的工作人员，在追究纪律责任和给予纪律处分的时候，必须本着严肃和慎重的方针，按照所犯错误的性质和情节的轻重，参照本人平常的表现和对错误的认识程度，分别予以适当的纪律处分或者免予处分。

对于违反国家纪律，使国家和人民的利益遭受到一定的损失，仍然可以继续担任现任职务的人员，可以分别给予警告、记过、记大过、降级处分。

对于严重违反国家纪律，造成国家和人民利益的重大损失，能继续担任现任职务的人员，可以给予降职或者撤职处分。如果无职可降或者无职可撤的，也可以给予降级处分。

对于严重违法失职，屡教不改，或者蜕化变质，不可救药，不适合在国家行政机关继续工作的分子，可以给予开除处分。对于其中某些人员，为了使其有最后悔改的机会，也可以根据具体情况，从宽处理，给予开除留用察看的处分。

对于混入国家行政机关进行破坏活动的反革命分子和其他坏分子，必须坚决开除出国家机关，并且依法处理。

对于国家行政机关工作人员违反刑法，情节轻微，不追究刑事责任的，可以给予适当的纪律处分，或者经过批评教育后免予处分。

国家行政机关工作人员经人民法院判处管制、徒刑或者剥夺政治权利的，其职务自然撤销。对于被判处徒刑宣告缓刑的人员，其职务也自然撤销。在缓刑期间，仍然可以留在机关继续工作的，应该根据具体情况，分配适当的工作。

（4）纪律处分的权限：对于这一部分，学校结合自己的实际情况，改为：①警告、记过、记大过，由受处分本人所在单位群众讨论，由有关厂、系、科、处领导，签署意见，人事处领导批准，教师由教务长批准。②降级、降职、撤职、开除留用察看、开除，由受处分本人所在单位群众讨论，由有关工厂、系、科、处领导签署意见，送人事处审查，呈校领导批准。

1962年3月，学校根据1957年国务院发布的《关于国家行政机关工作人员的奖惩暂行规定》，结合学校情况，制定《北京大学关于教职工奖惩暂行办法》。该暂行办法的内容与上述国务院暂行规定基本一致。其不同处主要有：(1)关于奖励的权限具体规定为：记功、记大功、授予奖品或奖金，由各级领导提出意见，由人事处报校长批准，给予其中工人的，由人事处报总务长批准；升级升职的，按照任免批准手续办理；通令嘉奖，由学校呈报上级机关给予。(2)关于纪律处分的权限，具体规定为：由我校任命或任用的行政职工和讲师以下的教学人员的纪律处分由学校决定和执行。给予上述范围教职工的纪律处分，由各单位行政负责人提出意见，并经人事处研究提出意见，报请校长批准，其中工人撤职以下处分由总务长批准。公安机关拟逮捕法办或送去劳动教养的人员的处理，亦通过人事处办理学校行政手续。(3)工作人员对受纪律处分不服的时候，应该在接到通知后一个月内，向学校要求复议，并且有权直接向上级机关申诉。各级组织对于受处分的申诉应该认真处理。但在复议或者申诉期间，不停止处分的执行。

1984年，学校制定《教师工作规范与考核暂行办法》。其中规定，教师对所承担的工作作出优异贡献的，给予表彰，并根据学校奖励办法，评为先进工作者或颁布单项奖（如教学优秀奖、科研成果奖、实验室建设成果奖以及管理工作优秀奖）。对连续三年获得单项奖励者，由学校发给荣誉证书，并给予晋级。对工作成绩卓著、有重大发明制造、作出突出贡献的，给予破格提职晋级。对教学科研工作质量低、效果差、不能胜任本职工作的，应降低岗位津贴，经帮助后仍不能胜任本职工作的应调整其工作。对不认真履行职责、不完成所分配工作的教师应停发岗位津贴，给予批评教育，若仍不改正，教研室主任可停止其工作并申报学校处理。对不服从工作分配、不履行工作职责的教师应立即停发岗位津贴，给予批评教育；如仍坚持不改，则停止其工作，并申报学校按旷工等有关规定处理。

1989年4月，学校制定的《教职工考勤办法》中，关于旷工的处理作了以下规定：(1)有以下情况之一者按旷工论：①未办理请假手续而擅自离开工作岗位者；②要求请假未经批准而擅自离开工作岗位者；假期满未申请续假或申请续假未经批准而未按时到职者；经教育仍不服从组织调动，拒不到新岗位工作的，或无理拖延超过报到日期者。旷工期间不发工资。教职工旷工累计超过三个月者，按自动离职处理，学校予以除名。

1997年9月，学校制定《教师教学工作管理办法（试行）》。其中，“表彰奖励与批评处分”一章规定：(1)学校对思想政治表现好、热心教学工作、敬业精神强、教学质量高、完成任务出色、工作成绩显著的教师，进行表彰和奖励，精神鼓励与物质鼓励相结合。学校制度化的表彰奖励包括：一年一度的教学优秀奖、一年一度的青年教师教学优秀奖、四年一度的优秀教学成果奖、四年一度的优秀教材奖以及其他奖励。获得教学成果奖的，学校颁发荣誉证书与奖金；获得省部级以上教学成果奖的，根据不同奖项与级别，在工资奖励升级、职称评审和住房分配方面给予优先考虑。(2)对工作态度不够端正，备课不认真、授课不负责、教学效果差的教师，应给予批评教育。对拒绝接受教学任务、学术水平低下、教学态度不端正、经教育帮助无明显进步、不能胜任教学工作的教师，各院系应予解除聘用，将其调离教学岗位或交学校人才交流中心处理。对违反国家法律、法规，不遵守校纪校规的教师，视其情节与态度，给予通报批评或警告、记过、记大过、降级、降职、撤职、开除留用察看、开除公职等处分。

第七节　离退休

一、中华人民共和国成立前

新中国成立前，只有“退休”，没有“离休”。

1921年，学校制定《国立北京大学职员待遇规则草案》，对职员及书记年老退职恤金作了如下规定：职员及书记在本校任职满若干年，若因病废或年满60岁，自请退职者，给予终身恤金，如其退职时所支薪数百分之若干分，其支给自退职之翌月起至死亡之月止。满十年者支百分之十分，满十五年者支百分之二十分，满二十年者支百分之三十分，满二十五年者支百分之四十分，满三十年或三十年以上者支百分之五十分。

1946年6月，国民政府公布《学校教职员退休条例》。其中规定：(1)教职员有下列情形之一者得申请退休：①服务十五年以上年龄已达六十岁者；②服务二十五年以上成绩昭著者。前项服务年数以在公立学校依规定资格任用而有证明者为限，并至少连续在同一学校服务五年。(2)教职员有下列情形之一者应即退休：①年龄已达六十五岁者；②心神丧失或身体残废致不胜职务者。(3)教职员有下列情形之一者给予年退休金：①服务十五年以上已达声请退休年龄而声请退休者；②服务二十五年以上成绩昭著而申请退休者；③服务十五年以上已达退休年龄而应即退休者；④服务十五年以上心神丧失或身体残废不胜职务而应退休者；⑤因公伤病致心神丧失或身体残废不胜职务而应即退休者(此款之教职员如服务未满十五年者,其年退休金之给予以满十五年论)。(4)年退休金之数额,专任教职员按其退职时之月薪额合成年薪,兼职教员按其最后三年内年薪平均数,依下列百分比率定之:①服务十五年以上二十年未满,声请退休者百分之四十,应即退休者百分之五十;②服务二十年以上二十五年未满,声请退休者百分之四十五,应即退休者百分之五十五;③服务二十五年以上三十年未满,声请退休者百分之五十,应即退休者百分之六十;④服务三十年以上,声请退休者百分之五十五,应即退休者百分之六十。服务十五年以上之教职员因公伤、病致心神丧失或身体残废不胜职务的应即退休者,依前项规定外再加百分之十。(5)教职员有下列情形之一者给予一次退休金。①服务五年以上十五年未满,已达退休年龄而应即退休者;②服务五年以上十五年未满,因心神丧失或身体残废不胜职务应即退休者。(6)一次退休金之数额,按该教职员服务年资计算,每满一年给予退职时月薪一个月之退休金,其未满一年而达六个月以上者以一年计。(7)在非常时期,学校教职员之退休金除依前面之规定给予外,并应按现任教职员之待遇比例增给之,但一次退休金其赠给额不得超过其待遇一年总额百分之四十。

1948年4月,国民政府重新公布《学校教职员退休条例》。此条例较1944年公布的条例,可申请退休的年龄和年退休金比率有所提高。具体的规定如下:(1)教职员有下列情形之一者,得声请退休,给予年退休金及一次退休金:①服务十五年以上,年龄已满六十岁者;②服务三十年以上者。(2)教职员服务五年以上,十五年未满,年龄已满六十岁者,得声请退休,给予一次退休金。(3)教职员有下列情形之一者,应即退休:①年龄已满六十五岁者;②心神丧失或身体残废,不胜职务者。(4)教职员依前条规定应即退休,其服务在十五年以上者,给予年退休金及一次退休金;在五年以上者,给予一次退休金。教职员依前条规定应即退休,如系因公伤病致心神丧失或身体残废不胜职务者,给予年退休金及一次退休金,服务未满十五年者,其领受年退休金以满十五年论。(5)年退休金之数额,按教职员退休时之月薪额,合成年薪,各依下列百分比率定之:①服务十五年以上二十年未满,声请退休者,百分之四十五;应即退休者,百分之五十;②服务二十年以上二十五年未满,声请退休者,百分之五十;应即退休者百分之五十五;③服务二十五年以上三十年未满,声请退休者,百分之五十五;应即退休者,百分之六十;④服务三十年以上,声请退休者,百分之六十;应即退休者,百分之六十五。服务十五年以上之教职员,因公伤病致心神丧失或身体残废不胜职务,应即退休者,除依上述规定外,再加百分之十。(6)一次退休金,按教职员最后在职时月薪依下列规定给予之:①服务十五年以上年龄已满六十岁者,服务三十年以上者，年龄已满六十五岁，在职十五年以上因公伤病致心神丧失或身体残废不胜职务者，除年退休金外给予一次退休金四个月月薪；②服务五年以上，十五年未满，年龄已满六十岁者，给予六个月月薪，每增一年，加给一个月月薪；③年龄已满六十五岁者或心神丧失或身体残废不胜职务，服务满五年者，给予八个月月薪，每增一年，加给一个月月薪。(7)在物价高涨时期，教职员之退休金，除依上述规定给予外，并按现任教职员之增给待遇比例增给之。

二、中华人民共和国成立后

（一）离休

离休制度是1978年开始建立的。是年国务院制定《关于安置老弱病残干部的暂行办法》，并于5月经全国人大常委会批准。该暂行办法第三条规定，对于丧失工作能力，1949年9月底以前参加革命工作的地委正副书记、行政公署正副专员及相当职务以上的干部，1942年底以前参加革命工作的县委正副书记、革命委员会正副主任及相当职务的干部，1937年7月7日以前参加革命工作的干部，可以离职休养，工资照发。

1980年10月，国务院发布《关于老干部离职休养的暂行规定》。其中规定，第二次国内革命战争时期参加革命工作的干部，抗日战争时期参加革命工作的副县长及相当职务或行政十八级以上的干部，新中国成立以前参加革命工作的行政公署副专员及相当职务或行政十四级以上的干部，年老体弱，不能坚持工作的，应当离休。已经退休的干部，符合上述规定的应当改为离休。干部离休后，原标准工资（含保留工资）照发，福利待遇不变。其他各项生活待遇，都与所在地区同级在职干部一样对待，并切实给予保证。医疗、住房、用车、生活品供应方面，应当优先照顾。

1982年4月，国务院又发布《关于老干部离职休养制度的几项规定》。其中第一条规定，对新中国成立前参加中国共产党所领导的革命战争、脱产享受供给制待遇的和从事地下革命工作的老干部，达到离职休养年龄的，实行离职休养的制度。第二条规定，老干部离休的年龄为：省部级正职年满六十五周岁，副职年满六十周岁，司局级正副职年满六十周岁；其他干部男年满六十周岁，女年满五十五周岁。身体不能坚持正常工作的，可提前离休；确因工作需要身体又能坚持正常工作的，经任免机关批准，可适当推迟。第三条规定：老干部离休后基本政治待遇不变，生活待遇略为从优。1921年7月1日到1949年9月30日各个革命时期参加革命工作的老干部，离休后原工资照发（原工资包括级别工资、保留工资、附加工资，有地区生活补贴的地方含地区生活补贴）。1937年7月6日以前参加革命工作的老干部，按本人离休前标准工资(标准工资一般指由国家统一制定的工资表中的级别工资,有保留工资的离休老干部,其标准工资含保留工资),每年增发两个月的工资,作为生活补贴;1937年7月7日到1942年12月31日参加革命工作的老干部,按本人离休前标准工资,每年增发一个半月的工资,作为生活补贴。1943年1月1日至1945年9月2日参加革命工作的老干部,按本人离休前标准工资,每年增发一个月的工资,作为生活补贴。1945年9月3日到1949年9月30日参加革命工作的老干部,不增发生活补贴。

1982年以后,离休工作逐步走向经常化。离休人员的政治、生活等方面的待遇和变化大致如下。

(1) 政治待遇方面。① 离休干部阅读文件、听重要报告、参加必要的会议等方面的待遇与在职同级干部相同。对行动不便的老同志,在不违反保密原则的情形下,可把文件送到离休干部家中阅读或向其传达文件精神。②根据本单位实际情况适当地组织离休干部政治学习,安排好党组织生活,以便他们及时了解党和国家的路线、方针、政策和国内外大事,继续发扬革命优良传统,跟上时代步伐。③离休干部原是工会会员的,可保留会籍,交纳会费,按规定享受会员待遇。

(2) 生活待遇方面。① 离休金。1992年7月,根据国务院和人事部的有关文件,并结合北京市的规定增加离休费10%,增加离休费的计算基数为离休时的原工资。1993年12月,国务院发布的《关于机关事业单位工作人员工资制度改革实施办法》规定,1993年9月30日前已办理离休手续和已达到离休年龄的人员(经组织批准留任的除外),有专业技术职务或行政职务的,原则上按同职人员的平均增资额增加离休费(如同职务同条件在职人员的增资额高于平均增资额,可按同职务同条件在职人员的增资额增加离休费)。1995年,根据国务院颁发的《关于机关事业单位离退休人员增加离退休费的通知》,从1995年10月起,离休人员按同职务在职人员晋升一个工资档次的增资额增加离休费,每月低于25元按25元增加。1997年,根据人事部、财政部《关于机关、事业单位离退休人员离退休费的通知》,从1997年7月1日起,对1997年6月30日前已办理离休手续和已达到离休年龄的人员(按国家有关规定经组织批准留任的除外),按每人每月20元增加离休费;从1997年10月1日期,对1997年9月30日前已办理离休手续和已达到离休年龄的人员(按国家有关规定经组织批准留任的除外)仍按1995年国务院的有关规定,按同职务在职人员晋升一个月工资档次的档差增加离休费,每月低于25元的按25元增加。② 按参加革命时间给予的生活补贴。③ 护理费补贴。从1992年5月开始给1937年7月7日至1942年12月31日参加革命工作、70周岁(含以上)的离休干部每人每月发给51元护理补助费。从

1994年10月起给1943年1月1日至1945年9月2日期间参加革命工作未享受护理费的离休干部及1945年9月3日以后参加革命工作、年满70周岁的离休干部每月发给51元护理补助费。其他因病残生活不能自理者，经学校领导批准，可酌情发给护理补助费，病愈后生活能自理时，护理补助费停发。④ 交通费。1985年，根据教育部转发的北京市《关于行政事业、企业单位离休干部用车实行定费包干办法的通知》，学校制定了《北京大学关于离休干部用车定费包干实行办法》。⑤ 医疗保健。离休干部医疗费在国家规定标准内实报实销。从1993年开始，为80岁以上行动困难的离休干部建立家庭巡诊，送医上门。⑥ 住房。学校规定，每次分配三居室新房时，拿出一定的新房分配给符合条件的离休干部。解决三居室以下住房，由离休干部的原单位负责直接向房管处申请。⑦ 其他生活补贴。从1988年6月起，离休人员与在职人员一样发洗理费和书报费。

（二）退休

1951年，政务院公布劳动保险条例。根据这一条例，教职工退休由学校报教育部（或高教部）批准，并按教育部（或高教部）批准的金额发给退休金。如在校服务超过30年，并有相当劳绩，准予退休者，照本薪按月支给1/4，至其终身；在校服务年岁亦久，工作勤奋，准予退休者，照本薪按月支给1/5，至其终身；在本校服务不久，年尚未过60，准予退休者，照本薪按月支给1/6，至其终身。

1953年6月，高教部下发《关于高等学校教职工的退休问题给浙江文教厅的通知》，学校教职工的退休问题即按此通知办理。该通知规定，凡男教职工年满60岁（女性年满50岁），一般任职达25年（女性任职达20年），其中在本校任职5年以上（原规定10年以上，1954年1月（54）人劳吴字第3号函改为5年以上），自愿退休或因年老经学校劝其退休者，得依本人任职年限，对人民事业之贡献，目前表现及家庭经济情况，每月发给原工资40%—60%的退休金，至死亡时止。如不符合上述条件但必须退休者，可酌情一次发给1—12个月的工资。

1958年2月，国务院发布《关于工人、职员退休处理的暂行规定》。其主要内容为：(1) 工人、职员符合下列条件的应该退休：①男工人、职员年满六十周岁，连续工龄满五年，一般工龄（包括连续工龄，下同）满二十年的；女工人年满五十周岁，女职员年满五十五周岁，连续工龄满五年，一般工龄满十五年；②从事井下、高空高温、特别繁重体力劳动或其他有损身体健康工作的工人、职员，男年满五十五周岁、女年满四十五周岁，其连续工龄和一般工龄又符①项条件的；③男年满五十周岁、女年满四十五岁的工人、职员，连续工龄满五年，一般工龄满十五年，身体衰弱丧失劳动能力，经过劳动鉴定委员会确定或医生证明不能继续工作的;④连续工龄满五年一般工龄满二十五年的工人、职员,身体衰弱丧失劳动能力,经过劳动鉴定委员会确定或医生证明不能继续工作的;⑤专职从事革命工作满二十年的工作人员,因身体弱不能继续工作,自愿退休的。(2)工人职员退休后,按月发给退休费,直至本人去世的时候为止。退休费的标准如下:符合上条①②两项条件的工人、职员,连续工龄在五年以上不满十年的,为本人工资的50%;十年以上不满十五年的,为本人工资的60%;十五年以上的为本人工资的70%;符合上条③、④两项条件的工人、职员,连续工龄在五年以上不满十年的,为本人工资的40%;十年以上不满十五年的,为本人工资的50%;十五年以上的,为本人工资的60%;符合上条⑤项条件的工作人员,为本人工资的70%。对于社会有特殊贡献的工人、职员的退休费,可以酌情高于①②③项的标准,但是提高的幅度最高不得超过本人工资的15%,并且必须经上级主管机关批准。工人、职员因公残废,经过劳动鉴定委员会确定或者医生证明完全丧失劳动能力的,也应该退休,其退休费,饮食起居需人扶助的,按月发给本人工资75%,饮食起居不需人扶助的,按月发给本人工资的60%,直到本人去世的时候为止,其中对于社会有特殊贡献的同样享受④项的待遇。如果因公残废完全丧失劳动能力的工人、职员,符合上条①②⑤项条件,并且其应该领取的退休费的标准高于按月发给本人工资的60%的时候,其退休费应按①②⑤项条件规定发给。

1978年6月,国务院颁发《关于安置老弱病残干部的暂行办法》。其中规定,干部符合下列条件之一的都可以退休:①男年满六十周岁,女年满五十五周岁,参加革命工作年限满十年的;②男年满五十周岁,女年满四十五周岁,参加革命工作年限满十年,经过医院证明完全丧失工作能力的;③因工致残,经过医院证明完全丧失工作能力的。干部退休以后,每月按下列标准发给退休费,直到去世为止。退休费标准为:符合上述第①项或第②项条件,抗日战争时期参加革命工作的,按本人标准工资90%发给;解放战争时期参加革命工作的,按本人标准工资80%发给;中华人民共和国成立以后参加革命工作、工作年限满二十年的按本人标准工资的75%发给,工作年限满十五年不满二十年的,按本人标准工资的70%发给,工作年限满十年不满十五年的按本人标准工资的60%发给,退休费低于25元的,按25元发给。符合上述第③项条件,饮食起居、需要人扶助的,按本人标准工资的90%发给,还可以根据实际情况发给一定数额的护理费。护理费标准,一般不得超过一个普通工人的工资;饮食起居不需要人扶助的,按本人标准工资的80%发给。同时具备两项以上的退休条件,应当按最高的标准发给。退休费低于35元的,按35元发给。获得全国劳动英雄、劳动模范称号,在退休时仍然保持其荣誉的干部，省、自治区、直辖市革命委员会认为在新民主主义革命和社会主义革命、社会主义建设的各条战线上有特殊贡献的干部，部队军以上单位授予战斗英雄称号和认为对作战、军队建设有特殊贡献的转业、复员军人，在退休时仍保持其荣誉的，其退休费可以酌情高于本办法所定的标准的5%－15%，但提高标准后的退休费不得超过本人原标准工资。

1978年6月，国务院还颁发《关于工人退休退职的暂行办法》。其中规定，工人符合下列条件之一的，应该退休：①男年满六十周岁，女年满五十周岁，连续工龄满十年的；②从事井下、高温、高空、特别繁重体力劳动或其他有害身体健康的工作，男年满五十五周岁，女年满四十五周岁，连续工龄满十年的（本项规定也适用于工作条件与工人相同的基层干部）；③男年满五十周岁，女年满四十五周岁，连续工龄满十年的，由医院证明，并经劳动鉴定委员会确认，完全丧失劳动能力的；④因工致残，由医院证明，并经劳动鉴定委员会确认，完全丧失劳动能力的。工人退休后，每月按规定标准发给退休费，直至去世为止。工人退休费标准与上述《关于安置老弱病残干部的暂行办法》规定的标准相同。

1983年，劳动人事部发布《关于建国前参加工作的老工人退休待遇的通知》。其中规定，新中国成立前参加中国共产党所领导的革命战争，或享受供给制待遇或从事地下革命工作，以及在东北和个别老解放区，1948年年底以前享受当地人民政府制定的薪金制待遇，现在仍在机关、事业、企业单位工作的老工人（含军队无军籍的工人），退休后，照发本人原标准工资，对于1945年9月2日及其以前参加革命工作的，退休后除照发本人原标准工资外，再增长一部分生活补贴。生活补贴的数额为：1937年7月6日以前参加革命工作的，每年增发两个月的本人原标准工资；1937年7月7日到1942年12月31日参加革命工作的，每年增发一个半月的本人原标准工资；1943年1月1日到1945年9月2日参加革命工作的，每年增发一个月的本人原标准工资。

1984年，教育部印发《关于高等学校贯彻执行〈国务院关于高级专家离休退休若干问题的暂行规定〉的实施意见》。其中规定：全国劳动英雄、劳动模范、先进工作者，国家自然科学奖、发明奖的特别奖、一等奖、二等奖获得者（集体奖中的主要作者或发明者），对建设社会主义精神文明、物质文明或为国家技术进步作出重大贡献，取得显著社会效益、经济效益者，以及长期从事教育工作并为培养专门人才作出优异成绩和在国内同行中享有较高声誉者，其退休费标准可提高百分之十五；省、自治区、直辖市和部委级的劳动英雄、劳动模范、先进工作者，国家自然科学奖、发明奖的三等奖、四等奖获得者（集体奖中的主要作者或发明者），对建设社会主义精神文明、物质文明或国家技术进步作出重大贡献，取得显著的社会效益、经济效益者，以及新中国成立后从事教育工作满三十年并为培养专门人才作出优异成绩者，其退休费标准可提高百分之十；新中国成立后从事教育工作满三十年，并为培养专门人才作出显著成绩者，其退休费标准可提高百分之五。

1992 年 7 月，根据国务院国发〔1992〕28 号、人事部人退发〔1992〕10 号文件，并结合北京市的规定，增加退休费 10%。增加退休费的计算基数为原工资(含工龄津贴)的 60%至 95%或 100%。中小学校教师、幼儿园教师、医院护士提高 10%的教护龄津贴。

1993 年 12 月，国务院发布《关于机关事业单位工作人员工资制度改革实施办法》。其中规定，1993 年 9 月 30 日前已办理退休手续和已达到退休年龄的人员(经组织批准留任的除外)，相应增加退休费。具体办法是，退休前有专业技术职务或行政职务的退休人员按同职务在职人员平均增资额的 90%增加退休费。退休工人增加退休费的办法是按照同等条件在职人员平均增资额的 90%增加退休费，其中新中国成立前参加工作并按原劳动人事部《关于建国前参加工作的老工人退休待遇的通知》的规定，享受本人原工资 100%退休费的退休工人，按同等条件在职工人的平均增资额增加退休费。工资改革后退休人员的退休费计算办法为：按本人职务(技术等级)工资与津贴之和的一定比例计发。其中，退休时工作满 35 年的，退休费按 90%计发，工作满 30 年不满 35 年的按 85%计发；工作满 20 年不满 30 年的按 80%计发。工作人员原享受的政府特殊津贴、教龄津贴和护龄津贴，在退休时均按 100%发给；建国前参加工作并按规定享受本人原工资 100%退休费的退休工人，退休费按本人技术等级和津贴的金额计发。

1995 年，根据国务院发布的关于国家机关、事业单位增加离退休费的通知，从 1995 年 10 月起，退休人员每月增加 20 元退休费。

1997 年，人事部、财政部发出《关于机关、事业单位离退休人员增加离退休费的通知》，其中规定，从 1997 年 7 月 1 日起，对 1997 年 6 月 30 日前已办理退休手续和已达到退休年龄的人员(按国家有关规定经组织批准留任的除外)，按每人每月 20 元增加退休费。

(三) 离退休管理工作的体制与机构

新中国成立后，退休人员由人事部门兼管。1966 年，根据北京市规定，退休人员由地方民政部门管理。教职工退休后，人事关系和组织关系转入所属街道办事处或原籍住地街道办事处，经费由民政部门拨发。1979 年以后，根据《国务院关于安置老弱病残干部的暂行规定》(1978 年 6 月颁发)，退(离)休的干部由学校负责管理。1979 年以前退休的教职工和 1979 年以后退休的工人仍由街道办事处管理，其中离休的干部改为由学校管理。1986

年以后，燕园街道办事处不再接受北大退休工人（在此之前，外地已经陆续不再接受北大退休的教职工），退休教职工全由学校负责管理，具体的管理机关仍是学校的人事部门。1982年，学校根据国务院《关于老干部离职休养制度的几项规定》中关于离休干部所在单位要根据需要建立健全老干部工作机构或确定专人负责，做好老干部服务工作的相关规定，成立了老干部组，1983年1月改为老干部处。1986年9月学校成立退休办公室，由老干部处处长兼任办公室主任。同年，学校成立老干部工作委员会，由一位党委副书记和一位副校长分任正、副主任，有关部门领导任委员，协调有关离休干部工作。1994年9月，学校制定了《关于贯彻中央有关离休干部政策的实施办法》和《关于贯彻中央有关退休人员政策的实施办法》，其中规定，我校离退休工作实行校系两级管理，学校由一位副书记、一位副校长主管离退休工作，各系（所、中心）由一位领导分管并有专人做具体工作。

（四）离退休人员的活动

学校支持、鼓励和帮助离退休干部在自愿和量力的原则下，采取多种形式和途径开展“老有所为，老有所学，老有所乐”的活动。

离退休干部被本校或外校单位返聘是老有所为的主要形式，有些离退休干部没有被正式返聘，但仍参加部分教学、科研、编写教材、党政管理及社会公益等工作。这既可继续发挥他们的业务专长，为学校培养人才、为国家建设做贡献，使他们的离退休生活更为充实，又使他们能获得一些经济收入，物质生活更有保障。据1987年调查，离休干部身体尚好、可继续发挥作用的人数为101人，已发挥作用的人数为75人，占可发挥作用人数的74%。1995年上半年统计，离退休人员被校内各单位返聘的为477人，占全校离退休人员的22%；被校外单位聘用的为75人，自己办学或经营商业等的为26人，共占全校离退休人员的7%。可发挥作用的离退休人员共578人，占全校离退休人员总数的27%。其中，马永霖、刘德贵曾于1989年获国家教委“老有所为精英奖”。

为了组织离退休人员参加技术开发、文化与技术培训、社会服务等，老干部处于1993年成立了北京大学金秋技术公司。公司为全民所有制校办企业，实行自主经营、独立核算、自负盈亏。公司的培训部开办了自学考试辅导班，设六个专业，招收学生200名。1995年，公司招收学生300名。1996年，公司用办学创收的2万元建成了300平方米的老干部健身活动的场地。

为了丰富离退休人员的生活，为他们“老有所学，老有所乐”创造条件，老干部处先后开设了书法、山水画、花卉画等学习班，并不定期举办有关老年身心健康问题的讲座。老年书画班多次举办书画展。离退休人员还成立了老干部合唱团，每周活动一次，并参加校内外的演出活动。

从20世纪80年代开始，每年都组织离退休干部春游和秋游，并曾组织部分离休干部到烟台、西安、武汉、成都、杭州、苏州等地健康休养，还组织离退休人员自费到外地旅游。

北京大学历年办理离退休人数统计表(1949—1997)

年份	离休干部	退休干部[1]	退休工人	合计	退休改离休	实有离休干部[2]
1949		10		10		
1950		1		1		
1954		10	55	65		
1955		2	8	10		
1956			6	6		
1957		2	1	3		
1958		1	9	10		
1959		2	2	4		
1960		1		1		
1961		4	1	5		
1962		18	18	36		
1963		27	20	47		
1964		1	5	6		
1965		1	4	5		
1966		4	3	7		
1968			1	1		
1969			2	2		
1970		14	15	29		
1971		20	5	25		
1972		5	6	11		
1973		6	28	34		
1974		35	77	112		
1975		26	42	68		
1976		35	29	64		

续表

年份	离休干部	退休干部[①]	退休工人	合计	退休改离休	实有离休干部[②]
1977		11	3	14		
1979		26	73	99		
1980		19	41	60		
1981		2	4	6		
1982	21	59	77	157	17(含 1978 年 1 人)	38
1983	8	6	13	27	2	10
1984	6	9	44	59	2	8
1985	29	5	17	51		29
1986	45	80	65	190	2	47
1987	53	132	56	241	2	55
1988	47	109	55	211	6	53
1989	18	47	43	108	8	26
1990	23	74	59	156	3	26
1991	33	109	42	184		33
1992	45	127	43	215	4	49
1993	38	167	45	250		38
1994	18	167	51	236	2	20
1995	7	171	50	228	2	9
1996	8	163	42	213	1	9
1997	11	188	41	240	0	11

注:①这里的“干部”包括教员和职员。

②实有离休干部人数为离休干部人数加退休改离休人数。

第十一章　图书馆、档案馆、出版社、博物馆

第一节　图书馆

一、沿革

图书馆初名藏书楼。清廷1898年7月3日批准的《奏拟京师大学堂章程》指出京师大学为各省表率，拟设一大藏书楼，广集中西要籍，以供士林流览而广天下风气。该章程还规定，藏书楼设提调一员，供事十员。1898年7月21日，天津《国闻报》发表"京师大学堂奏派总办提调名单"的消息，其中说："管学大臣孙中堂已于上月二十九日将大学堂总办提调开具衔名，缮折奏派，兹将衔名开列如后……藏书楼提调一员，詹事府左春坊左庶子李昭炜。"然而未见大学堂此时曾按《奏拟京师大学堂章程》设有藏书楼的材料，也未见清廷曾批准李昭炜为大学堂藏书楼提调和李昭炜曾到大学堂任藏书楼提调的材料。1918年辑录的1911年年底以前就职的大学堂职员名单中也没有李昭炜。

因此，1898年至1909年的京师大学堂实际上是否建立了藏书楼并任命了藏书楼提调，一直有疑问。北大则从1917年编制的《国立北京大学二十周年纪念册》起，将京师大学堂藏书楼的建立时间定为1902年京师大学堂恢复以后。

2013年初，北大图书馆发现了一部清光绪二十五年(1899年)雕版朱印的线装古籍《大学堂书目》，其书衣上用墨笔题"京都大学堂书目"。该书目分为经部、史部、子部、集部、丛书部、西学部等六部，著录古籍近五万册。该书目在经、史、子、集、丛书、西学六部分类目录后都印有以下题记："以上之书目大半均于己亥春到堂，以后续添另行附列。光绪二十五年己亥清和月提调李昭炜谨记。"这里的"大学堂""京都大学堂"应该就是"京师大学堂"。光绪二十五年为公历1899年，己亥是这一年的干支纪年，清和月是农历四

月。由此可以证明，在1900年因义和团进京、京师大学堂受到冲击而停办之前，大学堂藏书楼就已经存在，大学堂藏书楼提调就是李昭炜。

2013年初，在发现古籍《大学堂书目》之后，北大图书馆又发现了一部重要的古籍《仪礼古今文异同疏证》（五卷）。这部书是清光绪十七年（1891年）广雅书局刻本。该书卷端除“北京大学图书馆藏书”印外，还钤有两方大学堂藏书楼藏书印，右边是“京师大学堂藏书楼钤册图章”，左边是“大学堂藏书楼之章”。该书原书衣上有墨笔题识：“此编原为大学堂藏书，偶于厂肆旧书摊上得之，故仍交藏书楼加戳藏之。预备科学生侯官林传树志。”其左另有墨书小字：“编首两藏书楼图记，一旧印在庚子前，一新印系丙午收还后所记。三月廿七日勤轩识。”庚子年为光绪二十六年、公历1900年，丙午年为光绪三十二年、公历1906年。这两段题识说明，该书原为京师大学堂藏书楼藏书，并钤有最早的藏书楼藏章“京师大学堂藏书楼钤册图章”，庚子事变时散出校外，光绪三十二年（1906年）被林传树发现购下，随即交还给大学堂，并重新钤盖了庚子事变后大学堂藏书楼之章。这也证明，在庚子以前，京师大学堂就已建立了藏书楼。

图书馆继发现《大学堂书目》和《仪礼古今文异同疏证》（五卷）之后，还发现了庚子事变前京师大学堂收藏的9部44册藏书。这9部书均钤有“京师大学堂藏书楼钤册图章”。其中《钦定仪礼义疏》四十八卷，卷首二卷，分装28册4函。其卷端除钤有“京师大学堂藏书楼钤册图章”朱文印章外，还钤有“提调骆监置书”一方朱文大印。另外，在《许景澄呈报大学堂光绪二十五年九月份收支情况》中，有“藏书楼提调骆九月份薪水京平足银贰拾伍两”的记载。上述两份材料说明，至迟从光绪二十五年九月（1899年11月）起，藏书楼提调已不是李昭炜，而是一位骆姓人士。查光绪二十五年、二十六年所有的提调中只有一人姓骆，名叫骆成骧。光绪二十四年，孙家鼐上奏的拟保总办提调名单中，是提名“翰林院编修骆成骧”为“拟派充稽查功课提调”。所以骆成骧起初担任的应为稽查功课提调，光绪二十五年下半年才调任或兼任藏书楼提调，成为藏书楼继李昭炜之后的第二任提调。

1902年，京师大学堂恢复。是年8月清廷批准的《钦定京师大学堂章程》规定，设藏书楼、博物院提调各一员，以经理书籍、仪器、标本、模型等件。同年9月22日，被任命为京师大学堂藏书楼提调的梅光羲到任就职。当时藏书楼设于京师大学堂（今景山东街，原地安门内马神庙和嘉公主旧第）中心大殿后面的一座楼房。这座楼房相传为和嘉公主的梳妆楼。1904年1月，清廷颁布《奏定大学堂章程》，其中规定将大学堂的藏书楼改为图书馆，将其主管人改为图书馆经理官。京师大学堂遵照该章程的规定，从1904年起，将藏书楼提调改为图书馆经理官，将制定的有关规章中原来应标“藏书楼”的地方改标为“图书馆”。如原应标写为《京师大学堂续订藏书楼章程》，改为《京师大学堂续订图书馆章程》。然而，藏书楼的楼额仍沿用“藏书楼”之名，人们仍习惯沿用“藏书楼”的旧称，后人一般也把京师大学堂时期的这一机构统称为京师大学堂藏书楼。

1898 年京师大学堂成立时，清廷即将官书局并入大学堂。官书局是 1896 年清政府查封由康有为、梁启超等发起建立的强学会后，将强学会附设的强学书局改为官办时设立的，所以官书局并入大学堂，原强学书局的书和官书局藏书院新购置的书均归入大学堂。当时还从各地官书局调拨了一些书，并自购了一些书。1900 年夏，八国联军占领北京，上述图书损失殆尽。

1902 年京师大学堂恢复时，清廷将同文馆并入大学堂，同文馆书阁的书也为大学堂所有。这批书一部分藏于马神庙藏书楼，其余归置于译学馆的藏书室，成为专供学习外语和翻译用的专藏。从 1902 年至 1911 年，大学堂还通过各种途径获得图书：(1) 向各地官书局征调。大学堂复设之初，即由清廷下令向各地官书局征调图书。1902 年当年就收到江苏、浙江、湖北、广东等地征调来的图书多批，此后仍继续征调，一直到 1909 年清廷决定筹建京师图书馆（今北京图书馆）之后，才由无偿征调改为出价购买。(2) 由清廷中央政府各部门调拨。如 1903 年、1904 年外务部拨来《海关贸易通商总册》《古今图书集成》各一部，1910 年清廷赏赐《大清会典》三部等。(3) 个人捐赠。如 1904 年巴陵（今湖南岳阳）方大芝捐赠其父藏书家方功惠藏书 1886 种，22170 册，这批书成为后来北大图书馆善本馆藏的最初基础。(4) 自行采购。如 1903 年大学堂曾专门派人到南方各省采购图书，并通过各种方式寻访民间图书，购置了不少珍贵文献。大学堂还委托驻外使馆人员和外籍教师帮助采购图书。经过多年努力，到清朝末年，大学堂藏书楼已具备相当的馆藏基础。据 1910 年图书馆经理官王诵熙主持编纂的《大学堂图书馆汉文图书单目》，当时仅中、日文图书就达八千余种。

藏书楼除收集图书发展书藏之外，还制定一套规章制度加强管理，其主要内容有：(1) 藏书楼主管人员和工作人员的职责、权限。规定提调或经理官的职责是掌理馆中书籍事务及节制所属供事听差各人。供事受命于经理官掌书籍出入、登记簿录、整理书籍图报、检查收发书籍及各项笔墨等事。当时要经理官常年住宿在藏书楼，除星期日和假期外不得擅离职守，有要事外出要请假。供事不要求住在藏书楼，但不能随便请假，星期日、年节和假期要轮流值班。(2) 图书收藏和整理方法。收到中外图书当日，由供事登录造簿，加盖馆藏印章，再进行分编，然后将整理后的书籍、报刊编成书本式目录，作为馆内书刊清册供读者查检。(3) 藏书借阅的方式。当时规定采取闭架借阅方式，凡借取书籍图画，须将印单交由供事检查，取出呈阅，不得由取书人自行入室信手翻阅。教员借书可不限时日，但最多不能超过一学期。学生借书，限定时日，不得逾期。(4)教学用书的供应办法。规定教员授课需用的图书，由教员开出书单和学生名单，报教务提调核准后，由藏书楼照单发书，优先保证，课程结束后，由教员负责交还。学生借用的如属教学用书，可不受时间限制，待课程结束后再归还。(5)禁规和违禁处理办法。如规定藏书楼内严禁吸烟，每晚掌灯后不得开库取书，以防止火灾；学生借书逾期不还，由经理官下令停止其借书；图书损坏遗失要照价赔偿等。这些规章制度的建立使藏书楼初步具备了近代大学图书馆所应具备的主要功能。

1912 年中华民国成立。是年 5 月 3 日，京师大学堂改称北京大学校，藏书楼也因此正式更名为北京大学图书馆，图书馆负责人称为主任。

民国初期，北大图书馆在藏书楼旧址旁边新建了一座西文阅览室，原址作为中文阅览室。俗称旧址为中文藏书楼，新房为西文藏书楼。法科(后来的北大第三院)也建立了一座小型分馆。

在此期间，由于学校经费困难，拨给图书馆的购书经费有限，但还是购买了一些新的中外图书。与此同时，还接受了一些团体和私人馈赠的图书，如校友周慕西博士赠西文宗教哲学书籍 1227 册，英国亚当士教授赠西文地质学图书 1045 册，日本阪谷男爵赠日文法政和应用科技图书 407 册等。至 1917 年年底，图书馆藏书已有 147170 册，是当时国内藏书较多的图书馆之一。

在此期间，图书馆曾对藏书进行了一次全面的清查整理，编出了供读者查阅的中文书出借书目和西文书分类目录，并制定了《图书馆阅览室规则》《图书馆借书规则》等规章，使图书馆的管理工作有所改进和完善。

1917 年 1 月蔡元培就任北京大学校长。1918 年 1 月，经章士钊推荐，蔡元培任命李大钊为北大图书馆主任。是年 10 月，图书馆从京师大学堂时的旧址迁入新建成的沙滩红楼一层，并在二院(马神庙)和三院(北河沿)设立了分馆。

蔡元培很重视图书馆的建设。他在《就任北京大学校长之演说》中就说："余到校视事仅数日，校事多未详悉，兹所计划者二事：一曰改良讲义……二曰添购书籍。本校图书馆书籍虽多，新出者甚少，苟不广为购买，必不足供学生之参考。"李大钊在蔡元培的支持下，对图书馆进行了一系列改革，主要情形如下。

(1) 购进大批国内外进步书刊，使图书馆成为传播新思想、新文化特别是传播马克思主义的阵地。当时图书馆购进了《新青年》《劳动者》《先驱》等十多种进步杂志，以及德文版《共产党宣言》《政治经济学批判》、日文版《资本论》《资本论大纲》《马克思传》等四十余种马列主义著作。为促进这些进步书刊的流通，图书馆经常在《北京大学日刊》上进行报道和推荐，并开辟了介绍马克思主义和俄国革命的专题阅览室。如1920年12月1日的《北京大学日刊》就曾刊登《图书馆典书课通告》："将本校所藏关于俄国革命问题之参考书二十三种，陈列本课第四阅览室内，以备同学诸君披阅。"这23种书中有英文版的《布尔什维克的胜利》《列宁和他的工作》《无产阶级的伟大革命》《俄国布尔维克》等。

1921年，在李大钊倡导下，秘密成立的"北京大学马克思学说研究会"公开后，得到蔡元培的支持，建立了专门收藏马列主义文献的图书室，名为"亢慕义斋"。到1922年2月，"亢慕义斋"已有宣传马克思主义的英文书籍四十余种、中文书籍二十余种。英文书籍有《共产党宣言》《社会主义从空想到科学的发展》《哲学的贫困》《家庭、私有制和国家的起源》《德国的革命与反革命》《波拿巴的雾月十八日》《法兰西内战》《雇佣劳动与资本》，列宁的《共产主义运动中的"左派"幼稚病》《无产阶级革命》等。中文书籍中有陈望道译《共产党宣言》、李达译《马克思经济学说》、恽代英译《阶级斗争》、李汉俊译《马克思资本论入门》、李季译《社会主义史》等。"亢慕义斋"还订有宣传马克思主义的中外报刊多种。如中文刊物《新青年》《共产党》《先驱》《工人周刊》等，英文杂志《苏维埃俄罗斯》《共产国际》等。"亢慕义斋"的书刊，非会员也可借阅。"亢慕义斋"属于马克思主义学说研究会，不属于图书馆，但由于李大钊既是图书馆主任又是研究会的组织者、领导者，"亢慕义斋"的图书，有一部分也是由图书馆购进转给学会的，所以它实际上成为图书馆的一个组成部分，后来，其收藏也归到图书馆。

(2) 按照"网罗众家""兼容并包"的方针，建设藏书。蔡元培提出"大学者，囊括大典、网罗众家之学府也"，主张"对于学说，仿世界各大学通例，循思想自由原则，取兼容并包主义"。李大钊赞同蔡元培的主张。他在积极采购反映新思潮、新学说的书刊的同时，仍然努力去收藏所谓"旧"书籍。北大图书馆原来藏有一批词曲书，1910年刘廷琛任学校总监督时，将之视为淫词艳曲，有伤风化，一把火烧了。1918年北大成立国学研究所后，图书馆又设法购买了大批词曲书，受到师生的称赞。图书馆经常联系琉璃厂的书商，在书坊选购旧书。为了弥补订购方式的不足，图书馆还采取征求、捐献、交换等多种方式收集书刊。图书馆的许多珍贵书刊，就是用这种方式征求来的。经过多方努力，这一时期图书馆的藏书得到了长足的发展。

(3) 调整图书馆的机构和工作人员队伍，明确职责，加强管理。图书馆原设管理、阅览、理书、书目编订4个室，另附有讲义收发室和缮写室。前4个室任务有交叉，职责不清晰。1919年，学校设行政会议，作为全校最高行政机构和执行机关，负责贯彻执行评议会的决议。行政会议设若干委员会，其中之一为图书委员会，其职责为“协助校长谋图书之扩张与进步”。图书馆主任为当然委员。从1920年3月起，北大图书馆同时使用“北京大学图书部”的名称。1920年5月。李大钊主持制订《图书部试行条例》。该条例规定，馆设四课：购书课主管书刊的采购与征集，登录课主管新到书刊的登录、加工和统计，编目课主管书刊的整理、分编和目录编制，典书课主管书刊的收藏、借阅、阅读指导和借书账目的管理，每课设“领课”一员负责。另附有装订室和打字室。图书馆原有工作人员大多是清廷时期留用下来的旧人员，很难胜任工作，甚至不能按时上班。李大钊就任主任后，对其进行整顿，要求本馆职员都必须按规定时间到馆办公。同时在聘用新职员时，进行公开招聘，并经考试合格方能录用。李大钊还参照美国某些大学的图书馆聘任助教的办法（他们不上课堂授课，只在图书馆搜罗书籍供学生参考），于1920年开始聘用大学毕业生到图书馆任助教。当年来馆任助教的就有顾颉刚等6人，其中编目课、登录课各1人，购书课、典书课各2人，这使图书馆拥有了一批文化层次较高的工作人员，提高了业务水平。

（4）加强和改善读者服务工作。李大钊就任图书馆主任后，摒弃旧式藏书楼的积习，加强和改善读者服务工作。首先是延长开馆时间，从每日9小时延长为每日11.5小时，每周80.5小时。同时，制定《修订图书馆借书规则》，完善借阅制度，清理了逾期不还的书籍，大大减少了逾期不还的现象。图书馆还经常在《北大日刊》上报道新到书刊，以便师生借阅；举办各种专题展阅或陈列，帮助师生了解、学习和研究这些专题。

1922年12月，李大钊辞去图书馆主任职务，担任校长室秘书。图书馆主任一职由皮宗石继任。皮宗石一度将图书馆的机构改为馆下设中文、西文、古物美术三部，三部之下仍设登录、编目、购书和典书四课。皮宗石任职时间很短，只半年多一点，到1923年7月即由袁同礼出任主任，一直到1926年。这一时期，由于军阀连年混战，经济凋敝，而军费开支浩大，原本已经很少的教育经费还常被侵占、克扣、挪用，不能如期到位，学校经常处于难以为继的状况，图书经费更得不到保障。这一时期的藏书，受经费拮据的影响，非但没有增加，反而有所减少。在这种情况下，袁同礼等除继续实行李大钊在任时制定的各种规定制度，维持图书馆的正常运转以外，还致力于采用西方新式的管理方法整顿图书馆，清理了积压的大量西文书刊，编出了政府出版物目录、西文书目，建立与健全各系分馆（资料室）等工作。

1927年8月至1929年3月，包括北大在内的北京国立九所高校被合并组成“京师大学校”和“北平大学”，北大图书馆业务处于停顿状态，图书流失严重。

1929年1月，北大校名定为“国立北平大学北大学院”，北大学院包括原来北大的各一、二、三院，对外则仍可译为“国立北京大学”名称。原北大图书馆成为北大学院图书馆，由马衡任图书馆主任。同年8月，北大学院恢复为北京大学，图书馆亦恢复为北大图书馆，仍由马衡任馆主任。马衡于是年暑期邀请武昌文华大学高年级学生，清理了历年积存的大量西文书籍，统一用杜威分类法编目，解决了图书馆的一大难题；重新发布《图书馆借书规则》，纠正了读者借阅的混乱状况；出版《北大图书部月刊》，以加强和读者的联系，提高图书馆的业务水平。这些举措使图书馆的各项业务工作重新步入正常的轨道。

1930年12月，蒋梦麟出任北大校长，将图书馆改为校长直接领导下的一个机构，并正式取消“图书部”的称谓，统一使用“北京大学图书馆”的名称。

1931年1月，马衡辞去图书馆主任职务，到故宫博物院任职。图书馆主任一职由樊际昌、钱稻孙先后短期代理。3月，蒋梦麟任命史学系教授毛准为图书馆主任。同年暑期，图书馆由红楼迁入新购买的松公府前部的旧址。新馆址较之红楼有较大的改善。

毛准就任图书馆主任后，根据新的情况修订各种规章制度，改善读者服务工作；开始编制卡片目录，着手建立完整的卡片目录体系；创办《国立北京大学周刊·图书馆副刊》，刊载新书目录、图书馆知识和图书馆利用指南等。在此期间，由于得到中华文化教育基金会的资助，馆藏图书也得到了较快的增长。

早在李大钊任图书馆主任时，就计划在海内外募集资金建筑一所新的图书馆。此项计划得到蔡元培校长等校领导的大力支持。1920年蔡元培赴欧美考察，其主要任务之一就是为建设新的大学图书馆征集募捐。后因各种原因，这一计划未能实现。蒋梦麟出任校长、毛准出任图书馆主任后，再次筹划兴建新馆。1934年4月，新馆工程开工。其建设费主要来自北大与中华文化教育基金会的“合作特款”，部分来自北大教职工、历届校友和社会各界的捐助。1935年8月，新馆竣工，9月开始接待读者。新馆位于红楼西北方，全部采用钢筋水泥式的避火建筑，占地1256平方米，建筑面积约6600平方米，建筑式样为山字形，坐北朝南，前部和东西部为二层，中间及后部为四层。馆内设有五个阅览室，可容纳读者近五百人，后部的书库可容纳图书约三十余万册。东西两翼设有研究室24间。这所新馆是当时国内第一流的图书馆。

新馆落成后，图书馆设馆长和主任各一人。馆长由蒋梦麟校长兼任，主任由严文郁担任，图书馆的具体工作主要由严文郁负责。

抗日战争爆发，北大、清华、南开三校南迁长沙组成长沙临时大学后，临大筹备委员会即成立图书设计委员会，筹建图书馆。由于北大图书馆的图书未及运出，全部沦陷在北平，清华、南开两校的图书运出一部分，但也都未能及时运到，学校便与迁来长沙的北平图书馆和中央研究院历史所合作，成立临时大学图书馆，并在文史各系所在地南岳设南岳图书分馆。临大图书馆由北平图书馆馆长袁同礼兼任馆长，下设采访、编目、索引、阅览四组。临大图书馆成立后，由临大和北平图书馆各出5万元购书费着手购置图书。由于战时交通不便，外地和国外的图书很难运到，只能主要在长沙添置与教学直接相关的普通参考书，以应急需。为适应教学的需要，临大图书馆还同湖南国货陈列图书室订立了借阅图书办法：由临大图书馆派专人帮助陈列馆进行图书分类编目，陈列馆工作人员的工资由临大负担，临大师生得凭临大图书馆的阅览证入该室阅览其所藏图书。

1938年初，临大迁往昆明，4月，更名为国立西南联合大学，图书馆也因此更名为西南联合大学图书馆。联大图书馆起初仍与北平图书馆和中央研究院史语所、心理所等所保持合作关系，借调了它们的大量图书。图书馆馆长仍请袁同礼兼任，只增加了一位图书馆主任，由原北大图书馆主任严文郁出任。1938年年底，北平图书馆在昆明设立了办事处，调回了联大图书馆借用的除西文期刊之外的大部分图书，袁同礼也辞去了兼任的联大图书馆馆长的职务。中央研究院各所也陆续调回了存放在联大图书馆的大部分图书。学校决定不再设图书馆馆长一职，由严文郁任图书馆主任，董明道任图书馆副主任。这时，清华、南开的图书已部分运到了昆明，联大图书馆也已购得了一些书刊，得以勉强支撑。

初到昆明时，联大图书馆总馆设在昆华中学南院原图书馆，另在昆华农校左翼大楼一层设立分馆。不久总馆改设在昆华农校礼堂，分馆设在拓东路迤西会馆正殿中，并在三处设立了三个阅览室。另外，在联大的蒙自分校也设立了一所分馆，馆址在法国领事署。半年后蒙自分校取消，分校图书馆也相应取消。1939年夏，西南联大在昆明大西门外的新校舍落成。图书馆搬入新校舍北区中央一座丁字形的瓦顶平房中。平房前部是一间可容纳八百人的阅览室，称第一阅览室，后部是可容纳十万册图书的书库。另有期刊阅览室、期刊库各一间，办公室四间。此外，还将工学院所在的拓东路迤西会馆的大殿改造为可容纳四百人的第二阅览室（亦称工院分馆）；在新校舍南区的理学院设有可容纳八十人的第三阅览室——期刊阅览室；在新校舍附近的师范学院设有可容纳二百人的第四阅阅览室（亦称师范分馆）。至此，联大图书馆的馆舍基本定型，“虽属简朴，而宏敞可喜”（馆主任严文郁语）。

联大图书馆开始时直接隶属于学校常务委员会。1938年年底取消馆长一职，只设主任副主任后，改为隶属教务处。馆内设总务、采访、中文编目、西文编目、阅览、期刊、讲义等七股和工学院、师范学院两个分馆及中山室。中山室为一小规模的民族文化研究室，收藏中国文史和政治时事方面的书刊以及与抗战有关的文献资料，1943 年始对外开放。到了后期，中文编目股和西文编目股合并为编目股，同时增添了影片股，管理和放映国外赠送的影片。

当时，因为抗战，学校经费包括图书经费短缺，购书也很困难。尽管如此，图书馆还是想方设法采购了大批图书。至 1941 年 11 月，已购置了中文书 29761 册，西文书 12170 册。至 1946 年西南联大结束时，图书馆的中文书已有 34100 册，西文书 13900 册，订有中外期刊两百余种，加上从北平图书馆长期借调的西文期刊，总计近两千种。此外，还接受了不少国外捐赠的图书，如英国的牛津大学、美国的哈佛大学和加州大学都曾赠书。

1939 年 1 月，图书馆制定了《图书馆阅览室规则》《教职员借书规则》《图书馆不陈列期刊领阅办法》等章程，对图书馆供阅办法做了具体规定。由于图书馆藏书不多，需求量大，因此采取以馆内阅览为主的办法。学生限于馆内阅览，教职员因教学需要借书，需经图书馆批准。

西南联大时期，由于校舍分散，还鼓励各系成立系图书室，有的是一个系单独成立，有的是几个系联合成立。

西南联大时期，北大、清华、南开三校均保留有各自的办事处。北大办事处中设有图书部，主任为严文郁，另有股员二人。

1945 年抗战胜利后，袁同礼作为政府代表到北平接收日伪举办的“北京大学图书馆”，并暂代馆长职务。1946 年，北大复员北平，北大图书馆恢复，由毛准任馆长，日伪举办的“北京大学图书馆”交还北大。1937 年，北平沦陷后，北大图书馆遭到日伪的掠夺和查禁。如沦陷不久，伪新民会就取走了图书馆政治书籍 126 部，日军宪兵队还将俄文书三千七百余册和杂志多种掳走变卖，伪教育部也掠走社会科学期刊合订本 248 册和一些书籍，1938 年伪教育总署更以查禁“违禁书”的名义没收了图书馆图书约三千册，日军还掳去馆藏珍品“俄蒙界线图”等。1938 年 2 月，北平伪临时政府教育部决定成立由日伪举办的“国立北京大学”，并于是年 5 月至 1941 年 9 月，先后成立了农、医、工、理、文、法六个学院。1938 年 11 月，北平伪临时政府教育部总长汤尔和兼任“北京大学监督”（校长），1939 年 1 月成立“北京大学图书馆”。日伪举办的“北京大学图书馆”的成立，使未被劫掠的北大图书馆藏书和设备得以保存下来，并通过购买和接受捐赠等途径使馆藏书刊有所增加。

复员后的北大图书馆总馆仍设在 1935 年建成的馆舍中。总部在馆长之下设秘书和总务、中文编目、西文编目、阅览四股。另在距校本部较远的农学院、工学院、医学院和先修班（后为文、法学院一年级学生）所在地的北大第四院分别设有自成体系的分馆。北大图书馆恢复时，除收回日伪举办的“北京大学图书馆”的书刊外，还接收了伪新民学院的图书和伪古学院（后为国学院）的图书。1948年1月，日本军部调查班（绥靖总署）的藏书也移交给北大图书馆。当时，北大校长胡适很重视图书馆的建设，在学校经费很困难的情况下，决定以学校预算总额的7%为准（约合三万美元），作为购书经费，按六个学院、“大一”和图书馆八个单位平均分配。与此同时还接收了一些单位和个人捐赠的图书。因此，这一时期北大图书馆的藏书增长较快。据统计，1946年复校时，图书馆藏书共348949册，到1948年北平解放前夕达到724894册，成为仅次于北平图书馆的全国第二大图书馆。

尽管当时图书馆的藏书增加很快，读者服务工作也有所改进，但新思想、新文化方面的书刊却严重不足，宣传革命理论的书刊更被列为“禁书”“禁刊”，不能收藏。这种状况无法满足要求探索革命真理、要求进步的青年学生的需求。在这种情况下，在中共北大地下组织的领导下，北大学生院系联合会（后改称北京大学学生自治会）于1947年10月，报经学校同意，成立了收集和传播进步书刊的“孑民图书室”。其所以取名“孑民图书室”，学生院系联合会的决议说是为了纪念已故校长蔡孑民（元培）先生，永继兼容并包的精神，收集各种书籍，培养自由研究的风气。图书室设在学校拨给的红楼一层167号房间。图书室聘请三十多位教授担任导师，包括校长胡适和图书馆馆长毛准。图书室工作人员全部由学生担任。图书室书刊的来源主要有：(1)本校教职工和学生的捐赠。图书室接待读者前的筹备阶段，就收到师生捐赠的图书一千多本。(2)向知名的作家、书店、杂志社及各国驻华机构募集。(3)募款采购。1947年10月图书室刚接受读者时仅有图书一千余册，到1948年初便发展到三千余册，到1948年底和1949年初已达一万余册。北平解放后，图书室停办，其藏书全部合并到北大图书馆。

北平解放后，历史系教授向达于1949年5月被任命为北京大学图书馆馆长。馆长之下仍设秘书和总务、中文编目、西文编目、阅览四股。同年9月，遵照华北高教会的决定，北大农学院同清华、华北大学两个学校的农学院合并组成独立的农业大学，北大图书馆农学院分馆相应调入农业大学。1950年2月，遵照政务院文化教育委员会的决定，北大医学院划归卫生部管辖，北大图书馆医学院分馆相应调出北大。1950年10月，中法大学文史系、法文系合并于北大，该两系的图书划归北大图书馆。1952年进行院系调整，北大工学院并入清华大学，清华大学和燕京大学的文、法、理各系及辅仁大学、浙江大学、中山大学的有关系并入北大。北大图书馆工学院分馆相应调归清华大学。与此同时，美国新闻处的藏书以及辅仁大学、中山大学、清华大学的部分藏书调入北大。院系调整后，北大迁至原燕京大学校址（燕园）。北大图书馆迁至原燕京大学图书馆馆址。

院系调整后，图书馆馆长仍由向达担任，原燕大图书馆代理主任梁思庄任副馆长。馆长、副馆长之下设两部七股。两部为：阅览部、编目部。七股为编目部下辖的 3 股——中文编目股、西文编目股、俄文编目股，以及典藏股、期刊股、采录股、总务股。1955 年后，改为设采编、典阅、期刊三个部，部之下设若干组或室。1958 年 8 月，图书馆馆长改由蓝芸夫担任。

新中国成立初期购书经费较少，如 1951 年全校购书经费大体上是按教员和学生每人五千元（旧币，合后来的新币为 0.5 元）计算。其中四千元由各系自购，一千元由图书馆统一购置。院系调整以后，购书经费稳步增加。1953 年为新币 12 万元，1954 年为 16 万元，1955 年为 17 万元，1961 年增至 37 万元，图书馆的藏书规模因此而有了较大幅度的增长。这时馆藏书刊的一个特点是收集、充实了大量马列主义经典著作、革命书刊和进步文艺作品，同时清理了反动、淫秽和荒诞的书刊。

院系调整后，图书馆对书刊的分类编目工作作了较大的变革，主要是将原北大图书馆和原燕大图书馆在分编上的一些不同做法实行规范统一。当时采取的办法是：中文图书（包括日文）分编沿用原北大图书馆所用的皮高品“中国十进分类法”，停止使用原燕大图书馆使用的裘开明“汉和图书分类法”；西文图书新编使用原燕大图书馆使用的“杜威十进分类法”，停止原北大图书馆使用的分编方法；同时参考苏联的“十进分类法简表”对马列主义著作、哲学、政治经济学等类书目进行补充修改；期刊分编停止使用图书分类法分类。当时，图书馆分编工作的另一项重要内容是以整顿旧书、旧刊、旧目录为中心的“整旧”工作。由于各种原因，新中国成立前北大图书馆积存的旧书刊很多，至北平解放前夕达 33 万册，院系调整中又接收了大量书刊，使积压的未编书刊增至 40 万至 50 万册。为解决这一问题，北大图书馆多次发动群众突击整理旧书刊。至 1963 年许多旧书旧刊已初步得到整理，大部分做出了目录。“整旧”使大量积压的未编书刊投入流通，并发掘许多珍贵的文献资料。

院系调整以后，图书馆的读者服务工作有很大提高。北大迁入燕园之初，图书馆在原燕大图书馆馆舍、文史楼和文史楼东的原电机馆设立第一、第二、第三三个阅览室，14 个系中有 10 个系设立了图书室，全校共有阅览座位 1700 余个。到 20 世纪 50 年代末，图书馆阅览室增至 8 个，为配合学校加强学生的马列主义理论教育和思想政治工作，图书馆将马列主义著作、政治参考书和优秀青年读物全部开架陈列。为做好教学用书的供应工作，每学期开始，都要请系主任和任课教师填写课程必读参考书。图书馆据此，并参照学生人数，将书籍分配到各班或存阅览室借阅。期终考试期间，采取集体借书、按人数比例借阅的办法供应有关图书。为加强对教师读者的服务工作，1956年设立了教师专用阅览室，1962年成立教师参考阅览室，开架中外文文科工具书，开展参考咨询工作等。此外，还开展了多种形式的读者辅导工作，如编制推荐书目，将优秀文艺作品书目及内容简介发给学生或登在校刊上等。

“文化大革命”开始，图书馆的业务陷于停顿。许多书刊被禁锢封存，大量的外文书刊停止订购，多年来连续进行的中文著者目录和西文主题目录的编目工作被迫中断。幸而在红卫兵疯狂地破“四旧”（旧思想、旧文化、旧风俗、旧习惯）中，在图书馆职工的团结努力下，只象征性地烧掉一些所谓“封资修”的图书，使馆藏珍贵文献未遭受大的损失。1966年“文革”开始不久，图书馆根据当时战备疏散的要求，将馆藏善本书迁到筹建中的汉中分校。1969年10月技术物理系、无线电电子学系和数学力学系的力学专业迁往汉中分校。它们所属的图书资料也迁往分校。为管理好这些图书资料，成立了汉中分校图书馆。1979年汉中分校撤销，存放在分校图书馆的善本书及其他书刊才迁回北京。“文革”中后期，图书馆的分编工作逐步恢复。1975年，开始采用新版的“中国图书分类法”进行分编。除古籍使用这个分类法确有困难仍沿用旧法外，其他中、西、日、俄图书均用此法分类。为配合这个分类法的使用，图书馆还对整个分类编目工作进行了许多改革，使这一工作有了一定的提高。1952年，北大图书馆迁入原燕京大学图书馆馆址后，由于馆舍太小，不得不分散设置藏书处和借阅处，影响书刊的保管和使用。到了20世纪70年代，设置藏书处和借阅处的地方已增加到15处，使馆舍狭小、分散、破旧的问题达到十分严重的地步。1971年，学校向领导上提出了建筑新馆舍的要求，并获得国务院有关部门和北京市的批准。1975年，新馆舍落成。新馆舍面积24139.89平方米，其中书库面积11059平方米，可容纳藏书350万—360万册，阅览面积5324平方米，有阅览座位2400个，是当时国内建筑面积最大的图书馆。

“文化大革命”结束后，1978年5月，谢道渊被任命为图书馆馆长兼党总支书记，同年梁思庄、耿济安恢复副馆长职务，并任命郭松年为副馆长。翌年又任命庄守经为副馆长兼总支书记、潘永祥为副馆长。1981年和1982年，先后任命童竞为图书馆总支书记，马士沂为副馆长。1983年6月，庄守经任图书馆馆长兼总支书记。1986年，徐雅民、周龙祥、蒋彦振被任命为副馆长，徐雅民兼党总支书记。1991年党总支改为分党委，由隋凤花任书记。1993年，林被甸出任馆长，戴龙基、周龙祥、朱强任副馆长。

“文革”结束后的头几年，图书馆主要是进行拨乱反正，清除“文革”的影响，开放被禁锢封存的图书，恢复订购外文书刊、扩大馆藏范围，恢复制订各项规章制度，整顿业务工作。此后，在上述工作的基础上，为把北大图书馆建设成为具有国际先进水平的社会主义现代化大学图书馆开展各方面的改革、提高工作，主要情形如下。

(1) 加强组织管理工作和专业队伍建设。"文革"结束后，首先是恢复、规范各部、组(室)的职能，恢复正常的工作秩序。接着，为适应工作发展的需要，加强科学的组织管理，逐步进行了组织机构的变革。1981 年，成立了自动化研究组，后改名为自动化部。1983 年，因北大图书馆承担了教育部委托的全国高校文科专款及世界银行贷款采购外文原版图书的工作，成立"专款采购办公室"。同年，图书馆自动化部与校计算机研究所共同建立图书馆自动化与情报检索研究室。1984 年，成立文献编辑室、国际联机情报检索组和文献服务部。1987 年，建立视听缩微阅览室。1988 年，成立专门收集、保存和展示本校师生和校友的著作、论文、译作手稿、荣誉证书等的"北京大学文库"。1988 年开始，建立美国、加拿大、苏联三个研究文献情报中心。1990 年，成立"索引研究编纂部"。至 1991 年，图书馆共有下属部门 18 个：办公室、采访部、编目部、阅览参考一部、阅览参考二部、学生教学参考部、期刊部、自动化研究开发部、美国研究文献情报中心、加拿大研究文献情报中心、苏联研究文献情报中心、古籍目录项目组、图书专款采购办公室、文献服务部、未名科技文化事业信息服务部、索引研究编纂部、总务科。此后，1992 年又成立了信息咨询部；1994 年成立保安部和北京大学图书馆中外妇女文献信息研究交流中心；1997 年成立图书馆网络信息小组。

为加强组织管理工作，图书馆建立和完善岗位责任制度，以各业务组为基础，实行定任务要求、定人员编制、定岗位职责要求、定考核办法、定奖惩办法的"五定"制度。同时建立一套比较完整的规章制度，使管理工作制度化、规范化。

现代化图书馆要求提高图书馆工作人员的思想、文化、业务素质。从 20 世纪 80 年代中期开始，实行人员招聘制度，多渠道引进人才，陆续调入了一批电子计算机、外国语及各主要学科的专门人员，以建立一支高水平、多学科、有层次的图书情报专业人员队伍。1985 年还根据国家的规定，开始实行专业技术职务聘任制度，建立了个人申请、三级评审、落实计划任务书、馆长聘任等一套行之有效的专业技术职务聘任办法。据统计，1983 年，图书馆专业人员中具有大专以上文化的 91 人，占全馆专业人员的 65%，到 1991 年增加到 149 人，增长 1.6 倍，占全馆专业人员的 76%；1983 年具有高级职称的专业人员有 8 人，占全馆专业人员的 5.7%，到 1991 年增加到 36 人，增长 4.5倍，占全馆人员的 18.3%；具有中级职称的专业人员 1983 年有 34 人，占全馆专业人员的24.5%，到1991年增加到85人，增长2.5倍，占全馆人员的43%。另据统计，1991年，工作人员中图书情报、文科、理科、语言等专业人员所占比率分别为49%、24%、21%、6%，基本上符合业务工作的需要。

(2) 提出“多渠道引进图书，多渠道筹措资金”的方针，保证馆藏文献稳步增长。图书馆利用改革开放的好时机，采取扩大国际交换、与世界各地的书商及出版商建立良好关系、接受团体或个人赠书、利用教育部(教委)文科图书专款和世界银行购书贷款、请校内各系(所)分担部分书刊费用、自身创收等校拨图书经费之外的途径，采集文献和筹集资金，取得了很好的成效。以1990年为例，全年引进文献的全部价值为378万元。其中校拨经费225万元，占59.4%，校拨以外途径取得的经费153万元，占40.6%。

(3) 推进文献分编标准化。文献分编标准化是图书馆现代化的重要基础性工作之一，也是实现自动化的前提。1983年，西文图书编目率先采用“国际标准书目著录(ISBD)”格式和“英美编目条例(AACRⅡ)”，建立规范文档。此后，外文期刊新品种和俄文、日文编目，也陆续采用国际标准书目著录格式。中文图书、中文期刊、古籍编目则分别采用国家标准《普通图书著录规则》《连续出版物著录规则》和《古籍著录规则》。

(4) 改进、提高读者服务工作。首先是从20世纪80年代初开始，逐步使借阅方式从以闭架借阅为主改变为以开架借阅为主，方便读者。其次是设立文科、理科两个教学参考书阅览室和文科、理科、文艺三个借书处，加强对本科生读者的服务。同时，配合各系科、年级的课堂教学做好教学参考书的配备与发放，并以多种形式开展读书辅导工作和利用图书馆的教育。再次是逐步建立起以学科文献为中心的文献情报服务系统，提高对教师和研究生读者的服务水平。从1984年起，图书馆还成立了国际联机情报检索组，教师、研究生可通过国际通信卫星查阅国外文献数据库。最后，1987年，建立视听缩微阅览室，负责非书资料的收集、整理和借阅.

(5) 进行图书馆自动化的研究与实施。实现图书馆自动化，在图书馆的主要业务工作和管理工作中应用电子计算机为主的新技术，是图书馆现代化的重要标志之一。北大图书馆于1979年开始组织队伍，开展这一工作。1980年，由北大图书馆倡议，北京图书馆、中科院图书馆、中国图书进口公司等六单位参加，成立MARC协作组，制定《研究与试验美国机读目录协作计划》，开始在我国应用MARC的研究与试验。1985年起，正式从美国国会图书馆购置MARC磁带，编写出北大图书馆中文机读目录格式、UNiMARC格式等。1986年，率先在国内引进美国Bibloifile光盘及目录生产系统软件，通过检索美国国会图书馆的馆藏目录数据，进行编辑修改，形成北大图书馆的机读数据，并打印目录卡片。1990年，西文图书正式开始机编。1991

年7月，完成文、理科两个开架借书处的数据录入。同年10月，这两个开架借书处流通自动化开始试运行。这一年，还完成15万册中文简单书目库的工作；完成为全校读者建档工作，并对读者借书证加贴条码，陆续发放新借书证。1992年，中西文书刊采、编业务实行计算机操作，实现光盘和联机检索终端相结合的文献情报检索服务。1993年，图书馆自动化开始全面实施。1997年，李嘉诚捐资修建的新馆舍工程动工。新馆舍与旧馆舍对接，总建筑面积达51000多平方米，预计于1998年5月完工。

北大图书馆历届领导人一览表

姓名	职务	任职时间	备注
李昭炜	藏书楼提调	1898—1899 年上半年	
骆在骧	藏书楼提调	1899 年下半年—1900 年 7 月	
梅光羲	藏书楼提阁	1902.10—1904.1	
	图书馆经理官	1904.1—1906.3	
王涌熙	图书馆经理官	1906.3—1911.1	
刘绵训	图书馆经理官	1911	短期兼职
任钟澍	图书馆经理官	1911	短期兼职，1911 年底前去职
徐鸿宝	图书馆主任	1914.1—1917.3	
夏元瑮	代图书馆主任	1917.3—10	物理系教授，理科学长
章士钊	图书馆主任	1917.10—1918.1	逻辑学教授
李大钊	图书馆主任	1918.1—1922.12	1920 年起任教授
皮宗石	图书馆主任	1922.12—1923.7	
袁同礼	图书馆主任	1923.7—1926	
马衡	图书馆主任	1929.3—1931.1	
樊际昌	代图书馆主任	1931.1—2	
钱稻孙	代图书馆主任	1931.2—3	
毛准	图书馆馆长	1931.3—1935.8	
蒋梦麟	图书馆馆长	1935.8—1937.7	以校长职务兼任
严文郁	图书馆主任	1935.8—1937.7	当时既设馆长又设主任
袁同礼	长沙临大图书馆馆长	1937.10—1938.1	以北平图书馆馆长兼任
	西南联大图书馆馆长	1938.4—1938.12	以北平图书馆馆长兼任

续表

姓名	职务	任职时间	备注
严文郁	西南联大图书馆主任	1938.4—1943.2	1939年起不再设馆长，由图书馆主任全面负责
董明道	西南联大图书馆副主任	1938—1943.2	
	西南联大图书馆主任	1943.2—1946.5	
袁同礼	图书馆馆长	1945.8—1946.10	作为政府代表，接受日伪举办的“北京大学图书馆”，并暂代馆长
毛准	图书馆馆长	1946.10—1948.12	
向达	图书馆馆长	1949.5—1957	历史系教授
梁思庄	图书馆副馆长	1952.9—1966.5 1978—1981	
耿济安	图书馆副馆长	1957—1966.5	
		1978—1981	
蓝芸夫	图书馆馆长	1958.8—1966.5	
谢道渊	图书馆馆长	1978.5—1983.6	
郭松年	图书馆副馆长	1978.6—1987	
潘永祥	图书馆副馆长	1979.6—1989	
庄守经	图书馆副馆长	1979.6—1981.10	
	图书馆馆长	1983.6—1993.7	
马士沂	图书馆副馆长	1982.11—1986.6	
徐雅民	图书馆副馆长	1986.8—1989.3	
蒋彦振	图书馆副馆长	1986.8—1993.7	
周龙祥	图书馆副馆长	1986.8—1996.7	
林被甸	图书馆馆长	1993.7	历史系教授
戴龙基	图书馆副馆长	1993.7—1996	
朱强	图书馆副馆长	1993.7	
武振江	图书馆副馆长	1995.1	
高倬贤	图书馆副馆长	1996.10	
谢琴芳	图书馆副馆长	1996.10	

图书馆历届党总支(党委)负责人

党总支(党委)书记	任职时间	党总支(党委)副书记	任职时间	备注
庄守经	1980.3—1981.10	童竞	1980.3—1981.12	1980年3月才成立直属校党委的党组织——总支
童竞	1981.12—1983.5			
庄守经	1983.5—1987.2			
徐雅民	1987.2—1989.1	隋凤花	1989.1—1991.12	1988年4月总支改为党委
隋凤花	1991.12—1997.10	戴龙基	1991.12—1995	
		高倬贤	1995.6—1997.10	
高倬贤代理书记	1997.10			

二、馆藏

京师大学堂创建时，按照《奏拟京师大学堂章程》的规定，大学堂应设藏书楼，在大学堂的开办经费中有“购中国书费约五万两，购西文书费约四万两，购东文书费约一万两”。但这些规定实际上未能实现。当时，只将官书局并入大学堂，原强学会的书藏和官书局藏书院的图书均归入大学堂，成为大学堂的第一批藏书。京师大学堂成立后，还从各地官书局调拨来一些书，也自购了一些书。上述图书在1900年夏八国联军侵占北京时损失殆尽。

1902年，京师大学堂恢复并同时恢复藏书楼后，从是年至1911年，除接收同文馆书阁的藏书以外，还采取“向各地官书局征调”、“由清廷政府中央各部门调拨”、“接收个人捐赠”、“自行采购”等途径获得图书。当时购书经费比较充裕，保证了藏书建设得以稳定发展。据统计，从1905年至1911年，用于购置图书的经费为白银二万五千余两。在1910年王涌熙主持编纂的《大学堂图书馆汉文图书草目》中，仅中、日文图书就达八千余种。

民国初期，学校经费窘迫，图书馆藏书建设经历了一段艰难的发展历程。据统计，从1913年至1917年，共用购书经费22244元，平均每年仅4500元左右。不过，图书馆还是按照校方“各国出版新书仍酌量情形随时购买，以期各科应用书籍日增完备”(胡仁源《北京大学计划书》)的要求，购买了一些中外图书。与此同时，还接收了一些团体和个人捐赠的图书。至

1917年年末，图书馆藏书增至147170册，其中中文137260册，日文1580册，西文8530册。

1917年1月，蔡元培就任北大校长，翌年1月李大钊就任图书馆主任，他们都很重视图书馆的馆藏建设。蔡元培竭力筹措图书经费，动员社会各界为北大图书馆捐款捐书。1920年5月，校图书委员会通过"预算案内之添购图书费应定为每年六万元"的决议，使图书馆有了固定的购书经费。图书馆还利用征求、捐献、交换等多种方式收集书刊。为了配合学校教学，更好地为教学、科研服务，图书馆还加强教学需用图书的采购，增加教学用书的复本。1917年年底，图书馆藏书为图书147190册，中外杂志120种。1920年藏书已达162031册（其中中文书142115册，西文书17485册，日文书2431册），订购杂志近600种（其中中文杂志370余种，西文杂志170多种，日文杂志48种），中外报纸40种左右。到1923年，藏书达到184008册（其中中文书140000余册，西文书26356册，日文书2480册），杂志合订本15170册，订有杂志近600种，中外报纸40种。从1918年至1922年，图书馆藏书每年约增长万册。

1923年以后，由于前几年已经发生的应该拨付学校的经费不能按期到位的情况日益严重，图书经费没有保障，图书馆几乎无法买书。1927年，北大被并入京师大学校，北大图书馆随同学校，其建制被取消。到1929年北大复校时，图书馆藏书为182000册，比1923年少2008册。

1929年8月北大复校后，学校做出了每月购书费9000元的预算。另外，从1931年至1935年，中华文化教育基金会与北大合作，双方每年各提款20万元，共40万元，称为"合作特款"。这笔特款主要用于购置图书、仪器和设备。这样，1930年以后，图书馆的购书经费基本维持在每月9000元左右，有时是6000元。有了经费的保证，图书馆的馆藏得以稳步增长。至1936年抗日战争爆发前，图书馆藏书达244440册，其中中文书177477册，外文书66963册。

这一时期，国民党政府先后颁发了《出版法》《宣传品审查标准》《查禁反动刊物令》《取缔销售共产书籍办法令》等法律法规，大量查禁和销毁进步书刊。对此，图书馆既有奉行的一面，也有抵制的一面。1934年8月，图书馆馆长毛准曾在《北京大学周刊》上撰文说："凡于青年思想显然有害无益的书籍本馆固然绝对不购。但本馆认为研究学术所必有的书籍则并不因为避嫌疑而不买。"

抗日战争爆发后，在长沙临时大学时期，由于北大、清华、南开三校的图书或未运出或未运到，只能由临大图书馆和北平图书馆合作，各出5万元，主要在长沙购置一些与教学直接相关的普通参考书，以应急需。经过三个月的努力，临大图书馆共有中文书6000册，西文书2000册。

西南联大时期，图书馆的购书经费甚缺。1938年每月的购书预算仅为4300元，实际得到的只有1868元，1939年每月购书预算为5966元，实际得到的只有2982元，加上货币大幅贬值，这点钱就显得更少。直到1941年，教育部才拨给西南联大美金38000元作为设备费，其中图书费约占21400元。此外世界学生救济会还赠联大图书馆法币七八千元用于买书。除了经费短缺以外，买书运书也很困难。在这种情况下，图书馆还是想方设法收集了许多书刊。至1941年11月，联大图书馆已有藏书41931册，其中中文书29761册，西文书12170册；1944年12月共有藏书45180册，其中中文书32177册，西文书13003册；1946年联大结束时藏书为48000册，其中中文书34100册，西文书13900册，另有期刊220种。

1946年北大复员后的图书馆，除了分到一部分西南联大图书馆的书和接收了日伪举办的"北京大学图书馆"的书以外，还接收了伪新民学院(后为北大第四院)的图书数万册，接收移交给北大的伪古学院(后为国学院)的图书22293册，1948年1月还接收了移交给北大的日本军部调查班(绥靖总署)的图书12263册。1946年还接收了郑伯谷先生捐赠的图书980册和郭则法先生捐赠的图书11501册。当时校长胡适对图书馆很关心，决定全校购书经费占学校预算总额的7%，约合3万美金。所以从1946年到1948年，图书馆藏书增长较为迅速。据统计，1946年馆藏图书为348949册，1947年增至468000册，1948年达到724894册，其中中文书530104册，日文书66186册，西文书128104册。

1949年北平解放后，孑民图书室停办。该室的一万多册藏书归入图书馆。从1949年到1952年院系调整，如前面"沿革"部分所述，图书馆的图书随着院系的调整而进行了调整。据粗略统计，在1952年的院系调整中，图书馆共调出图书约20万册，调入图书有燕京大学图书馆的藏书50余万册，其他高校和单位的藏书约25万册。当时，燕大图书馆的馆藏仅次于北大图书馆和中山大学图书馆，居全国高校的第三位。其中东方学文库、中文善本、古籍丛书、书目索引工具书等都是称著于世的专藏。还有金石拓片一万二千余张，木刻书版两千余块，也很珍贵。

新中国成立初期，图书馆的购书经费较少。如1949年9月份，图书馆的经费只占全校经费的2.6%，合小米3900斤，金额651300元(旧币)。1951年，购书经费大体是按教员和学生每人五千元(旧币)计算。1952年院系调整以后，购书经费逐年增加，1952年为12万元(新币)，到1961年增至37万元。

新中国成立后，特别是1952年院系调整后，图书馆的藏书规模有了较大幅度的增长。根据新中国成立初期的清点统计，当时的馆藏图书为1066058册。至1952年院系调整前为1124358册。1952年院系调整后为1600000册。1958年为1927203册。“文革”前的1965年达到2570000册。

这一时期的馆藏建设，突出各文种、各版本的马列主义经典著作和革命文献的收藏，以师生需要的教学参考用书和科研用书为重点，着重补充了解放前较为薄弱的理科书刊。与此同时，还十分注重古籍等特种文献的收藏。

“文化大革命”期间，由于广大职工的共同努力，图书馆的馆藏没有遭受大的损失，并陆续购进了一些新书，1975年搬入新建馆舍前，馆藏总量为280万册，其中中文书190万册，西文书40万册，东方文书30万册，俄文书10万册，期刊一万余种、13万册。

“文革”后的改革开放时期，图书馆提出“多渠道引进图书，多渠道筹措资金”的方针，广开财路，广辟书源，保证馆藏的稳步增长。以1990年为例，当年引进文献的全部价值为378.5万元，其中由校拨图书经费支付的约为255万元，占59.4%，其余则为其他渠道所获得：国家教委文科图书专款30万元，占7.9%；各系分担经费40万元，占10.6%；图书馆自身创收11.5万元，占3%；通过国际交换获图书价值30万元，占7.9%；接收赠书价值42万元，占11.1%。

为保证和提高采购书刊的质量，从1990年开始，图书馆建立起一支多学科、高层次的采访队伍，先后成立期刊选购小组和书刊采选委员会，同时加强与各系、所教师的交流，使图书馆的馆藏建设既保持原有的优势，又根据学科的发展增设新的重点收藏。

从1978年至1997年，图书馆接受的主要捐赠有北大教授翦伯赞、饶毓泰、陈庆华等人的个人藏书，日本友人正木龙树自1987年起的历年赠书，哈佛学者方志彤先生的个人藏书等。

这一时期，图书馆还把藏书的复选列为馆藏建设的重要内容，多次进行了较大规模的清仓、调查、评估和剔除，并从1984年起建立了书刊剔除制度和剔除的规则、注销手续。到1991年为止，共剔除书刊二十余万册。剔除工作的开展有利于减缓馆藏膨胀，保证馆藏的质量。据统计，1997年底，图书馆的藏书为461万册，居全国高校图书馆之首。其中中文书刊305万册，外文书刊145万册，其他类型文献约为十余万册(件)。

北京大学图书馆1937年以前藏书发展一览表

日期	藏书数量(册)						杂志(种)	报纸(种)
	总量	中文书	外文书			其他图书		
			外文书总量	西文书	日本书			
1905年	78500	72900	5600	4120	1480			
1917年	147190	137260	9930	8350	1580		120	
1920年8月	143497	123651	19846	17415	2431			
1920年12月	162031	142115	19916	17485	2431		588	40
1923年	184008	140000	28836	26356	2480	15172	600	
1929年8月	182400	150000		30000	2400			
1933年	177148	129972	47016	44306	2710	160	204	
1934年	239323	162463	176860	64734	12126		420	
1935年	250293	170415		67603	12275		400	30
1936年	244440	177427	66963					

长沙临大、西南联大时期图书馆藏书发展表

日期	图书		期刊
	中文	西文	
1937年年底	6000册	2000册	
1941年11月	29761册	12170册	
1944年12月	32177册	13003册	
1946年联大结束时	34100册	13900册	220

1946—1948 年北大图书馆藏书总量表

时间	藏书			
	总量	中文	日文	西文
1946 年	348949 册			
1947 年	468000 册			
1948 年	724894 册	530104 册	66186 册	128104 册

新中国成立初期至 1997 年北大图书馆藏书发展情况表

时间	藏书总量	中文	外文			期刊	其他文献
			西文	东方文	俄文		
新中国成立初期	1066058 册						
1952 年院系调整前	1124358 册						
1952 年院系调整后	1600000 册						
1958 年	1927203 册						
1963 年	2402436 册						
1965 年	2570000 册						
1975 年	2800000 册	190 万册	40 万册	30 万册	10 万册	一万余种 13 万册	
1982 年 8 月	3355727 册						
1992 年	3425416 册					37613 种 636753 册	52281 种 98083 册
1997 年	4610000 册	305 万册	145 万册				十万余册

三、分类编目

京师大学堂藏书楼的图书分编工作大致是中、日文图书按传统的经、史、子、集和丛书分类，西文图书“按照各国洋文书类”分编，没有统一的分类法。著录项目有书名、卷数、册数、著者、译者、门类等几项。书刊编目后整理成书本式目录，供读者使用。1910 年，藏书楼经理官王涌熙曾主持编订《大学堂汉文图书草目》。

民国初年，图书馆内只有少量油印目录，发给教授和参观的宾客，学生很难利用，而且目录残缺不全，无法反映馆藏。工作人员不懂外文，致使外文图书大量积压。中文图书的编目方法也十分简陋，仅书名目、本册，不列撰人、版本诸项，于稽查上甚属困难。丛书分编也仅以原书的顺序为依据，每部书并不再做加工和分编，架上图书只夹书签，列出名目，极易脱落，取还书很不方便。1914 年起，在图书馆主任徐鸿宝主持下，对馆藏进行了一次全面的清查工作，编出了供读者查阅的中文书出借草目和西文书分类目录。

李大钊就任图书馆主任后，很重视学习国外先进的编目工作经验。他上任不久就带工作人员到西郊清华学校图书馆参观、学习。他对该馆目录全用卡片非常赞赏。1918 年，他曾两次致函在日本早稻田大学学习的殷汝耕，请他详细了解该校图书馆的工作情况，殷汝耕在复信中详细介绍了早大图书馆的目录设置、编目方法等。1920 年，北大教授刘半农赴英国留学，也受李大钊之托，把英国国家博物馆图书馆的藏书组织方法、图书标签格式等介绍给图书馆。在李大钊领导下，图书馆于 1918 年开始对西文书以杜威十进分类法为基础编制卡片目录。到 1920 年，已经编出书名、著者、分类三种简片目录。中文书仍按经、史、子、集、丛书分类，只添加了地理、类书、科学几类。同时，积极草拟新式的中文分类法，计划同西文书一样，编制书名、著者、分类三套卡片目录。

皮宗石、袁同礼任图书馆主任时，对西文书仍沿用杜威分类法编制卡片目录，中文书则在中文部主任单石庵的主持下，以四部分类法为基础，经过两年多的努力，编出了著者、书名两套目录，使中文书籍开始有了卡片式目录。但在北大被并入京师大学校后，该校负责人刘哲等认为新式号码难于记忆，有碍管理，下令将新式编目方法废止，致使图书馆多年的努力付诸东流。

20 世纪 30 年代，北大图书馆开始编制各文种图书的卡片目录，着手建立完整的卡片目录体系。各种书本式目录也相继编制完成。其中有 1930 完成的《国立北京大学图书馆藏书草目》、1932 年完成的《国立北京大学图书馆善本书目》、1933 年完成的《国立北京大学图书馆方志目录》等。另外还编有馆藏西文新书目录，自 1932 年 9 月起，每三月出版一期。

1935 年，图书馆对中日文书籍的编目，开始采用皮高品编制的“中国图书十进分类法”，书次号用著者号，采用王云五的四角号码编制，“无论新藏旧储，齐依新法”。1935 年和 1936 两年，就重编中日文图书五千余种。这个分类法后来成为北大图书馆的一个固定编目制度，沿用了四十年之久，直至

1975年改用中图法为止。西文编目仍采用“杜威十进分类法”，只作了若干改进。1935年、1936年两年共分编西文图书五千二百余种，基本解决了西文书积压问题。这期间，图书馆还编制了多种书本式目录，如《国立北京大学图书馆丛书目录》《国立北京大学期刊目录》等，方便读者使用。

西南联大时期，图书馆采用当时先进的分编方法。中文编目采用刘国钧编《中国图书分类法》，书次号用著者号，以万国鼎《著者号码表》为准编制，共编有著者、书名、分类和排架四套卡片目录。西文编目采用杜威十进分类法，编有著者、书名、分类三套卡片目录，著者和书名按照字母顺序混合排列。

1946年北大复员后，图书馆对中、日文图书的编目采用北大传统的方法，即皮高品编中国十进图书分类法，西文图书的编目仍采用杜威十进分类法。各文种都编有分类、著者、书名三套读者目录。当时，由于藏书增长很快，致使图书馆积压未编的图书达336848册，占总馆藏书总量的56%。清理未编图书的工作直到1952年院系调整后才最终完成。

1952年院系调整后，图书馆的分编工作如“沿革”部分所述，中、日文书沿用原北大图书馆采用的皮高品中国图书十进分类法，停止使用原燕大图书馆采用的裘开明汉和图书分类法，西文书使用杜威十进分类法，沿用原燕大图书馆采用的分编方法，停止使用原北大图书馆采用的分编方法；参考苏联十进分类法简表对马列主义著作、哲学、政治经济学等类目进行补充修改；期刊分编停止使用图书分类法分类。1954年至1957年，图书馆先后制定中文编目股、西文编目股、俄文编目股和期刊资料股等四个股的工作条例，以规范分编工作。1956年，全国第一中心图书馆委员会成立后，北大图书馆参与编出我国第一部统一的《西文普通图书编目条例》，并于1961年开始在西文编目工作中采用。由北京图书馆牵头发行统编卡片后，北大图书馆也率先使用。这一时期还进行了整理改造旧目录的工作。1959年曾用两个月时间改排多头卡片35万张，1960年又完成了十多万张旧燕大图书馆两种书目卡片的合头工作，使图书馆的目录体系开始走向统一。

“文革”期间，数十年一直进行的中文著者目录和西文主题目录的编目工作被迫中断十年之久。

1975年，图书馆的分编工作开始采用新版中国图书分类法。中、西、日、俄和古籍均改用新分类法编目。后来，除古籍使用中国图书分类法确有困难仍沿用旧法外，其他均使用新分类法（1980年后用中国图书分类法第二版，1990年后用该分类法第三版）。为配合中国图书分类法的使用，图书馆在分编工作中主要进行了以下工作：(1)改进馆藏目录的组织体系，提出了“四头六套”的目录设置方案，即善本、线装、新中国成立前平装、新中国成立后平装四个头，其中新中国成立后平装图书目录又分为开放目录、参考目录和内部目录，共计六套目录，重新整理出二十余万张卡片。(2)改换中文图书书次号，将原用的四角号码著者号改为种次号。(3)字顺目录由五笔检字法改为汉语拼音检字法。(4)日文分编工作独立，不再与中文目录混排。

“文革”后，图书馆分编工作还在加强传统工作的基础上，努力推进工作的标准化、规范化、自动化。一方面，对于历年来形成的庞大卡片目录体系多次进行整顿、调整和改造，使之既方便读者的检索使用，又能继续维护和完善一些具有特色的馆藏目录。如西文主题目录自1980年代起从美国CIP中提取主题，坚持和发展了原有的特色。1990年成立目录咨询组，加强了对读者目录的维护、管理和使用。另一方面，加紧推进编目工作的标准化、规范化、自动化，主要包括：1980年，由北大图书馆倡议，中科院图书馆、中国图书进出口公司等六单位参加，成立了MARC协作组，制定了《研究与试验美国机读目录协作计划》；1983年，西文图书编目率先采用国际标准书目著录格式(ISBD)和英美编目条例(AACRⅡ)，建立了规范文档；1985年，决定外文期刊的新品种一律改用国际标准著录，并逐步将原来的著录格式改为国际标准著录；1986年，在国内率先引进美国Bibloifile光盘及目录生产系统软件，通过检索美国国会图书馆的馆藏目录源数据，进行编辑修改，形成北大图书馆的机读数据；同年，中文期刊采用国家标准《连续出版物著录规则》；1987年，古籍编目采用国家标准《古籍著录规则》；1990年，西文图书正式开始机编；1991年，俄文编目和日文编目采用国际标准书目著录格式，中西文书刊编目业务实现计算机操作；1995年，通过中关村地区网提供北大图书馆机读目录的公共查询等。

四、读者服务

《奏拟京师大学堂章程》中确立了京师大学堂藏书楼为读者服务的宗旨：“广集中西要籍，以供士林流览，而广天下风气。”京师大学堂藏书楼(图书馆)一律采用闭架借阅方式。1907年制定的《大学堂续订图书馆章程》规定，凡教员取书，须携大部全册以备参考者，时日暂不限定，但至多不得过一学期。学生借书要限定时日，一经到限，即应缴回，如未经阅毕，准其赴本馆申明，换展期取书证据；到限不还，又不请展限，除追缴原书外，还限止再借。教员授课需用的图书，先由教员开出书单和学生名单，并报教务提调校准，然后由藏书楼照单发书，优先保证。课程结束后，由原取教员向学生收回，缴还本馆。每年暑假前，所借书刊一律要归还。该章程还规定，所借书籍图画不得辗转更借他人；如有损坏遗失，要照原价赔偿，情节严重的还要报总监督处理，但教学用书损失只赔半价即可。

民国初期，图书馆读者工作有一定程度的开展。从1917年的情形看，图书馆规定的开馆时间为早8点至晚5点。图书馆制定的《阅览室规则》和《借书规则》规定：阅览图书以中文10册、外文4册为限，外借图书以中文30册、外文4册为限，2周内归还；教学用书可以破例优惠，中文书可借百册，外文可借10册，期限为2个月；图书遗失损坏要照章赔偿，逾期停止借书权，逾一日停借一星期；贵重图书非经校长和各科学长批准，不得出借；酌情允许校外机关借阅馆内图书等。不过这些规定中，有的并没有严格、认真地实行。

1918年，李大钊就任图书馆主任。他加强和改善了读者服务工作，主要包括：(1)制定《修正图书馆借书规则》，完善借阅制度。图书馆原来制定过借书规则，但那时制定的规则既不完善，也未能得到认真实施。如读者借书逾期不还的陋习就长期得不到纠正。李大钊就任主任后，于1918年4月制定《修正图书馆借书规则》，其后又进行了几次充实和修改，使之趋于合理和完善。对于借书逾期问题，一方面在《北大日刊》上公布逾期姓名，要他们“即日缴还，以重公益”。另一方面规定，借书期满不缴还者，除暂停其借书权外，还要征收违约金。违约金率采取累进法，每逾限7日，递增违约金一倍至该书原价之三倍为止。教师不交违约金者，从薪水中扣除。学生于学期终了不缴还书籍和违约金者，下学期开始时，停止其学生资格。这样一来，基本上克服了借书逾期不还的陋习。(2)增设阅览室，延长开馆时间。图书馆迁到红楼后，建立了五个阅览室：第一阅览室，专置中文杂志；第二阅览室，专置中外报纸；第三阅览室，专置西文和日文的杂志；第四和第五阅览室，专供阅读中外书籍。后来，还设立了教员阅览室，是为第六阅览室。开馆时间原定为每日早8点至5点，一日共9小时。1918年4月和1919年5月，图书馆两次延长开馆时间。第二次延长后，每日上午7点半至12点、下午1点至6点、晚上7点至9点开馆，星期日照常。这样，每日开馆的时间达11.5小时，每周达80.5小时。(3)制定《图书馆寄存图书简章》，欢迎私人图书寄存图书馆俾众阅览。简章的主要内容为：读者寄存的图书与馆藏内书一同保管借阅，并盖有专用的章记；寄存期不应少于三个月，三个月后可以随时取还；寄存图书如有遗失，图书馆应照常赔偿。(4)经常在《北大日刊》上报道新到馆的书刊，并对其中的重要著作进行介绍和推荐，以便于师生借阅。(5)举办专题展阅式陈列，帮助师生了解学习和研究这些专题。当时举办过的专题展阅式陈列有俄国革命问题参考书陈列、哲学图书特藏、亚当士教授地质图书特藏、杜威博士指定伦理学参考书陈列、罗素作品陈列等。

1922年月12月，李大钊辞去图书馆主任后，图书馆的读者服务工作仍维持原来的格局，一直到北大被并入京师大学校。

1929年北大复校后，图书馆的读者服务工作也得到了恢复。1931年，图书馆迁入松公府前面的殿堂后，设立了大阅览室、特列参考室、杂志阅览室、阅报室等四个阅览室，阅览条件有所改善，服务工作也有所提高，如读者在阅览室看书，一般可不受数量和时间的限制。由此，阅览人数也增多了，平均每日达到 220 人左右。

1935 年，图书馆迁入刚落成的新馆。新馆设有西文、中文、参考、期刊、特列五个阅览室，可容纳读者近五百人。各阅览室中均放置有供读者检阅的开架书刊，条件比原来好多了。开馆时间定为每日上午 8 至 12 时，下午 1 至 9 时，星期日下午 2 时至 6 时，每周共计 76 小时，也比原来增加了。阅览人数则从每日平均 220 人增至约 386 人。新馆还设有 24 间研究室，专供教师研究之用。为适合教学、科研的需要，图书馆与北平图书馆及各大学图书馆都订有互借图书办法，搬入新馆的近一年内，共借出图书约一二百册，借入图书二三百册。

1938 年初，长沙临时大学刚迁到昆明更名为西南联合大学时，联大图书馆几经变动搬迁。1939 年夏，西南联大在昆明大西门外的新校舍落成，图书馆迁入新校舍北区，这才基本安定下来。当时设有总馆的第一阅览室、工学院的第二阅览室、理学院的第三阅览室和师范学院的第四阅览室等 4 个阅览室。总书库设在总馆的后部，承担着全馆主要的借阅任务。1939 年 1 月，联大常委会通过了《图书馆阅览室规则》《教职员借书规则》和《图书馆不陈列期刊领阅办法》，具体规定了借阅图书馆书刊的办法。当时采取馆内阅览为主的方针，教职员因教学参考需要借书要经图书馆批准，并限西装书 5 册，中装书 20 册，时间一个月，学生则限于室内阅览。图书馆开馆时间定为上午 8—12 时，下午 1:30—5:30，晚上 7—10 时，后又改为早 7 时至晚 9 时连续开馆 14 小时。借阅工作中，教学参考书供不应求的矛盾最为突出。为此，图书馆采取了专架列书、专门服务的方法，发行教学指定参考书“预约卷”，实行短时间循环阅读，每人只读一至二小时，便要送交下一个预约人。为防止借书逾期不还情况的发生，学校还采取了很严厉的措施，规定借阅参考书一次不还，要罚款 5 角，连续四次不还，要记小过一次，屡犯者要交学校议处。

1946 年，复员后的北大图书馆迁回 1935 年建成的馆舍中，当时图书馆有中文、外文、期刊、参考、新闻五个阅览室。每个阅览室四周都有放置开放书刊的书架，供读者取阅参考。一层的中厅是总出纳台，两端是目录室。馆内两翼的数十间研究室，一般按系科分配使用。图书馆的开馆时间起初定为早 9 点至晚 5 点，后应读者要求改为早 8 点至晚 9 点，出纳台借书时间为早 8 点至 12 点，下午 2 点至 3 点。此外，农学院、工学院、医学院和北大四院的图书馆分馆也各有自己的阅览室和借书处。

新中国成立初期，图书馆的服务机构、服务方式大体与原来相同，未作大的改动。

1952年院系调整后，图书馆的服务体系有较大的发展，形成了以原燕京大学图书馆为中心的三个主要借阅处：一是原燕大图书馆总馆馆舍，为全馆的总书库和总出纳台，还可以借阅期刊报纸、理科参考书和政治理论参考书，当时称为第一阅览室或理科阅览室；二是文史楼三楼，借阅中文、历史、哲学三方面的指定参考书，称第二阅览室或文科阅览室；三是位于文史楼东的原电机馆，借阅马列主义、社会科学书籍和文艺小说，称第三阅览室或新文化阅览室。此外，图书馆还设立了能解答读者咨询的读者服务组，还有10个系设立了自己的图书室。全馆共有阅览座位一千七百余个。此后，随着学校规模的扩大，师生人数的增加，图书馆的借阅处也不断增加，到20世纪50年代末，已增至8个：(1)总馆，也称第一阅览室，借阅哲学、社会科学书籍；(2)第二阅览室，位于文史楼三楼，借阅文、史、哲各系教学用书；(3)第三阅览室，位于文史楼东，借阅马列主义著作和哲、政、经、法各系教学用书；(4)第四阅览室，位于四斋东面，是新建成的理科阅览室，借阅理科教学用书；(5)第五阅览室，位于四斋，借阅新中国成立后出版的期刊报纸；(6)课外读物阅览室及课外读物出纳处，位于五斋，借阅文艺作品和科学普及、文娱体育读物；(7)善本阅览室，位于民主楼二楼，借阅古籍善本；(8)旧书刊阅览室，位于外文楼楼顶，借阅新中国成立前出版的报刊。

院系调整后，图书馆读者服务的方式日渐增多，内容也日益丰富。如在学生读者服务工作方面，将学生经常需要学习的马列主义著作、政治参考书等开架陈列，方便学生取阅；为做好教学参考书的供应工作，实行对口服务，先后成立了为文史哲学生服务的第二阅览室、为哲、政、经、法学生服务的第三阅览和为理科学生服务的第四阅览室，并特别注意学期开始时和学期终了考试时教学用书的供应；将一些优秀作品的书目和内容简介发放给学生或刊登在校刊上；为学生开设文科工具书讲座。在教师读者的服务工作方面，如1956年在总出纳台设立专门的教师借书处，由专人负责，教师借书可增至30—50册，还书日期也可适当延长；在第三阅览室专门设立可容80人的教师专用阅览室；1962年成立教师参考阅览室，开架陈列中外文工具书，并开展参考咨询工作；20世纪60年代初期，在北阁成立针对教师读者的内部资料室，解决部分教师阅读内部资料问题等。

“文革”期间，各单位师生常到厂矿、农村实行“开门办学”，许多教职员被下放到农场、“五七干校”劳动。为给他们提供图书文献服务，图书馆成立了开门办学服务小组，在昌平、大兴、江西分校等地设立流动阅览室和基地分馆。

“文革”结束，首先是拨乱反正，恢复“文革”前行之有效的各种读者服务的方式、方法，发扬“文革”前优良的读者服务传统。同时，加强基础性的服务工作：延长开馆时间，专业阅览室每周开放不少于70小时，一些重点阅览室早、午、晚连续开放；缩短借书等候时间，一般不超过10分钟；减少拒借率；保证开架借阅图书的品种和数量；建立服务工作规范，形成热情为读者服务的良好风气；严格借阅制度，减少书刊的丢失、破损和逾期等。在此基础上，对读者服务体系和服务方式进行了许多改进和改革，主要如下：(1)从20世纪80年代初开始，借阅方式逐步从以闭架借阅为主改变为以开架借阅室为主。至1980年代末，开架书刊已超过50万册，开架外借图书达总借书量的75%左右，基本上实现了以开架借阅为主的读者借阅方式。(2)按照三线典藏制的原则，调整藏书组织体系，建立适应读者需要的藏书布局模式。一线藏书为各开架阅览室和开架借书处，二线藏书为基本书库和总出纳室，一、二线藏书应满足读者需求的90%以上；三线藏书为复本书库和善本、旧报刊、内部资料等专藏。三线典藏制的建立，克服了原有藏书组织上的一些弊端，提高了读者服务工作的效率和典藏工作的水平。(3)加强对本科生的服务。设立文科、理科两个教学参考书阅览室和文科、理科、文艺三个开架借书处，以之为主体，形成本科生读者服务系统。同时，紧密配合各系各年级的课堂教学，做好教学参考用书的配备和发放，建立起教学参考书的保障体系。开展多种形式的读者辅导工作，举办如何利用图书馆和文献检索、中文工具书使用等专题讲座，并配合新生入学教育编辑印发《北京大学图书馆读者手册》等。(4)加强对教师、研究生的服务。以文、理科几个专业教师阅览为主，逐渐建立起以学科文献为中心的文献情报服务系统。在各专业阅览室配备文化程度较高、懂业务、有经验的馆员负责参考咨询工作，协助教师、研究生查找文献。编制了一批专题目录、书刊介绍等二次文献，以揭示馆藏，提供情报。1980年，利用中央有关单位在香港建立的联机终端等条件，对校内教员进行定题通报(SDI)服务。1984年成立了国际联机情报检索组。1990年举办了两次光盘检索演示会，向各系教师和资料人员介绍光盘检索技术，并用光盘数据库为部分教师进行了情报检索。(5)建设新的服务机构。如1987年建立了视听缩微阅览室，负责非书资料的收集、整理和借阅；1988年成立北京大学文库；1990年建立“保存本阅览室”，以收藏、借阅中文库本和线装书为主，使读者急需的图书得到了保证，又集中保护了古籍和库本书。至1991年，读者服务点已达38个。1992年，北大图书馆成为国家教委“高等学校科技项目咨询暨成果查询工作站”；1995年增开文科新书、教学参考书阅览室。(6)开展读者服务工作自动化工作。此工作于1987年起步，1989年开发设计出自动化流通系统。至1991年年底，已建立主要开架借书处的简单书目数据库和全校读者文档数据库，部分出纳台借还书开始试行电子计算机管理。进入 20 世纪 90 年代，全馆各借书处、全校各系图书室均采用光笔条码技术，实现电子计算机流通管理和读者证卡管理；1995 年，实行通过中关村地区网提供北大图书馆机读目录公共查询。

北大图书馆读者服务点名称表(1991)

类别	服务点数	服务点名称
读者目录	4	文科图书目录厅、理科图书目录厅、目录咨询室、读者目录辅导服务处
借书处	5	总出纳台、文科图书开架借书处、理科图书开架借书处、文艺图书开架借书处、馆际互借处
普通书刊阅览室	14	文科教学参考书阅览室、理科教学参考书阅览室、学生导读室、文科教师研究阅览室（综合工具书室）、理科教师研究生第一阅览室（化学、生物学文献室）、理科教师研究生第二阅览室（数学、无线电学文献室）、理科文摘刊物检索室、保存本阅览室、理科报刊阅览室、普通期刊阅览室、中文文科报刊阅览室、港台报刊阅览室、外文文科报刊阅览室、旧报刊阅览室。
特藏阅览室	10	善本阅览室、北京大学文库、中国现代史参考文献阅览室、学位论文阅览室（非正式出版物）、微观视听资料阅览室，国际联机检索室、世界新书信息中心、美国研究文献情报中心、加拿大研究文献情报中心、苏联研究文献情报中心。
文献技术服务	5	静电复印室、缩微照相室、电刻油印及胶印室、书刊装订室、字画裱糊室

第二节　档案馆

一、沿革

京师大学堂时期，《钦定京师大学堂章程》中规定："设文案提调一员，襄办二员，以总理往来文件。"文案保管工作应即由文案提调及其下属人员负责。1904 年，《奏定大学堂章程》中规定，在庶务提调之下设文案官，文书工作和文案保管工作应均由文案官负责。民国时期，蔡元培任校长时，在总务处内设六个"部"，"部"之下设"课"。其中总务部下设有文牍课。文书工作和文案保管由文牍课具体负责。1931年，学校将总务处改为秘书处，处内不再设部，后又改“课”为“组”，文牍课改为文牍组。西南联大时期，在总务处下设文书组。《总务处组织简则》规定文书组的职责为：“掌理本校文件至收发、撰拟、缮校、归档及其他文书事项。”复员后的北大又将总务处改为秘书处，处内仍设文书组，其职责与西南联大时期相同。

中华人民共和国成立初期，档案管理一如旧制。1952年院系调整后，改为在校长办公室下设文书室，档案工作由校办管理。当时，党组织的档案并不移交校办保管；行政组织方面，由于学校没有制定具体的档案管理办法，有些单位也没有把档案上交给校办管理。

1956年，学校将“校长办公室”改为“大学办公室”。1958年11月4日，经校行政工作会议决定，“在大学办公室领导下，成立档案室”，设置档案工作人员2人，主要负责全校行政文书档案和历史档案材料的收集、整理、保管、利用工作。

1959年3月，校党委印发同年1月中共中央《关于统一管理党政档案工作的通知》，并按照中共中央通知的精神，“决定将我大学办公室档案室改为北京大学档案室，统一管理全校党、政、工、团等单位的全部档案，并对各单位进行档案事业的业务指导”；“为了集中管理我校党政工团各单位的档案，各单位现有的档案都应有计划地向档案室集中，凡是1958年以前的档案，各单位应即做好分卷立卷、编写案卷目录等工作，在三、四月份内集中到档案室”。此通知印发后，档案室改由党委办公室领导。

1959年12月，学校制定《北京大学文书处理工作及档案工作暂行通则》。其中，关于档案工作方面主要有以下内容：学校党政各部门、教学和科学研究部门以及各工厂生产劳动部门，对所产生的文书档案资料，均应有运转、搜集、整理、统计、鉴定和利用的制度，并作为档案文件保存；学校党、政、工、团、学生会的档案应集中统一管理，维护档案的完整与安全，反对分散管理，各自为政；各单位立好的案卷应按全校统一规定的期限向档案室移交。档案室的工作任务主要为：协助文书处理部门做好文书处理和立卷归档工作，接收、登记、整理、保管、统计各单位送来的档案材料，进行档案材料的鉴定工作，组织并进行档案的借阅利用工作，组织全校文书档案人员的业务学习，编写利用资料，编制检索工具等。

“文化大革命”开始后的前几年，档案的立卷、归档等工作中断，档案管理工作混乱。其间曾一度将人事档案室和北京大学档案室合并，后又分开。1971年12月，校革委会办公室发出《关于清理文件和立卷工作的通知》，并制定《北京大学革委会办公室关于文书立卷归档的试行办法》。该通知规定：各单位办公室都要有分工负责文书档案的人员；各单位首先对文件进行一次清理，要把散存的文件收集齐全，而后参照《北京大学革委会办公室关于文书立卷归档的试行办法》认真做好立卷工作；凡整好的案卷要于1972年2月底前移交给学校文书档案室归档，1971年的案卷可推迟到1972年第二季度移交。但上述通知和试行办法未得到认真的贯彻执行。

1976年粉碎“四人帮”后，文书档案工作逐步恢复正常。1979年3月，校党委发布《关于加强文书档案工作的意见》指出，“文化大革命”期间，我校的文书档案工作遭到严重破坏，工作机构和规章制度都被打乱。粉碎“四人帮”以后，虽然进行了一些整顿，但还很不健全。为了适应新形势的发展和各项工作的要求，文书档案工作必须加强和改进：(1)提高认识，加强领导。文书档案工作是一项专门业务，又是一项机要工作，各部、系领导同志必须提高认识，予以足够的重视，要有一名总支副书记、副主任、副部（处、所）长主管这项工作。办公室负责人应把文书、档案工作列为经常的重要业务之一，切实加强领导，做好文书立卷归档工作。(2)要贯彻执行党、政档案集中统一管理的原则。目前全校文书档案、财务档案、保卫档案、外事档案、学籍档案、科研档案、仪器设备档案和基建档案还没有完全实行集中统一管理，由几个单位分别保管。这种情况不利于战备、管理和提供利用工作。按照1956年国务院《关于加强国家档案工作的决定》中的规定，“各级机关的档案材料，应该由机关的档案业务机构（档案室）集中管理，不得由承办单位或个人分散保存”，但考虑到北京大学档案材料种类多、数量大、库房缺、人手少的实际情况，要把所有种类的档案材料都完全集中在文书档案室统一管理也有一定困难，现在只能暂时分别保管在几个单位，待今后有了档案库房，可逐步实行集中统一管理。属于应向文书档案室移交档案材料的单位，应在1979年上半年内将积存多年的文件材料进行清理立卷归档，按照规定手续向文书档案室移交。(3)加强文书档案机构，配备专职或兼职人员。(4)建立健全必要的规章制度。要改变那种有章不循或无章可循的混乱状况。(5)文书档案工作是一门学问，不是让我们把文件材料收进来发出去，收集起来放入柜中就算了事，而是有一套科学的、完备的管理方法和程序。文书档案人员要认真学习理论，学习业务，做到又红又专。

1980年12月，国家经委、建委、科技委和国家档案局，经国务院批准，发布《科学技术档案工作条例》。该条例规定，科技档案是指在自然科学研究、生产技术、基本建设等活动中形成的应当归档保存的图纸、图表、文字材料、计算材料、照片、影片、录像、录音带等科技文件材料。各单位应当建立、健全科技文件材料的形成、积累、整理、归档制度，做到每一项科研、生产、基建等活动，都有完整、准确、系统的科技文件材料归档保存。一个科研课题、一个试制产品、一项工程或其他技术项目，在完成或告一段落以后，必须将所形成的科技文件材料加以系统整理，组成案卷，填写保管期限，注明密级，由课题负责人、产品试制负责人、工程负责人等审查后，及时归档。科技档案部门对接收来的科技档案，应当进行分类、编目、登记、统计和必要的加工整理。事业单位可以设立单独的科技档案室，也可以设立文书档案和科技档案统一管理的档案室。

学校接到上述工作条例后，研究决定北大的科技档案由原来的档案室统一管理，不另设单独的科技档案室。

1982年12月，为适应档案工作发展的需要，并根据上级领导部门的要求，经校长办公会讨论决定，并经校党委同意，成立学校综合档案室，下设文书档案科和科技档案科，原档案室撤销。综合档案室为学校直属机构，处级建制，由一位副校长分工具体领导。1983年1月，学校任命马玉清为综合档案室主任。

1983年5月，档案室制定《关于案卷排列、编号方法的改革方案》和《关于案卷装订方法的改革方案》，并经学校批准施行。前者规定采用分年代，按保管期限长短次序，以大流水形式进行案卷排列、编号、编制案卷目录和存放的方法；后者规定试行将一个案卷内的档案材料分装成若干个单份材料，再对每一单份材料进行编号、编目的方法。

1985年，学校制定了《北京大学科学技术档案工作暂行办法》。该办法规定，我校科学技术档案是指在教学、科研、生产技术、基本建设、仪器设备管理等活动中形成的具有查考利用价值，并按照一定的归档制度整理保存起来的科学技术文件材料（包括图纸、图表、文字材料、计算材料、照片、影片、录像、录音、实物标本等）。科技档案是我校教学、科研、生产技术、基本建设真实面貌的原始记录，是广大师生员工辛勤劳动和智慧的结晶，是科技资源储备的一种形式，是党和国家的宝贵财富，应当收齐整好，归档保存。科技档案科负责管理全校科学技术档案工作，其具体任务是：贯彻上级有关科技档案工作的规定、条例；制定本校有关科技档案工作的管理办法和规章制度；收集、整理、保管、统计科技档案；做好档案材料的出借阅览和提供利用工作；负责科技档案的鉴定、销毁工作；编制检索工具和参考资料；对全校科技档案工作进行监督检查和业务指导；组织科技档案人员进行业务学习和总结交流工作经验；收管全校科技档案。为了有利于科技档案的收管和提供利用工作，根据北京大学科学技术文件材料的产生、形成和管理状况，基建管理处、物资设备管理处、生产管理处、电教中心等单位可单独设立档案分室，配备专职档案人员，分别负责本单位本系统产生的科学技术文件材料。各分室档案人员的党政关系仍归原单位管理。各分室应把逐年保存的档案目录和收管利用情况定期向学校综合档案室报送一份。

1986年，综合档案室提出逐步实现集中统一管理全校科技档案的意见。其具体步骤为：1986年，教学、科研、科技外事、名人档案由档案室集中统一管理；1987年，基建、设备档案由档案室集中统一管理；1988年，产品生产、出版物等方面的档案由档案室集中统一管理。尚未实现由档案室集中统一管理的档案，分别由各有关业务管理部门指定专人，负责收集、保管并提供利用。各类档案均应按照教育部关于《高等学校科技档案分类编号的基本模式》进行立卷、分类编号。同年，此意见经学校同意后施行。

1993年5月，学校决定将综合档案室更名为北京大学档案馆。同年，将原档案室的文书档案科和科技档案科改为一室与二室。一室负责管理文书档案（含学籍档案）、声像档案及档案的计算机管理；二室负责管理科研档案、基建档案、出版档案、设备档案、生产产品档案及会计档案等。

1952年院系调整以后至1985年，档案室的档案材料一直存放在办公楼一层，库房面积小、条件差。1985年，学校决定将原燕京大学图书馆二层交给档案室和教学行政处两单位共同存放档案材料。20世纪80年代末，学校将原燕大图书馆一层全部腾出，交由档案室使用。由此，档案室（馆）的用房面积增至850平方米，其中库房面积483平方米，一直到1997年未再增加。

二、馆藏

北大自建校以来各个时期的档案材料，总体上说保存得比较完好，但由于学校几经变迁等原因，亦有散失，部分档案按照上级要求移交北京市档案馆等处保存。

京师大学堂档案，北京大学档案馆现存164卷，主体存国家第一历史档案馆。

1927年8月，北京安国军政府将北京九所国立高等学校合并成立京师大学校。1928年6月，安国军政府倒台后，南京国民政府将京师大学校改名为中华大学，同年9月又将中华大学改名为北平大学。1929年8月，北大、北师大等校复校，脱离北平大学，但北平大学仍然保留。1937年抗日战争爆发，北平大学迁至西安，与北平师范大学等校联合成立西安临时大学，1938年又迁至汉中附近，更名为西北联合大学。1938年7月以后，教育部又将西北联合大学和其他高校合组为西北大学、西北工学院、师范学院、农学院、医学院等五所高校。抗战胜利后，鉴于原北平大学各学院已分别组成西北大学和几所专门学院，教育部决定取消北平大学建制，原北平大学各学院不再复员回北平。原北平大学留在北平的一些档案遂交由北大保存。

抗日战争时期，北大、清华、南开三校南迁，先后组成长沙临时大学和西南联合大学。抗战胜利结束，三校复员返回平津时，由于联大的师范学院奉命留在昆明，改称“国立昆明师范学院”，因此有关联大师范学院的档案材料即留给了昆明师范学院(即现在的云南师范大学),临大和联大的其他档案材料则分由三校保存。常务委员会、校务委员会、教授会会议记录等档案保存在北京大学;教学、科学研究、教职员、学生等方面的档案保存在清华大学;南开大学则保存了部分教学、科研、学生、经费、校舍、设备等档案。

抗战开始,北平沦陷期间,1938 年 2 月日伪在北平成立"国立北京大学"。北大复员返平后,日伪举办的"北京大学"的档案材料,也移交给了北大。

1952 年院系调整后北大迁至原燕京大学校园(燕园)时,秘书处文书组只将新中国成立后北大的档案移至燕园,新中国成立前的档案,经请示校领导同意,全部暂存于红楼地下室。1953 年,因红楼另有他用,存在红楼地下室的档案材料,由校长办公室文书室请示校领导批准,除拣出 1400 余件 1946 年至 1949 年的档案外,其余全部撕毁卖给私商。

1952 年院系调整,燕京大学撤销,燕大的档案材料交由北京大学保存。不过"三反"运动时,燕大档案被学校节约检查委员会工作组拿走一部分,后未交回,因而散失。

1960 年,北大按照上级规定向中共北京市委移交毛泽东主席三封亲笔信:(1)1949 年 4 月 30 日,毛泽东主席复信"北京大学纪念'五四'筹备委员会",内容如下:"四月二十八日信收到,感谢你们的邀请。因为工作的原故,我不能到你们的会,请予原谅。庆祝北大的进步。"(2)1950 年 4 月 21 日,毛泽东主席应北大学生会的要求,为纪念"五四"运动的史料展览题词。其内容为:"祝贺'五四'三十一周年,团结起来为建设新中国而奋斗。"(3)1950 年 4 月 28 日,毛泽东主席给北大学生会回信。内容为:"四月二十日来信收到,叫我给你们的刊物写点文章,我是高兴的。可惜我近日颇忙,不能应命,请予原谅,敬祝进步。"

同年,北大还向北京市档案馆移交了毛泽东主席给冯友兰的信一件。

1961 年,根据《北京市档案局关于全市革命历史文件、资料保管与使用的一些情况和今后意见的报告》的要求,北大向北京市档案局移交国立北京大学全宗档案 147 卷(1912—1948),移交北京大学学生会档案 13 卷。同年,北京大学还向中共北京市委移交了《北大日刊》第 280—346 号合订本(1919 年)、第 513—595 号合订本(1920 年)。

1964 年,北大向中国社会科学院近代史研究所移交胡适私人函件等档案 1924 件。1952 年院系调整,北大工学院并入清华大学,档案也一并被带走。1964 年,清华大学向北大移交了北大工学院的档案材料,此外还移交了北平临时大学补习班第五分班、国立北洋大学北平部、北平沦陷期间日伪举办的"国立北京大学"工学院的部分档案。

北京大学于1973年1月和1974年3月分两次向中国科学院移交世界宗教所文书档案材料共19卷，于1974年向北京市委（市档案局）上报了“社会主义教育运动”文书档案目录。

北大馆藏档案有北京大学、国立西南联合大学、日伪占领区“北京大学”、北平大学、燕京大学5个档案全宗。其大致情况如下。

(1) 北京大学档案全宗，代号为(一)

北大档案全宗主要是1898年京师大学堂成立至1997年底的档案（不包括长沙临时大学和西南联合大学的档案），总卷数为46887卷。分为三个时期：清末时期（1898—1911）、中华民国时期（1912—1937、1946—1949）、中华人民共和国时期（1949—1997）。清末京师大学堂时期档案主要有：关于大学堂的奏折和上谕、大学堂与各省、各衙门（如内务府、户部等）关于大学堂章程、考学、接收房屋、开办经费等方面的来往咨文。中华民国时期档案主要有：评议会议事录、人事任命材料、招考简章、课程指导书、学生社团组织有关材料、教职工薪金册、学生名册、成绩单等。新中国成立后时期档案主要有：党务工作方面的材料，如党委会、常委会会议记录、党员名册等；校行政方面的材料，如校务会议记录、校长办公会会议记录、学校机构设置、学校各项工作的计划与总结、规章制度及统计材料等；教学管理与教学实践方面的材料，如教学计划、教学大纲、课程设置等；校园建设方面的材料，如校园规划、基建项目等；外事及与外国有关单位合作交流方面的材料，如学生出国留学、教师出国讲学或访问等；上级部门关于党务及教学、科研、基建等各方面的指示、规定、通知等文件；学生的学籍档案和学籍表、成绩单、授予学位的审批材料，留学生的学籍档案材料等；科学研究与科研管理工作方面的材料，如科研项目及其获奖材料、开发项目的协议书、合同书、专利材料等；财务方面的材料，如预算、决算、账簿、会计凭证等；出版方面的材料，如约稿、审稿单、样书、期刊等；声像方面的材料，如京师大学堂时期的照片、教职工照片、学生毕业合影及五四运动、“一二·九”运动照片等；实物档案材料，如章士钊、冯友兰、季羡林等人题词；“再道一声‘小平您好’”横幅等；新中国成立后北大校园建设方面的基建图纸等。

(2) 西南联合大学档案全宗，代号(二)

西南联合大学档案全宗包括长沙临时大学和西南联合大学档案材料，共计107卷。主要内容有：临大和联大常务委员会会议记录、校务会议记录及教授会会议记录；教职员名录和聘任、离职材料；教务通则、课程设置及授课时间表、学生名册、成绩单等；罗常培、汤用彤等教授的著作目录；薪俸印领册和财务方面的材料；西南联合大学校训、校歌及纪念碑文等。照片档案有西南联合大学概况照片集；三校校旗、校训、校歌、校址分布图；校领导照片集；西南联大遭日军轰炸之情形图；“一二·一”运动的照片；西南联大结业典礼及昆明校友联欢合影等。

(3) 日伪占领区“北京大学”档案全宗，代号为(三)

日伪占领区“北京大学”档案全宗总卷数为71卷。主要内容有：伪教育部变动校长的训令；工学院院务会议记录；校务管理的布告、秘书处规则；教员聘任、升级、调动材料；教职员名册、学生一览、课程一览等。

(4) 北平大学档案全宗，代号为(四)

北平大学档案全宗总卷数为218卷。主要内容有：教育部任免校长的训令；行政会议记录、规章制度；教员聘任、教职工名录；北平大学学则、招生简章、课程指导书；外籍教师来校讲学的材料等。

(5) 燕京大学档案全宗，代号为(五)

燕京大学档案全宗总卷数为7259卷。主要内容有：燕京大学董事会会议记录、校务会议记录、行政委员会会议记录；各院系课程一览、招生简章、教职员学生名录；燕京大学购买房地产契约等校务管理、教学管理及校园建设方面的材料。学生的学籍档案材料包括注册表、成绩单、学生履历表等。照片档案有燕京大学的校旗、校匾、地图的照片；毕业师生合影；燕园风景等。还包括现办公楼、民主楼、俄文楼等燕大建筑的基建图纸档案以及燕大财务预算、账簿等财务档案。

三、档案利用

档案室(馆)的馆藏档案，在学校的思想政治、教学、科研、后勤的管理工作和校史、我国高等教育史的研究等方面都起着不可或缺的作用。如1972年中美上海联合公报发表以后，1973年学校查阅了原燕京大学的档案材料，弄清了燕大的财产情况，包括投资总额、经济来源等，为中美关系正常化的谈判提供了可靠的材料。又如“文革”以后，在拨乱反正、平反冤假错案、落实党的干部政策、右派改正、调整工资、恢复开展正常的教学和科研工作等方面，馆藏档案都起了应有的作用。

为了既有利于档案保存，又方便档案利用，学校于1960年制定了《北京大学关于向档案室借阅档案资料的暂行办法》。1979年，学校又在此暂行办法的基础上，制定了《关于借阅文书档案资料的暂行规定》。其主要内容有：(1)凡因工作需要向文书档案室借阅文书档案资料时，须持有单位证明信，写明借阅者的政治面目、借阅目的和内容。档案室根据不同情况分别处理：①借阅普通档案资料，须经档案室主管人员同意。②借阅机密以上的档案资料，须经党委办公室主管人员批准。③本校所属各单位借阅本单位的文书档案资料，持本单位介绍信到文书档案室借阅即可。④借阅其他单位的重要档案资料，应经党办负责人批准，一般的须经档案室主管人员同意。⑤借阅党委、校务委员会的文件、记录、决议和有关会议文件材料及领导同志讲话，须经党委、校行政领导或党委办公室、校长办公室负责人批准。(2)档案资料原则上不外借，应在文书档案室内借阅。如因工作需要，必须借出时，应在证明信上注明，并履行如下批准手续：借阅普通档案资料，须经档案室主管人员同意；借阅机密以上的档案资料，须经党委办公室主管人员批准。(3)借阅者对档案资料的内容应负责保密，并注意爱护档案资料，不得丢失损坏、涂改、批注、勾画、沾污、拆散或抽出。(4)借阅普通档案资料可以摘录或复制；机密、绝密档案资料，须在取得档案主管人员审查同意后始可摘录。

1992年12月，学校制定了《党政管理档案查阅办法》。这个办法主要是将上述暂行规定的第一条改为以下内容：凡因工作需要查阅档案者，须持单位介绍信，具体手续如下：①查阅本单位的档案材料，须经本单位有关负责人在介绍信上签字，方可查阅。②查阅跨部门的档案材料，须经材料形成部门或档案馆负责人同意。③查阅校长办公会会议记录，须经校办主任或主管校长同意。④查阅党委及党委常委会议记录，须经党办主任或党委领导同意。⑤查阅机密、绝密材料，须经党办主任或党委领导同意。

学校在实现由综合档案室集中统一管理全校科技档案后，还制定了《科研、产品、出版、基建档案的借阅办法》，其中规定：(1)校内人员借阅本人或本课题组形成的档案材料，持工作证便可查阅。(2)校内人员借阅非本课题组形成的档案材料，须持单位介绍信。其中，借阅一般档案材料，经档案馆工作人员同意，即可查阅。借阅保密档案材料，须经档案馆征得课题组负责人或主管业务部门领导同意后，方可查阅。本课题组不同意他人利用的档案材料，不提供查阅。(3)校外人员借阅科研、产品、出版、基建档案材料，除凭单位介绍信外，须经学校主管业务领导部门批准，方可查阅。(4)已获专利权的档案在专利有效期内，除本人外一律不借阅。

据档案馆1986年至1997年统计，各年档案利用情况见下表(1986年以前和1988年、1989年、1990年的数据未做统计)。

1986—1997年档案利用统计表

年份	利用人次	利用卷件数
1986	354	1136
1987	332	1397
1991	419	1746

续表

年份	利用人次	利用卷件数
1992	1222	4403
1993	1048	3022
1994	810	2430
1995	996	3362
1996	1194	4468
1997	2099	9254

四、综合档案室、档案馆负责人

学校成立综合档案室(处级建制)以后,档案室(馆)负责人见下表。

职务	姓名	任职时间	职务	姓名	任职时间
综合档案室主任	马玉清	1983.1—1992.12	综合档案室副主任	张爱蓉	1986.1—1992.12
综合档案室主任	张爱蓉	1992.1—1993.5			
档案馆馆长	张爱蓉	1993.5—	档案馆副馆长	王继红	1994.1—

第三节　出版社

一、概述

1898年7月,总理衙门在《奏拟京师大学堂章程》中提出在上海设立编译局,集中一批中西通才,编译各种课本、教材。之所以把编译局设在上海,是因为上海为“华洋要冲,一切购买书籍、延聘译人等事,皆较便宜”。光绪在批准大学堂章程的同时,谕令“原设官书局及新设之译书局均著并入大学堂,由管学大臣督率办理”。又著赏梁启超六品衔办理译书局事务。译书局开办不久,京师大学堂即因义和团之乱和八国联军侵占北京,于1900年7月奏请慈禧批准，暂行裁撤。京师大学堂被迫停办后，译书局也随之停办。

1902年1月，大学堂恢复，仍设译书局，并在上海设立分局。当时张百熙重新制定了译书局章程，规定译书局设总译一人，分译四人，笔述二人等。

新设译书局，以当时著名的思想家、翻译家严复为总办，常彦等四人为分译，林纾、陈希彭任笔述。上海的译书分局，以沈兆祉为总办。1902年12月，张百熙还奏准在上海译书分局附设一印书局，承印大学堂编印的各种书籍。

1902年，张百熙在设立大学堂译书局的同时，还奏准设立了大学堂编书处。译书局编译有关西学的教材和参考资料，编书处出版各种教科书。编书处以李希圣任总纂，罗惇曧、邹代钧等七人为分纂。由于京师大学堂同时是全国教育最高行政机关，译书局和编书处也出版中小学教材。上海译书分局于1904年7月停办。1904年清政府改管学大臣为学务大臣，任命孙家鼐为总理学务大臣，统辖全国学务，大学堂设总监督，专管大学堂事务。1905年12月，成立学部，它是专职统管全国教育事务的中央行政机构。译书局和编书处转由学部管理，不再附设于大学堂。

1917年，蔡元培就任北京大学校长后，决定在校行政委员会下设出版委员会，把原讲义室改为出版部。出版委员会主要负责审查教材和书刊，出版部负责出版发行。出版委员会首任委员长为胡适。出版部于1918年3月正式成立，首任主任为李辛白。出版部设于图书馆内。

1919年，学校设立教务处和总务处。总务处由校长委任之总务委员会组织之，其中一人由校长委任为总务长。总务处设若干部，由总务委员会分掌，称某部主任。部之下设课，1920年3月时，总务部设有6个部：总务部、注册部、庶务部、图书部、仪器部、出版部。出版部设印刷、售书、讲义三课。从此，出版部改由总务处领导。

从1927年8月起，北京大学被先后合并于京师大学校和北平大学，至1929年8月，才得以复校。复校后仍于总务处设出版部。

1929年8月，出版部与商人瞿镕文签订合同，由出版部将全部印刷机器、钢模、铅字及各项器具租给瞿镕文，租金每月大洋100元，另交自来水费每月大洋4元。出版部还将办事及印刷工场所需的房屋借给瞿镕文使用，不收租金。由瞿镕文承印出版部全部中西日文各项讲义及各种文件。合同以1930年2月10日为止为有效期。合同期满，双方没有续订。出版部收回借给瞿使用的房屋和租给瞿使用的印刷机器、铅字坊等全部物品，自行印刷出版各种讲义、教材、学术著作和一切文件。

1930年12月4日，国民政府任命蒋梦麟为北大校长。1932年6月16日，学校公布《国立北京大学组织大纲》，其中改总务处为秘书处，改总务长为秘书长。处内不设部，课改为组。据此，出版部改为出版组，隶属于秘书处。

西南联大时期，1940 年 1 月 9 日，经西南联大常委会讨论通过的《国立西南联合大学组织系统表》，将出版组改隶于教务处（当时教务处下设注册组、出版组和图书馆）。

1946 年，北大复员北平后，将总务长改回为秘书长，将总务处改回秘书处，将出版组改为出版部，隶属于秘书处。

1949 年 2 月，北平解放。是年 5 月 4 日，市军管会文管会通知北大成立校务委员会并任命了校委会的主席、常委和委员。当时根据校委会的意见，在行政组织系统设有总务长领导下的总务处，总务处下设有出版组（常又被称为出版部）。

1952 年，国家对出版行业实行统一管理，北京大学出版组撤销，被划归为北京永茂实业公司，后改名为北京印刷二厂。

北大出版组撤销了，但院系调整后，学生和教师的人数不断增加，讲义教材的印刷任务也随之增加，学校决定成立缮印室。当时缮印室共有职工 20 多人，只能承接油印教材的印刷任务，远不能满足需要。1954 年 10 月 18 日，高教部批准北大筹建铅印系统，学校设立了印刷厂，并于是年 11 月开始出版铅印书刊。此后，印刷厂的规模逐步扩大，印刷质量不断提高。“文化大革命”期间，印刷厂虽然曾长期处于半停产状态，但在各方面的努力下，不仅保护了原有设备，还改造了铅印和装订车间的厂房，安装了一些新设备。

1979 年 3 月，校务会议开会，决定成立北京大学出版社。6 月，学校正式向教育部申请成立北京大学出版社。7 月 10 日，国家出版事业管理局给教育部发文，同意北大建立北京大学出版社，代号编为 209 号（后来实行中国标准书号时，北京大学出版社的出版者号为 301）。同月，学校决定由麻子英、赵岐、孟雨文等组成北京大学出版社筹备小组进行筹备。9 月 5 日，教育部给北京大学发文，批准成立出版社。批文要求，出版社领导班子、编辑人员以及其他工作人员都应从学校现有人员中调剂解决，不另增加编制；出版社应本着勤俭办事业的精神，按企业化的要求，实行经济核算，加强管理，自负盈亏。12 月，学校任命麻子英为出版社副社长，主持出版社工作。1980 年 4 月，北京大学发出《关于成立北京大学出版社的通知》，明确北京大学出版社按国家出版局规定属中央一级出版社，由校长领导，在出版业务上受国家出版局指导。

《关于成立北京大学出版社的通知》规定出版社的任务为：(1) 根据教育工作、科学研究工作和社会需要，出版北京大学社会科学、自然科学方面具有较高水平的教科书、参考书、专著、丛书、工具书等书籍，也出版校外有较高水平的学术著作，并承担一部分北大参加编写的全国高等学校统编教材的出版工作；(2)出版经上级批准的期刊；(3)有计划、有选择地翻译出版外国有价值的教科书和专著；(4)有计划地再版、复制北大珍贵的善本藏书；(5)负责全校的教材供应工作。

1982年4月，学校召开“出版社工作问题会议”，4月19日发出《会议纪要》，其主要内容有：办好出版社，必须加强党的领导，坚持四项基本原则，实行双百方针，贯彻群众路线，发挥学校人才优势；出版社的出书范围，以校内自著、自编、自译、自藏为主，包括教科书、教学参考书、学术专著、工具书、丛书、丛刊、期刊、有代表性的国外翻译著作；出版社实行经济核算、自负盈亏、以书养书、稍有盈余的方针；出版社实行党委领导下的社长、总编辑分工负责制。

出版社出版的讲义、教科书、教材和各种书刊均由学校印刷厂承印。

1985年8月15日，国家教委通知北京大学，同意北大出版社根据出书分工范围，配合本版图书出版音像制品。于是，北京大学出版社成立音像部，开始出版音像制品。1988年，成立北京大学音像出版社，原出版社音像部为音像出版社一部，北京大学电教中心为音像出版社二部，由出版社社长麻子英、总编辑苏志中兼任音像社社长、总编辑，当时称出版社和音像出版社，是两块牌子、一套人马。实际上，音像出版社还是出版社的一个组成部分。1989年，出版社设立软件出版部，出版软件产品；1996年软件出版部改为电子出版部。

北大出版社成立后发展迅速。第一年(1980年)共出版了13种图书，总印数为89万册。到1987年就发展到年出版206种各类图书，总印数468万册。从1980年至1987年，共出版827种各类图书，总印数3878万册。从1980年至1997年年底，共出版各种出版物5000多种(图书4900多种、音像制品300多种、软件250多种、电子出版物100多种)，其中有400多种获得各种奖励。

1993年，北京大学出版社被中宣部、国家新闻出版署评为全国首批15家优秀图书出版单位之一，1994年又被国家教委评为“先进高校出版社”。

二、出版发行

出版社建社之初即根据教育部和国家出版局的批示和学校的有关指示、规定，确定以“为教学科研服务、为人才培养服务，传播知识，积累文化，繁荣学术，服务社会”为办社宗旨，以“教材优先，学术为本，争创一流”为办社方针，要“立足北大、面向全国、走向世界”。据此，出版社把出版大学教材以满足学校教学需要作为自己的首要任务。十几年来，出版了研究生层次的系列教材、大学本科生中较高层次的系列教材，大学本科一般层次的系列教材，成人本专科层次的系列教材，本专科层次的自学考试教材等。这些教材（尤其是基础课教材）数量大，出版及时，质量又比较高，不但基本上满足了北大教学的需要，其中许多也为全国各大学广泛采用。1994 年，北大出版社被评为"全国教材建设先进集体"。

北京大学出版社很重视学术著作，尤其是高水准、原创性、开拓性学术著作的出版，努力把北大师资力量的优势和学术优势转化为出版优势。同时，也利用北大善本藏书丰富等有利条件，积极组织挖掘、整理、出版优秀传统文化典籍。北大出版社建社以来，先后出版了近 30 个系列的丛书、套书，如《全宋诗》《中国文化大观》"文艺美学丛书""学术史丛书""北大名家名著文丛""世界现代化进程丛书""北京大学数学丛书""北京大学物理学丛书""北京大学院士文库""北京大学青年学者文库""中国古典小说戏曲研究资料""北大未名文丛"等，很受欢迎。其中，《国学研究》《国学研究丛刊》等弘扬中国优秀文化的著作，在海内外产生了广泛的影响。

为了多出版优秀学术著作和教材，在学校领导的支持下，北大出版社从国内外积极筹措出版基金，到 1997 年年底，筹措到的出版基金有：(1)北京大学 505 文化奖励基金；(2)北京大学上山义雄（日）青年学者文库基金；(3)北京大学资源集团院士文库基金；(4)杨超成北大名人名著文丛基金；(5)北京大学教材出版基金。

自 20 世纪 80 年代中期开始，北京大学出版社积极对外开放，开展对外版权贸易、图书贸易和合作出版工作。从 1988 年起，每年都参加法兰克福国际图书博览会，积极参加国际上主要的有影响的书展。出版社同美国、英国、德国、法国、加拿大、俄罗斯、西班牙、意大利、日本、韩国、菲律宾、新加坡、泰国、马来西亚等十几个国家以及台湾、香港、澳门地区 100 多家出版社建立了业务往来，其中包括世界上一些著名大学出版社，如牛津大学出版社、剑桥大学出版社，以及一些重要的跨国出版公司。到 1997 年年底，出版社对外转让版权达 300 余种，引进版权 151 种。据国家版权局 1996 年统计，北大出版社向外转让版权的品种居全国前列。对外转让和对内引进版权都获得了良好的社会效益和经济效益。

北京大学出版社历年出版图书品种和印数情况，以及历年图书获奖情况见下列诸表。

北京大学出版社历年出版图书品种数和印数(至 1997 年)

年度	品种数	印数(万册)
1980	13	89
1981	56	322
1982	84	429
1983	85	443
1984	104	620
1985	122	794
1986	157	713
1987	206	468
1988	251	485
1989	280	378
1990	335	414
1991	322	491
1992	331	478
1993	424	499
1994	428	598
1995	500	713
1996	614	1310
1997	641	1158

北京大学出版社历年图书获奖情况表

年度	获奖名称与等级	数量
1984	全国戏剧理论著作奖	1
1986	全国优秀当代文学著作奖	1
	上海市优秀著作奖	1
	北京大学首届科学研究成果奖荣誉奖	1
	北京大学首届科学研究成果奖一等奖	2
	北京大学首届科学研究成果奖二等奖	18

续表

年度	获奖名称与等级	数量
1987	全国高等学校优秀教材奖国家特等奖	1
	全国高等学校优秀教材奖国家优秀奖	4
	全国高等学校优秀教材奖教委一等奖	2
	全国高等学校优秀教材奖教委二等奖	11
	全国第二届科普图书二等奖	1
	全国优秀畅销书奖	1
1988	全国优秀当代文学著作奖	1
	全国优秀科技图书一等奖	1
	北京市首届哲学社会科学和政策研究优秀奖一等奖	4
	国家教委科技进步奖二等奖	1
	司法部部级优秀教材	1
	黑龙江省社会科学优秀图书一等奖	1
	北京大学第二届科学研究成果奖荣誉奖	1
	北京大学第二届科学研究成果奖一等奖	3
	北京大学第二届科学研究成果奖二等奖	14
	北京大学首届优秀教材奖优秀教材	34
1989	第三届全国优秀图书奖	1
	首届全国科技史优秀图书一等奖	2
	全国首届优秀教育理论著作评选纪念奖	1
	第一届国家教委希望杯优秀图书奖	1
	中国图书馆学会优秀著作奖	1
1990	全国第五届优秀科技图书一等奖	1
	全国第五届优秀科技图书二等奖	1
	第四届全国图书“金钥匙”奖优胜奖	1
	全国首届(1979—1989)比较文学图书一等奖	1
	全国首届(1979—1989)比较文学图书二等奖	1
	全国首届比较文学图书评奖(1979—1989)优秀图书(教材二等奖)	1

续表

年度	获奖名称与等级	数量
	全国首届比较文学图书评奖(1979—1989)优秀图书(图书二等奖)	1
	全国数学教育类优秀读物	1
	全国最佳党建读物奖	1
	首届(1979—1989)中国少数民族文学研究成果最佳著作奖	1
	全国数学教育类图书优秀读物	1
	中国青少年犯罪研究十年优秀成果一等奖	1
	中国青少年犯罪研究十年优秀成果二等奖	1
	北京大学优秀教学成果奖	1
	新闻出版署全国期刊评奖整体设计奖	1
	首都精装书籍装帧全优奖评奖二等奖	2
1991	第五届全国图书金钥匙奖三等奖	1
	庆祝中国共产党成立七十周年优秀党史党建图书	1
	全国妇联第三届“日月花杯”最佳图书奖	2
	全国妇联第三届“日月花杯”优秀图书奖	4
	光明杯优秀哲学社会科学学术著作二等奖	1
	全国外国文学图书奖一等奖	1
	全国外国文学图书奖二等奖	1
	北京市第二届哲学社会科学优秀成果奖一等奖	8
	北京市第二届哲学社会科学优秀成果奖二等奖	13
	北京大学第三届科研成果奖荣誉奖	3
	北京大学第三届科研成果奖著作一等奖	5
	北京大学第三届科研成果奖著作二等奖	14
	北京大学第二届光华青年教师科研成果奖	2

续表

年度	获奖名称与等级	数量
1992	第二届全国高校优秀教材奖国家优秀奖	8
	第二届全国高校优秀教材奖教委一等奖	3
	第二届全国高校优秀教材奖教委二等奖	10
	全国首届古籍整理图书二等奖	1
	全国优秀党建读物三等奖	1
	全国优秀科技图书特别奖	1
	首届全国优秀妇女读物提名奖	1
	首届中国北方民间文学奖一等奖	1
	吴玉章著作奖	1
	河南省教委一等奖	1
	首届高等学校出版社优秀学术专著特等奖	4
	首届高等学校出版社优秀学术专著优秀奖	4
	华北东北八省市(区)书籍装帧艺术评奖一等奖	2
	华北东北八省市(区)书籍装帧艺术评奖二等奖	1
	华北东北八省市(区)书籍装帧艺术评奖三等奖	2
1993	第一届国家图书奖	1
	全国教育图书展教育图书优秀奖	1
	全国教育图书展优秀畅销图书奖	1
	北京大学第四届科研成果奖著作一等奖	5
	北京大学第四届科研成果奖著作二等奖	10
	北京大学第二届优秀教材奖	32
	首届北京大学505中国文化奖	7
	北方九省(市)书籍装帧艺术评比一等奖	3
	北方九省(市)书籍装帧艺术评比二等奖	5
1994	"泛达杯"全国优秀法律图书评选提名奖	2
	88—92全国对外汉语教学优秀教材奖一等奖	3
	88—92全国对外汉语教学优秀教材奖三等奖	1
	第六批全国优秀畅销书(数学类)	1
	第六届中国社会科学院青年语言学家奖二等奖	1

续表

年度	获奖名称与等级	数量
	福建省第二次社会科学优秀成果奖二等奖	1
	江苏省第四次哲学社会科学优秀成果评奖三等奖	1
	第三届教育图书订货会优秀图书	1
	首届大学出版社优秀畅销书评选优秀奖	2
	首届闻一多研究优秀成果一等奖	1
	北京大学第五届科学技术成果奖三等奖	1
	北京大学安泰奖	1
	北京大学朱光潜美学与西方文学奖	1
	北京市第二届党史征研优秀成果评奖二等奖	1
	北方十省书籍装帧艺术评比一等奖	1
	北方十省书籍装帧艺术评比二等奖	1
1995	第三届全国普通高等学校优秀教材奖一等奖	7
	第三届全国普通高等学校优秀教材奖二等奖	9
	第三届全国普通高等学校优秀教材奖中青年奖	2
	国家教委首届人文社会科学研究优秀成果奖一等奖	7
	国家教委首届人文社会科学研究优秀成果奖二等奖	8
	第七届全国科技图书奖二等奖	2
	北京市第三届哲学社会科学研究优秀成果一等奖	4
	北京市第三届哲学社会科学优秀成果二等奖	7
	北京市第三届哲学社会科学研究优秀成果高教系统奖中青年奖	4
	第二届全国高校出版社优秀学术著作奖特等奖	4
	第二届全国高校出版社优秀学术著作奖优秀奖	6
	第二届全国优秀妇女读物奖三等奖	1
	第三届全国高等学校税收类优秀教材奖	1
	韩素音、陆文星中印友谊奖	2
	湖南省第三届社会科学优秀成果奖三等奖	1
	全国音乐教育优秀著作一等奖	1
	第一届北京书籍装帧艺术展览论文评奖一等奖	1
	1994年京版图书装帧艺术奖二等奖	1

续表

年度	获奖名称与等级	数量
	第一届北京书籍装帧艺术展览二等奖	2
	第一届北京书籍装帧艺术展版式二等奖	2
	第一届北京书籍装帧艺术展览三等奖	1
	首届中国大学出版社装帧艺术展览二等奖	1
	首届中国大学出版社装帧艺术展览三等奖	1
1996	第十届中国图书奖	1
	第八届全国图书“金钥匙”奖优胜奖	1
	第三届全国优秀科普作品三等奖	1
	北京市 1995 年图书装帧设计三等奖	1
	北京市第四届哲学社会科学优秀成果奖二等奖	2
	北京市第四届哲学社会科学优秀成果奖一等奖	1
	北京市哲学社会科学优秀成果奖二等奖	6
	北京市社会科学理论著作二等奖	1
	北京市第四届哲学社会科学优秀成果教材二等奖	1
	中国老年学研究十年优秀成果优秀奖	1
	司法部普通高等学校法学优秀教材二等奖	1
	湖北省第五次社会科学优秀成果奖	1
	全国计算机协会优秀著作二等奖	1
	北京大学第三届优秀教材奖	33
	北京大学第五届人文社会科学优秀成果奖著作一等奖	3
	北京大学第五届人文社会科学优秀成果奖著作二等奖	10
	首届陈岱孙经济学奖特别科研奖	1
	北京大学 505 中国文化奖特别奖	4
	北京大学 505 中国文化奖优秀学术著作奖	18
	北京联合大学一等奖	1
	北京联合大学二等奖	1
	1995 年上海市中小学生优秀课外读物	1
	北京市 1995 年图书装帧设计一等奖	1
	1996 年北方十四省市书籍装帧艺术作品评选二等奖	2
	1996 年北方十四省市书籍装帧艺术作品评选三等奖	3

续表

年度	获奖名称与等级	数量
1997		26
	第三届国家图书奖提名奖	1
	国家级优秀教学成果奖一等奖	1
	国家级优秀教学成果奖二等奖	1
	国家教委科技进步二等奖	1
	国家教委科技进步奖教材二等奖	1
	国家教委科技进步奖教材三等奖	3
	第八届全国优秀科技图书奖二等奖	1
	第二届国家辞书奖二等奖	1
	第二届全国青年优秀社会科学成果奖专著奖	1
	第二届全国青年优秀社会科学优秀成果奖专著奖	1
	第二届全国青年优秀社会科学成果奖普及读物奖	1
	全国经济管理干部教育优秀著作三等奖	1
	1996 年度全国高等教育自学考试优秀教材	2
	1997 年北方十省市书籍装帧艺术作品评选一等奖	2
	1997 年北方十省市书籍装帧艺术作品评选二等奖	3
	1997 年北方十省市书籍装帧艺术作品评选三等奖	2
	首届全国高等院校装帧艺术评比“中国大学最美的书”奖	1
	首届全国高等院校装帧艺术评比二等奖	2

三、人员、机构和历任负责人

出版社建社之初，仅有在编职工 17 人。此后，随着出版发行任务的增加，职工的人数也不断增加，到 1997 年年底，共有职工 156 人，其中编辑 68 人（编审 13 人，副编审 30 人）。

建社初期，根据学校 1980 年 4 月所发《关于成立北京大学出版社的通知》的规定，出版社设编辑部、出版发行部及办公室等机构，其中编辑部暂设社会科学编辑室、自然科学编辑室、美工设计编辑室，出版发行部设出版科、校对科、发行科。此后，图书编辑部门陆续设立文史、哲学政法、经济、古籍、外语、数理、生化、计算机等编辑室。1986 年和 1989 年先后设立声像部、软件出版部，负责出版社的音像和电子产品出版业务。1997 年年底，图书编辑部门调整为文史哲编辑部、政经法编辑部、语言编辑部、理科编辑部。除图书编辑部门外，还设有总编室、出版部、对外部、音像电子部、财务室、发行部、经营管理部、美编室、教材科等。

出版社历任负责人及任期(至1997年)见下列各表。

北京大学出版社历任社长、副社长名单

社长	任职时间	副社长	任职时间
		麻子英	1979年12月—1983年4月
麻子英	1983年4月—1993年3月	李彦奇 宋祥瑞 彭松建	1986年11月—1990年2月 1986年11月—1993年10月 1991年12月—1993年3月
彭松建	1993年3月—	张晓秦 王春茂	1994年1月— 1997年7月—

北京大学出版社历任总编辑、副总编辑名单

总编辑	任职时间	副总编辑	任职时间
		阎光华	1980年6月—1988年12月
苏志中	1986年6月—1994年12月	彭松建 周月梅 宋祥瑞 王明舟 张文定	1988年13月—1991年12月 1991年6月—1999年5月 1993年10月— 1994年1月— 1994年1月—
赵亨利	1994年12月—1997年7月		
温儒敏	1997年7月—		

北京大学出版社历任党组织负责人名单

书记	任职时间	副书记	任职时间
麻子英	1980年7月—1987年4月 (直属支部、党总支书记)		
吴金泉	1987年4月—1993年10月 (党总支书记)	杜旭升	1987年4月—1991年12月 (党总支副书记)
吴金泉	1988年4月—1993年10月	杜旭升 王春茂 刘彦文	1988年4月—1991年12月 1991年12月—1993年10月 1991年12月—
王春茂	1993年10月—1996年1月		
周月梅	1996年1月—		

第四节　地质博物馆

北京大学地质博物馆包括陈列馆和档案馆两部分。

陈列馆的前身是北京大学地质学门的陈列室,始建于1917年。

1917年,北京大学地质学门恢复招生后,地质实验室初步建成,拥有矿物标本五六百种,岩石标本六七百种,各种晶系(天然晶系、木造晶系、玻璃造晶系)数百种,以及吹管分析器具和地质测量仪器。当时,陈列空间狭小,特别是专用实习室仅40平方米,实习课时30余人合在一起、非常拥挤。

1922年5月20日,李四光教授给蔡元培校长写了一封关于实验室建设的意见书,其中就有设立专门的矿物、岩石和化石实习室的建议。同日,蔡元培校长召集有关方面负责人及何杰(时任地质系主任)、李四光教授参加会议,讨论地质系实验室事宜,使实验实习用房得到一定程度的缓解。

1923年北大建校25周年校庆期间,李四光教授负责地质部分的展览工作,他带领学生,把矿物、岩石、化石标本整理陈列出来,学生的报告、文章、图幅也分门别类地展览在地质系的各教室中。这是中国首次举办的地质科学展览。自此地质系开始有了比较正规的地质陈列馆。

1924年1月初,出席中国地质学会第二届年会的中外会员参观北大地质系,李四光教授引导他们参观地质阅览室、地质陈列馆和各类教学实验实习室,以及学生的各种作业等。斯行健在他的《地质学会全体会员参观本校地质学系记》写道:“来宾称道本校,不绝于耳”;“坐中有一法国地质学者德日进先生,谓本校地质学习实验仪器标本之完备,实胜过法国巴黎大学而有余。李先生谓此系实话,我见英国各大学不及本校者”(1924年1月4日《北京大学日刊》)。

建系之初,化石标本多从国外购进。1926年至1927年,孙云铸先生在德国留学和访欧期间,在各地注意收集和采集标本,所获甚丰。回校后,他将这些标本悉数赠送系里供教学之用,陈列于地质陈列馆。

1929年,地质系有地质陈列室2间,藏品已比较丰富。

1931年,中华教育文化基金董事会和北京大学合作,双方每年各提20万元,成立合作研究特款,其中一部分为购置图书、仪器设备和建筑之用。丁文江教授向当时的地质系主任李四光建议:分到系里的设备费可暂不使用,积累几年,再想办法筹集一些经费,盖一幢地质教学楼。李四光采纳了此建议,从1931年秋开始筹备,由著名建筑家梁思成、林徽因教授设计,1934年5月动工,1935年7月竣工,在沙滩嵩公府夹道(现沙滩北街15号)落成一座地质馆。地质馆建立嵩公府祠堂旧地上。这里原是清朝乾隆年间大学士傅恒的家庙，院内有傅恒征伐金川的功绩碑（乾隆敕建碑，1986年此碑移至北京石刻博物馆）。建地质馆共花费六万六千余元。这笔经费由上述的合作研究特款及北大日常经费拨付，并由李四光、丁文江两教授捐薪资助。地质馆的建筑样式为“L”型，占地791平方米，南部为三层，北部除地窖外为二层，除楼板屋顶及四周大料为钢筋水泥外，其余均为砖砌。地窖层用作磨片室、储藏室和锅炉房；一层用于教室、古生物陈列室、地史陈列室、暗室、阅览室、学生研究室、教员工作室等；二层用作教室、大讲堂、化验室、显微照相室、矿床实习室、矿物岩石陈列室、教员工作室等；三层用作教室、地质陈列室、教员工作室。

抗战期间，北京大学南迁。

复员之初，办学条件也亟待改善。孙云铸教授组织人力清理系图书室，清理仪器、标本，着手建立或加强各种教学辅助机构，如陈列室、绘图室、切片磨片室、模型室等。至1946年，系里保有三间陈列室，陈列古生物、矿物、岩石、矿床标本和经济地质资料，其中标本约5000件。

孙云铸教授是北京大学博物馆委员会的主任委员，1947年就有设立博物馆之议。1948年2月正式开始筹备，3月，博物馆成立。博物馆任务为：一、供本校各部门教学及研究之参考；二、作修习博物馆学者之实验室；三、服务于人民大众。1949年4月4日，为扩充馆址，由嵩公府迁至东厂胡同2号，先后开辟4个陈列室，11月间又扩充为6个陈列室，计有：经济植物陈列室；地质矿产陈列室；工程模型陈列室；摆夷文物陈列室；历代陶瓷陈列室；历代漆器陈列室。地质矿产陈列室中有：地球的构造和地壳；从猿到人；中国矿产；地质图及说明。还有模型两座，一是华北资源模型，一是云南大理区（横断山脉之一部）地质模型（1:10万）。1949年12月1日，博物馆又迁回沙滩校本部。地质矿产陈列室不仅是地质学系学生一个很好的学习园地，对其他系科的师生了解地质和我国矿产资源概况也有意义。

1952年全国院系调整，北大地质系连同地质陈列馆及所有馆藏标本、图书资料被并入新成立的北京地质勘探院，后更名为北京地质学院，现为中国地质大学（北京）。

1955年北京大学地质学系恢复招生，陈列馆也随之在燕园重建。

1963年由教师张肇成负责在学校文史楼一层筹建了古生物地层陈列室，面积约80平方米。同年，由教师王时麒、杨富绪等负责在老地学楼三层筹建了岩石和矿物陈列室。这时的馆藏标本主要有地质学系恢复之后师生在教学和科研活动中采集的标本和前苏联赠送的教学标本等。

1972年王英华、陈燕二位教师于技术物理大楼东侧筹建了真正意义上的地质陈列馆，标本主要来自原文史楼古生物地层陈列室和原老地学楼岩石和矿物陈列室，面积约150平方米，延续至1992年。

1986年，学校批准建设新地学楼，时任地质学系副系主任黄福生负责该大楼内部的规划设计，在该大楼的一层有400平方米的地质陈列馆，同时，在地下一层规划了标本库。

1991年年底新地学楼建成，由杨富绪、傅宜燕负责地质陈列馆的布局设计，在地质学系各教研室教师的大力支持下，以及北京自然历史博物馆、中国地质博物馆、中央美术学院等单位设计人员的大力帮助下，于1992年完成了新馆的设计，将地质陈列馆正式迁入新地学楼。陈列馆展厅面积400m^2，荟萃了1955年以来积累的地质教学标本精华和世界各地的典型地质标本2000余件，有生物化石、矿物、岩石、矿床、构造、地热、宝玉石等，有采自南极和北极的标本，有罗马尼亚总统康斯坦丁内斯库赠送的矿物标本，地质矿产部副部长张宏仁赠送的采自太平洋底的锰结核，还有许多国际交流的标本，其中有三叶虫、水晶黄铁矿晶簇、雌黄方解石晶簇、辉锑矿晶簇、白云石晶簇及重235克的雄黄单晶晶体等珍品。

博物档案馆1993年着手筹建，于1995年落成；位于新地学楼地下室，是北京大学"211工程"项目之一，1997年6月26日通过验收。其建设的目的在于，着眼学校和地球科学的长远发展，建设一个亚洲第一流水平的博物档案馆，提供一个正规化、规范化，有重大学术意义的地学模式标本、典型标本存档场所，一个面向学校和国内外的优秀学术论文、资料归档、成果展览和交流的场所。档案馆总面积2500m^2，包括4个标准地学标本档案室，已收藏和归档了10万件有重大学术价值的地学模式标本和典型标本；1个展厅，展示了地质学系教师近几年来科研和教学成果，并配备了可供教学活动和学术交流的多媒体演示系统，是大学生科研和教学活动的实践基地；1个信息处理室，配备了现代化的地学标本存档设备，用于标本存档的信息处理；4个研究工作室，配备了多种研究设备，方便国内外来访者进行科学研究。

第五节　赛克勒考古与艺术博物馆

赛克勒考古与艺术博物馆于1992年落成，1993年开馆。博物馆前身始于1922年成立的考古研究室的陈列室。

1922年1月，根据上年11月评议会通过的《国立北京大学研究所组织大纲》，成立研究所国学门。国学门设有以马衡为主任的考古学研究室，并特辟陈列室陈列本校收藏的古器物、金石、甲骨拓本等。1923年5月，考古学研究室又成立古迹古物调查会，次年更名为考古学会。古迹古物调查会和考古学会计划先自调查入手，等经费稍有宽裕，即行组织发掘团，以近代科学的方法来发掘古迹。自此时起先后有马衡、徐炳昶、李宗侗、容庚、顾颉刚、陈万里等赴河南新郑、孟津两县进行出土周代铜器之调查，北京西山大觉寺大宫山明代古迹之调查，洛阳北邙山出土古物之调查，甘肃敦煌古迹之调查等。凡调查所得的各种文物，或由北大备价购买，或由当地社会团体机构赠与，皆归考古研究室陈列室陈列保管。1925 年 12 月，为庆祝北大建校 27 周年，陈列室又新增敦煌经卷、艺风堂所藏碑帖拓片和新石器时代的陶器、汉墓阙、魏造像等遗物。至此，陈列室已收有金石、甲骨、玉器、砖瓦、陶器等类文物 4087 件，金石拓本 12553 种。

1927 年北大考古学会发起成立“中国学术团体学会”，与瑞典斯文赫定联合组成中瑞“西北科学考察团”，北大教务长徐炳昶任中方团长，黄文弼等为团员，在新疆等地先后进行了为期六年的考古调查和发掘；又与日本东亚考古学会联合组成东方考古学协会，进行为期一年的东北地区貔子窝、牧羊城遗址的发掘。1929 年马衡、傅振伦调查河北燕下都遗址；1930 年与北平研究院等合组以马衡为团长的燕下都考古团，发掘燕下都老姆台遗址；接着又调查了洛阳的汉魏故城。1932 年夏，学校公布《北京大学组织法大纲》，研究所改为研究院，国学门改称研究院文史部。1934 年，学校又遵照《教育部新定大学研究院暂行组织规程》，改组研究院，研究院文史部改称文科研究所，内设考古学室、金石拓片室等五个部分。考古学室先由马衡主持，后由胡适兼任。这时考古学室的工作重点侧重于整理所收藏的全部金石拓片，编辑金石文字目录。至 1937 年全面抗日战争爆发前，考古学室已藏有各类古器物五千余种，文献资料两万余份，还有西北科学考察团存于北大的居延汉简一万余件。

抗战期间，学校先迁长沙，又迁昆明，但考古学室所藏器物等未及搬迁，为日伪举办的“北京大学”占有；抗战胜利，北大复员北平后收回。

1946 年 10 月，文科研究所决定设古器物整理室、金石拓片整理室、明清史料整理室及语音乐律实验室四部分，请向达任古器物整理室主任。同年，古器物整理室接收日本东亚考古学会存放于北京的邯郸、曲阜文物以及张仁蠡的一批六朝至唐、辽石刻。

1947 年 4 月，行政会议第三十八次会，决定成立博物馆，胡适、汤用彤、向达、裴文中、杨钟健、韩寿萱、殷宏章、芮逸夫、唐兰、杨振声、冯兰洲等 11 人为博物馆筹备委员会委员，由胡适校长召集。学校还决定拨法币 1000 万元作为博物馆的开办费。1947 年 5 月，北大校长电南京行政院秘书处：查悉张仁蠡所藏石刻碑版等文物中，当有瓷器图章等项，适合本校博物馆藏，电请准由本校一并接收保管。6月，学校致函河北平津区敌伪产业处理局：本校所设博物馆储藏丰富，可资比较研究，拟请将汉奸嫌疑犯所藏文物应保存者移交本校接收保管。7月，北平《益世报》载：北大以数百万元购得商周青铜器20余件。1947年11月，北大行政会议决定：本校博物馆暂设于翠花胡同三号东院；拨本校图书馆后空房为博物馆之用。

1948年2月，学校任命韩寿萱为博物馆馆长，博物馆筹备委员会主任一职亦由韩寿萱担任。3月，博物馆成立，馆址在沙滩图书馆后面的松公府北大总办事处。当时提出的设立博物馆的宗旨为：第一供应本校各部门教学研究的参考资料；第二做修习博物馆学者的实验室；第三服务人民大众。

1948年12月，文科研究所设立“周季木先生藏陶纪念堂”。周先生名进，号季木，精于金石文字，所藏石刻最负盛名，藏陶器亦甚富，藏陶片2000余件。惜中年早逝，原物多已散佚，陶片已售与亲戚孙思白，陶量亦售与其兄周叔弢。孙思白为纪念周季木先生，将陶片2181件捐赠北大，周叔弢氏亦同时将陶量65块捐赠。学校在文科研究所特辟屋一间，为周季木先生藏陶纪念室，陈列储藏。

1949年4月，博物馆迁入东厂胡同二号新址。在这里先后成立瓷器室，铜器室，漆器、织造及改良后的手工艺品的综合展览室和校史资料室。5月博物馆筹备委员会改为博物馆委员会，负责北大博物馆和北大博物馆专修科的管理，为北大校务委员会九个常设的委员会之一。5月1日，为纪念劳动节，博物馆举办“手工艺特展”，内分织造及漆器等。7月7日，为纪念抗战胜利，举办“苗民刺绣图案展”，同时举办“小型图案展”，将馆藏的图录，包括漆器、铜器、瓷器、丝织品、建筑等，凡有图案花纹的都陈列出来，供工业界改良生产品参考。12月，博物馆自东厂胡同2号（因中国科学院成立，收回此房地产）迁回松公府北大总办事处。

1951年7月，马寅初校长在校务委员会上报告北大院系调整初步计划（已报教育部审核）。其中规定：博物馆专修科取消，在史学系成立博物馆学组，同时在该系设考古学组。11月，学校根据教育部批示，取消文科研究所，该所古器物整理室划归历史系。同时请中科院考古所的苏秉琦和古器物整理室主任向达共同在历史系筹办考古专业。1952年院系调整后，北大历史系设考古专业，同时成立考古学教研室。考古学教研室下成立文物陈列室。文物陈列室由北大博物馆、原北大文科研究所古器物整理室和原燕京大学史前博物馆等三个馆室组成，因而其室藏较原北大博物馆丰富许多。

燕大史前博物馆是裴文中创办的。1940年，裴文中到燕大任教，开设史前考古学课程。他计划建一所史前陈列馆。是年12月，得到哈佛燕京学社的资助，在镜春园设址建立史前陈列馆。该馆陈列的展品多为周口店遗址的发掘品以及北京猿人和山顶洞人的复原模型，还有裴从法国带回来的欧洲旧石器标本，包括法国的旧石器典型的六期类型。1941 年 12 月，珍珠港事件爆发，日美宣战，燕大被日军封闭，史前陈列馆被迫关闭。抗战胜利，燕大复校。1948 年 11 月，史前陈列馆改称史前博物馆，重新开馆。当时，该馆是国内唯一的一所史前博物馆。它陈列的北京猿人化石模型、烧骨、石器以及河套人化石模型等展品，较系统地反映了当时国内古人类学的研究成果。

院系调整以后，考古专业（有一段时间改为历史专业考古专门化）师生按照教学计划的规定，单独或与中科院考古所等单位合作，进行田野考古发掘。从 20 世纪 50 年代到 80 年代初，曾参与了旧石器的周口店遗址、大窑遗址，新石器的王湾遗址、泉护村遗址，商周的琉璃河、周原、盘龙城、吴城、山西天马—曲村等重要遗址的发掘。在这些发掘中获得不少古器物，增加了陈列室的室藏。

1983 年 7 月，考古专业脱离历史系，成立考古学系。原考古学教研室文物陈列室改为考古学系标本陈列室。

考古学系成立后，师生参与了许多重要发掘，带回了一些教学标本，进一步充实了标本室收藏。如到河北观台磁州窑、江西丰城洪州窑、浙江寺龙口越窑等古代瓷窑遗址进行调查与发掘；与烟台地区文管会、长岛县博物馆合作，对胶东半岛地区进行大汶口文化遗址的发掘；到辽宁营口县金牛山进行旧石器时代遗址的发掘；与河南南阳地区文物研究所合作，到郑州八里岗进行新石器时代遗址的发掘等。其中，1984 年秋，考古系旧石器时代考古研究生实习队在吕遵谔带领下，在辽宁营口县金牛山进行发掘时，发现了一批古人类化石。1985 年 5 月，国家教育部委托北大召开金牛山人类化石科学鉴定会。鉴定会由著名考古学家、中国科学院古脊椎动物与人类研究所研究员吴汝康任主任委员，委员有贾兰坡（中科院古脊椎动物与人类研究所研究员）、安志敏（中国社会科学院考古研究所研究员，副所长）、苏秉琦（中国社科院考古研究所研究员）、郭大顺（辽宁省文化厅副厅长）、宿白（北大考古系主任）等人。鉴定会通过的鉴定书认为牛金山发现的人类头骨化石，其生存年代估计距今二十万年左右，是重要的发现，对这些化石的研究将会提供丰富的从直立人（猿人）过渡到智人的具体形态结构的知识，进一步提高对人类发展过程中这一时期的认识。是年 9 月，国家教委举行“金牛山人类化石发掘成果表彰会”，对考古实习队颁发奖状和奖金一万元。这次发现的金牛山人类化石也成为考古系标本室珍贵的室藏。

1984 年，美国赛克勒基金会委托其律师来北大，表示该基金会可能向北大捐赠建一个考古博物馆。是年 12 月，校党委常委会和校长办公会联席会议讨论后，决定接受此项捐助，并报经教育部批准。1986 年 9 月，美国著名社会活动家、考古爱好者亚瑟·姆·赛克勒医学博士偕夫人访华期间，与北大签订了向北大捐赠不超过148.7万美元的资金，在北大校园建造一座考古博物馆的协议书，并商定博物馆建在外文楼后面的楼座上，其外观和外文楼相同。

1987年，为筹建考古博物馆，考古系专门派两位教师到美国学习15个月的博物馆学相关理论。随后，请美国陈璋源(Lo-Yi Chan)和马克·杜波依斯(Mark Dubois)领导下的PCO建筑设计公司为博物馆的总设计。1989年，博物馆基建工程开工，历经三年，于1992年10月落成。博物馆为仿明式古建风貌的四层楼的建筑，建筑面积4000余平方米，定名为北京大学赛克勒考古与艺术博物馆。是年11月24日，博物馆开始预展，1993年5月，正式开馆。馆长由考古系主任李伯谦兼任。

考古与艺术博物馆建成后，考古系标本陈列室即并入博物馆，陈列室建制撤销。博物馆的藏品，包括石器、陶器、铜器、骨器、书画等万余件。藏品的来源大致有五个方面：(1)北大1952年设置考古专业之前的收藏；(2)前燕京大学史前历史博物馆的藏品；(3)考古专业成立后从田野考古发掘中带回来的教学标本；(4)博物馆筹备期间各地文物、考古机构赠送或调拨的展品；(5)社会爱心人士的捐赠。博物馆建成以后，仍有一些社会人士和国际友人向博物馆赠送文物。如1995年12月，台湾收藏家林敬超捐赠60件文物，包括新石器时代红山文化的勾方形器和蚕蛹形佩饰，良渚文化的串珠项饰和手镯，商周时代的琮、圭、佩、环等物；1996年11月，韩国财团法人、韩国古美术协会顾问金亨石和申熙哲捐赠100件珍贵的中国文物等。另外，全国政协常委、香港著名实业家、新中港集团企业总裁徐展堂，为帮助考古与艺术博物馆建设，1994年曾向博物馆捐资人民币10万元，1996年又捐赠人民币40万元。

考古与艺术博物馆除为考古系师生的教学和科学研究服务外，还向社会开放，为社会服务，每年接待观众两万余人。其展览分为基本陈列和临时展览两类。基本陈列为按时代排布的考古教学标本展和考古系师生历年考古发掘取得的重要收获。前者分为旧石器时代、新石器时代、夏商周时期、战国时期、秦汉时期、三国两晋南北朝隋唐时期、宋辽金元明时期七个部分。后者有金牛山人展、山东长岛北庄新石器时代遗址出土文物展、天马—曲村晋国遗址出土文物展等。临时展览为根据当时的情况所作的专题展览。1993年开馆以后至1997年间，举行过的重要的临时展览见下表。

1993—1997 年重要的(临时)专题展

展览名称	时间	展览名称	时间
汉画流彩展	1994 年 11 月—1996 年 3 月	关宝琮捐赠文物展	1996 年 5 月—6 月
林敬超捐赠玉器展	1995 年 11 月—12 月	金亨石、申熙哲捐赠文物展	1996 年 11 月—1997 年 4 月
北京地区私人收藏古瓷展	1995 年 12 月—1996 年 3 月	袁熙坤绘画作品展	1997 年 10 月
洪州窑瓷发掘成果展	1996 年 4 月—10 月	中国古代玉器教学标本展	1995 年 5 月—1997 年 12 月

第十二章　校办产业（企业）

校办产业（企业）是指学校独资或与人合资或参股创办的以学校管理为主的生产（或服务）经营实体。

第一节　中华人民共和国成立前的校办产业（企业）

新中国成立前，北大举办过的经营性实体，只有民国初期的北京大学学生储蓄银行和北京大学消费公社。

一、北京大学学生储蓄银行

1915 年，徐宝璜、马寅初教授根据法、英、美等国高校设立学生银行的经验，提出在北大试办学生银行的意见。这个意见虽得到校方的同意，但由于各种原因，未能施行。蔡元培任校长后，他们又提出这个意见。1917 年 11 月 25 日，《北京大学日刊》报道："北京大学评议会，根据教员建议，决定可以试办学生银行。凡本校法科经济各年级及该门毕业留校研究生，若有热心此举者，可选举一委员会，由学校拨给地址，以便筹办。"11 月 27 日，徐宝璜与社会媒介通信，阐述了学生银行的益处：鼓励储蓄、贷款济急、增加学生实习的机会、帮助学生熟悉银行的功能。

1917 年 12 月 3 日，由经济商业各班每班选举委员四人组成筹备学生银行委员会，举行会议。各班委员到会者二十人，马寅初、徐宝璜列席。会议选举陈君灿为筹委会委员长；决定筹备事宜分股办理，由委员分任调查、审查章程、筹备地址、购办器具、募集股份各事；请校长函达中国、交通、新华各银行，代为介绍，以便前往调查。

1918 年 3 月 4 日，学生银行举行成立大会，到会股东 69 人，代表股东 10 人。大会听取了陈君灿关于筹备情形及财产目录的报告、肖纯锦关于编订章程经过的报告、杜廷续关于募股情形的报告、吴宗焘关于出入款项的报告后，审议通过了银行章程，选举了董事会董事和查账员，然后由董事会互选出总、副经理。

银行章程的主要内容包括：(1)本银行定名为北京大学学生储蓄银行；本银行为股份有限公司，以奖励学生储蓄并练习银行业务为宗旨。(2)本行股本定为银元二千元，分为二千股，每股一元，收足四分之一先行开业(在学生储蓄银行公布的《招股规则》中还规定：认股以本大学之教职员及学生为限；一人不得认过五十股)；如日后营业发达，得由股东会议决定增加股本；股息定为周年三厘，由本校担保，每年结算一次，如有赢利除公积及酬劳金外，按股均分。(3)本行之营业为下列数种：经理各种活期、定期、储蓄存款；在其他各银行得为活期或定期之放款；抵押放款；保证放款；兑换各种银元钞票；经收各种票据；代理汇兑。(4)本行之组织：①股东总会。股东总会除成立大会外，每年一月开会一次，由董事会召集，但有特别事故或经已缴股本十分之一及以上之股东的请求，得开临时会。股东总会应议之事如下：本行营业及各种账目之报告；表决损益计算书及赢利之分配；公举董事及查账员；议决董事会及各股东提议之事。②董事会。董事会由股东总会公举五人组织之。董事会之职权如下：议决各项章程细则；议决经费之预算决算；议决行务之兴革及谋营业之发达；任用行员之同意。③查账员。设查账员二人，由股东会选举之，一切账目应由查账员查明盖章，负其责任；查账员得随时揭举账目之利弊，并陈意见于股东总会。④经理。设总经理一人，副经理一人，由董事会互选之；本行行务由总经理综理之，副经理协助之；总经理对外代表本行。⑤监理。本行设监理三人，由校长请教员担任之，监理本行一切事务，随时予以指导及纠正。⑥本行董事、查账员及各职员不给薪俸，如有赢利，除提出股息及公积金外，得由股东总会议决，酌提若干成作为酬劳金，由各员分配之。(5)每营业年度终了时，应于赢利总额中提出十分之一以上作为公积金；公积金之用途，专为填补资本之损失及股利之平均，不得移作他用。(6)本行之业务由本校校长监督，如认为有违背章程时得制止之。(7)本章程呈明校长批准后发生效力。

1918年3月15日，学生储蓄银行开始营业。3月22日，《北京大学日刊》报道："本校学生储蓄银行自本月十五日开行以来，营业甚为发达，不但存放款项学生均觉便利，且银行中各项实务学生亦因此更能瞭然。该行内中布置井井有条，办事行员亦极谨慎。"4月9日，银行在《北京大学日刊》上刊登《半月来营业实况报告》："本行开幕时已收股本金六百七十四元，又校内借用金五十元，除筹备期间购置股票账簿器等七十五元外，存有新华储蓄银行五百五十元及现金一百零八元，共现洋六百五十八元，此本行兴业时资本之总数也。"该行开业"第一日存入者三百四十五元，放出五十五元，截至三月三十日，共存入二千一百二十二元，放出一千三百七十九元，收股本金九百十五元，存在中国、新华两行一千一百四十五元，现金存于库内者四百九十二元。此银钱出入之大概情形也”。

1919年1月10日，《北京大学日刊》刊载银行《1918年12月份营业实际报告表》说：银行资产总数为80907.475元，利益总数为474.970元。1920年1月14日，《北京大学日刊》刊载银行《1919年12月营业实际报告表》说：银行资产总数为18649.967元，利益总数为489.863元。此后好几年，《北京大学日刊》都有关于学生储蓄银行情况的报道。1930年4月2日和4日，《北京大学日刊》还载有徐宝璜的声明说：“学生储蓄银行第十五号股票璜已遗失，除向该行请补发外，特此声明作废。”这个声明表明，1930年时学生储蓄银行还在营业。此后的情况不详。

二、北京大学消费公社

1917年12月15日，《北京大学日刊》刊载胡千之教授提出的在校内设立消费公社的建议和他所拟的《消费公社章程》。接着，他又在庆祝北大成立20周年的大会上提出这个建议，并得到不少教职员和同学的赞成。

1917年12月27日，筹办消费公社发起人40余人举行会议，公社推出筹备委员会委员16人，其中委员长为李宏增，其余15人分为4股：文书3人，会计3人，交际7人，庶务2人。筹备委员会成立后，举行了几次会议，讨论确定消费公社章程，拟订招股办法，决定营业种类，请学校拨给房屋器具等。

1918年1月27日，消费公社在《北京大学日刊》上公布公社章程。其主要内容有：(1)总则：本社命名为北京大学消费公社；本社为独立经济团体，对外负经济上之责任；本社专备职教员及学生日常消费物品在校设所出售，以社员得廉价物美之物品为目的，本社资本总额暂定为一万元，分作二千股，每股通用银币五元，招足二百股时即开始营业，其余股数分期续招。职教员及学生购买本社股票一股以上者皆为社员，但一人不得逾十股。(2)职员：本社设下列职员，由社员总会选举之：社长一人，副社长一人，基金监事二人，董事四人，查账四人。职员之职务如下：①社长主持全社事务，副社长协助；②基金监事监察本社基金；③董事执行本社事务；④查账考查本社日行账目。普通社员均有职员选举权，两股以上之社员均有职员被选举权。(3)营业：本社营业方法与普通商店略同；本社营业不取秘密主义；本社售品皆有划一之定价；日常营业事件另设雇员以专责成；营业满半年清算账一次，报告社员总会。(4)社员利益：普通社员皆得轮次为实习办事员；凡认一股之社员得于二元以下价格之物品限一月内以记账法支取物品，二股以上者每股皆作二元计算之，但用记账法者须将股票存于社中，逾记账期间经催告后仍不付清者，本社即将所存股票任意处置之；本社于半年营业期满清账之后，以其净利分为十分，三分为公积金，二分为办事人员酬劳金，五分为社员按股先后共分之红利。(5)社员总会：总会分为通常及临时二种；通常总会每半年结账后由职员会召集之，临时总会于职员会决议认为必须会议或社员五分之一以上因重要事件请求会议时召集之；凡社员不论持股多寡只有一议决权。(6)学校监督：北京大学为本社监督机关。监督之事务如下：所售物品合法与否，价格是否平妥划一，有无违背章程事项，职员是否尽职，办事人员有无弊端，其他发生事件。(7)本社章程规则应由校长批准始得发生效力。

1918 年 3 月 3 日，消费公社举行成立大会，选出公社的监事、董事、候补董事。3 月 5 日，召开全体职员会，选出公社的社长、副社长。社长为李宏增，副社长为廖书仓。

1918 年 3 月 20 日，消费公社开始营业。据《北京大学日刊》报道，当时公社已办到货物三百余种，尚有其他物品不日亦可到齐。3 月 22 日，《北大日刊》报道，消费公社生意“颇发达”，“在下堂上堂中间之时候，购物者极多”、“次日(3 月 21 日)，收入在 100 元以上”等。

消费公社办到何时为止，不详。

第二节　中华人民共和国成立至“文革”时期的校办产业(企业)

新中国成立后，北大校办产业(企业)的创办和发展，大体上可以分为 1958 年“大跃进”与“教育革命”时期、“文化大革命”时期、“文革”后的改革开放时期三个阶段。

一、1958 年“大跃进”和“教育革命”时期

1958 年，在继续严厉批评“反冒进”的基础上，掀起了全国范围的“大跃进”运动。是年 1 月，毛泽东提出，“一切高等工业学校可以进行生产的实验室和附属工厂，除了保证教学和科学研究的需要以外，都应当尽可能地进行生产”，还提出“大学校和城市里的中等学校，在可能条件下，可以由几个学校联合设立附属工厂或者作坊”。随后，党中央又提出“教育必须为无产阶级政治服务，必须与生产劳动相结合”的教育方针。北大与其他大学一样，为贯彻上述指示和教育方针，结合“大跃进”，开展了“教育革命”运动，提出要把学校建设成为教学、科学研究、生产劳动三结合的基地。于是，各系于是年 6 月开始，纷纷办起了工厂。有些原来专门为教学、科研服务的附属工厂也被改为生产性经营性的工厂。到 1958 年 7 月 1 日，全校各系已办起了

26个工厂，其中物理系15个，数学力学系和生物系各3个，化学系和地质地理系各2个，历史系1个。这些工厂很多都是一些师生响应号召，仓促成立的，许多计划生产的产品也还在试制之中。到1959年初，工厂数增至28个。是年2月，学校决定成立生产劳动处，加强对工厂的管理，实行经济核算，同时将28个工厂调整为17个，到是年7月又进一步调整为8个。8个工厂中，6个是1958年6月以后各系建立的，2个(印刷厂、仪器工厂)是在此以前就有的，原属于专门为教学工厂、科研服务的。8个工厂共生产产品25—30种。据当时生产劳动处汇报，1958年全校工厂的总产值为740931.01元，1959年1月至6月底为15802.20元。生产中存在的主要问题是产品质量差成本高、原材料供应困难、生产就绪后不能像建厂时那样大量安排学生劳动、安全隐患多、财务管理工作有待改进等。同年8月，学校召开会议，研究校办工厂定型问题。会议提出：①学校办工厂是为了贯彻党的教育方针，因此，必须结合教学、科研需要进行某些新产品特别是尖端产品的试制，以促进科研工作的开展，提高教学质量。可以将成功产品组织规模生产，待社会上已能大量生产时即停止此种产品的生产，改换品种。②工厂规模不宜过大。③坚持安排同学到工厂劳动。④条件不具备的工厂要停办。⑤工厂要有经济效益，先争取自给自足。

根据上述会议精神，各个工厂进行了研究调整，初步定了型。据1960年1月统计，各厂的情况见下表。

1960年校办工厂情况表

序号	工厂	车间	主要产品	1960年计划产值	职工人数	容纳学生劳动人数
1	物理工厂	半导体车间 金磁车间 金工车间	二极管 三极管	518769元	229	80
2	无线电工厂	电真空车间 无线电车间	电真空计等	96856元	104	50
3	化工厂	有机车间 无机车间	香豆素冰醋酸	303200元	108	120
4	原子能工厂	计数管车间 金工车间	βα管	359616元	59	20
5	印刷厂	排铸车间 机印、油印、装订车间	汉字排字铅印 排版平装书页 油印讲义	30900元	126	

续表

序号	工厂	车间	主要产品	1960年计划产值	职工人数	容纳学生劳动人数
6	数学力学工厂	木工车间 金工车间	修制本系仪器	12000元	35	20
7	生化试剂厂	氨基酸车间、 核酸车间、 有机合成车间、 酒精车间	光胺酸等	10000元	8	30
8	仪器工厂	金木铸钳 机电钣金工	本校仪器	45000元	164	50

1960年，地球物理系和地质地理系师生分别办起探空仪器厂和地学工厂。这两个厂的规模都很小，前者只有职工15人，后者只有职工7人，不久，地学工厂停办，探空仪器厂改为地球物理工厂。这样全校共有9个工厂。

1960年秋冬，国民经济严重困难的问题日益显现。1961年1月，党的八届九中全会决定对国民经济实行“调整、巩固、充实、提高”八字方针。同年9月，中共中央发布《教育部直属高等学校暂行工作条例（草案）》（简称《高校六十条》）。学校在贯彻“八字方针”和《高校六十条》中，对校办工厂进行调整。1961年6月，学校9个工厂共有职工1102人。经过调整，到1961年年底，撤销了4个工厂：力学机械厂、技术物理工厂（曾称原子能工厂）、生化试剂厂、地球物理工厂；保留了5个工厂和两个车间：仪器工厂、印刷厂、无线电工厂、物理工厂、化工厂以及技术物理系和数学力学系的金工车间；职工减为444人。1962年5月，撤销化工厂，并拟将物理工厂改为半导体车间，工厂职工计划定为282人。与此同时，撤销了生产劳动处。1962年9月，学校根据《高校六十条》中关于学校的工厂分为实习、实验性工厂和生产性工厂两类的规定，发布通知：“我校各工厂（车间）主要任务是根据学校教学和科研的需要，为各系修制仪器和印刷讲义教材，都是实习实验性质的；从今年八月份起，工厂人员纳入学校编制，各工厂不再独立核算，也不再自负盈亏。撤销各工厂的银行账户，清理冻结存款，工厂财务工作统由总务处财务科经管。”

二、“文化大革命”时期

1969年下半年起，北大的“文化大革命”逐渐步入“教育革命”阶段，开始酝酿招收新生。为了贯彻毛泽东的“五·七指示”和“七·二一指示”，建立教学、科研、生产三结合的新体制，工军宣队、校革委会开始兴办生产性、经营性工厂。1969年10月，宣传队领导小组在向上级提出的《关于北京大学汉中分校办工厂的报告》中"要求将原设计的为教学科研服务的厂房改造成生产工厂"，以便"把分校建成以学为主、亦工亦农的社会主义大学"。1970年8月，校革委会制定的《北京大学(1971—1975)五年规划纲要(讨论稿)》中提出，要加强基地建设，保证教学科研需要，不断提高学校经费、粮食自给率。具体目标和经费指标是：建好电子仪器厂、制药厂、电子仪器设备厂、石油化工厂等校办厂，扩建无线电工厂、仪器厂；江西试验农场要在1971年实现水利化，1973年实现机械化、化肥化、电气化(1971年要建成德安化肥厂)；1975年，校办工厂、农场的产值要达到7000万元；1973年，全校生产、教学、行政经费(科研经费除外)实现半自给，1975年实现全校经费自给；1975年，江西农场亩产要达到1200斤，(年)总产量720万斤，实现全校粮食基本自给。到1970年底全校已办起10个工厂。它们是：电子仪器厂、仪器厂、无线电工厂、制药厂、化学系工厂(原石油化工厂)、物理工厂、六五三分校工厂(后改为电子仪器二厂)、附中工厂、附小工厂，以及原来就有的印刷厂。除印刷厂以外，其他9个工厂1970年年产值共为338.4万元。1971年，校办厂总产值达2217万元，利润100万元。江西农场则由于当地血吸虫病严重等原因，于1971年7月决定撤销，将农场和德安化肥厂移交给地方办，在农场劳动的教职员分批撤回。

工军宣队、校革委会开始兴办生产性、经营性工厂后，为加强对工厂的管理，成立了教育革命组校办工厂组。1970年12月，校办工厂组拟订了《校办工厂管理制度(草案)》，就工厂内部的生产、财务、考勤、安全、保密等五个方面的管理问题作了具体规定。如生产管理方面规定，要"发动群众认真做好生产的月度计划和小结"，"每月底由厂(系)革委会召开全厂大会总结报告本月工作和布置下月任务"；"各班、排应设不脱产的生产计划员、物资管理员、宣传员、考勤员、安全员、质量检查员等协助班、排长做好各项工作"；"应建立严格的产品检查制度，确保质量"等。又如财务管理方面规定，要"严格遵守国家财会制度，做到账务及时处理、准确、账簿和凭证记载清楚，不准刀刮、皮擦、涂改"等。

1971年12月，教育革命组理工组制定了《关于校办工厂实行企业化管理的初步意见》，下发各单位试行。该初步意见规定校办工厂从1972年起实行企业管理，并提出由无线电工厂先试行。其核心内容有以下两项：(1)经费管理。现行的办法是：工厂扩大生产所需经费，每年从上级主管部门得到如下拨款：流动资金、基本建设投资、新产品试制费、银行贷款。另外一项是设备更新改造资金(包括技术组织措施费、劳动安全保护措施费、零星固定资产购置和零星土建工程费)，由工厂从固定资产折旧金中留成一部分作为该项费用开支。工厂产品所得利润全部上交。自1972年1月1日起，校办工厂实行独立核算，生产中所需要材料费用、工资费用、生产费用全部计入成本。产品利润全部上缴校办工厂组。各单位扩大生产所需经费，学校从总利润中提取15%左右，根据各工厂情况每年下达一次经费指标。固定资产折旧管理方面，从校办工厂系统固定资产折旧金总额中提取70%作为各厂留用，30%上缴学校作为调剂使用。(2)生产管理。建立严格的成本核算制度和劳动定额制度。前者规定各单位均应设成本核算员，单项产品或无单项产品的班、排应设兼职的成本核算员，并在其"附件三"中规定成本计算的具体项目。后者规定厂内固定工人均应按工种、工序、个人实行劳动定额，每天保证八小时生产，业余闹革命。

1972年1月，北京市革委会批复，同意将我校石油化工试验厂划归北京石油化工总厂领导。同年3月，我校与北京石油化工总厂商定：从1972年4月1日起，北大化学系的石油化工试验厂归北京化工总厂管理，试验厂的设备、生产物资、流动资金全部移交总厂，工人、干部共75人随之调到总厂，同时整个总厂作为北大教学、科研、生产劳动的三结合基地。此后，化学系另举办了研制其他产品的工厂。

1973年7月4日，校电子仪器厂与四机部的738厂、燃化部的646厂联合研制的百万次集成电路大型数学电子计算机(即150机)出厂。该机是为石油工业地震勘测需要制造的，但也适用于工业、农业、科研部门各种大型数据计算和数据处理。

1973年，校办工厂组的校办厂总结报告说：当年全年校办工厂生产总值为2581.25万元。

1974年1月，校电子仪器厂与数学力学系合作，在兄弟单位支持下，试制成功集成电路中型数字电子计算机——6912机。该机的计算速度为每秒10万—15万次，内存储容量为6.5万全字长单元，字长为48单位(二进制)。1975年6月，研制成功我国第一块硅栅N沟道1024位MOS随机存储器和用于高速计算机的多层印制电路板。

1976年12月2日，教改部自然科学处向校党委常委汇报：到是年10月份止，各校办厂共交给工厂组利润24954291元；到1976年年底，未上交工厂组在各厂账上的共5701564元。工厂组共支出22653323元。其中，拨给学校13676604元(弥补学校教育经费、行政经费款5181104元，投给学校建大型实验室款4936500元，购教学设备1403000元，补助学校基建费1906000元，补助学校一般科研经费250000元)。几年来，工厂组下拨各厂扩大再生产费520万元。本次共冻结利润款972万元，其中包括应还财政部财金局借款 760 万元和其他冻结前应还资金。扣除应还借款和资金后，实际冻结利润为 77 万元。

第三节　改革开放时期的校办产业(企业)

“文革”结束至 1978 年上半年，学校没有来得及对全校的工厂进行整顿、调整。据统计，1977 年年底，全校有 11 个工厂。它们是电子仪器厂、电子仪器二厂、仪器厂、制药厂、无线电工厂、印刷厂、物理系工厂、生物系工厂、地球物理系工厂、化学系工厂、附中工厂。其中，前 6 个是学校办的，后 5 个是系和附中办的。与“文革”期间比，少了附小工厂，增加了生物系工厂和地球物理系工厂。

1978 年下半年和 1979 年，学校对全校工厂进行了调整。其主要措施包括：(1)取消厂办的专业。这些厂中，原为系里的教学、科研人员，调回各系。如制药厂的有机化学专业的教学科研人员调回化学系，生物化学专业的教学、科研人员调回生物系。电子仪器厂的计算机专业、计算机软件专业、半导专业的教学、科研人员，调到新设的计算机科学技术系。(2)为减轻对学校环境的污染等原因，撤销北大制药厂，将该厂交给北京市办理。除该厂所设专业的教学、科研人员以及学校很需要的人员以外，该厂生产所需的技术人员、工人和设备全部移交给北京市。(3)在工厂工作的教员和留校毕业生，除因工厂技术工作必须留下的少数人以外，其他人员均回到学校的有关系、所，以加强教学、科研工作。经过调整，全校共设有 7 个工厂。其中，校办的有 4 个：仪器厂、电子仪器厂、无线电工厂(原属无线电系，1979 年调整后直属学校)、印刷厂；系和附中办的有 3 个：物理系工厂、地球物理系工厂、附中电子仪器实验厂。当时校办工厂，除印刷厂主要是为学校印刷讲义、教材以外，其他各厂的首要任务是为教学、科研服务，如承担学校各种教学、科研设备的研制、生产和维修，为其他高校和科研单位生产一些教学科研仪器设备，为学生实习提供场所等。

1980 年 4 月，为了加强对校办工厂的领导，学校决定撤销自然科学处下设的校办工厂组，成立生产管理处，负责管理全校的校办工厂。

进入 20 世纪 80 年代，随着改革开放的推进，社会对科学技术的需求不断增加。1981 年，中共中央、国务院在转发国家科委《关于我国科学技术发展方针的汇报提纲》的通知中，强调指出要“坚定不移地贯彻执行科技工作为经济建设服务的方针”，“大力抓好科学技术成果的推广应用”。在 1982 年 10 月召开的全国科学技术奖励大会上，中央明确提出了“经济建设必须依靠科学技术，科学技术工作必须面向经济建设”的战略方针。学校为更好地为经济建设和社会发展服务，发挥自己在人才和技术等方面的优势，迅速开展起“技术咨询、技术培训、技术服务、技术转让”的“四技”活动。与此同时，进一步加强了对校办工厂的领导。1984年5月，为提高工厂、职工的主动性、积极性，鼓励开发新产品，提高经营管理水平，增加经济效益，学校制定《北京大学校办工厂实行承包责任制、超额利润留成办法的有关规定》。其内容主要是：校办工厂以1981—1983年平均每年实际完成利润77.5万元为基础，1984年校办工厂以80万元为利润定额，完成定额部分，以全年人均一个半月的全校平均标准工资计发基本奖，超额部分按20%提成作为超产奖，并规定校办工厂全部利润的70%上交学校，作为学校的教学经费和学校基金，其余30%作为工厂的生产发展基金。基本奖和超额奖全部由学校基金中支付。

1984年10月，学校决定成立科技开发部，生产管理处并入科技开发部，由科技开发部统一管理学校的科技开发工作和校办工厂，并决定由副教务长花文廷兼任科技开发部主任。1985年10月，为便于开展和校外的联系与合作，学校又决定成立北京大学科技开发总公司。科技开发部和科技开发总公司是两块牌子，一套人马。科技开发总公司在工商管理部门注册登记，成为学校直接领导的企业法人。

1985年，中共中央发布《关于科学技术体制改革的决定》和《关于教育体制改革的决定》。这两个决定指出，振兴经济，实现四化，是全党全国人民一切工作的中心，科技工作必须紧紧围绕这个中心，服务于这个中心。在中央两个决定发布之前，学校曾于1984年发布《关于科学技术服务管理试行办法》，两个决定发布以后，学校又于1985年9月，根据两个决定的精神，制定了《关于科学技术服务管理试行办法的补充规定》。该补充规定要求，在保证完成国家下达的教学、科学研究的前提下，应调动各方面的积极性，挖掘潜力，充分利用人才和设备等有利条件，努力加强同生产、科研和社会各方面的联系，主动适应经济、社会发展和科技进步的需要，开展人才培训、科研协作、科技文化服务等工作，为“四化”多做贡献，并促进学校教学、科研、生产等事业的发展，同时为学校筹集资金。

在上述中央两个决定和学校补充规定的推动下，校办产业迅速发展。1985年成立的北大科技开发总公司，到1992年发展成为年销售额达到4.1亿多元的“北大方正集团公司”。与此同时，还创办了一大批新的公司。在此期间校办工厂经过1987年11月至1988年10月按照国家教委的规定进行的整顿工作，无论在产品的品种质量方面还是在工厂的管理方面，都有了提高。其中参加评估、验收的4个校办工厂（仪器厂、电子仪器厂、无线电工厂、印刷厂）均被评为优秀单位。

1992年4月，为了加强校办产业的工作，学校决定成立校办产业领导小组，下设校办产业管理办公室。1993 年 7 月，学校又决定撤销校办产业领导小组，成立以校长为主任，以几位副校长、党委副书记为副主任的校产管理委员会，其下仍设校办产业管理办公室。

1992 年 11 月，在总结过去经验的基础上，学校制定《北京大学科技开发管理办法（试行）》。该办法规定：要在确保我校基础研究稳定持续深入发展的同时，加强应用研究，大力发展科技开发，有计划地支持和扶植有重要应用前景的项目，使之形成“拳头”产品；要继续放宽政策，加大步伐，改进管理，采取有效措施，为我校科技成果向生产力转化，疏通渠道，提供方便。该办法还提出，在教员职称评定时，对从事应用研究、技术开发和经营技术商品的人员，要着重考察他们的应用技术成果水平和对国家的贡献，而不单纯追求论文的数量和质量。

之后，学校还于 1993 年制定了《北京大学校办产业管理条例》《北京大学校办产业奖励实施办法》《北京大学校办产业人事管理暂行规定》等 8 个文件。

上述这些办法、条例、规定的贯彻执行，进一步推进了校办产业的发展。至 1993 年 8 月，全校校办产业已发到 40 个（不包括后勤部门和附小的产业），其中校内自办 28 个，国内合资 6 个，中外合资 6 个。40 个校办产业中有公司 31 个，工厂 8 个（校办 4 个：仪器厂、电子仪器厂、无线电工厂、印刷厂；系办 4 个：物理系工厂、海淀燕园化学实验厂、地球物理系工厂、电子仪器实验厂），另有北大印刷加工部一个。各校办公司的名称、成立时间、经营范围和主要产品见下表。

1993 年 8 月北大校办公司名录及其简要情况表

名称	成立时间	经营范围	主要产品
北大方正集团公司	1985 年 10 月（刚成立时名称为：北大科技开发总公司）	方正电子出版系统、方正—Super 汉卡、计算机硬件及相关设备、通讯设备、仪器仪表、办公自动化设备	方正 Super 汉卡，办公排版系统，高档轻印刷、精密激光照排系统、彩色激光照排系统、书刊组版系统，报刊组版系统，图片扫描系统，计算机视频图像采集系统，补字系统，光盘检索系统，局域网络，远程传版系统，广告处理系统，方正图形图像制作工具，方正彩色图像拼版和彩色广告制作系统，北大方正报纸广告制作环境，蒙、维、哈、朝、藏、彝、壮等少数民族文出版系统。

续表

名称	成立时间	经营范围	主要产品
北大依林摄影器材公司	1987年5月	主营照相器材，兼营钟表、电气设备、光学仪器	
北佳信息技术有限公司	1988年5月	计算机应用系统及外设、文字处理系统	佳能激光机系列、佳能喷墨打印机系列、佳能彩色喷墨复写机、北佳通用型激光印字机、北佳600线激光印字机、北佳OS办公与排版系统、北佳CAD光绘输出系统，北佳卡系列
北大实创新技术开发公司	1988年7月	主营新型材料、光学器材、计算机软硬件及外部设备、办公自动化设备、医疗器械及保健器材、通讯设备，兼营主营范围内的电子元器件、土畜农副产品深加工	液氮容器（100升/300升）、STM扫描隧道显微镜、医疗器械
麦普电子有限公司	1989年5月	开发、生产、销售微波功率管及放大器	NSH系列厚膜混合微功率放大模块及压控振荡器，C波段、KV波段卫星通讯数据站用微波功率放大器、澳星地面通讯设备用1600MHz收发组件、无绳电话用940MHz收发组件、相控阵雷达用微波功率管：600MHz－100W；1200MHz－80W；3000MHz－60W。
北大科学技术开发公司	1989年5月	精细化工、生物试剂、电子产品，兼营便携式针灸仪	佳乐麝香、氟硝西泮
大北特种饲料技术开发公司	1989年10月	饲料、饲料添加剂，食品添加剂、日用化学制品的技术开发、转让、销售	

续表

名称	成立时间	经营范围	主要产品
北大信息工程公司	1992年1月	计算机软硬件及外部设备，通信系统、仪表仪器，办公自动化设备的技术开发、制造、技术服务	
大友软件系统有限公司	1992年3月	生产、销售地理信息系统和其他应用软件及硬件产品	GIS开发平台、工程图纸自动输入及识别系统、第二代三维动画矢量汉字生成系统
北大计算机系统工程公司	1992年10月	计算机软硬件及外部设备，通讯系统，仪表仪器，机房设备，办公自动化设备的开发、制造、销售	BD－PLOT反矢量汉字系统、汉字XBNIX系统。企业财务软件、银行系统的三级网络软件、NOVEL网络卡
北大未名生物工程公司	1992年10月	生物工程技术、保健技术、医学工程、生物环境工程、生化试剂、新药物的开发、研制和销售	生化试剂、琼脂糖层析介质系列产品、生物工程、食品及保健品添加剂、微生物发酵、实验室与分析技术服务、有关生命科学的技术咨询
北大文化艺术品公司	1992年10月	主营具有北京大学标志特色的文化体育用品、图书、画册、名人字画、服装、生活用品、工艺品、标牌、锦旗。	
北大青鸟软件系统公司	1992年11月	计算机软硬件及外部设备，智能化仪器设备的技术开发、技术服务，兼营销售主营范围内产品及电子元器件	青鸟1系列产品、微机地理信息系统、网络互联电器软件、图像文件转换系统、金融系统、实时通讯系统、管理信息系统生成工具、青鸟3型防病毒卡
北大指纹电子公司	1992年11月	计算机软硬件及外部设备、智能化机械技术服务和销售	指纹自动识别系统

续表

名称	成立时间	经营范围	主要产品
北大宇环微电子系统开发公司	1993年1月	电子产品的技术开发、制造、服务和销售	计算机防病毒电路、绝缘层陷阱电荷弛豫谱测量系统、薄膜全场应力测试仪、大功率肖特基二极管、液晶电视和投影电视显示驱动电路
海南明和实业贸易公司	1993年1月	生物制品、化工产品、计算机软硬件、办公室自动化设备、机械产品、照相器材、家用电器、食品、建材、水产品、工艺品等。	批发零售各种高中低档宝石，承接各种自选式首饰的加工、修理和清洗
北大东方文化艺术品公司	1993年2月	主营与文化艺术有关的各种业务，包括文化艺术专业培训、文化艺术信息咨询、广告设计制作、摄影摄像服务、文艺演出展示设计。	
北大天元管理顾问工程公司	1993年2月	各种管理软件、信息技术和综合顾问，兼营电子产品，仪器仪表、办公设备、工业控制设备	电子产品、仪器仪表的技术开发、技术服务、销售，社会科学和人文科学研究事业咨询
北大资源开发公司	1993年3月	主营电子产品、普通机械、仪器仪表的技术开发、技术服务，兼营北大周边地区开发建设、经营销售商品房。	

续表

名称	成立时间	经营范围	主要产品
北大燕安物资贸易公司	1993年3月	钢材、生铁、铝、铅、铜材、木材、水泥、聚丙烯、电线、电缆、日用百货、服装鞋帽、油漆、涂料、五金交电、计算机软硬件及外设、民用建材、土产品、汽车配件、建筑材料。	
北大科蕾地球科学技术公司	1993年4月	仪器仪表、电子产品、图像处理技术、化工产品的技术开发、生产、销售及相关技术服务和人员培训。	三分量风速仪、阵列式雷达天线
北大技术装备公司	1993年4月	电子产品、仪器仪表、电教设备、医疗器械的技术开发、销售和服务	
北大金秋新技术公司	1993年5月	经济顾问，科技开发与咨询，科技成果转让，文化与技术培训，文献翻译，工业自动化改造，医疗仪器，软科学及其他社会服务	
北大三川信息技术公司	1993年5月	主营电子产品及通讯设备、仪器仪表、普通机械、电器机械、建筑材料、化工产品的技术开发、技术服务和销售。开展全国范围文献信息人员的培训和新技术咨询与转让业务。兼营环保系列产品的销售。	

续表

名称	成立时间	经营范围	主要产品
北大未名科技文化发展公司	1993年6月	计算机软件开发、信息自动化处理技术的研制与开发、数据库建设、信息咨询服务、非书资料制作、各类文献服务及各项专业技术培训。	《中国哲学社会科学论文资料数据库》《北大硕士博士论文文献数据库》《中国学研究资料数据库》《全国中小型图书情报单位概况数据库》《中国当代企业家传记资料库》《中国著名学者资料库》等
北大德力科化学公司	1993年7月	化学化工产品、电子产品、药物的研制和开展，仪器仪表的研制、开发、生产和销售	发光材料，催化剂，高效吸附剂，稀土元素化合物材料，各种药物、农药、燃料、香料、生化试剂，高分子材料，各种新型快速、精确的分析检测仪器，化学研究用玻璃仪器，分子设计及计算机软件，化学类信息资料库，分子结构分析、计算软件，特种钎焊材料，高能电池材料，特种化学试剂及超纯试剂
北大山宝科技开发公司	1993年8月	矿产品开发利用，珠宝首饰玉器开发、研制、加工、镶嵌、销售和技术咨询服务，兼营工艺美术品、礼仪饰品、旅游纪念品，宝石、首饰、金饰鉴定，宝石鉴定仪器，装饰材料等。	
北大方达理化工程公司	1993年8月	核应用技术及专用设备、仪器仪表、电子产品、微生物化学和发酵工程技术及其产品、化工材料及其产品开发、销售和技术服务	高效生物微肥、保温双向换气空气净化机、北大降脂丹曲、北大核子秤

续表

名称	成立时间	经营范围	主要产品
北大电子产品开发中心		北大力学系电子产品的开发、销售，美国提赛公司的流动测量、粒子研究、环境控制、气象设备的销售、安装、维修、培训	IFV—900智能流速测量系统、3D三维移动架、特佳双向空气交换机
北大体育科技发展公司		主营体育科技产品的开发、生产和销售，室外运动场的设计和修建，运动器材、设备和运动服装的批发零售，兼营体育文化用品的批发零售	未名室外X系列组合健身器
北大启明信息咨询公司		承接企业管理咨询、法律事务咨询、信息管理咨询、政府管理咨询、城市规划咨询、发展战略规划，政策研究和评估、人才与成果信息咨询、教育管理咨询、成果转让、专利事务代理等业务	

1993年8月以后，校办产业继续持续发展。1994年，北大方正集团公司在已成为全球最大的中文电子照排系统出版商后，又推出了网络系统、整版转输、高档彩色系统等新技术产品，并在发展金融、电器、精细化工、房地产等产业方面获得新的突破。1995年，方正（香港）有限公司在香港上市成功，融资3亿多港元。同年，方正集团公司被评为95年度全国新技术企业100强（排名第七）和95年度全国500家大型工业企业（排名第198）。1994年10月，北大未名生物工程公司发展成为“北大未名生物集团公司”。它控股、参股的联营合资企业有10家，其中注册资金亿元以上的有3家。其他如北大资源公司、北大青鸟有限责任公司等公司也都有新的发展。与此同时，北

大和新加坡维信有限公司合资成立北京北大维信生物技术有限公司。该公司的主导产品是由我校张茂良教授等研究开发的降高血脂药物“血脂康”。1995 年 8 月，血脂康通过卫生部新药评审委员会的评审。同年 10 月，公司取得北京市卫生局核准颁发的药品生产许可证和北京市医药总公司核准颁发的药品生产合格证。

1995 年，根据我校“211 工程”中的产业发展规划和当时的实际情况，学校决定对校办产业在巩固已经取得的成绩的基础上，调整产业结构和布局，提高管理水平和效益，争取尽快从整体上上一个新台阶。学校提出：鼓励中、小型企业依据自愿互利、共同发展的原则，实行联营或兼并；对不具备办企业条件或经营不善、效益不好的企业进行整顿或清盘；原则上不再批准组建小型企业，以保证校办产业健康有序布局合理地发展。按照这个决定，1995 年 3 月，学校将北大仪器厂并入北大青鸟有限责任公司，同年 7 月，又将北大电子仪器厂和北大无线电工厂并入该公司，并将这三个工厂组建为“青鸟仪器设备公司”。通过这一措施，进行了三厂资源的重组，调整了产品结构，加大了科技投入，增强了企业自身的实力和经济效益。1995 年，青鸟仪器设备公司实现年销售收入 710 万元(为合并前的 3—4 倍)，利润 131 万元，上交学校 100 万元，创三厂经济效益的最好水平。1995 年，学校还对北大启明信息咨询公司和北大文化艺术品公司进行了清盘，对体育科技开发公司进行了审计和整顿，对大北特种饲料技术开发公司进行了调整。

1996 年和 1997 年，校办产业，特别是几个支柱产业，继续持续快速地发展。方正集团公司所属的方正(香港)有限公司于 1995 年 12 月在香港上市，到 1997 年，仅用两年时间，就在日本、马来西亚、加拿大、美国设立了分支机构，在澳门、台湾及韩国委任了代理经销商，其优异业绩受到海外投资者的关注。1997 年 11 月，方正集团公司与美国 IBM 公司签订“软件开发与全球合作协议”。根据协议，IBM 与方正除共同合作开发软件应用产品，向媒体和其他行业提供整体解决方案以外，还将充分发挥各自的优势，在全球市场上代理销售对方的产品。同年，方正还与日商签订了 200 套价值 3.6 亿日元的排版软件的出口，在开拓日本市场方面取得了新的成果。1996 年，未名生物工程集团公司所属的深圳科兴生物制品有限公司研制的 α—1b 基因工程干扰素，年生产 350 万支，实现产值 1.2 亿元，利税 6000 万元，成为国家“863”计划生物技术领域第一个实现产业化的基因工程药物，该公司也成为当时我国最大的基因工程药物产业化基地。北大资源集团公司于 1996 年 5 月破土动工兴建投资 7000 万元、建筑面积 18000 平方米的燕园教育培训中心，1997 年开始启动北京西单安福大厦和博雅西园小区等房地产项目。1997 年，北大青鸟有限责任公司与北京市合作共建北京软件园，并正在积极准备申请在国内股市上市。

1996年和1997年，学校继续根据1995年的决定，对校办产业进行产业结构和布局的调整。主要是对北大技术装备公司、北大体育科技发展公司等进行清盘，将北大科学技术开发公司、北大指纹电子公司并入方正。另外，1997年10月，成立于1988年5月的中日合资企业“北佳信息技术有限公司”董事会决定，北佳十年经营期满后合作终止，进行清算。其激光打印机销售、系统开发、全国销售网等主体部分并入北大方正，北佳软件事业部由日本佳能公司控股组建新的公司。产业结构和布局的调整，有利于科技产业的规模化集约化经营，也有利于支柱产业更好地发展。

从1993年到1997年，短短4年，校办产业的年销售额从10多亿元增加到60多亿元，增长了近5倍；上交学校的经费也从2490万元增加到3190万元。其历年的增加数见下表。

校办产业历年销售总额及上交学校经费统计表（1993—1997）

年度	1993年	1994年	1995年	1996年	1997年
销售总额（亿元）	10.5	20.0	30.0	44.3	60.6
上交学校经费①（万元）	2490	2780	2493	3161	3190

①上交学校的经费包括企业上交的管理费和校办工厂（包括印刷厂）的利润。

以下简要介绍一下校办产业中几个支柱产业。

（1）北大方正集团公司

第二次世界大战结束后的二十多年间，由于电子计算机和光学技术的发展，美国、英国、联邦德国等西方发达国家率先结束了铅活字印刷，开始采用“电子照排技术”，而中国的印刷业仍然停留在“以火熔铅，以铅铸字，以铅字排版，以版印刷”的铅印阶段。为了改变我国印刷业的落后面貌，解决汉字的计算机信息处理问题，1974年8月，在周恩来总理的关怀下，原四机部（电子工业部）、原一机部（机械工业部）、中国科学院、新华社、原国家出版局（新闻出版总署）等五个单位联合发起，由国家计委批准立项，设立国家重点科技攻关项目“汉字信息处理系统工程”，简称“748工程”。

1975年5月，学校将汉字精密照排系统列为北大自选的科研项目，并成立“748工程会战组”，由时任北大教育革命部部长张龙翔教授（后任北大校长）任组长，王选、陈堃銶等为骨干力量。王选等经过大量调查研究后，决定采取数字存储方式直接研制国外尚无商品的第四代激光照排系统。由于汉字数量大——据统计，《康熙字典》收入汉字达47000多个，常用字有六七千个——考虑到字体和不同字号，印刷用的字模数量超过65万个，其对应的存储量超过2×10^9字节，因此，存储量是研制激光汉字照排系统的一个难题和关键问题。1976年,王选发明了“轮廓加参数”的汉字信息高倍率压缩方法和高速复原技术,攻克了这一难题。1976年9月电子工业部将“748工程”中的汉字精密照排系统的研制任务正式下达给北大,由王选负责整个系统的总体设计和研制工作。1977年9月,学校在“748工程会战组”的基础上,成立“汉字信息处理技术研究室”。

1979年7月,经汉字信息处理技术研究室与协作单位山东潍坊计算机公司的共同努力,王选主持研制成功汉字精密照排系统的主体工程,并用该照排系统输出第一张八开报纸样张《汉字信息处理》。同年8月11日,《光明日报》头版头条发表题为“汉字信息处理技术的研究和应用获重大突破”的报道,其副标题为“我国自行设计的计算机—激光汉字编辑排版系统主体工程研制成功”。1980年9月,研究室与潍坊计算机公司又用该系统成功排印出了一本样书——《伍豪之剑》。10月,方毅副总理在北大呈送的《伍豪之剑》及其信函上批示:“这是可喜的成就,印刷术从火与铅的时代过渡到计算机与激光的时代,建议予以支持,请邓副主席批示。”10月25日,邓小平批示:“应加支持。”

1981年7月,王选主持研制的我国第一台计算机—激光汉字照排系统原理性样机(华光Ⅰ型)通过国家鉴定。鉴定结论是:“与国外照排机相比,在汉字压缩技术方面领先,激光输出精度和软件的某些功能达到国际先进水平。”不过原理性样机还存在硬件设备系统体积太大、使用不方便、性能不稳定、排版软件不适用于有符号和公式的科技书籍等问题。于是,王选等决定研制华光Ⅱ型计算机—激光汉字照排系统。

在此之前,1980年2月,时任国家进出口管理委员会副主任的江泽民同志向国务院副总理谷牧写了一封信说:“北大等单位对‘中文激光照排设备’的研制,已有显著成效,技术接近成熟,解决了汉字缩小和放大不变形的问题,有几项技术指标已达到国际先进水平,关键问题在于采用的国产电子计算机及一些元器件不仅体积大,而且运行不可靠。但对于该项目应予积极扶持,可给以少量外汇(20万美元)进口小型电子计算机和一些主要外部设备,以及集成电路组件等,以便继续试验使其完善化,将来在国内推广,在具备一定条件以后,还可将产品打入国际市场。”江泽民的意见被采纳。这20万美元外汇额度为华光Ⅱ型计算机的研制解决了购买外国设备的经费问题。1983年,又从刚设立的国家印刷专项资金中获得1000万元的研制经费。同年,华光Ⅱ型计算机—激光汉字编辑排版系统研制成功。华光Ⅱ型计算机与华光Ⅰ型相比,设备系统的体积大大缩小,稳定性和可靠性也得到了提高。1984年,国家经委、电子工业部、文化部等部门决定安排华光Ⅱ型计算机在新华社进行中试。中试从1985年2月1日开始到同年4月30日结束。三个月中，新华社用两套华光Ⅱ型机排印《新华社每日新闻稿》88 期，还排印了 12 期《前进报》，从未耽误。1985 年 5 月 15 日，国家经委组织国家鉴定委员会在新华社召开鉴定、验收大会，鉴定意见为："华光Ⅱ型计算机——激光汉字编辑排版系统，设计思想先进，高倍率字模信息压缩和高速还原等核心技术具有我国特色，处于世界领先地位……同意系统投产，并尽快推广应用。"

此后，王选等又对华光Ⅱ型系统进行进一步的改进，于 1986 年 9 月研制成功华光Ⅲ型系统。该系统于同年 9 月 30 日首先为《经济日报》社印刷厂采用，开始是用之编排出版每周出三期的《中国机械报》，1987 年 5 月 22 日起，《经济日报》四个版面全部用它编排出版。1987 年 12 月 2 日，国家验收委员会召开验收大会。验收结论是："华光Ⅲ型系统排版已经 13 个月，其中编排《经济日报》已经半年，到目前为止，共编排 11 种报纸，月排字量已达 600 万字，月组版 400 版，证明该系统是适合我国国情的，在编排功能上是能够满足日报编辑排版要求的……这是报纸印刷工艺向现代化迈进的一项重大改革。"

尽管如此，华光Ⅲ型系统还是存在着不稳定、系统体积太大太笨重、操作不方便等不足。所以在华光Ⅲ型系统研制成功以后，王选就决定对其进行进一步改进，着手研制华光Ⅳ型系统。

1984 年 10 月，学校成立科技开发部，任命花文廷为部主任；1985 年 10 月，成立北京大学科技开发总公司，聘请楼滨龙任总公司总经理。1986 年 8 月，遵照上级关于高校办公司在名称上不要冠以学校名字的指示，北京大学科技开发总公司更名为"北京理科新技术公司"，并在海淀区工商行政管理局登记注册。

科技开发总公司成立后，希望能承接王选的"748 项目"，但是，由于汉字信息处理技术研究室早在 1977 年就与山东潍坊计算机公司合作，华光Ⅰ型、Ⅱ型系统都是由潍坊计算机公司生产的，华光Ⅲ型系统亦由潍坊计算机公司在王选等的指导下研制生产，所以，科技开发总公司只于 1986 年春承接了"748"的一个子项目——组织开发精密数字汉字字模，并预付 10 万元给公司，公司组建了汉字字模开发部。汉字字模开发工作进展顺利，当年即可提供几套基本字体的字库，并开发了多种花纹、报花、图形、符号，基本满足了报社、出版社、印刷厂等行业对报纸、杂志、书籍排版的基本要求。此后，更加速字模的开发并提高字模的质量。

1987 年，王选研制成功华光激光照排控制器 TC86，并使用 TC86 研制成华光Ⅳ型激光照排系统。该系统仍由山东潍坊计算机公司生产和销售。不过，1986 年和 1987 年，北大科技开发部主任、副主任和北大科技开发总公司(后改名为北京理科新技术公司)总经理楼滨龙曾多次向国家主管部委领导、国家经委印刷技术装备协调小组领导提出意见和要求:北大应具有汉字激光照排系统的销售权和生产权。这个要求一直到1988年1月才获得国家经委的同意,北大"北京理科新技术公司"(同年5月更名为"北京大学新技术公司")才得以开发生产华光Ⅳ型汉字激光照排系统。

北大新技术公司开始时同潍坊计算机公司一样,生产和销售由TC86控制器组成的华光Ⅳ型系统。1988年10月,新技术公司和北大计算机科学技术研究所合作研制成功性能更好的PUC—IV型控制器,亦称TC88控制器,并生产和销售由TC88控制器组成的华光Ⅳ型系统。这个系统由北大新技术公司独自生产和销售。从此,北大华光电子出版系统成为北大新技术公司的拳头产品,北大新技术公司则以北大电子出版系统为主营方向。

为了做好北大TC88华光Ⅳ型系统的销售和售后的服务工作,新技术公司在1988年12月"北大华光电子出版系统推广会"上正式宣布:自1989年起,在公司所在地免费为用户培训操作、维护人员;系统安装调试后,如果用户在三个月试用期内出现故障,保证予以更换;为系统终生负责维修,一年内免费;1988年10月前销售的华光TC86控制器的系统,在1989年6月前免费换成北大TC88华光Ⅳ型控制器。

北大新技术公司自1988年获得生产和销售华光Ⅳ型汉字激光照排系统的权利以后,产品的销售额快速增长。1987年销售额为350万元,1988年增为3500万元,增加10倍;1989年为7000万元,1990年为1.3亿元,1991年达2亿元。

在北大获准生产和销售华光Ⅳ型汉字激光照排系统的前一年,即1987年7月,北京理科新技术公司在其名下成立北达科技服务部,并在海淀工商行政管理局注册,领得营业执照。服务部主要经销计算机系统、电子产品、教学仪器和生化产品。1988年,北大获准生产、销售华光Ⅳ型系统后,北大新技术公司设立了经营部,北达科技服务部并入经营部。

1987年,北京理科新技术公司还与北京玉渊潭农工商公司合作,成立"北玉公司"。理科新技术公司占60%的股份(其中无形资产占20%),玉渊潭农工商公司占40%的股份。北玉公司主要进行科技开发和电脑销售等业务。当年,玉渊潭农工商公司投入北玉公司资金120万元,不到半年即分得利润30万元,甚为满意。北玉公司经营到何时为止不详。

1988年5月,经国家教委和外贸部批准,北大新技术公司和日本佳能公司、乐恩公司合资成立北佳公司。中日双方各投入资金35万美元。股权分配是中方占50%,日方占50%(佳能公司占40%,乐恩公司占10%)。董事长由北大副校长陈佳洱担任,副董事长由佳能公司的山路敬三社长担任,总经理由北大新技术公司总经理楼滨龙兼任,1989 年学校改派原北大新技术公司总工程师唐晓阳担任。双方协议:北大新技术公司可向北佳公司以优惠价购进所需的激光打印机,北佳公司可向北大新技术公司购买控制器,可自行组成高档轻型印刷系统,销向国内市场。这样,北佳公司成为北大少数几个中外合资公司中的一个(1997 年 10 月,北佳公司董事会议决定,北佳十年经营期满后合作终止)。

1992 年,学校根据《国家试点企业集团登记管理办法(试行)》的有关规定,经北京市新技术产业开发试验区批准,以北大新技术公司的全部资产为基础,设立"北京北大方正集团公司",并于是年 12 月 12 日经北京市工商行政管理局批准,取得企业法人资格。

与方正集团公司成立的同一年,王选指导肖建国等人研制成功彩色电子出版系统,并经《澳门日报》首先使用,证明效果很好。这是世界上第一次实现了彩色照片和中文合一处理并整页输出彩色报纸版面。1994 年,王选等又研制成功高档彩色桌面出版系统,其质量可与电子分色机媲美,从而进入了画刊、彩色杂志等出版系统。

1992 年 11 月之前,《人民日报》每天都要用飞机或传真将当日报纸样版传送到全国各地 30 多个点,印成当日《人民日报》,代价昂贵,速度也慢。1992 年 11 月,《人民日报》采用王选等新研制成功的北大方正卫星传版系统。该系统通过卫星专用通信网络向各印刷点广播式地发送页面描述形式的版面,质量与效率都有了质的飞跃,并节省了大笔资金。1992 年 11 月 20 日,《人民日报》采用的该系统通过了国家验收。

1993 年,王选及其团队研制成功编辑流程管理系统,实现了报社主要流程的电脑管理。同年秋,王选又指导研究生阳振坤等人开发了第一个中文 PostScript Level 2 页面描述语言。它的功能卓越,既可以容纳各种中外图形软件,还可以生成丰富的艺术效果,以及基于调频网技术的高档彩色印刷出版系统。

方正集团公司在开发和推广汉字激光照排系统的同时,还组装和销售 PC 电脑,并于 1995 年 11 月生产出自有品牌——卓越系列的方正电脑和方正显示器。方正电脑上市后,很快畅销全国。两年后,方正电脑即成为国家支持的 5 家 PC 电脑生产厂家之一,销售量也从 1996 年的 4.5 万台增至 1997 年 13.5 万台,被评为北京市新技术产业开发试验区 1996 年度十大名牌产品。

1995 年 12 月 21 日,方正(香港)有限公司在香港以红筹股形式上市,北大方正集团公司为方正(香港)有限公司的国有法人控制单位。公司净资产确认为 10675.46 万元。股票发行价格为 1.98 元港币,发行市盈率为 9.17

倍,招股获得超额认购,共筹得资金 3.2 亿元港币。

1996 年,北大日本方正公司成立。1997 年 5 月,方正集团公司与日本第二大杂志社日本株式会社利库路特公司签订协议:由利库路特公司支付 400 万美元,购买方正日文出版系统。这是我国企业第一次较大规模地出口和销售拥有自主知识产权和自有品牌的高科技产品。

北大新技术公司改名"北大方正集团公司"后,其销售额继续快速增长:1992 年为 4.2 亿元,1993 年为 9.4 亿元,1994 年为 18 亿元,1995 年为 25 亿元。至 1997 年年底,北大汉字激光照排系统已占领国内 85%的报业书刊市场和境外 90%的中文报业市场。

方正集团公司的历届负责人见下表。

当时的公司名称	职务	姓名	任职时间
北京大学科技开发总公司	总经理	楼滨龙	1985 年 1 月—1986 年 5 月
	副总经理	黄禄萍	1985 年 1 月—1986 年 5 月
	副总经理	黄晚菊	1985 年 1 月—1986 年 5 月
北京理科新技术公司	总经理	楼滨龙	1986 年 5 月—1988 年 5 月
	副总经理	黄禄萍	1986 年 5 月—1988 年 5 月
	副总经理	黄晚菊	1986 年 5 月—1988 年 5 月
北京大学新技术公司	总经理	楼滨龙	1988 年 5 月—1992 年 7 月
	总经理	晏懋洵	1992 年 7 月—1993 年 2 月
北大方正集团公司	总裁	晏懋洵	1993 年 2 月—1995 年 6 月
	总裁	张玉峰	1995 年 6 月—1996 年 4 月
	董事长	张玉峰	1996 年 4 月—
	总裁	贺文	1996 年 4 月—1997 年 7 月
	总裁	张兆东	1997 年 7 月—

(2) 北大未名生物工程集团公司

1992 年 10 月,经学校同意,生物系陈章良博士和潘爱华博士在北大未名湖畔的生物楼创办"北大未名生物工程公司"。创办之初,公司从学校借款 40 万元和一间几十平方米的办公室,有十几名兼职教职员。公司是集研究、开发、生产、推广于一体的高科技企业,主要经营范围是基因工程制药、基因工程疫苗、诊断试剂、农业生物工程技术等。

1993 年 5 月,北大未名生物工程公司与香港和邦生物工程有限公司共同投资创办"北大和邦生物工程有限公司"。该公司主要研制和销售基因工程药物和疫苗等。其投资总额为2500万美元，注册资金1000万美元。同年7月，未名公司又与香港创欣投资有限公司共同投资创办“北大创欣生物工程有限公司”。

1994年2月，北大未名生物工程公司更名为北大未名生物工程总公司，学校聘任陈章良为总经理、潘爱华为执行总经理。同年10月，北大未名生物工程总公司又更名为“北大未名生物工程集团公司”，由陈章良任董事长，潘爱华任总经理。

1994年5月，北大未名生物工程集团公司与香港和邦集团联合收购中国第一家现代生物制品企业——深圳科兴生物制品有限公司，使之成为未名集团下属的合资公司。到1997年，未名集团已发展成为拥有深圳科兴生物制品有限公司、北京市北大求实生物工程公司、北京北大未名生物制品有限公司、北京北大高科技投资有限公司、北京赛博奥微生态工程有限公司等十几家下属独资、合资、合营企业，净资产近十亿元的企业集团。

1996年5月，深圳科兴生物制品有限公司生产的赛若金(注射用基因工程干扰素a—1b)通过三期临床试验，获卫生部批准生产。它是我国批准的自主知识产权的第一个基因工程药物，是世界上第一个采用中国健康人白细胞基因克隆和表达的基因工程药物，是国际上公认的治疗乙型、丙型肝炎的首选药物。它与进口的同类药物相比，疗效相同而价格低廉，副作用小，临床适应性广，是中华药学会重点推广的产品。1997年，仅赛若金的销售额就达1.3亿元，在国内市场占有率超过50%。同一时期，北大深圳科兴生物制品有限公司还研制生产悦康仙(重组人白细胞介素Ⅱ注射液)、苏必啉(重组人胰岛素注射液)和赛高路(重组人生长激素注射液)等基因工程药物。

北大未名生物工程集团属下的北大求实生物工程公司主要从事农业生物工程和植物基因工程技术及产品开发、服务与销售。它以北大生命科学院和蛋白质及植物基因工程国家重点实验室为技术依托，取得了一批高水平的科研成果，目前已有13项农业植物基因工程项目通过了农业生物基因工程安全评价，进入大田试验。其中转基因抗病毒烟草、抗病毒番茄、抗病毒甜椒等三项成果已获得国家级新产品证书和全国商品化许可。

北大未名生物工程集团属下的独资、合资、合营企业还有一些产品如富硒康、索奇MT口服液、双岐乳宝等，正在陆续投放市场。

1997年，北大未名集团在北京市、国家科委、国家教委、财政部等的支持下，积极筹建“北大生物城”。该项目已于1997年下半年在北京西郊上地信息产业基地西侧约34公顷的土地上破土动工。

(3) 北大青鸟有限责任公司

1992年11月1日，北大青鸟软件系统公司成立。公司的创始人为计算机科学技术系系主任杨芙清院士和王阳元院士。公司依托计算机科学技术系和国家攻关项目“青鸟工程”，由杨芙清直接领导，刘永进任总经理。其注册资金50万元，流动资金11万元。公司成立后，积极将科研成果转化成市场需求的产品，取得了良好的经济和社会效益，当年即创造了数百万元的销售额，实现了过百万元的利润。

1994年，为扩大规模，拓宽软件开发、生产的路子，增强生产、营销的能力，公司对自身体制、结构进行股份制改造，于是年11月19日成立北大青鸟有限责任公司。公司注册资金为600万元，其中300万是北大青鸟软件系统公司的资产，占50%的股权。北大青鸟有限责任公司由杨芙清任董事长、法定代表人，王阳元任总顾问，顾坚任总经理，许振东任执行总经理。

1995年1月，成立由北大青鸟有限责任公司控股的北大青鸟通讯技术有限责任公司，注册资金1000万元，由王阳元任董事长，张宏刚任总经理。同年8月，青鸟有限责任公司和香港冠创投资有限公司共同投资，成立北大青鸟商用信息系统有限公司，注册资金120万元美金，由杨芙清任董事长，徐祇祥任总经理。1995年，在学校整顿校办工厂时，北大仪器厂、电子仪器厂和无线电工厂先后并入北大青鸟软件系统公司，组成“青鸟仪器设备公司”。并入后，原三厂落后的效益相对较低的产品被淘汰，具有明显优势的产品被保留并得到发展。

北大青鸟有限责任公司，包括其属下公司，是以软件为主体的高科技企业。它经过几年努力，形成了青鸟基础类软件、青鸟应用类软件和青鸟嵌入式系统三大产品体系，在诸多行业中得到应用。

青鸟有限责任公司下属的青鸟商用信息系统有限公司于1995年8月成立后，以信息技术(IT)、软件工程技术为核心，面向金融电子化和商业自动化领域，承担了诸多大规模应用软件开发、系统集成和网络集成项目的研制。如1995年11月，承接中国中原对外工程公司计算机管理系统集成项目；1996年3月，承接大连中国人民银行金融区域网一期工程项目；同年4月，承接北京市朝阳副食品总公司超市计算机管理系统项目和邮电部电信科学技术研究院CDMA数字蜂窝移动通信系统数据库管理系统项目；1996年6月，承接武汉中国人民银行金融区域网一期工程项目；1997年6月，自主开发酒店管理系统、商业自动化系统、区域支付和电子联行业务系统；同年12月，研制成功“铁路自动检票机系统”等。

此外，合并于青鸟软件系统公司的原北大仪器厂、电子仪器厂、无线电工厂生产的在国内具有明显优势的产品，如心理仪器、物理仪器、X射线衍射仪、激光喇曼光谱仪及IT产品等，也成为青鸟有限责任公司的重要产品。

1997年，青鸟有限责任公司，包括其属下公司，年产值已达一亿元。

(4) 北大资源集团公司

北大校园南墙外是一条街,街的南侧都是一家挨一家的商店。1992 年 9 月,学校决定将南墙拆除,改建成商业用房,称之为"南街工程",并成立北大房地产开发部,任命巩运明为主任,汪宇为总工程师,负责南街工程的规划、设计等工作。1993 年 3 月,经海淀区政府和北京市有关部门批准,南街工程开工。与此同时,学校将房地产开发部改为北大资源开发公司,巩运明、汪宇改任为公司总经理和公司总工程师。1996 年 8 月,学校又将北大资源开发公司更名为北大资源集团公司。

1995 年 5 月,南街工程完成了 27000 平方米的商品房建筑,其中有资源东楼、资源西楼和一批平房。资源东楼、西楼位于北四环路、海淀路、中关村路和成府路交会之处,内设宽敞明亮的营业厅和标准写字间,设备齐全,交付使用后,很快吸引了 100 多家科技、文化企业入驻,取得了良好的经济效益和社会效益。

1995 年初,资源公司开始筹划建设资源燕园宾馆(后改称为燕园教育培训中心)及力学大楼、法学楼地下车库等新建和改建工程。燕园培训中心投资近 7000 万元,总建筑面积 18000 平方米。它背靠北大,南邻海淀图书城,内设写字间、客房、公寓、餐厅等多种功能用房,可为到北大进修的学子和有志到中关村地区创办高新技术企业的人士提供教育培训、办公会议、住宿餐饮、体育健身等多种服务。培训中心计划于 1998 年 5 月北大百年校庆期间开业。

1995 年 11 月,学校决定建设北京大学科技园,并设立北京大学科技园办公室,任命巩运明为办公室主任,汪宇为总工程师。它与北大资源开发公司是两块牌子、一套人马,负责规划北大东门外成府地区的拆迁改造,建设北大科技园,以及筹资自建学校五四操场东边的燕园大厦。

1997 年,北大资源集团公司还开始启动北京西单安福大厦、博雅西园小区、博雅德园小区等房地产项目的建设。

第十三章　附属单位

第一节　工农速成中学

中华人民共和国成立后，1949 年 12 月召开了第一次全国教育工作会议。会议根据《共同纲领》，提出当前教育工作的方针是：教育必须为国家生产建设服务，教育必须为工农服务。在当前和以后相当长时间内，必须把教育工作的重点放在普及上。除原有的学校以外，还要创办新型大学、工农速成中学，大办工农业余教育。举办工农速成中学是贯彻这个方针的重要措施之一。北京大学是受命附设工农速成中学的首批高校之一。

一、概述

1950 年 8 月，教育部口头向北京大学交代试办附设工农速成中学的任务。北大经过讨论，提出在文治中学校址举办工农速成中学的意见，并与文治中学进行商议。文治中学是一所私立学校，地址在北大三院旁边、东安门北河沿 49 号。1950 年 8 月 21 日，文治中学呈文北京市人民政府称：本校因无基金，经费奇窘兼以学生人数甚少，下学期势难继续，据北京大学征询与本校合作，改办工农速成中学，经提出本校校务委员会会议议决："本校停办，与北京大学合作改为该校附设工农速成中学。"北京市人民政府批准其停办。9 月，文治中学学生分配到其他中学学习，教职工也妥善转任其他工作，其中留北大工作者 14 名。文治中学经费结余 12093156 元（旧币）捐赠北大附设工农速成中学。

1950 年 10 月 14 日，教育部以高一字 748 号文令北京大学：兹决定你校筹设工农速成中学一所。1950 年下半年招收 4 个班，学生 160 人。附发 1950 年度实验工农速成中学经费开支标准草案及教职工编制表格一份，希即着手筹备，并将筹备情形具体规划及经费预算报部。

北大校务委员会常委会第 52 次会议讨论了教育部的指令，作出了相应的筹备计划，经报部批准后于 10 月 17 日向全校公布，其主要内容如下：政府高教政策规定大学应向工农开门，本校奉教育部令首先试办工农速成中学一所，经校务委员会推定由曾昭抡、游国恩、朱庆永、王湘浩、陈阅增、武永兴、尹绍鸿、张国华、杨炳安等9先生组织筹备委员会，计划筹备工作。该委员会已经拟定本校工农速成中学筹备计划如下：(1) 因系初办，开始时拟先招80人分为两班，明年9月起招收第二班学生80人(后教育部还是要北大第一班即招收学生160人)。(2) 教材主要商请本校各系教员负责研究编定适合工农速成中学的课本。(3) 所需图书按教育部定的开办费购置一部分，其余向本校各方面征求收集。物理、化学、生物所需实验室仪器，除少数可能设法添置外，基本即利用本校理学院各系实验室空闲时间，并由本校有关各系代做所需之标本模型，如此部定之开办费勉强够用。(4)利用已停办之私立文治中学原址加以修整作为教室及图书室，并请教育部于本校三院添建平房五间，可容160人之宿舍。(5)校长由曾昭抡教务长兼任。专任教员5人(教务主任1人，国文、数学教员各2人)，此外各项课程请本校有关各系之讲助或研究生兼任；职员设总务主任1人及其他人员9人。

随此筹备计划公布下发的还有教育部发来的有关文件。在发筹备计划和这些文件的通知上说："请各系了解吸收大量工农出身之学生肄业为本校发展必然之趋势，而工农速成中学以培养工农出身学生为目的，故工农速成中学实具有本校予科或先修班之性质，将工农速成中学之工作当作各系任务之一，而予以大力协助，并将准备情形随时与筹备委员会取得联系。"

筹备委员会于1950年12月下旬举行入学考试，据杨炳安在开学典礼上报告，开始招收学生80人，其中英雄模范约占四分之一，后又遵照教育部意见增加录取80人，共160人(实际上为161人)，分为四个班。1951年2月15日注册，进行思想教育、生活安排、编班考试。3月6日上午在北大北楼礼堂举行工农速成中学开学典礼。典礼由北大校务委员会主席汤用彤教授主持，校务委员钱端升、杨振声，教育部长马叙伦、副部长韦悫、曾昭抡，高教司司长张宗麟、燕京大学校长陆志韦、清华大学教务长周培源、北京市实验工农速成中学胡校长(名字失考)等参加了典礼。工农速成中学教务主任杨炳安报告了筹备经过，北大教务长兼工农速成中学校长曾昭抡表示一定要认真严肃地完成办好速成中学的任务。

1952年，教育部规定工农速成中学分类分班培养，第一类为文史财经政法科，第二类为理工科，第三类为医农生物科。

1955年教育部下达工农速成中学停止招生的指令。余下的两个年级的学生分别于1957年和1958年毕业离校。1958年秋北京大学附设工农速成中学取消建制，改为北京市教育局所属110中学，原领导班子和工作人员大部分调到110中学。

二、办学宗旨和招生条件

工农速成中学的办学宗旨为招收长期参加革命或产业劳动之优秀工农干部及工人，施以中等程度的文化科学基本知识的教育，使其能升入高等学校，继续深造，培养成为新中国的各种高级建设人才，或毕业后直接分配工作。

1950年年底招收学生的条件是：凡年在18岁至35岁，具有相当于高小毕业的文化水平，身体健康，思想进步，工作积极，志愿学习，并具有下列条件之一者，不分性别、民族、宗教信仰，经过考试合格，均得入学：(1) 工农家庭出身或本人是工农成分的干部，参加革命三年以上者；(2) 非工农家庭出身，本人又非工农成分的干部，参加革命五年以上者；(3) 工厂、矿山、农场等产业部门的青年工人，工龄在三年以上者。

1953年，北京大学附设工农速成中学和南开大学附设工农速成中学进行联合招生。招生条件，除与1950年相同者外，不同的有两条：(1)入学年龄由最高35岁降为30岁。工人中的劳动模范，一般不受工龄的限制。(2)工农速成初等学校毕业(包括革命残废军人学校毕业生)，入学前相当于24级(或排以上的干部)，学习期间表现优良者。

1954年，北京大学附设工农速成中学和人民大学、清华大学、农业机械化学院附设工农速成中学及北京市工农速成中学进行联合招生。招生条件，除与以前相同者外，不同的有：(1)入学年龄改为17周岁至28周岁。(2)非工农家庭出身本人又非工农成分的在职国家工作人员，须在中华人民共和国成立前参加革命工作，方得经考试合格后入学；革命军人中的战斗英雄可不受家庭出身及军龄的限制。(3)参加集体农场、农业生产合作社三年以上的劳动模范。

三、学校历届党政领导及校长、教导处、总务处、班主任的工作范围与职权

(一) 历届党政领导干部名单

(1) 校行政：

1950年10月17日：校长：曾昭抡(北大教务长兼任)。

1952年9月22日：校长：暂未定(从这时开始，校长一直未定)；副校长：解才民。

1954年：第一副校长：解才民；第二副校长：宋超。

1956年：第一副校长：宋超；副校长：解才民。

(2) 党总支(分党委)

1951年4月22日:书记:蔡有仁;副书记:杨炳安。

1951年10月:书记:杨炳安;副书记:蔡有仁。

1952年10月12日:书记:解才民;副书记:刘延春。

1954年,分党委书记先后为解才民、宋超;副书记:黄立思、谢静修。

1957年3月1日,北京市委高等学校委员会组织部通知:同意你校工农速成中学党员的组织关系转至本市西四区区委会。

(二) 校长、教导处、总务处、班主任的工作范围与职权

(1) 校长:执行中央人民政府工农教育的政策,主持校务及教导会议,掌握学校财政收支,团结全体教职员工,搞好教学行政工作,出席教育部有关工农教育的会议,负责拟定全校工作计划和总结,对内对外代表学校。

(2) 教导处:在校长领导下,处理一切有关教学问题。教导处设教导主任一人,负责计划领导教学工作和教务行政工作,掌握各科教学计划的进行,校长不在时,对校长负责,执行校长的职权。设教导员一人,协助各科教员,了解学生学习情况、意见或要求,指导学生思想、生活,协助学生会组织并指导学生课外活动,处理有关学生食宿、卫生、请假、会客等问题。设教务干事、文印干事、图书干事,负责有关工作。

(3) 总务处:在校长领导下,配合教导处,根据部定标准,本着节约原则,掌握财政收支,进行一切有关教学的必要设施事宜,如清理校产、购置教学设备、建筑房屋与根据现有条件创造较好的学习环境等。总务处设总务主任一人,在校长领导下负责领导总务工作。设会计、出纳兼保管、事务采购、伙食管理等人员负责有关工作。

(4) 班主任:每班设班主任一人,主持班行政,领导班长、小组长,建立学习秩序,指导小组学习生活检讨会,了解学习进展情况,团结全班同学,联系任课教员,搞好师生关系,负责全班的生活纪律并协助教导处研究解决有关教学问题。

四、学制和教学计划

学制三年。教学上执行教育部制定的统一的教学计划。1951年时只有一个统一教学计划。1952年教育部规定工农速成中学学生分类分班培养,随后并分别制定了第一类(文史财经政法科)、第二类(理工科)、第三类(医农生物科)三个教学计划,见下列各表。

1951 年教学计划

		第一学年		第二学年		第三学年		三学年教学总时数	
		上	下	上	下	上	下		
国文		12	12	8	8	7	7	1080	
数学	算术	8						160	800
	代数		8	3	3			280	
	几何			3	3	3	3	240	
	三角					3	3	120	
自然	植物	2	2					80	240
	动物			2	2			80	
	生理卫生					2		40	
	达尔文学说基础						2	40	
化学				6	6			240	
物理						8	8	320	
地理	本国地理	2	2	2				120	160
	外国地理				2			40	
历史	本国史	3	3	3				180	240
	世界近代史				3			60	
政治						2	2	80	
制图						2	2	80	
体育		1	1	1	1	1	1	120	
音乐		1	1	1	1	1	1	120	
合计		29	29	29	29	29	29	3480	

说明：实际授课时数每年以 40 周计算

工农速成中学教学计划(第一类)

(预备升入高等学校文史、财经、政法等科)1953 年

		第一学年		第二学年		第三学年		三学年教学总时数	
		一	二	三	四	五	六		
本国国文		12	12	9	8	8	8	1083	
数学	算术	8	2					190	798
	代数		4	4	4	2	3	323	
	平面几何		3	3	2	2		190	
	平面三角					2	3	95	

续表

课程		第一学年		第二学年		第三学年		三学年教学总时数	
		一	二	三	四	五	六		
物理				3	3	2	2	190	
化学					2	2	3	133	
生物	植物	2	2					76	266
	动物			2	2			76	
	人体解剖生理学					3		57	
	达尔文学说基础						3	57	
地理		4	4	4	4	3		361	
历史		4	4	4	4	4	6	494	
中国革命常识		3	2					95	
社会科学基本知识				2	2	2		114	
共同纲领							2	38	
体育		1	1	1	1	1	1	114	
俄语				2	2	3	3	190	
每周教学时数		34	34	34	34	34	34		
每学期上课周数		19	19	19	19	19	19	80	
教学总时数		646	646	646	646	646	646	3876	

说明：实际授课时数每学期须保证19周

工农速成中学教学计划(第二类)

(预备升入高等学校理科、工科)1953年

课程		第一学年		第二学年		第三学年		三学年教学总时数	
		一	二	三	四	五	六		
本国国文		13	12	6	6	6	6	931	
数学	算术	10	2					228	1026
	代数		4	4	4	4	4	380	
	几何		3	4	4	3	2	304	
	平面三角					3	3	114	
物理			3	4	4	5	6	418	
化学				4	4	4	4	304	
地理		3	3	3	3			228	

续表

	第一学年		第二学年		第三学年		三学年教学总时数
	一	二	三	四	五	六	
历史	3	3	3	3	2	2	304
中国革命常识	3	2					95
社会科学基本知识			2	2	2		114
共同纲领						2	38
体育	1	1	1	1	1	1	114
俄语			2	2	3	3	190
制图	1	1	1	1	1	1	114
每周教学时数	34	34	34	34	34	34	
每学期上课周数	19	19	19	19	19	19	
教学总时数	646	646	646	646	646	646	3876

说明：实际授课时数每学期须保证 19 周

工农速成中学教学计划(第三类)

(预备升入高等学校医科、农科、生物等科)1953 年

		第一学年		第二学年		第三学年		三学年教学总时数	
		一	二	三	四	五	六		
本国国文		13	12	3	6	6	6	931	
数学	算术	8	2					190	874
	代数		3	4	4	4	4	361	
	平面几何		3	4	4			209	
	平面三角					3	3	114	
物理			3	4	5	4	4	380	
化学				4	4	4	4	304	
生物	植物	3	2					95	342
	动物			3	2			95	
	人体解剖生理学					4		76	
	达尔文主义基础						4	76	
地理		3	3	3	3			228	
历史		3	3	3	3	2	2	304	
中国革命常识		3	2					95	

续表

	第一学年		第二学年		第三学年		三学年教学总时数
	一	二	三	四	五	六	
社会科学基本知识			2	2	2		114
共同纲领						2	38
体育	1	1	1	1	1	1	114
俄语					4	4	152
每周教学时数	34	34	34	34	34	34	
每学期上课周数	19	19	19	19	19	19	
教学总时数	646	646	646	646	646	646	3876

说明：实际授课时数每学期须保证 19 周

五、教职工和学生

1950 年年底筹备期间，初步确定教员 9 人（专任 4 人，兼任 5 人），职员 8 人，工友 4 人，共 21 人。1951 年学校开学，学生进校后，教员增至 14 人（专任 10 人，兼任 4 人），职员增至 10 人，教职员共 24 人。1952 年教员 33 人，职员 11 人，工友 9 人，教职工共 53 人（不含炊事员）。1953 年教员 40 人，职员 26 人，工警及勤杂人员 26 人，共 92 人。1954 年，教员 48 人，职员 32 人，工友 18 人，共 98 人。1955 年以后，由于不继续招生，随着学生人数减少，教职工人数也逐年减少。

从 1950 年年末招收第一批学生到 1954 年，共招收四届学生 950 人，其中 1951 年 161 人，1952 年 354 人，1953 年 147 人，1954 年 288 人。学生中男生 574 人，女生 376 人；党员 530 人，团员 320 人。

学生毕业后有相当部分升入高等学校深造。以 1955 年为例，当年参加毕业考试的共 287 人，准予毕业的 267 人，未准予毕业的 20 人。287 人中升入高等学校的 121 人，升入军干校的 8 人，保送地质训练班的 2 人，分配工作的 153 人，其他 3 人。

第二节　附属中学

京师大学堂初建时，《奏拟京师大学堂章程》规定在大学堂“附设中小学，循级而升”。1898 年 12 月 21 日学堂开学时，传到的学生“许任学院三十名，中学生六十名，小学生七十名”。1900 年 8 月 18 日，许景澄在《奏复大学堂功效折》中有详细统计："现升住堂肄业者，仕学院学生二十七名，中学生一百五十一人，小学生十七人，又附得学生四十三人。"但中小学生的教学组织、课程安排及升级办法等情况资料不详。抗日战争时期，北大、清华、南开联合组成的西南联大的师范学院于1940年11月设立附属学校，请黄钰生为学校主任。当时有初中三个年级，小学六个年级，借云南省工校东大楼为校址。1941年，学校改称为附属中小学，共设12个班，其中初中一年级两班，二、三年级各一班，增加高中一年级两个班。1943年秋，附中与附小分开设立。附中迁至昆明北门街南菁学校旧址。从这年开始奉教育部令试行六年一贯制。当时中一3个班，中二2个班，三、四、五年级各1班。1943年，附中再迁至昆明钱局街昆中南院靠近义林街的部分上课。1943年，附中落成新校舍。是年聘魏泽馨为学校副主任。附中学生最多时达475人(1944年上学期)。1945年上学期为448人。抗战胜利后，师范学院留在昆明，改名为国立昆明师范学院，附中也改属昆明师范学院。此后多年北大没有再设附属中学。

1959年，教育部和北京市委、市政府为加速发展普通教育，特别是发展和加强普通高中，以适应形势发展的需要，决定利用大学的人才和资源优势，举办大学附属中学。

是年，北大根据教育部和市委、市政府的意见，并为解决大学与中学的衔接问题，也为大学提供部分优质生源，决定建立北京大学附属中学。当时计划附属中学分为两部分，北大一附中为普通中学，设在海淀校本部附近；北大二附中侧重理科，设在计划建设的昌平十三陵理科新校区。经与北京市相关领导商议，并经校党委书记兼副校长陆平等同志进行具体考察，将设在海淀黄庄的北京市104中学划给北大，改建为北大附中。1959年12月4日，北大校长马寅初、党委书记陆平、党委副书记史梦兰、校长助理严仁赓、教务长崔雄崑等人和104中校长李恂召集该校教师开会，宣布市委、市政府关于把104中改为北大附中的决定。12月7日，104中召开全校师生员工参加学习跃进大会，104中校长在大会上宣布北京市的上述决定，北大教务长崔雄崑代表北大师生员工表示热烈欢迎。

104中是1957年以原清华大学工农速成中学的部分师资、设备为基础组建的。当时有初一年级6个班，初三年级2个班，高一年级1个班，共有学生440人。但到1959年12月改为北大附中时，已没有高中生，只有初中部。当时有教职工50多人，其中有毕业于北大、清华、师大、燕京、中山等著名学府的骨干教师10多人。104中刚组建时，由原清华工农速成中学党委书记、副校长郭德魁担任校长兼党支部书记，李恂担任副校长。1959年夏，郭德魁调北京市20中任校长后，104中校长改由李恂担任。

104 中改为北大附中后，由北京大学领导，其教学经费、设备费、修缮费、人民助学金等费用由市教育局拨付给北大，由北大统一掌握。

1960 年春，陆平先后两次在北大临湖轩与原 104 中校长、教导主任、教研组长等人进行座谈，进一步明确大学办北大附中的意义，了解原 104 中的情况，商讨如何补充和加强师资队伍，如何扩大学校规模和扩建校区等问题。为了解决抽调教师到北大附中任教的问题，陆平还约请有关系的党总支书记参加会议。陆平指定大学基建处协助北大附中办理扩大校区的征地工作，并主持新的教学楼、学生宿舍楼和学生食堂等的筹建工作，以备秋季开学时使用。

1960 年 6 月 17 日，北京大学任命副教务长尹企卓兼任北大附中校长，李恂改任副校长兼党支部书记，化学系讲师刘美德为副校长兼党支部副书记。与此同时，在陆平亲自主持下，从大学各系先后抽调了 43 名讲师、助教到北大附中任教，使北大附中从一开始就有一支思想素质好并有较高业务水平的教师队伍。有关各系和大学图书馆还拨出不少仪器设备和图书资料支援附中。

1960 年 7 月 11 日，北京大学在《关于北大附中附小教学改革计划向北京市教育局的请示报告》中写道："暑假后，北大一附中在原 104 中初中部的基础上增设高中部，北大二附中只设高中部，北大一附中为普通中学，北大二附中为理科高中，两所中学均有寄宿设备，暑假后初中部招生 400 人，两所中学的高中各招收 300 人。"这个计划得到市教育局的同意。鉴于当时十三陵新校区刚开始建设，第一期基建工程只有 5 万平方米左右，其中不含北大二附中的校舍。所以北大二附中仍同北大一附中共用一处校舍。不久，国家暂时经济困难的问题日益显现，十三陵新校区在完成第一期基建工程后不再继续建设，北大二附中的建校计划也被撤销。

1960 年 9 月，北大附中第一届新生入学，学校在刚建好的学生食堂举行开学典礼。北大党委书记兼新任命为北大校长的陆平在典礼上做了热情洋溢的讲话。他说北大的"小学、中学、大学本科、研究生院"四级，就是攀登科学技术高峰的四级火箭。他勉励同学们在攀登科学高峰的道路上不畏艰险，刻苦学习，报效国家。

1960 年秋，北大附中的学生人数增至 1600 人，教职工增至 130 多人，校舍建筑面积应增至 13000 平方米，但当时高中楼和宿舍楼尚未竣工，只有一座初中楼和几间平房可供使用，同学们只能睡地铺。当时正值经济困难时期，其他物质条件也很差。在这种情况下，全校师生在"把北大附中建成一流学校"的共同信念下，团结一致，不怕困难，在保证正常教学的前提下，积极参加建校劳动，使扩建的校区、新建的楼房迅速完工，为学校的发展奠定了基础。

建校之初，从大学各系调来的教师，虽有较高的业务水平，但都没有在中学教书的经历，缺乏基础教育的经验，为此学校除强调教师要深入钻研教材、加强集体备课外，还组织他们到101中学、实验中学等校参观学习，及时总结交流教学中的经验教训，使他们尽快了解和掌握中学的教学规律，提高教学质量。

1963年教育部颁布了《全日制中学工作条例(草案)》。该条例草案明确了中学的教育任务和培养目标，强调要重视“双基”(基础理论、基础知识)，并对教学时间、劳动时间、课程设置等作了具体规定，纠正了1958—1960年“教育革命”期间劳动过多、社会活动过多等偏差。北大附中组织干部和教师认真学习贯彻该条例草案，重新制订了教学计划，改进了教学内容和教学方法，使学校教育得以朝着正确的方向迅速发展。

北大附中建校不久，就被北京市选定为住在友谊宾馆的外国专家和外国著名人士子女的就读点，开始招收留学生。到1966年“文革”前，先后有美国黑人领袖罗伯特·威廉的儿子、斯里兰卡共产党领导人森纳·那亚克的女儿、柬埔寨西哈努克亲王的儿子那拉迪波以及英、日、澳、新西兰等国友人的孩子就读于北大附中。

1966年6月1日，中央人民广播电台播发了聂元梓等人诬蔑攻击北大党委和北京市党委的大字报后，学校陷于混乱，干部、教师遭批斗，教学设备遭破坏，教学工作停顿，学生成立了各种造反派组织和红卫兵组织，其中“红旗”战斗队是北京市最早成立的红卫兵组织之一，他们所作的“拿起笔做刀枪，集中火力打黑帮”的“造反歌”曾风靡一时。

1967年“复课闹革命”后，驻校军训团宣布北大附中归海淀区东升人民公社领导。1968年7月2日，工军宣队进驻北大附中后，又宣布北大附中仍归北京大学领导。

1968年秋季，学校开始恢复招收初中学生。由于此前两年没有招收新生，所以1968年共招了18个班800多学生。当时将小学五年级、六年级两个年级的学生统统招了进来，他们在前两年没有正常上课，因此许多学生的文化水平较低，达不到小学毕业的程度，加之他们入学后，又多采取“小将上讲台”的教学方式，因而尽管身处逆境的教师尽力进行教学，但教学的质量与效果与“文革”以前相差甚远。1972年周恩来总理在会见美籍华人杨振宁时，表示赞赏他关于加强我国基础理论研究工作和研究人才培养的看法，并对陪同会见的北大革委会副主任周培源教授说：“你回去把北大理科办好，把基础理论水平提高。”此后，周总理还指示：“对学习社会科学理论或自然科学理论有发展前途的青年，中学毕业后，可以直接上大学，边学习，边劳动。”北大附中革委会认真贯彻周总理的指示，采取措施加强基础理论教学，开展课外学科小组活动，开始扭转以前的极“左”做法，取得了一些成效。但不久，“四人帮”开始反扑，将提高基础理论说成“右倾思潮”的表现，发动批判右倾回潮运动，使得学校刚恢复的正常教学秩序被冲击，无法继续下去。

1972年，北大附中高中恢复了招生，当年高中招了两个班90人，初中招了8个班400人。

1976年粉碎“四人帮”以后，学校开展了揭批“四人帮”、拨乱反正、落实政策等一系列工作，迅速恢复、建立了正常的教学秩序，提高了教育教学质量。1977年恢复高考时，允许中学生越级参加高考。北大附中越级考入高校的学生有15人，居北京市中学之首。

1977年5月，邓小平提出“要办重点小学、重点中学、重点大学”。1978年，北大附中被确定为北京市首批重点中学。

1979年，北大附中和全国十二所重点中学语文组共同创办了刊物《作文通讯》，在全国发行。从1979年到1990年，北大附中在《作文通讯》上发表了300多篇优秀作文习作，其中7篇被人民教育出版社作为范文选入写作教材。

1979年，附中遵照教育部颁发的《全日制中学暂行工作条例（试行草案）》规定，学校领导体制从校长负责制改为党支部领导下的校长分工负责制；1985年又重新实行校长负责制，党组织起保证监督作用。是年，为了推进教育教学管理体制改革，学校提出了“从严治校，民主治校，科学治校”的方针，并于1986年暑假前召开了首届教职工代表大会，通过了北大附中教职工代表大会章程，从组织上保证了教职工民主治校的权利与义务。同年，制定了《1986—1990年北大附中发展规划和改革设想（讨论稿）》。该发展规划和改革设想以《中共中央关于教育体制改革的决定》和“三个面向”（教育要面向现代化，面向世界，面向未来）为指导思想，对学生的政治素质、学业素质、身体素质提出了具体要求；同时提出了学校的奋斗目标：把北大附中办成第一流的重点中学，建立第一流的教师队伍，具有第一流的科学管理水平，培养出第一流的学生。

1990年，学校又制定了《1990—1995年北大附中发展规划和总体教育改革设想》，除了对指导思想、治校原则、培养目标、内部管理体制改革、教师队伍建设、教育教学工作等都作了明确规定以外，还提出了“遵循教育教学指导思想，打好基础，提高能力，培养志趣，发展个性”、“教育的主体工作与导向作用”、“五育（德、智、体、美、劳）并举，学有所长”、“全面发展，因材施教，鼓励冒尖”、“教有所长，教无定法”等教学改革的十项基本原则。

北大附中继承北京大学“思想自由、兼容并包”的传统，不规定统一的教学模式，允许和提倡不同观点的争论；在教学内容上，既依据教材又不受教材的束缚，在教学内容和进度基本统一的前提下，鼓励教师发挥自己的特长，形成各自的风格。

北大附中在重视德育、智育、体育和劳动教育的同时，还遵循北京大学老校长蔡元培先生的教导，重视美育教育。20 世纪 70 年代，学校在高一年级开设音乐选修课，举办美术专题讲座，组织合唱团、手风琴演奏团、室内小乐队、舞蹈队、话剧社等艺术团体，开展了丰富多彩的活动。1990 年成立了马林巴演奏团，1991 年成立了铜管乐团，1994 年在北京音乐厅举办了“艺术之声”音乐会。李岚清副总理为音乐会题词：“音乐教育是美化心灵、陶冶情操的高尚事业，是德育教育的重要内容。”同年，北大附中铜管乐团获全国首届业余铜管乐大赛三等奖。4 月，铜管乐团还赴台演出，受到好评。

为了发展学生的志趣、特长，培养特长生，北大附中采取了多种措施，为他们的发展成长创造有利条件。从 20 世纪 80 年代末开始，学校成立了第二课堂办公室，建立了科技活动中心，成立了多种学科小组、科技小组，组织各种社团，增开选修课，请北大、中科院等单位的专家来校指导等，提高学生在爱好、特长方面的修养和能力，从而在学科、科技、文艺、体育等方面培养出了不少有特长的学生。据统计，仅 1987 年到 1994 年，在北京市学生学科竞赛中，北大附中就有 447 人次获得一、二、三等奖，占全市获奖人数的 15%。其中 98 人获得一等奖，占全市 19%。有 9 名学生获青少年科学奖，2 人获“雷达杯天才少年”第一名。从 1986 年到 1997 年，在市级举办的小发明、小制作、小论文及音乐、书法、器乐比赛中有 200 余人获奖。从 1987 年到 1994 年，在国际中学生数、理、化、生、信息等比赛中有 13 人获奖，占全市获奖人数的 37%，其中 8 人获得金牌，占全市的 14%。1987 年，北京市设立中小学生最高荣誉奖——金帆奖、银帆奖。从 1987 年到 1996 年，北大附中有 10 人次获得金帆奖，14 人次获得银帆奖，获得金帆奖的人数占全市获奖人数的 21%。

1988 年，国家教委为探索高层次人才的培养途径，委托北大附中举办物理实验班和化学实验班，选取各省市物理、化学竞赛中成绩特别优异的学生进入实验班学习。实验班学生除选拔参加国家奥林匹克代表队、参加国际比赛外，学业完成后可根据个人意愿保送到全国著名大学学习。

1994 年，国家教委又委托北大附中举办三年制的理科实验班，从各省市初中学科竞赛的优胜者中选拔学生到该班进行特殊培养。实验班每年招收 25 人，用两年时间基本学完高中三年的课程，学完两年考核合格者即可保送到全国重点大学学习。

北大附中有比较广泛的国际联系和较多的国际教育交流活动。1984 年，北大附中与日本早稻田大学本庄高等学院（本庄高中在日本全国招生，毕业生直升早大）建立了友好交流关系。随后，附中又与日本熊本济黉高等学校（1913 年孙中山曾访问该校并作了演讲）、大阪清风学园、美国明尼苏达州布莱克中学、法国德比西中学、莫斯科第十一中学等建立了友好交流关系，并和澳大利亚、加拿大等国一些中学进行友好交流。

1988 年，北大附中被评为北京市普教系统先进集体；1987 年和 1989 年先后被评为全国先进体育传统项目学校和全国体育锻炼标准先进单位；1989 年至 1993 年，连续五年被评为北京市科技活动先进学校。

1979 年，为了适应北大教职工子女入学的需要，建立了北大附中二部，1981 年改二部为北大附中分校。1983 年，分校脱离北大附中，更名为北大二附中，成为北大子弟中学。1984 年，北大将两个北大附中合并，1985 年 1 月又恢复为两个学校，1997 年再次将两个北大附中合并为一个学校。1998 年，北大二附中改制为民办公助学校，更名为北京市北达资源中学。

北大附中从建校到 1997 年共培养初中毕业生 13392 人，高中毕业生 9936 人，合计 23328 人（不含北大二附中）。1997 年两个北大附中合并后，校本部有教职工 269 人，其中高级教师 97 人，特级教师 6 人。校园面积 4 公顷，校舍建筑面积 22000 平方米，图书馆藏书约 10 万册。

北大附中历任校长、副校长（革委会主任、副主任）名单

职务	姓名	任职时间	职务	姓名	任职时间
校长	尹企卓	1960 年 6 月—1966 年 6 月	副校长	李恂	1960 年 6 月—1961 年 6 月
			副校长	刘美德	1960 年 6 月—1966 年 6 月
			副校长	贾世起	1962 年—1966 年 6 月
革委会主任	贾世起	1968—1971 年	革委会副主任	姚凤岐	1968—1971 年
革委会主任	冯俊阁	1971—1972 年	革委会副主任	张春林	1971—1972 年
革委会主任	张春林	1972—1973 年	革委会副主任	孟广平	1972—1973 年
革委会主任	孟广平	1973—1978 年	革委会副主任	张春林	1973—1974 年
			革委会副主任	甄玉德	1974—1976 年
			革委会副主任	褚再陞	1974—1977 年
校长	孟广平	1978 年 11 月—1980 年	副校长	夏学之	1979 年 6 月—1980 年 11 月

续表

职务	姓名	任职时间	职务	姓名	任职时间
代校长	夏学之	1980 年 11 月—1984 年 4 月	副校长	章熊	1981 年 7 月—1985 年 1 月
			副校长	陈剑刚	1981 年 7 月—1984 年 5 月
			副校长	李雅	1982—1984 年
校长	陈剑刚	1984 年 5 月—1985 年 1 月	副校长	夏学之	1984 年 5 月—1985 年 1 月
			副校长	胡章淑	1984 年 5 月—1985 年 1 月
校长	夏学之	1985 年 1 月—1992 年 7 月	副校长	吴正禄	1984 年 9 月—1993 年
			副校长	赵光华	1985—1990 年
			副校长	孙曾彪	1987 年 9 月—1997 年 7 月
			副校长	毛美华	1992 年 1 月—1992 年 7 月
校长	毛美华	1992 年 8 月—1997 年 7 月	副校长	高玉琴	1992 年 8 月—1994 年 3 月
			副校长	郭同恒	1992 年 8 月—1997 年 7 月
			副校长	王铮	1994 年 3 月—
校长	赵钰琳	1997 年 7 月—	副校长	张思明	1997 年 7 月—
			副校长	任平生	1997 年 7 月—

北大附中历届党组织(总支)书记、副书记名单

职务	姓名	任职时间	职务	姓名	任职时间
党支部书记	李恂	1960—1961 年	支部副书记	刘文铎	1960—1961 年
			支部副书记	刘美德	1960—1961 年

续表

职务	姓名	任职时间	职务	姓名	任职时间
支部书记	刘美德	1962—1966年	支部副书记	张春林	1962年—1966年3月
			支部副书记	贾世起	1966年3月—1966年6月
支部书记	冯俊阁	1971—1972年	支部副书记	张春林	1971—1972年
支部书记	张春林	1973—1979年	支部副书记	孟广平	1972—1979年
			支部副书记	杨定魁	1972—1973年
			支部副书记	陈护柏	1973—1976年
			支部副书记	张秀全	1976年—1982年6月（1981年代书记到1982年6月）
支部书记	孟广平	1979年—1980年			
支部书记	张秀全	1982年6月—1984年5月			
党总支书记	马树孚	1984年5月—1986年1月	总支副书记	张秀全	1984年5月—1986年1月
			总支副书记	赵宝玺	1984年5月—1986年1月
党总支书记	张秀全	1986年1月—1992年8月	总支副书记	毛美华	1992年1月—1992年8月
党总支书记	高玉琴	1992年8月—1995年1月	总支副书记	张国栋	1992年8月—1995年1月
党总支书记	张国栋	1995年1月—1997年	总支副书记 党委副书记	赵聪	1996年1月—
党委书记	董灵生	1997年—			

北大附中特级教师名单

姓名	学科	获评时间
陈剑刚	数学	1986年
吴正禄	政治	1986年
陈育林	物理	1992年
李裕德	语文	1992年
周沛耕	数学	1992年
孙曾彪	数学	1994年

第三节　第二附属中学

1980年5月，北京市海淀区教育局致函北京大学："本地区中学已无能力解决你校教职工子女入学问题，望你校党政有关部门早日研究，于八一年八月以前能自建普通中学一所，着重招初中学生，以保证你校教职工子女按时入学。"1981年4月8日，北大向教育部、北京市教育局、海淀区教育局报告："为了解决全校广大教职工的子女入学问题，我校认为：海淀区教育局关于另建普通中学的建议，是解决问题的合理办法。在实际上，北京大学需增加较少编制，提供一定的基建面积，这一办法可能付诸实现。为此，现提出自1981年暑假起，开办北京大学第二附属中学，先自一年级（初中）招生开始，逐步建校。"此报告经教育部备案后，北大于是年决定成立北京大学附属中学分校。分校为北大子弟学校，从当年暑假开始招收初中一年级学生，分四个班共180人，全部招收本校教职工子女。不过对本校教职工子女并不采取全包下来的办法，而是采取按分数依顺序录取。凡考试成绩不合标准者，经学生家长自愿，可在附小留级。分校在北大各部门大力支持下，调进第一批教职工共15人。他们发扬艰苦奋斗、勤俭办学的创业精神，努力筹建分校。1981年8月29日，经教育部、北京市教育局、海淀区教育局批准，北大附中分校举行了开学典礼。马树孚任校长，赵宝玺、胡章淑任副校长。1981年9月1日分校学生在北大附中教学楼正式上课。因师资不足，分校还聘请北大附中的一些老师代课。开学后，校领导带领十几名教职工在办学经验不足、办学条件十分困难的情况下，积极开展教学工作；同时，积极物色后备师资，筹措图书、仪器、设备、家具等为建校创造条件。分校还派专人同北大基建处干部一起赴外省市考察筹划校舍的规划设计。新校舍建在北大畅春园，计划建两座教学楼，第一座教学楼于1983年动工。

1983年10月，附中分校更名为北京大学第二附属中学。1984年5月，北大校长办公会决定将北大附中和北大二附中合并，并任命陈剑刚为合并后的附中校长。原二附中校长马树孚为合并后的党总支书记兼副校长。原附中副校长、代理校长夏学之，副校长章熊和原二附中副校长胡章淑为合并后的附中副校长。对这个决定，原两个附中的领导和大多数教职工均不赞成，原附中的教职工反应尤为强烈，市教育局和国家教育部对此也有意见。主要原因是北大附中是北京市的重点中学，其初、高中的招生，在完成市教育局招生指标的前提下，对北大教职工子弟虽可有所照顾，如初中每年接纳北大附小两个班的学生（由附小推荐），高中对北大教职工子弟可以比全市统一招生分数线降低几分录取等，但照顾不能太多。而二附中是普通中学，属北大教职工子弟学校性质。把原附中和二附中合并为一个学校，实际上是把原附中的重点中学性质改为普通中学，改为北大教职工的子弟学校，这势必影响所招学生的质量，影响教学的质量，而且原来两个学校分在两个地点，变成一个学校，管理上也有诸多困难。所以两个附中名义上合并了，但实际上仍是各干各的，各项工作基本上还是按原来的样子进行。1984 年 6 月畅春园第一座新教学楼竣工，原二附中的初中学生迁入新校舍上课，并招收了首届高中生。

1985 年，北大校领导决定将合并后的附中分为高中部和初中部两部分，原北大附中主要办高中，原二附中办初中，并于是年 5 月，任命夏学之为附中高中部校长，吴正禄、赵光华为高中部副校长，马树孚为初中部校长，赵宝玺、胡章淑为初中部副校长。但这个方案，受诸多条件的限制，实际也未能行得通。此后不久，两个附中重新分开，校名也恢复合并前的北大附中和北大二附中。附中高中部的领导班子成为北大附中的领导班子，初中部的领导班子成为二附中的领导班子。

1987 年 4 月 17 日，北大向市教育局报告说："为解决我校教职工子女入学问题，于 1981 年 5 月筹建北京大学第二附属中学。目前，已建成四千多平方米的教学楼一座，实验室、电教室、仪器设备基本配齐，该校自 1981 年开始招生，现已有六个年级二十三个教学班，在校生九百多人，已成为一所初具规模的完全中学，今年将有第一届高中毕业生。六年来，在市、区教育局的关心支持下，该校的教育教学工作取得了一定的成绩，解除了北大教职工的后顾之忧，减轻了本地区各中学的负担。此后将继续为普及义务教育、提高教学质量而努力。为了取得上级教育部门对该校的具体领导，提高教育教学工作，特申请为该校立户备案，请予审批。"1987 年 6 月 25 日，市教育局对北大复函称同意"北京大学第二附属中学"立户备案。此后，该校的教学业务工作由海淀区教育局指导，其有关招生、毕业工作接受海淀区教育局的统一安排、领导。

二附中自 1981 年暑期招收第一批初中生起，到 1996 年暑期为止，有 9 届高中毕业生，12 届初中毕业生，共 3000 余人。在校生最多时为 23 个班，1000 余人。

二附中建校初期，实行党支部领导下的校长分工负责制。学校的重大问题都必须经过党支部讨论决定；1985 年，改为实行校长负责制，党组织起监督保证作用。

1981 年 6 月，二附中（当时称附中分校）开始招收初中生时，北大和教育部、市高教局、海淀区教育局对当年附中和附中分校招收北大教职工子女入学问题，商定了以下规定：(1)北大附中初中划出四个班，附中分校是年招收四个班，全部接受我校编内的教职工子女入学。(2)附中和附中分校招生的范围，按海淀区教育局规定，只限于以下小学的毕业生中的北大教职工子女：北大附小、中关村一小、中关村二小、老虎洞小学、人大附小、西颐小学、成府小学、八一小学、南海淀小学(1983年后增加了中关村三小)。非以上规定的小学的应届毕业生，虽属北大教职工子女，亦应按北京市规定的中学报考办法，就近升学，北大附中、附中分校不予招收。(3)北大附小应届毕业生，凡入学成绩合格的(按海淀区教育局规定的标准)，本年度由北大附中和附中分校分别全部接受。北大附中属市重点中学。附中分校系北大为本校教职工子女兴办的普通中学，其全部经费按教育部批复，从北大基金收入中用于集体福利的资金中解决。根据两个学校的性质，非北大教职工的子女，皆不照顾。自次年起，北大附小毕业生，凡不属北大教职工子女，欲进北大附中者，将与准许报考北大附中的其他各小学的毕业生同等对待，不予任何照顾，附中分校亦不予接收。(4)该年度北大附中招收北大教职工子女四个班，人数最低限为180名(不超过200名)；附中分校招收北大教职工子女四个班，人数最高限为200人。凡属该规定第二条所列各小学的应届毕业生，又属北大教职工子女，志愿报考北大附中和附中分校者，将同等对待。北大附中按分数段择优录取；附中分校最低分数线按海淀区教育局的规定办理，在分数线以下者，不予接受。(5)北大附小毕业班的借读生，北大附中和附中分校均不予接受。此后，二附中招生工作基本上均按照这个规定的精神，在海淀区教育局的统一安排与领导下进行。

二附中是在改革开放的新形势下建立起来的，始终坚持社会主义的办学方向和德智体美全面发展的方针，逐步树立起良好的校风。在德育方面，它坚持四项基本原则，把坚定正确的政治方向放在首位，建立起了较完整的德育管理制度和量化规范。在学雷锋、军训、社会实践、传统教育等活动中，二附中都曾涌现出一批积极分子和“三好生”，1988年至1990年连续三年被评为“海淀区校风优良校”。

二附中建校以来，一直坚持以教学为中心，教学中以课堂教学为中心，注意把教师的积极性引导到课堂教学改革中来，向改革要教学质量。首先是组织教师学习先进的教育理论和教学经验，并将之与自己的教学实践结合起来。建校之初学校组织教师学习苏联著名教育家苏霍姆林斯基的教育理论，听上海特级语文教师钱梦龙的课。1985年，学校派了四位教师去武汉华中师大学习黎世法教授创立的“六课型单元教学法”，听观摩课，回校后向全校教师进行传达，组织学习、讨论，并在初一数学课中进行“六课型单元教学法”的实验。原来在教学中只重视教师在课堂教学中的主导作用，只研究教学法，学习后，明确更应重视学生在课堂中的主体地位，重视研究学情、学法、以提高教学的质量和效率。此后，学校和教师都花很大精力去研究校情、学情，特别是学习困难学生的学习特点、心理特点，研究他们产生学习困难的原因，在这方面，教师结合自己教学实践的经验、体会，写出了不少论文。1990 年，学校又通过组织教师学习美国著名教育家布鲁姆的“掌握学习”理论和海淀区 28 校协作群体经验，进一步树立正确的学生观。学校提出的学生观是“面向全体学生，一个不放弃”，“对差生要厚爱、偏爱、深深地爱”，这是教学的出发点。他们还探索运用布鲁姆的“掌握学习”理论、“教育目标分类学”来改进教学，把教学评价与反馈引入到教学中来，逐步形成二附中自己的教学模式，即以“讲、练、考、评、补”为表现形式，以布鲁姆“掌握学习”理论为依据，使学生大面积达到掌握的教学模式。各科教师还根据各自学科的特点，进行启发式教学、范例教学、整体教学与情景教学的研究。

二附中是普通中学，生源不是很理想，但教师水平较高，被海淀区评为“教学加工能力强的学校”；1993 年被海淀区教育局评为“教学质量纵深战成绩显著校”。

二附中很重视组织教师开展教学研究，把它作为提高教师素质提高教学质量的基础工作。每学年，各教研组都根据学校教学工作计划，结合本组的实际情况，确定本组的教研课题，中高级教师都要围绕本组的教研课题，确定自己的研究题目，并经过一年的研究后，写出一篇教学研究论文，初级教师则要求写一篇教学工作总结。这些论文和总结，于新学年开始后，在本组交流推荐的基础上，由学校评委会评出优秀论文，并把其中获学校一等奖的论文编印成论文集。1985 年出了第一本教学研究论文集。1991 年以后，每年都要编选一本这样的论文集。二附中有 10 多名教师的论文在区级以上的刊物上发表，或在区级以上的会议上交流；有 3 名教师被定为海淀区第一批学科带头人。1993 年，在海淀区组织的征文比赛中，有两名教师获区一等奖（占全区一等奖的 14.4%），两名教师获三等奖，并有两名教师分获北京市一等奖和二等奖。1996 年《计算机对教学模式影响的初探》一文获海淀区第五届教育科研优秀论文一等奖和北京市优秀论文一等奖。另有 4 位教师的论文获区三等奖。1992 年以来，二附中与北大电教中心、计算机研究所合作，共同完成高中数学辅助软件“参数方程”“正方体截面”“数学系列练习题”和生物教学多媒体软件“根对水分吸收”等的研制。这些教学软件的应用，提高了有关课程的教学质量。

1997 年 7 月，因二附中生源不足，北大决定将二附中合并于附中，撤销二附中建制，二附中的高中教师并到北大附中任教，二附中的初中部分，改为民办的北达资源中学。资源中学只办初中，接纳北大教职工直系亲属子弟,并对外招收自费生。

北京大学第二附属中学(包括北大附中分校、北大附中初中部)历任校长、副校长名单

职务	姓名	任职时间	职务	姓名	任职时间
北大附中分校校长	马树孚	1981年6月—1983年10月	副校长	赵宝玺	1981年6月—1983年10月
			副校长	胡章淑	1981年6月—1983年10月
北大第二附属中学校长	马树孚	1983年10月—1984年5月(1984年5月,二附中与附中合并)	副校长	赵宝玺	1983年10月—1984年5月
			副校长	胡章淑	1983年10月—1984年5月
北大附中初中部校长(北大二附中校长)	马树孚	1985年4月—1986年5月	副校长	胡章淑	1985年4月—1986年5月
			副校长	赵宝玺	1985年4月—1986年5月
北大第二附属中学校长	胡章淑	1986年5月—1992年7月	副校长	赵宝玺	1986年5月—1987年4月
			副校长	董灵生	1986年8月—1992年7月
北大第二附属中学校长	董灵生	1992年7月—1997年7月	副校长	王永宽	1992年7月—1997年7月
			副校长	陈树华	1992年7月—1997年7月

北京大学第二附属中学(包括北大附中分校、北大附中初中部)直属党支部干部名单

职务	姓名	任职时间	职务	姓名	任职时间
北大附中分校党支部书记	赵宝玺	1982年9月—1983年10月			
北大第二附属中学党支部书记	赵宝玺	1983年10月—1984年5月(1984年5月,二附中与附中合并后其党组织不直属于校党委)			
北大附中初中部直属党支部书记	赵宝玺	1985年4月—1988年4月			
北大第二附属中学直属党支部书记	陈建新	1988年4月—1994年7月	副书记	胡朝栓	1992年1月—1994年7月
北大第二附属中学直属党支部书记	孟昭为	1994年7月—1997年7月			

第四节　附属小学

1898年京师大学堂创办时兼寓小学堂，1902年京师大学堂恢复后又设有附属高等小学堂，但迄今未找到有关它们具体情况的材料。抗日战争时期，西南联大师范学院于1940年11月开办联大附设学校，聘请黄钰生兼任学校主任。创办时初中有三个年级，小学有六个年级。校址在省立工业学校东大楼，办公在师院第一阅览室，学生79人，教职工约20人。当时空袭频繁，从安全考虑，小学一至四年级下午三时至六时在工校上课，五、六年级上午到疏散点（黄土坡）露天上课，中午就地午餐，下午返校。1941年联大附设学校改称联大师范学院附属中小学。1942年秋，附中与附小分开办学。附小校址在昆明大西门外的浙江享堂。校主任仍由黄钰生兼任。联大结束，三校回迁，附小随师范学院留昆明。北大迁回北平后，一直到1952年以前，没有设立附属小学。1952年院系调整后，北大迁入原燕京大学旧址。燕大于1923年在校内举办燕京大学附设学校，院、系调整前曾与清华大学成志学校合并。1952年9月燕大附设学校改为北京大学附属小学，成为北大教职工子弟学校。1959年北大附小迁入燕东园王家花园，占地面积24294平方米，到1997年校舍建筑面积为8000平方米，其中，教学及辅助用房面积为5800平方米（教室3140平方米；44个实验室2500平方米；图书馆140平方米）；行政办公用房1800平方米（内教师办公室1000平方米）；生活用房300平方米（内教工宿舍80平方米，住宅100平方米）。1995年附小建成了一座近2000平方米的专用教学楼。这是附小依靠自己的力量，多方筹措资金完成的。此后学校有了自然、计算机、地理、美术、手工、音乐、形体、语言电化、图书阅览等18个专用教室。到1997年除体育场面积和图书室藏书外，其余教学设施、实验室等均已达标。

1952年北大附小教职工21人，其中教师12人，职员4人，工人5人。随着附小的发展，教职工队伍逐渐壮大，到1997年总人数为94人，其中专任教师76人，行政人员12人，工勤人员2人。另有不在学校编制内的校办工厂职工4人（工资由校办厂支付），代课教师3人，临时工2人。据1997年统计：教职员取得大学本科毕业以上学历的7人，大学专科毕业学历的29人，中专毕业学历的26人，高中毕业学历的11人，高中未毕业的3人。42%的专任教师、70%以上的青年教师学历已达大专以上。专业技术职称：中教高级教师职称5人，小学高级教师职称43人，小学一级教师职称27人，小学二级教师职称3人。党支部书记、正副校长5人中具有中学高级教师职称2人，小学高级教师职称3人。还有区学科带头人4人。近年来二十几位教师在区级以上评优课中获奖，40多篇文章在区级以上会议上交流、获奖或发表在报纸杂志上，并著书50多种。这些书中，有的成为全国最佳畅销书，有的被评为全国妇幼最佳读物，其中《青少年计算机LOGO语言》一书被选为北京市和其他部分省、市中小学教材。1995年以后，学校承担国家教育科学“九五”重点课题“学习困难儿童影响因素的研究、鉴定与培养”“识字教育科学化与语文课程教材体系实验研究”的子课题“回宫格习字法实验”和“全国现代小学数学实验”等。1996年4月17日海淀区教工委、教委主任联席会审定：北大附属小学具有教育现代化学校资格并正式授牌。

附小在校生1953年只有9个班405人，到1997年有34个班1339人，最多时达1500人。附小毕业生据不完全统计从1953年到1997年共7900余人（1965—1973年无材料）。依据教育法，附小制定了有关规章制度，加强学籍管理，学生入学率为100%，升学率为100%，升级率为99.8%，流失率为零。

附小坚持以教学为主的原则，一直以主要精力狠抓课堂教学，注重教学研究的开展，提高教学质量。（1）制定了课堂常规，对备课、上课、练习、批改作业、复习、考试各环节及学生学法等提出明确要求，并务求抓实，实行全面系统的管理。（2）深入教学第一线，掌握教学情况，发现问题，总结经验，实施教学指导。1985年以来，学校领导除亲自担任课程教学以外，主抓教学的同志每学年听课基本在150节课以上，校长在100节左右，最多时达200余节。（3）开展教学研究，改进教学方法。每学年由学校提出研究内容，各教研室制定教研计划，老师认定课题，依据教学大纲和教材，就某一项内容进行系列研究，就某一方法进行多次探讨，就某一经验提出总结推广的意见。采取的形式是集体讨论，确定教学方案→个人实施→大家评议→总结修改→再实施→再总结，循环进行，使之具有示范性，达到研究课的目的。仅1995年一学期，就进行了组、校、中心，区级不同层次的研究课119节。到1997年，这样的课已做了几百节。（4）增添教学设备，丰富教学手段，如购置投影仪、录音机、全自动幻灯机、摄录像及编辑的全套设备等。

北大附小近年来先后被评为“北京市贯彻十八字方针[①]，实施愉快教育先进学校”“海淀区全面育人先进学校”和“海淀区教改试验区示范学校”。

---

① “十八字方针”：全面贯彻教育方针，培养学生全面和谐发展。

北大附小历届党支部书记、副书记名单

职务	姓名	任职时间
党支部委书记	吴树香	1971 年 7 月 24 日—1975 年 7 月
党支部副书记	罗正清	1971 年 7 月 24 日—1971 年 10 月
副书记代理书记	柯学龙	1975 年 7 月 29 日—1978 年
党支部副书记	李超钢	1977—1978 年
党支部书记	罗正清	1978 年—1979 年 4 月
党支部书记	贾洪博	1979 年 4 月—1983 年 2 月
党支部书记	汪惠莲	1983 年 2 月 22 日—1986 年
党支部书记	刘桂花	1986—1993 年
党支部书记	李秀琴	1993 年—

北大附小历任校长、副校长(革委会主任、副主任)名单

职务	姓名	任职时间
负责人	张秀真	1952 年 9 月—1954 年 9 月
校长	郝素梅	1954—1966 年
副校长	夏静宜	1959—1966 年
革委会主任	吴树香	1971 年 7 月 24 日—1971 年 11 月 24 日
副主任	罗正清	1971 年 7 月 24 日—1973 年 3 月
革委会主任	罗正清	1973 年 3 月—1975 年 7 月
副主任	李秀琴	1971 年 11 月 1 日—1973 年 3 月
革委会副主任代主任	李秀琴	1975 年 7 月 29 日—1977 年
副主任	夏静宜	1973 年 3 月 3 日—1977 年
副主任	汪惠莲	1974 年 4 月 23 日—1975 年 7 月 29 日
校长	罗正清	1978—1984 年
副校长	汪惠莲	1978—1984 年
副校长	肖宗春（工宣队）	1978—1984 年
校长	董振平	1984—1986 年
副校长	刘开云	1984—1986 年
副校长	汪惠莲	1984 年
副校长	肖宗春	1984 年
校长	刘开云	1986 年—

第五节　职工学校

1918年4月，在蔡元培校长的积极倡导和亲自筹划下，学校举办了“校役夜班”（即工人夜校）。当时规定：校役夜班是对本校全体校役所施的教育，凡校役都须入班；夜班“以引起其（校役）道德观念，增进其生活常识为宗旨”；夜班教授之标准以与高等小学同程度为限；夜班开设修身、国文、算术、理科、外国语五门课程；毕业期无定，随时视其程度酌予证书；夜班的教职员均纯粹义务（教员全由招聘的学生义务担任）；校役不纳学费。当时全部校役共230余人。校役夜班共设十班，分甲、乙两组，每组受业三晚。校役夜班共办了两年多时间。

1920年1月，在蔡元培赞助下，由学生会教育股举办的平民夜校，招收了350名学生，主要是学校附近的平民子弟。平民夜校从管理到教学，都由北大学生义务担任。开办了高小班、国民班和特别班。每星期由教务处报告时事，每星期六举行修身谈话会，星期日上午请人演讲。

1927年以后，一直到1949年北平解放，学校未再举办过这类夜班。

北平解放后，1949年3月，原工警联合会召开工警代表大会，决定将工警联合会改为工警工会。7月，工警工会根据广大工友的要求，成立了“沙滩区工警夜校”。“工警夜校”开始时由北京市内六区人民政府文教科主办，但很快就改由北大学生会社会服务部主办。夜校分高、中、初三班，共有工警100余人参加学习。夜校开设国语、算术、自然、地理、政治课等课程，教员全由学生会在同学中聘任。1949年10月，北大教职员联合会成立。联合会为照顾同学的学习，减轻同学的负担，并拟通过举办夜校加强教职工的团结，为筹备北大工会打下良好基础，决定接办“工警夜校”，并将之改称为“工人补习学校”，教员亦全改为从教职员工中聘任。补习学校和原工警夜校的课程不是按照政府规定的学制课程设置的，教学内容也不是按照学制课程的要求制定的，属于非正规的教育。

1949年12月，北大工会举行成立大会。大会通过了将业余学校正规化的提案。1950年3月上旬，校工会执委会决定在原补习学校的基础上成立北大业余学校，并通过《北大业余学校工作方案》和人员配备。该工作方案的主要内容有：(1)业余学校第一步先以吸收本校工友入学为主，在不影响教学与经费许可的原则下，十六岁以上的会员眷属亦可申请入学。(2)业余学校的学制、课程和教材，根据北京市教育工作委员会的规定办理，目前暂设小学和初中。学生经考试后入学，修满相当期限，并需经过与一般学校同程度的考试之后，方能升级、毕业与升学。小学暂定三年毕业(包括初小、高小在内)，一年三个学期(从第二学期起，即根据市业余教育工作委员会的规定改为一年两个学期)，一学期四个月，上课十六周，每周上课时间十六小时；主要课程为国文、算术(或加珠算)、常识(包括史地和自然)；第一学年仅学国文和算术，第二学年起增加常识课。初中学制暂分下列两种：第一种：暂定三年毕业，一年分两个学期，每学期上课二十四周，每周上课十小时；第二种：暂定四年毕业，一年分两个学期，每学期上课二十四周，每周上课六小时；所授课程为国文、数学、博物(包括生理卫生)、理化、史地。以上规定的教学年限，按照实际教学进程，可以伸缩。教材：小学采用市业余教育工作委员会编审的课本；初中则由现有中学课本中选择采用。(3)学生学习时间在业务时间以外调整规定，但工会、各级行政应保证此项业余学习时间不受妨害。(4)业余学校总校设校长一人，由工会主席担任；副校长一人，由工会宣教部长担任；秘书长一人，由宣教部指定一人担任；秘书长应在宣教部的领导下，负实际推动校务的责任。业余学校分校(当时有沙滩、工学院、医学院、医院四个学区，沙滩区由总校直接管，其余三个学区成立分校)设校长一人，由分会主席、副主席中的一人担任；副校长一人，由宣教部长指定一人担任；副校长负实际推动分校校务的责任。(5)业余学校教员就本校讲助、职员及教职工眷属中聘请兼任，必要时请同学协助；行政干部就职工中聘请兼顾。教员和行政干部可根据需要与客观条件，请校方抽调人员全时或半时专任。(6)业余学校经费由学校行政和工会协商担负。学生不交纳学费，课本廉价配售，文具由学生自理。

1950年3月25日，业余学校开学上课。是年上半年，学生共457人，其中小学部391人，初中部66人。按学区分：沙滩区共181人，其中小学部161人，初中部20人；工学院分校共117人，其中小学部101人，初中部16人；医学院分校共84人，其中小学部66人，初中部18人；医院分校共75人，其中小学部63人，初中部12人。学生中共有眷属学生39人，其中沙滩区11人，工学院5人，医学院16人，医院7人。

1951年下半年，业余学校曾添设打字班和会计班，准备在职员中开展技术教育，但未能坚持，到是年11月即先后停顿。

1952年下半年，根据北京市有关领导的要求，业余学校开办了“速成识字法实验班”。参加实验班学习的共68人。其中原识字500以上的34人，编为甲班；原识字500以下和不识字的34人，编为乙班。实验班于是年7月7日开学上课，9月22日结束。这期间有的学员中途退学，有的从甲班调到乙班。结业时，甲班共32人，其中最高识字2578个，最低识字1000个，平均识字2264个，一般学员能读懂通俗书报；乙班共30人，其中最高识字2385

个，平均识字1600个，还有7人识字在1000个以下，半数以上学员能读懂通俗书报。业余学校在《速成识字法实验班工作总结报告》中指出，速成识字班学员经过短期的突击学习，其学习成果一般地说是不够巩固的，结业后必须注意巩固工作，才能收到速成识字的成效。

1952年院系调整，燕京大学并入北大。燕大曾于1950年暑期，由工会工作同志和教育系同学合作举办过为期两个月的“暑期职工业余学校”。1950年9月，燕大工会开始兴办正规的职工业余学校，当时报名参加学习的有105人，实际能经常到校学习的有50人左右。课程主要是国语、算术和常识。教材基本上全采用市业余教育工作委员会编审的课本。国语、算术按学生程度各分为四班进行教学。国语第一班为识字班，第二、三班教小学国语第一至三册，第四班教小学国语第五册。算术课也大体如此。常识课按国语的班次进行教学。教员主要从教职工中聘任。院系调整后，燕大的职工业余学校并入北大的职工业余学校。

1953年，业余学校在校生共552人。其中初中一年两个班共79人；高小四个班共155人；初小六个班共276人；速成识字两个班共42人。1954年上半年在校生共394人，下半年有所减少。当时有初中二年一个班，初中一年两个班，初中补习班一个班，高小二年两个班，高小一年两个班，识字班两个班。

1955年，学校根据第一次全国职业业余文化教育会议的精神和北京市《关于贯彻全国职工业余文化教育方针任务的意见》，制定《北京大学职工业余文化教育工作十二年(1956－1967)远景规划(草案)》。该远景规划草案的主要内容有：(1)任务要求：①任务：积极地扫除职工中的文盲，并在识字教育的基础上普遍提高职工的文化水平；认真地办好业余初中和高中，将有学习条件的高中毕业生程度以下的行政人员和辅助教学人员提高到高中毕业程度，同时将有条件深造的工人提高到初中乃至高中毕业程度。②根据不同职工的工作需要和学习条件，确定不同的培养目标如下：职员一般要求高中毕业，因学习条件较差，达到高中毕业确有困难的，最低要求初中毕业；青年普通工人、技术工人一般要求初中毕业，如有条件可升入高中深造；壮年工人一般要求高小毕业，如有条件可升入初中深造；老年工人一般要求扫盲结业。估计到一部分壮年职员过去没有系统地学过理科课程，要求修毕全部高中或初中课程恐有实际困难，特就选课问题作如下规定：具有高小毕业程度的壮年职员，学习初中数理课程确有困难的，经领导批准，可选修初中文史课程，修毕由业余学校发给选科结业证明书；具有初中毕业程度(指初中各科都修毕者)，学习高中数理课程确有困难的，经领导批准，可选修高中文史课程，修毕由业余学校发给选科结业证明书。(2)学制课程：按照中央干部文化教育会议(1956年4月)确定的暂行规定办理:①扫除文盲:设识字、算术二科,每周授课3次6节,约两年毕业。②业余小学:设语言、历史、地理、自然五科。每周授课3次6节,约三年毕业;每周授课4次8节,约两年半毕业。③业余初中:设语文、代数、几何、物理、化学、历史、地理、生物八科。每周授课4次8节,四年毕业;每周授4次12节,三年至三年半毕业。④业余高中实行分类教学:文科设语文、代数、几何、历史、地理、生物六科,每周授课4次12节,三年毕业;理科设语文、代数、几何、三角、物理、化学、制图七科,每周授课4次12节,三年毕业。(3)基本措施:①关于组织领导:根据政府指示,职工业余学校改由行政领导,学校的校长由人事处处长兼任,副校长由工会和总务处的有关负责干部兼任(1960年,业余学校改回由工会领导)。②关于师资的来源与配备。业务学校所需要的专职教师和专职干部,由行政负责配足。业余学校所需兼职教师,从本校助教、职员中聘请,必要时可通过团委和有关行政从二、三年级业务较好的同学中洽聘一部分。兼职教师一律按政府规定付给兼课钟点费。③关于学习时间:职工的文化学习时间(包括上课时间和必要的课外复习和作业时间)应予以充分保证。业余学校每学期保证上课22周,每学年上课44周。④关于经费和设备:经费除由工会按规定逐月拨交文教费的30%外,余由行政负担,所需设备由行政负责供给。

业余学校从1956年下半年开始,即按照上述规划草案的规定开展各项工作,同时,开始兴办高中班。1956年上半年参加业余学校学习的共1209人,其中学习高中课程的221人,学习初中课程的280人,学习高小课程的405人,学习初小课程的303人。1956年下半年,参加学习的共1259人,其中学习高中课程的205人,学习初中课程的300人,学习高小课程的420人,识字班334人。

1958年至1960年,在"大跃进"和"教育革命"中,业余学校曾实行统一集中办学和单位办学并举的办学形式和单科独进的教学方式。职工人数相对较多的单位如膳食科等,都由它们自己举办业余学校分校。单位办学,由于规模小,人数少,有些课程因不足开班人数而无法开设;已开设的课程由于每班要保持一定的人数,而使学生的程度参差不齐,增加了教学的困难;同时因学生人数少,也难于配备专职的管理干部等,因而效果不好。单科独进,割裂了各学科的密切联系,效果也不好。1961年下半年,业余学校开始纠正这些不当的做法,至1962年下半年完全恢复到"大跃进"前的办学形式和教学方式。1962年下半年,入学的在校职工共675人次,另加机关商店64人次,共计739人次,截至1962—1963学年的上学期期末,坚持学习的在校职工为379人次,占总数675人次的56%。

据业余学校1964年7月统计，自学校开办至1963年，共有高小单科(语文、算术)结业490人次，另1964年暑假前结业7人次；初中单科(语文、代数、几何、化学、地理)结业350人次，另暑假结业约40人次；高中单科(语文、代数、三角、平面几何、立体几何、化学、革命史、古代史)结业230人次，另暑假结业约40人次。

“文革”期间，业余学校停办。

“文革”后，1978年8月，校党委作出《关于恢复北京大学工会的决定》。工会领导的职工业余学校随着工会的恢复而恢复。

业余学校恢复后，首先一个任务是为适应形势发展的需要和满足教职工的要求，举办外语学习班。外语学习班于9月开始准备，10月对报名参加学习的人员进行测验编班，10月30日至11月下旬陆续开学上课。当时共开设22个班。其中，英语初级快班5个，中级班7个，会话班2个，阅读班2个；日语初级班2个，初级快班1个，中级班1个；德语慢班1个，快班1个。参加学习的共740人。

1979年，业余学校除继续举办外语学习班以外，恢复举办业余中学班(包括初中和高中)、开办电视大学辅导班和为解除一部分教职工的后顾之忧而为其子女举办的高考辅导班和考工班。1979年下半年又开始试办专业技术专修班。当年3月，业余中学有3个班，参加学习的共130人；电大辅导班有4个班，参加学习的有130人；高考辅导班有6个班，参加学习的有320人。同年11月，业余中学有6个班，参加学习的有207人；电大辅导班有3个班，参加学习的有95人；高考辅导班有5个班，考工班有1个班，参加学习的共336人。当年下半年举办的无线电专修班，参加学习的有30人。

从1979年起，除业余学校办班以外，有些系和单位也开始办班。是年3月，数学、物理、化学、生物、地球物理、东语等系和200号(北大昌平学区)、校医院共办了17个英语班，在学600人左右；200号还办有两个业余中学数学班，在学70人。同年11月，上述各单位(除地球物理系)共办有12个外语学习班，在学300人；图书馆办了一个图书馆学专修班，在学80人。1980年上半年，业余学校共举办各种外语学习班31个，在学924人；业余中学5个班，在学155人；电大辅导班3个，在学85人；无线电专修班和图书馆专修班各1个，在学分别为30人和45人；高考班5个，在学280人。另各系办有各种外语学习班6个，在学140人。

1981年5月，学校党委常委会根据中共中央、国务院《关于加强职工教育的决定》和国务院召开的全国职工教育工作会议的精神，讨论、通过了《北京大学加强职工教育的意见》。该意见提出：(1)坚持又红又专的标准，明确对不同职工学习提高的要求，作为开展全员培训、制定全面规划的依据。现对青年职工，提出文化程度方面的基本要求，供全校各单位制定规划时参考：①现有三级及其以下青工，实际文化程度要尽快达到初中毕业水平；五级以上技工，要达到高中或中专毕业程度。②图书馆资料管理员、技术员、会计员，要达到中专毕业或不低于高中毕业的文化程度；助理工程师、会计师、助理馆员，要具有大专毕业的文化程度。③机关行政人员中，一般办事人员最低应具有高中毕业水平，某些科室骨干和科级以上干部要具有大专或大学毕业水平。(2)普及与提高并举，多种形式办学。①努力抓紧初中文化和初级技术补课。按北京市规定，文化补课包括语文、数学、理化(或史地)，允许根据不同对象和工作需要有所侧重；技术补课要按照技术等级标准中三级工规定的应知应会进行，着重初级理论知识补课。②积极办好高中和中专教育。已达到初中毕业水平，如系普通工人、行政职工或将来还拟升入大专深造的，一般应进入高中学习。高中按文、理分科，并适当开设职业性课程，根据工作需要选修。如系从事技术工作的，也可根据条件举办中专(或中技)，紧密结合工作需要设置专业。(3)积极稳妥地借助多种途径，组织具有高中毕业水平的职工进修大学或专科课程。途径包括：①在本校或兄弟院校选课进修。②参加社会举办的夜大学、电视大学、广播大学、函授大学、业余大学，学习单科或全科。③自办大专单科班或全科班，或为报考社会职工大学、参加大专的单科统考组织自学辅导。(4)发挥校、系(处、厂)两个积极性，实行统一管理，分级办学。属于中技、中专和业务培训性质的，以系(处、厂)办为主；面向全校共性较强的，如外语班、高中班、大专班等，则以校办为主。(5)成立“北京大学职工教育管理委员会”，校党委、校行政委托副校长一人为主任，人事处、教务部、校工会、校务部负责同志各一人为副主任，各有关部门负责人员为委员。管委会是在党委统一领导下行政主管全校职工教育的机构。其任务是制定规划，规定年度任务，审批办学事宜，审议各级各类职工教育的教学计划，研究解决重大问题，协调各方面的工作。(6)充实、加强、办好职工学校。职工学校列为行政建制，由人事处长兼任校长，并设专职副校长。要参照有关规定尽早充实专职教师。(7)职工教育经费，每年大体掌握在工资总额1.5%的范围内，是年工会负担约2.5万元，余由行政开支。

上述意见下达后，职工业余学校正式定名为职工学校，并列为行政建制。

从1981年下半年起，职工学校即按照该意见规定，继续举办和兴办各种学习班、辅导班。早在1979年，职工学校即开始试办中专性质的单科学习班；1980年11月又开办第一个全科财会班；1984年，经市成人教育局批准，成立“职工中专部”，正式开展中专教育，后又举办职业高中。

1991年，经北京市批准，北大职工学校成为工人技术培训、考核的定点单位，职工学校于本年开始至1995年举办了多期技术培训班。

1994年4月，学校决定停办职工学校，此后不再招生，但由于职工学校1994年的招生计划已于1993年3月上报北京市成人教育局，并已纳入市招生计划，所以实际上从1995年才开始停止招生。职工学校停止招生后，尚有三个年级的学历教育班、外语学习班、工人技术培训班等各类在校学生，仍按原计划进行教育和培训，直到1997年最后一届学生按期完成学业后才停办。

“文革”后至1997年，职工学校举办各种学习班、辅导班、培训班的情况如下。

(1) 外语学习班。先后开设英语(初级班、中级班、提高班、口语班、阅读班)、日语(初级班、中级班、提高班)、俄语(初级班、中级班、提高班、进修班、口语班)、德语(初级班、中级班)、法语(中级班)等班，有3625人次获得结业证书。

(2) 初、高中文化补课班(为1968年至1980年初高中毕业、因“文革”影响而实际水平达不到应有文化水平的职工开设)。到1987年此项任务结束，参加初中补课的有1249人，结业合格的900余人；参加高中补课的有1223人，结业合格的939人。

(3) 普通高中班。为北大教职工子女举办的全脱产高中班，招生805人，毕业791人；为在岗职工举办的业余高中班，招生19人，毕业19人；高中单科学习班，五门课共有学生334人结业。

(4) 职工中专。共开设财务会计、机关行政、无线电技术、计算机等4个专业，共招生538人，毕业491人。其中，财会专业招生201人，毕业173人；行政管理专业招生143人，毕业136人；无线电技术专业招生113人，毕业107人；计算机专业招生81人，毕业75人。

(5) 电视广播中专(学生在家看电视学习，职工学校组织面授辅导)。共开设建筑施工与管理、水暖工程和行政管理三个专业，招生116人，毕业111人。其中建筑施工与管理专业招生70人，毕业65人；水暖工程专业招生23人，毕业23人；行政管理专业招生35人，毕业35人。

(6) 职业高中。共招三个班：电工班招生40人，毕业38人；土木建筑班招生31人，毕业30人；暖气通风班招生30人，毕业30人；合计招生101人，毕业98人。

(7) 专修班。共招4个班：行政管理专修班招生35人，毕业35人；无线电专修班招生32人，毕业32人；图书情报专业(协助图书馆办)招生44人，毕业43人；幼儿师范专修班(协助学校幼儿园办)招生42人，毕业40人；合计共招生 153 人，毕业 148 人。

(8) 中专行政专修班证书班。参加学习的有 60 人获得毕业证书。

(9) 普通中学理科、文科单科班。理科数、理、化单科班有 457 人获得单科结业证书；文科单科班有 334 人获得单科结业证书。

(10) 电视大学大专班（学生在家看电视学习，职工学校组织辅导）。共有 370 人参加电子、中文、党政管理、文秘、法律等 5 个专业的学习，毕业 314 人。

(11) 函授大专班（学生自学函授课程，职工学校组织辅导）。共有 370 人参加中央党校经济管理和政治专业的学习，毕业 212 人。另有 393 人参加中央党校的单科函授课程的学习，毕业 380 人。

(12) 工人技术等级和岗位资格培训。技术等级培训有内外线电工、管道工、钳工等 4 个工种。培训等级分为四级工、五级工、六级工、七级工、八级工和高级工；共有 585 人通过考试，取得合格证书。岗位培训为上岗、转岗、任职、晋级资格的培训。参加培训的有 167 人，另有 150 人参加根据岗位需要应急的培训。

此外，学校还举办过自学高考辅导班和根据各单位工作需要和个人要求举办的对口业务培训。参加辅导班学习的有 65 人，参加对口业务培训班培训并经结业考试取得合格证书的有 322 人。

“文革”以后，实际主持校务的职工学校副校长先后有董乃祥（1978 年至 1990 年）、周文荣（1984 年至 1989 年）、刘淑祺（1985 年）、武占学（1989 年至 1997 年）、赵秀娟（1989 年年底至 1997 年）。

第十四章　经费

第一节　中华人民共和国成立前北大经费的收支及管理概况

一、京师大学堂时期

（一）经费概况

1898年七八月间，户部呈《为遵旨筹拨京师大学堂兴办经费及常年用款》奏折，其中提到，“奉上谕，京师大学堂……所需兴办经费及常年用款，着户部分别筹拨”；“兴办经费原奏预算表内开载……约共需银三十五万两。常年用款原奏预算表内开载……约共需银十八万八千六百三十两；又片奏新设译书局，每月需银一千两，核计每年需银一万二千两，……实共需银二十万零六百三十两”；“查华俄银行前由臣部拨给库平银五百万两，第一年四厘行息，计本年应得库平息银二十万两，申合京平银二十一万二千两。该行已将上年息银备齐，听候部拨有案。臣等拟将前项京平银二十一万二千两全数拨作大学堂开办经费，尚不敷京平银十三万八千两，即由部库正项内支给，以足三十五万两之数。至常年用款须有专款提存，方足以资用度。今华俄银行息银系属常年新增之款，自可源源接济。除将本息银拨作开办经费外，其本年以后息银，每年申合京平银二十一万二千两。臣等亦拟由华俄银行按年提出京平银二十万零六百三十两拨作大学堂常年用款”。京师大学堂经费即按此奏折所拟，1898年有兴办经费银三十五万两。1899年开始，每年有常年用款银二十万零六百三十两。不过，据1900年4月暂行管理大学堂事务大臣许景澄奏大学堂开办经费、学生额数折中说，大学堂开办经费现未动用，拟仍缴还户部，“至大学堂常年经费，上年孙家鼐等奏销第一年用款，声明因学生尚未足额，专门洋教习亦未延聘，所用较能节省。然值此库项支绌，以后凡可裁减之处，自应详核妥筹”。

1900年7月9日，慈禧批准暂行裁撤大学堂。1901年1月10日，清政府下令恢复京师大学堂。1902年2月13日，大学堂管学大臣张百熙奏准：(1)将户部存放华俄银行库平银五百万两，每年应得息银京平银二十一万二千两中，除每年拨作大学堂常年用款二十万零六百三十两外，尚余的一万一千三百七十两，亦拨归大学堂。(2)去岁(即1901年)学堂停办，尚有未经付出存款，仍发回学堂应用。(3)请饬各省合筹经费拨解京师大学堂，大省每年筹款二万两，中省一万两，小省五千两。

1911冬，由于爆发辛亥革命，清廷将学款移作军费，加之师生多数陆续请假回籍，大学逐无形停办。

大学堂历年经常费收入情况及各省向大学堂筹解的银数见下列二表。

大学堂历年经常费收入情况表(不包括各省筹解的经费)

年别	经费数目(两)	备注
1899	200630.000	大学堂于1998年7月开始筹备，至是年年底始开学，常年经费从1899年起。 时学校定春季始业，每年自正月至十二月为一学年。
1900	200630.000	以上经费均由清廷度支部按月向华俄道胜银行支发。
1901		大学堂停办期间，无经费问题。
1902	212000.000	另有各省分别筹解来的经费，不在此数内。 从本年开始，每年经费皆由学校向华俄银行支取。
1903	212000.000	
1904	212000.000	从1899年至本年，每年经费按预算数抄录入表，本年以后按实支数抄录入表。
1905	194932.700	从本年开始，学校经费由学务处按月向华俄银行支发。
1906	216961.890	从本年开始，学校经费皆由学部按月向华俄银行支发。
1907	183263.570	
1908	198000.000	

续表

年别	经费数目(两)	备注
1909	91691.570	
1910	211706.620	本年收支两抵余银 46491.38 两,存校作为游学专款。
1911	190016.820	

各省解来大学堂经费简明表 单位:两

年份 省别	1902	1903	1904	1905	1906	1907	1908	1909	合计
直隶(大)	5000	15000	10000		10000		10574	10627	61201
江苏(大)	20000	20000	10000	20000	20000	10627		10627	111254
安徽(中)		5000	5000	5000	5000	5313	5313	5313	35939
江西(大)	5000	5000	10000		20000	10627	10627	10627	71881
浙江(大)	8000	8000	8000	8000		8502		17003	57505
福建(中)	5000		3000	3000				3188	14188
湖北(中)		10000	10000	10000	10000	3188	7439	10613	61240
湖南(中)	5000		5000		20000	10220		10220	50440
河南(大)	5000	8000	10000	5000		3188	3188	5313	39689
山东(大)	10000	10000	10000	10000	10000	5313		10627	65940
山西(中)	5000	5000	5000	5000			5313		25313
陕西(中)		10000	10000	20000	10000	10627	10627	10599	81853
四川(大)		20000	10000	10000		10627	10627	10627	71881
广东(大)		10000			10000	10000		20000	50000
云南(中)	3000	5000	5000	5000	2000	5313	5313	5313	36139
贵州(小)		4000		2000	2000	2125		2125	12250
江宁						10627		10627	21254
总计	71000	135000	111000	103000	119000	10297	69021	153449	867967

1902 年、1903 年,各省解来的经费,由大学堂保管,以备他用。1904 年

至1909年，各省解来的经费，均汇储清廷学务处(1905年学务处改为学部)，并由学务处或学部统一支配。

（二）经费管理

京师大学堂创立之初，《奏拟京师大学堂章程》规定，在总办之下设支应提调一人，一切工程及购书购器等费，皆由总办提调经理，皆当实支实销，不得传染一毫官场积习。1902年，《钦定京师大学堂章程》规定：设支应提调一员，襄办一员，以总稽银钱出入。1904年1月13日，《奏定大学堂章程》规定：设八个分科大学，每个分科大学设庶务提调一人，管理该科文案、收入、厨务及一切庶务；同时设会计官，专司银钱出入事务，禀承于庶务提调。1904年大学堂制定详细规则，其中“支应处规则”规定：支应官专管大宗银钱收发等事；本堂所领额支、活支经费，必须存储殷实可靠之商号，该商号由经手存放人保证，倘倒闭亏挪，保证人有追索赔偿之责；本堂与商号立有收发清折，注明经手存放人姓名。凡存放款项、支取银钱，必须庶务提调、支应官共同签字、盖章，以昭慎重；每月终造四柱清册二份，一存总监督处，一存庶务处。每学期中造报销总册三份，二份存总监督、庶务处，一份呈学务大臣察核。年终报销，总册亦如之；每月额支之款由庶务提调核对表目，签书照发字样；活支大款必经总监督核准签字，方可发给；凡杂务处每月应领款及采买处所买之器物与账籍处所报之账目，支应官均应详细复核，如该三处数目不符，必告知总监督及庶务提调办理。

二、中华民国成立至抗日战争全面爆发时期

（一）经费概况

1912年中华民国成立，大学堂恢复办学。是年2月，严复被任命为大学堂总监督，5月，改京师大学堂为北京大学校，总监督改称校长，但学校一直未能领到经费，只好于是年4月向华俄道胜银行借银七万两，才得于5月复课。自是年8月起，由教育部按预算每月支发经费(2月至7月经费补发)。同时，将经费单位从“两”改为“元”。1919年，确定北大每年经费为792459元，自此至1924年，无所增减。不过这一时期，由于军阀连年混战，经济凋敝，国库支绌，教育经费常被侵占、克扣、挪用而至拖欠，不能按期如数到位。1925年，北大经费每月增加8000元，全年为888459元。自1926年8月起，北京政府停发教育经费，致使学校经费无着，只得于是年8月借款4500元。9月，学校分摊到苏俄退还庚款5.5万余元和收取的学生学杂费，才得以勉强维持学校的教学。1927年8月，奉系军阀统治北京，将包括北大在内的北京9所国立高校合并组建为国立京师大学校，北大建制被撤销。1928年6月，京师大学校校长刘哲等随奉系军阀退出北

京，南京国民政府将京师大学校改为“国立中华大学”。是年9月，南京国民政府在北平推行大学区制，又将“国立中华大学”改称为“国立北平大学”。经北大师生复校斗争，1929年1月，国民政府把北大校名定为北平大学北大学院。北大学院包括原北大文、理、法（社会科学）三个学院，而对外仍用“国立北京大学”名称。1929年7月，停止大学区制，8月，北大学院恢复为“国立北京大学”，其经费自1929年起定为每年90万元，此后，一直到1936年未作变动。1937年，年经费增加4万元。但1937年7月，抗日战争全面爆发，学校南迁，其经费又另作规定。

在这期间，1916年，为建筑红楼，学校向比利时仪器公司借款20万元，本息分20年摊还，每年2.2万元。1918年3月，经北京政府教育部批准，自1918年起，每年特别加本校经常费2.2万元，以资偿还此款。1931年，学校与中华教育文化基金董事会订定合作研究特款办法，每年双方各出国币20万元，为学校设立研究教授、扩充图书仪器及设立助学金与奖学金。1934年改为学校出20万元，中华教育文化基金董事会出10万元，其中学校所出的经费均由学校经常费中支付。1934年和1935年，学校建地质馆，总投资6.6万元，由北大与中华教育文化基金董事会合作拨款及李四光、丁文江两教授捐薪资助支付。1934年和1935年，学校建图书馆，总投资22.35万元，其中申请到中华教育文化基金董事会补助15万元，募捐7万元。

1912—1936年北大历年经费收入情况表

年（月）	经费数目（元）	备注
1912年2月至7月	银79976.640两	此时经费以银“两”为单位，1912年8月起改为”元”为单位。
1912年8月至1913年7月	320992.892	自1912年8月起，定秋季始业，每年8月至次年7月为一学年。
1913年	315848.928	自此以后，每年经费皆按预算数目抄录入表。
1914年	336437.311	
1915年	385745.632	
1916年	445234.004	
1917年	627080.782	
1918年	759705.638	

年(月)	经费数目	备注
1919年	792459.000	自本年起,定每年经费为792459.000元,至1924年无所增减。
1920年	792459.000	
1921年	792459.000	
1922年	792459.000	
1923年	792459.000	
1924年	792459.000	
1925年	888459.000	本年每月增加经费8000元。
1926年		北京政府停发教育经费。
1927年		此为京师大学校时期,北大建制被撤销。
1928年	375000.000	此为北平大学北大学院时期。
1929年	900000.000	自此,恢复国立北京大学。
1930年	900000.000	
1931年	900000.000	
1932年	900000.000	
1933年	900000.000	
1934年	900000.000	
1935年	900000.000	
1936年	900000.000	

(二)经费管理

中华民国成立后,学校于1913年设会计股。1914年学校根据是年7月教育部颁布的《直辖专门以上学校职员任务暂行规程》的规定,设庶务主任,下设会计课,管理学校经费收支事务。课内置事务员若干人。1919年学校设总务处。总务处由校长委任之总务委员会组织之,其中一人由校长委任为总务长,主管全校人事、财政和事务工作。总务处设部,部下设课。1920年3月时,设有6个部,其中总务部下设会计课。1922年11月,学校评议会决议：总务处下设财务部，置主任一人，掌管全校关于一切财务事宜，由校长指派，经校评议会通过。财务主任之职务：(1)根据预算，支配出入之款项。(2)所有款项之出入及保管，均须经主任签字负责。(3)财务部设二课：①出纳课，主银钱之收发与簿记事宜。②统计课，主编造关于财务之统计。1922年12月，学校评议委员会的财务委员会通过《财务部办事细则》。其中规定：(1)主任之职权：①依照财务委员会之决议，执行关于财务事项。②依据预算，负各部系经费之分配与保管的责任。③对于一切款项之出入，核准签字。④预算以外之临时需要以及其他设施，未经校长核准者，主任不得付款。⑤如遇学校经费不能按期全数领到之时，应尽领到之数，按照预算所定项目比例分配之。(2)事务员之职务：出纳课：①校款之领取与存储，由主任指定专员办理，重要契据及账折由主任负责保管。②一切付款由专员负责办理，先将账目核算，再由主任签字而后发放，除薪俸工资及50元以内零星小数外，概以支票付款。③各种簿记由簿记专员管理之，其格式种类应由主任商同(财务)委员会规定之。④每月末结账一次，由簿记员造具出入总账，呈交主任提出(财务)委员会核定公布。统计课：①调查各种物品之消耗数，由财务部通知杂务课逐月报告，统计组负分析与制表之责任(燃料、水量、电力、灯油、纸、笔、墨及其他杂件消耗状况，以及价值之消涨，皆应分别部系、种类，造比较表，以供下届预算之参考)。②考核逐月账目，按部系分析之，与预算案相参考，以免一部分超出预算之弊。③编制学校支付账目细目表。

1932年6月，学校公布《国立北京大学组织大纲》，将总务长改为秘书长，总务处改为秘书处，处内不设部，课改为组。当时秘书处设庶务、出版、文牍、会计、仪器、卫生等6个组。

三、长沙临时大学、西南联合大学时期

(一)经费概况

1937年9月起，国民政府因抗战而缩减文教经费开支，把已经核定的各个国立院校的经费均改为按七成发给。9月27日，教育部决定，长沙临时大学的经费由北大、清华、南开三校原经费的七成中提出半数来解决。1937年度，原核定北大全年经费94万元，自9月份起，每月提出27416.65元。同样，清华每月提出35000元，南开每月提出9333.33元，共计每月71749.98元。至于长沙临大的开办费，按20万元之数进行预算并报部核定。

1938年5月，西南联合大学初建时，其经费仍由原三校经费七成中拨给，但教育部规定，七成中的四成拨给西南联大，所余三成上交教育部，作为统筹救济战区专科以上学校学生及办理高等教育事业之财源。至于三校各

自设置的昆明办事处的经费开支，则由教育部在所扣留的三成经费内酌量发给。1939年起，西南联大的经费与临时费改为按核定的预算，完全由教育部发给。

西南联大时期，由于物价飞涨，国币不断贬值，每年预算几乎成倍增长，而政府还一再拖延发给，致使学校只好以“应收款”作为抵押，向银行借贷。自1940年起至1945年，联大借款的本息累计达1400余万元。

西南联大的校舍建筑及购置图书设备所需的临时经费，在学校初建时，政府给予7万元建置费，清华大学补助本校建筑费10万元。后又经过一些教授和学校当局的奔走，先后得到中华教育文化基金董事会补助15万元，中英庚款董事会补助25万元。1941年教育部拨给设备费3.8万美元，其中1.54万美元作图书购置费，1.5万美元作仪器设备购置费。此外，有少数系如社会学系、航空工程学系，由于政治、军事上的需要，曾得到有关部门的一些补助。

长沙临大、西南联大历年经费的预决算情况见下表。

长沙临时大学、西南联合大学历年经费预决算表 单位:元

年度	款别	预算数	决算数
1937年9月 1938年4月	长沙临时大学经费	574000.00	418966.74
1938年5月 1938年12月	西南联合大学经费	501000.00	489906.72
1938年	西南联合大学建置费	70000.00	70000.00
1939年	西南联合大学经费	1036000.00	1035998.74
1940年	西南联合大学经费	1819734.72	1814724.74
1941年	西南联合大学经费	3217423.68	3018138.44
1942年	西南联合大学经费	6101167.72	缺
1943年	西南联合大学经费	9456416.00	缺
1944年	西南联合大学经费	11638699.00	缺
1945年	西南联合大学经费	42755400.00	缺
1946年	西南联合大学经费	70793000.00	缺

注：自1942年起至1946年缺年度支出决算数

（二）经费管理

长沙临大时期，学校于1937年10月制定《长沙临时大学筹备委员会规程》。其中规定，常务委员会设秘书、总务、教务三处，各置主任一人，由教育部就常务委员中指定一人兼任之；总务处置庶务、会计、斋务三组，办理庶务、会计及斋务事宜。

西南联大时期，设总务处，置总务长。联大《总务处组织简则》规定，总务长承常务委员会之命，处理总务处全部事务。总务处设文书、事务、出纳等组和校医室。出纳组掌管本校款项之收支、簿据之保管及其他关于银钱事项。总务处相关机关，会计室（会计室在建制上与总务处并立）之职掌如下：掌理本校预算、决算、计算各项书表之编造，校款出入之审核登记事项；会计室主任商承总务长办理以上事务；凡呈常委会及批复之件，均由总务处呈转之。

（三）北大昆明办事处的经费

西南联大时期，北大、清华、南开三校各自设有办事处。北大昆明办事处设有校长室、教务长和教务处、秘书长和秘书处。教务处、秘书处下设有组。另有图书馆主任和工作人员。

昆明办事处的经费，由教育部发给。如1940年4月，北大向教育部申请本年度办事处经费15.1万元，其中包括薪给及救济费、办公费、购置费及医药费等。

四、复员北平时期

（一）经费概况

抗战胜利后，西南联大于1946年5月宣布结束，北大开始复员北平。复员后的北大，经费全由政府拨款，这一时期，由于货币贬值，物价飞涨，政府不得不多次增加拨款。如1946年7月至12月，原来学校预算经费为2.04亿元，临时费为2.0亿元，而到年底，实际拨款则达66.25亿元（法币）。尽管如此，学校经费仍然十分困难，只能勉强维持。1946年7月至1948年12月北大经费情况如下表。

1946年7月—1948年12月北大各项经费收支情况表 单位:元

项目	1946年7月—12月① 平均批发物价指数②:8656			1947年① 平均批发物价指数②:59558			1948年 平均批发物价指数:31999392④		
	法币	相当于抗战前国币	百分比(%)	法币	相当于抗战前国币	百分比(%)	金圆券③	相当于抗战前国币	百分比(%)
总计	6625806640	765458	100	33971511709	570394	100	4737208.00	444122	100
俸给费							2842324.80	266473	60
办公费							710581.20	66618	15
购置费							142116.24	13324	3
学术研究费							947441.60	88824	20
特别费							94744.16	8882	2

说明:①由于物价急剧上涨,政府多次追加经费,追加的经费多未分所支项目。

②根据前北平四联征信所资料,1936年全年平均物价指数为1。

③1948年8月以前系法币支出,8月份以后为金圆券支出,法币部分已折合为金圆券。

④折合成法币的平均批发物价指数。1金圆券等于300万法币。

(二)经费管理

北大复员北平后,恢复抗战前的行政管理机构名称,将总务长改回为秘书长,总务处改为秘书处。秘书处下设有出纳组。另有直属校长的会计室。会计主任由教育部会计处令派。出纳组和会计室的职责基本上与西南联大时期相同。

第二节 中华人民共和国成立后北大经费的收支概况

1949年1月31日,北平和平解放。2月8日,北大按照北平军事管制委员会文化接管委员会的决定,暂发师生员工临时维持费如下:所有教职员工警学生每名每日小米24两,先按半个月计,每人二十二斤半。除小米外,原底薪金圆券301元以上之教职员,一个月发人民券3000元;底薪金圆券101—300元的,发人民券2000元;底薪金圆券100元以下的,发人民券1500元;工警每人每月发人民券600元,学生100元。由于当时物价不稳定,政府拨给学校的教职员工薪资、人民助学金、教学行政费等均按小米计算。1950年,根据当年年底校务委员会的总结报告所述,政府每月拨给北大的经费总数为95万斤小米,其中教职员工的薪资为67.8万斤,学生人民助学金12.4

万斤,教学行政费(包括笔、墨、纸、图书、卫生、印刷、煤、水、电、运输、通信、修缮等项费用)15 万斤。拨款时由政府按当时的小米价折合成人民币下发。当时北大共有教员 492 人,职员 439 人,工友 422 人,学生 2367 人。

从 1951 年起,学校经费改由政府以人民币计算发放。学校经费包括教育经费、基建经费、科研经费以及学校基金、特殊资金、世界银行贷款等项。现将历年各项经费的收支情况,分述于下。

一、教育事业费

教育事业费主要包括工资、补助工资、职工福利费、人民助学金、公务费、修缮费、业务费、设备费、离退休人员费及其他费用。每年由学校编制年度经费预算上报教育部,经审查和核定后,由国家按月或季核拨。随着学校的发展及国家经济、政治状况的变化,核拨的经费数额有所变化。如 1951 年我校的教育经费为 170.3 万元,院系调整后的 1953 年为 368.3 万元。1958 年,发动了“大跃进”,当年的拨款为 726.6 万元,1959 年增到 1335.9 万元。接着国家进入暂时经济困难时期,1962 年拨款降至 807.5 万元。随着国民经济的恢复与发展,至 1965 年拨款增至 1266.9 万元。1966 年 6 月“文革”开始,社会大动乱,经济发展受到严重损失,学校原有的领导管理系统被冲垮,教学、科研等各项工作停顿,经费拨款也逐年下降,从 1966 年的 1270.0 万元,降至 1969 年的 674.3 万元。1969 年 10 月,中央规定部委所属高校全部由所在省、自治区、直辖市革委会领导,所以从 1970 年开始,北大的经费改由北京市教育局核定。从这一年起,随着恢复招生和在校学生人数的增加,教育经费也有所增加,从 1970 年的 717.0 万元,增至 1976 年的 1205.0 万元。1979 年,学校经费预算核定和拨款又重新归属国家教育部。当时实行“基数加发展”的原则确定教育事业费,即按原有规模及各种日常经费开支的需要,核定拨款基数数额,而后在这个基数上,根据学生净增人数和国家财力状况,加上发展经费,核定学校的全年预算。1979 年,核定北大教育事业费为 1818.6 万元。随着学生人数的增加和学校各项工作的发展,拨款数额也逐年增长,到 1985 年国家拨款数为3525.0万元。

1980 年 4 月,教育部颁发《教育部属高等学校“预算包干”试行办法》。该试行办法规定,部属各院校从 1980 年起,在教育事业经费管理上,由现行的教育部核定预算、年终结余收回的办法,改为试行“预算包干、结余留用”的办法,即按教育部核定下达的年度预算包干使用,年终结余全部留归学校结转下年度支配。预算结余资金的使用,除国家规定的专项资金应专项使用外,主要用于改善教学、科研等的工作条件和发展教育事业,不得用于提高各项开支标准。

1986年10月，国家教委、财政部颁发《高等学校财务管理改革实施办法》。该办法规定，教育事业费预算办法由“基数加发展”改为“综合定额加专项补助”。综合定额包括职工工资、补助工资、职工福利费、人民助学金、公务费、业务费、设备购置费、修缮费、其他费用和差额补助费等。这部分经费由主管部门按照定额标准和学生人数核定下达。专项补助包括专业设备补助费、长期外籍专家经费、离退休人员经费、世界银行贷款设备维护费和特殊项目补助费等。这部分经费由主管部门按照各院校的实际情况核定下达。实行新办法后，北大1987年预算核定事业费拨款数为3432.0万元，到1997年增至14707.9万元，为1987年的4.28倍。

教育事业费各项支出数的比例各年有所不同。例如1988年教育事业费总支出为4267.4万元，其中用于工资、补助工资、职工福利费、人民助学金、离退休人员费、主副食品价格补贴等方面的人员经费为1713.6万元，占总支出的40.1%；公务费628.3万元，占14.7%；修缮费156.3万元，占3.7%；业务费835.8万元，占19.6%；设备费593.2万元，占13.9%；其他费用314.6万元，占7.4%；差额补助费25.6万元，占0.6%。该年平均分摊每个学生的培养费用为2499.5元。1997年，我校教育事业费的总支出为18066.9万元，其中用于人员经费8397.1万元，占总支出的46.5%；公务费3195.2万元，占17.7%；修缮费2060.0万元，占11.4%；业务费2297.3万元，占12.7%；设备费1705.9万，占9.4%；其他费用411.4万元，占2.3%。该年平均分摊每个学生的培养费为7376.3元。

1951—1997年北大历年教育事业费收支情况见下表。

1951—1997年北大教育事业费收入及实际支出情况表　　单位：万元

年度	教育事业费收入				教育事业费支出														
														业务费		设备费			
	合计	本年财政拨款	抵支收入自动增加数	其他增加数	合计	工资	补助工资	职工福利费	人民助学金	离退休人员费	主副食品补贴	公务费	修缮费	小计	其中科研业务费	小计	其中科研设备费	其他费用	差额补助费
1951	170.3	170.3			170.2	67.9	1.3	3.5	24.6①			21.4	8.6			41.1		1.8	

① 此项经费在财务处的报表上，列在“文教补助费”项目内，而当年报表无“人民助学金”项目。实际上当年学生是有人民助学金的，此后各年的报表均无“文教补助费”项目，而有“人民助学金”项目。基于上述情况，我们认为此笔经费实际上为人民助学金。

单位:万元　　续表

年度	教育事业费收入				教育事业费支出														
	合计	本年财政拨款	抵支收入自动增加数	其他增加数	合计	工资	补助工资	职工福利费	人民助学金	离退休人员费	主副食品补贴	公务费	修缮费	业务费		设备费		其他费用	差额补助费
														小计	其中科研业务费	小计	其中科研设备费		
1952	329.6	329.6			298.9	92.7	1.8	1.1	49.0	0.7		28.2	16.3	7.2		89.7	27.8	11.3	0.9
1953	386.3	386.3			385.2	128.7	2.7	3.2	73.9	1.0		40.8	31.8	18.7		70.5	30.6	13.9	
1954	507.7	507.7			495.4	152.0		11.7	90.0			99.0				102.1		40.6	
1955	512.7	512.7			510.5	179.5	0.5	11.6	106.0			94.2				88.1		30.6	
1956	645.8	645.8			635.6	249.7	3.8	12.3	111.3	3.3		40.0	18.9	103.1	13.5	76.8	14.7	15.0	1.4
1957	778.7	778.7			754.0	283.6	2.9	17.5	142.7	3.1		45.1	33.7	116.9	33.6	81.2	3.0	24.1	3.2
1958	726.6	726.6			763.6	259.4	3.1	13.6	131.1	4.2		43.4	11.7	125.4	57.6	148.2	32.3	21.1	2.4
1959	1335.9	1335.9			1293.6	260.7	2.6	11.7	135.0			50.9		348.5	245.4	396.9	293.0	86.4	0.9
1960	2124.5	2124.5			2070.4	330.6	11.7	15.8	163.3			96.1		708.5	601.8	726.7	503.4	16.8	0.9
1961	1275.2	1275.2			1308.2	344.5	3.4	23.5	161.3			109.8		219.3	134.2	431.6	181.2	13.3	1.5
1962	807.5	807.5			800.7	335.4	4.6	20.5	159.5			114.8		46.4	7.9	108.2	18.0	9.9	1.4
1963	963.1	963.1			978.6	356.6	4.8	19.6	147.4			236.4		90.7	9.6	111.0	13.4	10.2	1.9
1964	1343.3	1343.3			1399.8	368.2	5.3	21.6	144.3			108.4	121.0	254.4	100.1	349.2	178.9	25.6	1.8
1965	1266.9	1266.9			1348.5	381.2	4.6	21.5	139.2			102.2	115.5	232.8	59.7	292.3	161.8	57.6	1.6
1966	1270.0	1270.0			1228.9	392.0	3.9	19.7	117.1			100.4	90.0	115.8	38.8	333.5	118.5	55.5	1.0
1967	856.9	856.9			852.2	392.8	3.2	17.5	139.6			94.0	40.7	61.6		80.4		21.0	1.4
1968	707.4	707.4			679.2	395.6	17.9		126.2			87.3	20.4	3.3	3.3	28.5	2.3		
1969	674.3	674.3			642.0	392.3	13.4		47.6			116.3	9.8	23.7	23.7	38.9	9.6		
1970	717.0	717.0			823.3	411.2	3.7	14.4	23.8			145.2	119.1	38.9		57,3		6.9	2.8
1971	790.0	790.0			810.4	437.5	23.3		40.3			143.3	46.1	54.9		25.3		37.6	2.1
1972	911.0	496.0	115.0		960.3	457.7	22.1		60.7			134.2	75.7	90.4		103.8		13.1	2.6
1973	1126.2	975.6	150.6		1126.0	468.4	7.7	14.1	63.9			139.5	87.6	149.4	55.2	159.0		32.9	3.5
1974	1424.2	1034.9	389.3		1382.0	494.8	6.8	14.2	70.1			159.2	134.2	144.9	24.5	321.0		33.2	3.6
1975	1373.7	1102.4	271.3		1402.1	500.8	8.1	14.4	108.1			184.8	121.4	149.4	14.4	286.8		25.1	3.2
1976	1430.4	1205.0	225.4		1286.7	504.9	5.7	11.5	125.3			198.8	52.6	136.6	16.0	188.6		58.6	4.1
1977	1490.2	1214.3	275.9		1440.0	508.5	6.4	14.9	136.8			207.0	60.9	138.9	4.6	333.9		27.6	5.1

单位：万元　　续表

年度	教育事业费收入				教育事业费支出									业务费		设备费			
	合计	本年财政拨款	抵支收入自动增加数	其他增加数	合计	工资	补助工资	职工福利费	人民助学金	离退休人员费	主副食品补贴	公务费	修缮费	小计	其中科研业务费	小计	其中科研设备费	其他费用	差额补助费
1978	1623.4	1607.0	15.5		1495.0	540.9	12.7	17.1	88.5			228.1	63.0	189.2	3.3	301.5		48.0	6.0
1979	1893.0	1818.6	74.4		1959.5	508.9	26.5	30.4	92.0			216.0	208.9	229.6	37.9	525.7	3.9	117.1	4.4
1980	2077.0	1955.0	63.3	59.3	2006.1	538.9	53.5	35.1	122.8			205.1	279.5	170.0		483.7		112.3	5.2
1981	2256.2	2149.3	79.2	27.7	2101.2	528.1	70.3	35.8	132.4			241.4	305.7	208.4	34.2	467.5	34.9	105.2	6.4
1982	2420.6	2401.9	18.7		2101.3	534.7	84.1	33.1	186.1	5.7		213.1	228.2	255.3	40.5	403.3	10.0	150.2	7.5
1983	2759.0	2653.0	106.0		2951.6	642.3	83.7	37.1	198.6	16.1		246.6	476.3	380.0	109.0	716.0	34.0	144.4	10.5
1984	3424.2	3193.3	97.8	133.1	3329.1	609.5	90.7	40.1	235.5	20.6		342.8	479.5	472.7	132.7	837.8	75.5	186.8	13.1
1985	3679.3	3525.0	143.5	10.8	3925.8	695.0	88.0	45.4	274.6	21.5		457.4	592.3	538.5	113.2	893.9	75.4	302.7	16.5
1986	3862.0	3410.4	347.1	104.5	3762.3	686.1	53.8	52.8	356.1	49.1		453.6	442.4	589.8	51.3	874.4	9.6	184.6	19.6
1987	3980.4	3432.0	303.4	245.0	3765.5	750.4	107.3	80.9	343.2	88.8		560.7	448.9	565.5		524.7		275.8	19.3
1988	4189.9	3471.6	450.5	267.8	4267.4	757.8	189.7	82.4	438.4	119.2	126.1	628.3	156.3	835.8		593.2		314.6	25.6
1989	4398.9	3671.0	727.9		4361.8	859.5	190.0	49.8	453.0	170.2	168.5	673.5	318.9	696.1		461.8		320.5	
1990	5270.5	4469.6	800.9		5282.4	968.1	223.8	75.1	489.3	186.5	148.4	813.5	499.5	856.2		678.7		343.3	
1991	5760.6	4757.0	1003.6		5820.0	943.8	293.7	76.5	657.7	259.3	139.6	1075.9	479.4	721.6		847.6		324.9	
1992	6629.3	5583.2	1046.1		6608.3	972.6	575.1	71.0	709.7	403.8	142.7	1312.2	547.2	940.5		659.6		273.9	
1993	8383.3	6582.7	1800.6		8554.1	1003.3	894.0	108.2	711.9	608.2	173.4	1860.1	604.9	1369.5		883.2		337.4	
1994	10848.1	8546.6	2301.5		10860.2	2693.3	725.4	122.9	1013.8	1262.6	169.0	2462.0	263.7	1163.8		591.9		391.8	
1995	13760.2	9712.2	4048.0		13880.9	2378.5	1150.3	329.5	1625.0	1338.3	211.0	2778.3	1244.5	1429.9		1046.8		348.8	
1996	18152.1	14194.2	3957.9		17875.3	2886.5	963.9	307.7	1662.3	1657.8	207.7	2797.4	2716.1	2947.3		1394.5		334.1	
1997	18886.8	14707.9	4178.9		18066.9	3088.5	1178.8	343.3	1771.0	1812.3	203.2	3195.2	2060.0	2297.3		1705.9		411.4	

说明：

1. 本表数据是根据学校档案馆保存的学校财务处历年教育事业费支出明细表填写的。其中1951—1954年，已换算为新的人民币为计算单位。

2. 教育事业费支出项目包括“高等学校经费”“科学研究事业费”“留学生经费”“高等业余教育经费”或“成人高等教育经费”等四项经费。自1986年起，教育部将“科学研究事业费”从教育事业费中划出，单列下达，并列入科学研究经费的统计表内。

3. “抵支收入自动增加数”是指校内单位工资收回、委托代培收入、固定资产变价收入及其他收入等，用来自动增加教育事业费。

4. 1980年之前，教育事业费年终结余收回财政。自1980年起，由教育部下达年度预算包干经费，年终结余全部留归学校结转下年度支配。

二、基本建设经费

1952年进行院系调整,北大要从城内沙滩等地迁至原西北郊燕京大学校址。北大在沙滩等地有13.2万平方米的建筑面积,原燕京大学只有8.5万平方米,而且院系调整以后北大还要发展,所以从1952年开始至1960年,学校年年都抓紧进行基本建设。1960年4月,中央批准北大在昌平十三陵建设理科新校区。当时计划要在三年内建成35万平方米的校舍。理科新校区于1960年开始兴建,虽然于1961年基本建成5万平方米以后,即因暂时经济困难奉命暂停,但各项配套工作还需继续进行。所以1961年至1965年,基建经费主要是用于建设昌平新校区,在海淀校本部只增建几个理科实验室。1965年3月开始至1971年,学校集中力量建设北大汉中分校、江西南昌鲤鱼洲分校和北京大兴分校(后两个分校开始时都称为农场)。这三个分校分别于1971年下半年和1978年撤销,其土地及地上建筑全部交给当地政府,不再属于北大。这里所列的基本建设经费没有包括它们的基建费用。从1972年起,学校恢复在海淀校本部进行基本建设,"文革"后的改革开放时期,基本建设的投资力度随着学校规模的扩大和教学、科研工作的发展而加大。

1964年以前,基建经费全由国家拨款;1964年以后,有些年份有少量自筹资金。20世纪80年代末和90年代,自筹资金和无偿捐赠与赞助的资金有了比较大的增加。现将各个时期学校基本建设经费收支概况分述于下。

(1) 1952—1960年

在这9年间,学校经批准的基建投资为3615.6万元,全部为国家拨款。建成的主要建筑有:第一教学楼(39.0万元)[①],文史楼(36.8万元),地学楼(36.8万元),哲学楼(54.7万元),化学楼(86.2万元),生物楼(72.2万元),第二教学楼(13.4万元,已拆),技物大楼(174.7万元),物理大楼(184.5万元),静园三院(17.6万元)和六院(17.3万元),1—15斋(已拆),教工和学生宿舍16—27楼(共249.7万元),学生宿舍28—32楼(共132.9万元)和34—43楼(共192.7万元),中关园1—3公寓(共97.8万元),清华园旁4—7公寓(共61.8万元),朗润园8—13公寓(共80.7万元)和科学院北大教工宿舍楼、大膳厅等。1960年昌平分校数学力学楼和学生宿舍楼开工。

(2) 1961—1965年

在这5年间,学校经批准的基建投资为1555.7万元,其中国家投资1490.7万元,占95.8%;自筹资金65.0万元,占4.2%。建成的主要建筑在

① 括号内为该建筑物的造价数,下同。

昌平分校的有数学力学楼(192.0万元)、学生宿舍楼4栋(共140.0万元)、原子能实验楼(45.0万元)及图书馆、食堂、变电站、锅炉房等。在校本部的有生物物理实验楼、低温能谱实验楼、恒温实验室、钴源实验室等。

(3) 1972—1980年

在这9年间,学校经批准的基建投资为2673.5万元,其中国家投资2632.5万元,占98.5%;自筹资金41.0万元,占1.5%。建成的主要建筑有:图书馆(448.5万元),蔚秀园14—24号楼和26—29号楼(共464.0万元),燕东园31—32号楼和35—40号楼(共299.0万元),中关园41—43号楼和46号楼(共209.0万元)以及半导体元体车间、幼儿园、学生食堂等。

(4) 1981—1990年

在这10年间,学校经批准的基建投资为17614.6万元,其中国家投资16152.6万元,占91.7%;自筹资金87.0万元,占0.5%;无偿捐赠和赞助1375.0万元,占7.8%。建成的或在建的主要建筑有:新化学楼(1527.0万元),电教楼(481.0万元),生命遥感中心(130.0万元),静电加速器楼(463.0万元),第四教学楼(114.0万元),印刷厂综合楼(485.0万元),理科3号楼(1805.0万元),理科5号楼(1020.0万元),考古博物馆(700.0万元),勺园1—6号楼(共565.0万元),研究生宿舍45—48号楼(共613.0万元),学生公寓503—506号楼(共694.0万元),畅春园51—56号楼(共497.0万元),承泽园101—111号楼和122—124号楼以及附中分校、学生浴室、风雨操场等。

(5) 1991—1997年

在这7年间,学校经批准的基建投资为81200.0万元,其中国家投资(包括"211工程"中1996年和1997年的基建经费)39960.0万元,占49.2%;自筹资金23346.0万元,占28.8%;无偿捐赠和赞助17894.0万元,占22.0%。建成的或在建的主要建筑有:理科1号楼(7834.0万元),理科2号楼(14000.0万元),光华管理学院楼(3500.0万元),国际政治大楼(2800.0万元),图书馆扩建(8000.0万元),附中图书馆扩建(306.0万元),百年纪念讲堂(5000.0万元),燕园教育培训中心(4500.0万元),燕北园301—322号楼和331—333号楼(共7974.0万元)及留学生专家公寓、中关园人才住宅、博士后公寓楼等。

1952年至1997年北大基本建设投资情况见下表。

1952—1997年历年基本建设投资统计表 单位:万元

年份	计划投资数				实际完成数①	完成的百分比(%)
	国家投资	自筹	无偿捐赠和赞助	合计		
1952	422.5			422.5	415.8	98.4%
1953	227.5			227.5	181.9	80.0%
1954	396.2			396.2	254.4	64.2%
1955	227.0			227.0	249.5	109.9%
1956	247.4			247.4	237.2	95.8%
1957	373.0			373.0	338.3	90.7%
1958	378.7			378.7	239.0	63.1%
1959	249.0			249.0	204.3	82.0%
1960	1094.3			1094.3	557.8	51.0%
1961	795.3			795.3	725.6	91.2%
1962	99.2			99.2	97.0	97.8%
1963	78.9			78.9	72.2	91.5%
1964	131.8	32.0		163.8	124.2	75.8%
1965	385.5	33.0		418.5	102.2	24.4%
1972	107.4			107.4	53.6	49.9%
1973	224.6			224.6	153.2	68.2%
1974	370.0			370.0	420.8	113.7%
1975	132.5	35.5		168.0	159.5	94.9%
1976	71.0			71.0	41.6	58.6%
1977	35.0			35.0	31.0	88.6%
1978	485.0			485.0	407.4	84.0%
1979	568.0	5.5		573.5	570.6	99.5%
1980	639.0			639.0	615.0	96.2%
1981	849.0			849.0	774.0	91.2%
1982	856.0			856.0	771.0	90.0%
1983	1052.0			1052.0	976.0	92.%

① 基建工程当年未完工,其基建经费未用完的,在下年度继续使用。

单位：万元　　续表

年份	计划投资数				实际完成数①	完成的百分比(%)
	国家投资	自筹	无偿捐赠和赞助	合计		
1984	980.0			980.0	937.0	95.6%
1985	1380.0			1380.0	1270.0	92.0%
1986	2070.0			2070.0	20127.0	97.8%
1987	2227.0			2227.0	2140.0	96.1%
1988	2111.6			2111.6	2111.6	100%
1989	2645.0		755.0	3400.0	3121.0	91.8%
1990	1982.0	87.0	620.0	2689.0	2688.0	99.9%
1991	1950.0	136.0	534.0	2620.0	2588.0	98.7%
1992	2613.0	1314.0	833.0	4760.0	4059.0	85.3%
1993	2618.0	1015.0	600.0	4233.0	3667.0	86.6%
1994	2453.0	1245.0	180.0	3878.0	3749.0	96.7%
1995	3376.0	3604.0	800.0	7780.0	7433.0	95.5%
1996	10625.0	6803.0	7180.0	24608.0	24301.0	98.7%
1997	16325.0	9229.0	7767.0	33321.0	33326.0	100%

三、科学研究经费

科学研究经费主要包括科学事业费、科技三项经费、代管科研经费。

科学事业费，1986年以前，包含在教育部拨发的教育事业费中，1986年起，由国家科委归口单列预算，而后由国家教委财务司拨给学校。这项经费主要用于重点实验室运行补助费、博士点基金、人才培养基地建设经费、攀登计划科研经费及专职科研编制人员经费、独立研究机构行政经费补贴等。它属于国家预算内经费。

科技三项经费，包括新产品试制费、中间试验费、重大科研项目补助经费，由教育部科技司下达。

代管科研经费，是指除教育部（国家教委）以外的国家各部委和地方有关部门或单位为交给学校的科研任务而拨付的经费。

① 基建工程当年未完工，其基建经费未用完的，在下年度继续使用。

“科技三项经费”“代管科研经费”属于学校预算外经费，在资金使用上，严格按照国家和教育部(国家教委)的有关规定，按其来源单位和项目设立账户，分别核算，专款专用。北大 1972—1997 年科研经费的收支情况见下表。

1972—1997 年北大科学研究经费收入及实际支出情况表① 单位：万元

年度	收入数				实际支出数											
	合计	科学事业费	科技三项经费	代管科研经费	合计	工资	补助工资	主副食品补贴	职工福利费	公务费	设备费	修缮费	业务费	新产品试制费	其他	备注
1972	157.8		157.8		90.0									90.0		
1973	79.0		79.0		88.7									88.7		
1974	149.0		149.0		135.3									135.3		
1975	167.2		167.2		87.7									87.7		
1976	95.5		95.5		140.5									140.5		
1977	226.1		226.1		106.4									106.4		
1978	220.0		220.0		32.1						19.5		9.9		2.7	
1979	605.7		446.0	159.7	606.4						385.5		218.6		2.3	
1980	475.7		268.0	207.7	385.3						237.0		107.7		40.6	
1981	598.3		440.2	158.1	292.9						141.0		151.9			
1982	433.6		184.5	249.1	500.1						327.0		168.5		4.6	
1983	477.3		296.5	180.8	370.0						173.3		194.2		2.5	
1984	676.4		336.8	339.6	639.5						391.0		217.6		30.9	
1985	1159.0		420.6	738.4	923.9						424.7		435.1		64.1	
1986	1342.3	282.2	411.4	648.7	1197.3	172.2					222.4	9.3	533.2		260.2	
1987	2892.5	285.7	885.7	1721.3	1754.0	164.6	6.3		7.4	0.1	578.3	15.9	682.3		299.1	
1988	3326.9	331.3	1053.9	1941.7	3116.9	166.4	11.3	9.8	17.8		1184.3	6.7	1085.5		635.1	
1989	3067.6	418.9	460.9	2187.8	2633.9	165.2	92.9	15.9	8.2	191.5	1093.2	57.5	908.0		101.5	
1990	3191.3	754.9	424.6	2011.8	2568.3	201.3	101.8	15.9	4.2	154.4	652.4	19.9	1372.9		45.5	
1991	3647.1	654.3	1208.0	1784.8	3748.2	209.4	111.2	23.0	7.4	157.7	1369.8		1548.3		320.4	
1992	6428.1	1180.8	2637.7	2609.6	4646.2	210.7	329.6	25.3	7.9	332.3	913.9	59.9	2207.4		559.2	

① 1963—1965 年，教育部每年拨给北大的新产品试制费和测试基地经费 10 万—20 万元，未列入表中。

单位：万元　　续表

年度	收入数				实际支出数											
	合计	科学事业费	科技三项经费	代管科研经费	合计	工资	补助工资	主副食品补贴	职工福利费	公务费	设备费	修缮费	业务费	新产品试制费	其他	备注
1993	5748.3	1421.8	1567.0	2759.5	6317.6	210.9	363.6	59.7		376.8	1746.7	276.7	2303.0		980.2	
1994	6231.3	1631.3	442.6	4157.5	5767.6	572.8	418.1			431.4	1160.2	71.9	1909.4		1203.8	
1995	6294.0	2010.6	961.4	3322.0	6428.7	541.2	444.2			485.6	894.9	82.6	3015.9		964.3	
1996	10092.1	2148.1	1982.7	5961.3	7080.6	587.3	622.4			537.1	893.2	136.4	3130.7		1173.5	
1997	13789.4	2560.1	1920.0	9309.3	8443.8	594.3	784.3			692.2	1376.6	452.7	3567.3		976.6	

四、学校基金

1980 年 6 月 11 日，教育部、国家劳动局、财政部联合颁布《高等学校建立学校基金和奖励制度的试行办法》，规定从 1980 年起，有条件的高等学校得建立学校基金和奖励制度。当年北大即设学校基金，开立基金账户。该办法规定，学校基金的主要来源是：(1)校办工厂（车间）、农（林、牧）场实现的纯利润。(2)科研成果转让、科技协作劳务的净收入。(3)实验室对外服务的净收入。(4)接受校外单位委托实验、检验、化验、设计等对外服务的净收入。(5)学校招待所、汽车、绿化、冰场、游泳池、出售零星废品等净收入。试行本办法以前历年结余的上述收入，除了专项资金按照规定专款专用外，其余可纳入学校基金。规定学校基金原则上应当分别用于教学、科研、发展生产、教职工集体生活福利和个人奖励等四个方面。其中用于教学、科研和发展生产部分不低于 60%，用于集体生活福利和奖励部分不高于 40%。

1980 年，学校基金总收入 884.2 万元（含以前历年结余的）。1981 年，基金收入 283.9 万元，以后逐年有所增加，到 1996 年，学校基金总收入为 13476.6万元，其中生产劳动净收入 438.6 万元，科研协作劳务净收入 920.3 万元，实验室对外服务净收入 152.2 万元，接受校外委托净收入 26.3 万元，后勤服务净收入 1036.7 万元（包括招待所净收入 400.0 万元），其他净收入 10902.4 万元（包括一些校办公司上交的管理费 2722.0 万元，方正集团上交的资产增值 6360.0 万元）。当年学校基金支出为3415.4 万元，占学校基金当年收入的 25.34%，其中返回校办工厂（企业）的利润 263.7 万元，集体福利支出 330.5 万元，奖励支出 2248.7 万元，其他支出 492.5 万元，上交国家教委 80.0 万元。至 1996 年末，学校基金的账面结余 18983.1 万元，其中发展基金结余 14731.2 万元，占 77.6%；奖励基金 4251.9 万元，占22.4%。1980—1997 年北大学校基金收支情况见下表。

1980—1997 年北京大学学校基金收支情况表　　　单位：万元

年度	学校基金收入							学校基金支出									备注
	合计	生产劳动净收入	科研协作劳务净收入	实验室及设备对外开放净收入	接受校外委托净收入	后勤服务净收入	其他净收入	合计	教学科研	发展生产（含返还校办工厂利润）	集体福利	奖励	自筹基建	其他	上交教委	上交能源交通建设基金	
1980	884.2	575.2	31.6	144.9		11.2	121.3	311.2	176.9	80.0	7.8	35.4		8.4	2.7		1980年9月，学校开立基金账户，设立学校基金项目
1981	283.9	168.5		15.6		10.5	89.3	499.9	262.9	90.0	17.2	43.2		85.7	0.9		
1982	386.7	241.4		22.4	9.2	29.1	84.6	307.2	61.5	127.0	36.7	37.6		26.1	18.3		
1983	337.4	161.0		40.8	7.8	37.6	90.2	278.6		80.9	41.2	68.3		55.7		32.5	
1984	406.0	160.2	17.1	22.6	44.1	60.7	101.3	527.6	133.0	102.7	48.1	110.4		101.9	10.0	21.5	
1985	576.8	258.2	48.2	20.0	126.1	59.6	64.7	556.4	188.8	110.2	33.8	140.5		72.8	10.3		
1986	694.1	321.2	13.1	14.2	98.0	62.9	154.7	956.4	572.5	130.2	49.8	87.3		87.8	28.8		
1987	700.1	295.2	46.4	11.7	112.0	150.0	84.8	562.4	193.8	129.2	14.5	116.0		108.9			
1988	745.9	334.1	53.4	11.8	141.2	100.0	105.4	690.9	354.7	142.3	14.7	130.4		48.8			
1989	886.5	402.0	50.5	60.4	15.6	70.0	288.0	841.3	168.0	170.5	147.5	136.2		219.1			
1990	1649.4	426.2	568.7	61.0	21.4	410.7	161.4	1149.9	162.3	181.5	154.3	233.3	25.4	393.1			
1991	1564.6	820.3	115.2	53.4	38.0	472.1	65.6	1876.0	395.7	191.3	181.4	405.8	15.0	626.8	60.0		
1992	2723.9	1418.9	155.3	35.5	33.6	442.0	638.6	2323.5	582.9	262.3	214.8	464.2	150.0	589.3	60.0		
1993	3577.6	490.3	36.5	74.5	79.6	663.3	2233.4	3487.1	270.3	226.5	404.6	1237.1	320.3	968.6	60.0		
1994	8435.8	170.0	171.0	68.9	121.4	943.7	6960.8	3431.5	559.9		207.1	1870.5	180.0	534.0	80.0		
1995	8211.4	266.7	310.4	273.0	60.5	1357.0	5943.8	5683.1	39.0	1822.7	109.4	2071.7	120.0	1440.3	80.0		
1996	13476.6	438.6	920.3	152.2	26.3	1036.7	10902.4	3415.4		263.7	330.5	2248.7		492.5	80.0		
1997	7706.3	388.3	134.3	296.6	14.4	1645.5	5227.2	5391.1		178.3	91.0	3821.7		1260.1	40.0		

五、学校特种资金

新中国成立后，学校将房租收入、固定资产变价处理收入、家具及仪器设备出租收入及其他收入，列为特种资金，每年约 20 万至 40 万元。特种资金主要用于房屋的维修、仪器设备的购置和维修等。根据国家的规定，自 1989 年起，实行对本科公费生收取学杂费，当年的收费标准是每人每年 200 元。这项收入亦列入学校特种资金。该项资金主要用于房屋维修、校园建设等。

1993年起，学校将接受捐赠和赞助的款项列入特种资金，当年学校特种资金总收入为1231.9万元，其中捐赠和赞助款为669.0万元。

1994年，特种资金总收入为2250.2万元，其中捐赠和赞助款为1659.0万元。新生学杂费由1993年的每人每年400元，提高到每人每年700元，因此，学杂费收入增加到285.9万元。

1995年，学校特种资金总收入为4214.6万元，其中捐赠和赞助收入为3470.6万元。

1996年，学校特种资金总收入为9090.2万元，其中捐赠和赞助收入为5474.5万元。

1997年，学校特种资金总收入为16287.0万元，其中捐赠和赞助收入14312.1万元。当年新生学杂费标准为每人每年2000元，全校全年学杂费收入为1060.1万元。

特种资金中的捐赠和赞助款，学校规定按其捐赠、赞助指定的用途使用，不进行分配，学校不提成，也不提管理费。学生学杂费的使用，主要是用于学生宿舍、学校食堂和一些公用设备的维修、改造和添置。

1981—1997年北大特种资金收支情况见下表。

1981—1997年北大特种资金收支情况表 单位：万元

年份	收入数	支出数	年份	收入数	支出数
1981	23.4	10.0	1990	126.1	21.1
1982	25.3	4.5	1991	261.5	11.3
1983	23.0	30.7	1992	159.7	25.1
1984	24.9	0.4	1993	1231.9	660.9
1985	24.3	78.8	1994	2250.2	2299.9
1986	27.4	76.1	1995	4214.6	3955.5
1987	30.2	26.2	1996	9090.2	7086.7
1988	27.0	25.8	1997	16287.0	10647.7
1989	92.1	6.7			

以上所列的学校各项经费，自20世纪80年代以来，均有较大幅度增长。例如，1987年，学校各项经费总收入9877.0万元（其中教育事业费3677.0万元，科学事业费285.5万元，科技三项费885.7万元，代管科研费1721.3万元，学校基金700.1万元，特种资金30.2万元，抵支收入303.4万

元，委托培养46.8万元[①]，基建经费2227.0万元）。当年总支出为8247.9万元（其中教育事业费3765.5万元，科学事业费236.2万元，科技三项费642.0万元，代管科研费875.6万元，学校基金562.4万元，特种资金26.2万元，基建经费2140.0万元）。1997年学校总收入94085.3万元（其中教育事业费14707.9万元，科学事业费2560.1万元，科技三项费1920.0万元，代管科研费9309.3万元，学校基金7706.3万元，特种资金16287.0万元，委托培养1875.6万元，抵支收入4178.9万元，对外服务2219.2万元，基建经费33321.0万元）。当年总支出77939.9万元（其中教育事业费18066.9万元，科学事业费1578.0万元，科技三项费1473.0万元，代管科研费5392.8万元，学校基金5391.1万元，特种资金10647.7万元，对外服务2064.4万元，基建经费33326.0万元）。前后相比，1997年学校各项经费总收入为1987年的9.52倍，总支出为9.45倍。

上述各项经费除基建经费由基建部门单列管理外，其他项目经费可分为预算内资金和预算外资金两类。国家拨入的列入国家预算收支范围的资金，属于预算内资金，教育事业费和科学事业费属于此类资金。从其他来源取得的不纳入国家预算收支管理的资金属于预算外资金，此类资金包括科技三项经费、代管科研经费、学校基金、特种资金、委托培养费，对外服务收入等。

在20世纪50至70年代，学校预算外资金主要是特种资金和科技三项经费，其数量较少，占整个学校经费比重较少。进入20世纪80年代后，预算外资金增加较快，在学校全部收入中所占的比重也逐步增大。例如，1987年，教育部对北大事业费拨款（即预算内资金）共3962.5万元（包括教育事业费3677.0万元，科学事业费285.5万元），而预算外的收入为3687.5万元（其中科技三项经费885.7万元，代管科研经费1721.3万元，学校基金700.1万元，特种资金30.2万元，抵支收入303.4万元，委托培养收入46.8万元）。预算外收入为事业费拨款的93.1%，占全部收入（不包括基建经费）7650.0万元的48.2%。1997年，教育部对北大事业费拨款17268.0万元（包括教育事业费14707.9万元和科学事业费2560.1万元），当年北大预算外收入为43496.3万元（其中科技三项经费1920.0万元，代管科研经费9309.3万元，学校基金7706.3万元，特种资金16287.0万元，委托培养收入1875.6万元，抵支收入4178.9万元，对外服务收入2219.2万元）。预算外收入为当年事业费拨款的251.9%，占全部收入（不包括基建经费）60764.3万元的71.6%。1997年与1987年相比较，全部收入增长7.9倍，其中事业费增长4.4倍，预算外收

① 本年委托培养费已扣除转入学校基金59.0万元和抵支收入225.0万元。

入增长11.8倍。

六、世界银行贷款概况

从1981年至1991年，世界银行对北大贷款先后共有三次。

(1) 我国政府与世界银行于1981年11月签订“中国大学发展项目”贷款协议。该协议于1982年2月生效。贷款总额为2亿美元，执行期为4年，从1981年11月开始至1985年6月30日结束，截止期为1986年6月30日，1987年8月最终决算。当时教育部分配给北大的贷款预算指标为1448万美元，其中购置设备费1300万美元，派遣出国进修和人员培训费108万美元，图书费40万美元。我校实际执行数为1418.3万美元，完成预算贷款的98.0%。支出的构成为仪器设备购置费1292.5万美元，占总支出的91.1%；人员培训费95.0万美元，占总支出的6.7%；图书购置费30.8万美元，占总支出的2.2%。国内配套资金为1466.9万元。配套资金的用途为：土建工程和大修缮532.1万元，工程项目的配套家具20.1万元，购置仪器设备882.4万元，人员培训3.4万元，业务费27.7万元，其他费用1.2万元。

本次贷款项目主要用于我校重点发展的学科，建设4个重点实验室（固体物理实验室、生命科学实验室、分析测试中心实验室和计算中心）和12个基础实验室（应用数学、物理学、地球物理学、无线电电子学、力学、化学、生物学、地质学、地理学、计算机科学与技术、心理学、遥感等实验室）以及其他相关系科的实验室。此项贷款列入国家统借统还项目，分配给有关院校使用。

(2) 教材建设项目贷款。1989年6月，我国政府与世界银行签订教材建设项目贷款协定，该项目于当年11月2日正式生效并开始实施，1995年6月30日关闭。贷款总额合1.1947亿美元。本项目建设目标：提高教材的质量和教学效果，增加正式出版教材的多样性，提高教材的生产效率和印刷质量。本次国家教委分配给北大贷款计划额为108.5万美元，实际支付款109.5万美元。该项贷款主要用于北大印刷厂购置印刷、装订、排版设备，以提高教材的出版印刷质量。国内配套资金计划509万元，实际完成515万元，为计划投资的101.2%。

本项目为统借自还项目，贷款期为15年，最初5年为宽限期，从第6年开始归还本金，10年还清；按年息百分之二点五交付利息；由学校负责按期将应还本金及利息折成（均按当时汇率计算）人民币偿还。

(3) 重点学科发展项目贷款。我国政府与世界银行于1991年3月15日签订《重点学科发展项目信贷协定》。信贷总额为9290万SDR（特别提款权），其中高校部分的贷款总额为1亿美元（7440万SDR）。项目执行期为5

年，1996 年 6 月 30 日关闭。经申请和专家评审，我校获本次贷款额 765.6 万美元（591 万 SDR），累计支出 783.28 万美元，完成贷款额度计划的 102%。国内配套资金计划数为 877.65 万元，累计支出为 1312.04 万元，完成计划的 149.5%。

学校使用这次贷款建设或合作建设 6 个重点实验室和 4 个专业实验室。6 个重点实验为暴雨监测和预测、稀土材料化学及应用、文字信息处理技术、湍流研究、环境模拟与污染控制（合建）、区域光纤通信网与相干光纤通信（合建）等实验室。4 个专业实验室为生物有机分子工程、数学及其应用、第四纪年代测定、电子光学—电子显微镜等实验室。

本次信贷借款方式为统借自还。贷款期限为 15 年，最初 5 年为宽限期。我校自 1996 年 4 月 5 日起，每年分两次偿还本金，每次偿还本金二十分之一，最后一次还清余款。对尚未偿还的贷款本金部分，按 1.5%的年息以美元现汇交付利息。

第三节　中华人民共和国成立后北大的财务管理

一、学校财务管理机构及其职责

1949 年 5 月，校务委员会决定，在学校秘书长直接领导的秘书处下设会计组，管理学校的财务工作。1952 年 10 月，院系调整后，改会计组为会计科，属总务长领导。1956 年 9 月，学校作出改进管理机构的决定，设“一室四处”，即大学办公室、教务处、科学工作处、总务处、人事处。处一级机构为校部的工作机关，由校长、副校长分工直接领导各系、处的工作，并将会计科改为财务科，隶属于总务处。1966 年 6 月，“文革”开始，学校行政机关陷于瘫痪、半瘫痪状况。1969 年 9 月，学校成立校革委会，在后勤组下设财务组。1976 年 1 月，将财务组改为财务科。

“文革”后，1979 年 12 月，随着学校各项事业的恢复和发展，学校决定将财务科改为财务处，下设会计科、财务科、基金管理科，统一管理全校的财务会计工作。1993 年，财务处进一步健全组织机构，设置预算内、预算外、工薪、管理、企业财务 5 个科室。20 世纪 90 年代后期，为适应学校改革发展形势的需要，在财务处下设计划、审核、出纳、管理、工薪、综合等科室。

财务处（部）的主要职责如下。

（1）贯彻执行党和国家的财政方针、政策、法令，维护财经纪律，保护公共资财的安全。

（2）根据上级规定和学校具体情况，编制学校综合预算（含收入预算、支出预算），执行学校的各项财务计划。

（3）遵照国家的财经政策、财务法规和制度，拟定学校的财务管理的规章制度和管理办法。

（4）监督、检查学校各项资金的管理和计划执行情况。

（5）做好记账、算账、报账工作和分析、考核资金的使用效果。

（6）提高全校财会人员的业务水平，保障财会人员履行职责的合法权益。

二、财务管理的原则与体制

新中国成立之初，一切费用均由国家拨款。1951 年，教育部转发政务院颁发的《预算决算暂行条例》，规定中央各部委所属的单位预算草案，报送上级主管部门审核，审核后下达的预算数，即为该基层单位本年度预算。北大按照教育部的要求，每年年底之前，由校会计室提出下年度预算书和季度预算书，包括各项经费用途及分配办法，经校务委员会会议讨论通过后，正式上报教育部，经教育部审核批准后，学校根据批准后的预算经费数额，执行各项经费使用计划。

1953 年，我国第一个五年计划的第一年，教育部要求各高等学校加强经费使用的计划性，从物质上更好地保证计划的贯彻和完成。为此，学校制定《关于财务制度的几点说明》，规定从 1953 年起，学校将季度经费预算改为季度经费计划。根据已批准的年度经费预算和季度经费计划，由财政部直接拨交人民银行，学校直接向人民银行支用款项。如果超出原来计划用款，人民银行可以拒绝支付；如有剩余，则财政部可在下一个月拨款时扣发这一部分，而以上月的余款作抵。无预算计划的项目用款不予报销。财政部还规定，经费收支以学校为单位统一在银行开立账户，校内各部门不得在银行开户存款，学校经费开支由会计科统一办理。

1954 年，根据高等教育部、财政部的有关规定精神，学校制定《北京大学财务制度》，对学校的年度经费概算和预算、季度经费计划及银行支付计划、工资发放、采购或订购、借款垫款及款项支付等方面都作了具体的规定。

1962 年 9 月，教育部颁发《直属高等学校财务管理办法（草案）》。学校认真贯彻该办法（草案），规定在财务管理方面实行“统一领导、集中管理、分工负责”的原则，学校预算内和预算外的资金都由学校财务部门集中管理和统一调度，实行“分级管理”的办法以及“以凭单代账”，不设账簿等情况；执行“会计管账不管钱、出纳管钱不管账”的原则；制定财务管理、物资采购和管理等的具体制度。由于当时根据国家的经济情况采取了紧缩开支、保证必需、精打细算、反对浪费的方针，虽然1962年学校的教育经费(807.5万元)比1961年教育经费(1275.2万元)少得较多，但是基本上没有影响教学、科研、行政、总务等方面工作的进行。

"文革"开始后，1966年12月，教育部颁发《关于1966年收支决算编报工作的通知》，规定各校1966年高等教育支出、教育支出和科学支出年终预算结余和限额结余，一律注销，不能结转下年度使用。

1971年12月，校革委会下设的教育革命组发出《北京大学关于校办工厂实行企业化管理的初步意见》，规定1969年以来，学校先后办起来的制药厂、电子仪器厂、无线电工厂等10个工厂，从1972年1月1日起实行企业化管理；各厂实行独立核算，生产中所需原材料、工资费用、生产费用全部计入成本；在扣除成本和扩大再生产费用后的纯利润全部上缴学校，用于学校经费开支，减少国家预算拨款。

"文革"后，从1980年6月，教育部、财政部颁发《教育部部属高等学校校办工厂暂行管理办法(试行)》。该办法规定，校办工厂可以试行"任务成本包干，超产节药提成，记分算奖"的办法。校办工厂在完成产品产量、质量、利润和供货合同四项指标以后的超计划利润中，可提取20%以内的超额利润留成，用于职工集体福利和个人奖励。同年12月，学校贯彻上述文件精神，制定《关于校办工厂试行利润留成办法的细则规定》，规定校办工厂在完成年度季度产值产量、产品质量、纯利润收入、全员劳动生产率四项指标的情况下，可按规定的比例提取利润留成资金，作为生产发展基金、职工福利基金和职工奖励基金使用，并规定职工福利基金按照工厂工资总额的11%、职工奖金按工厂工资总额的10%－12%计算。

1980年4月，教育部规定，自1980年起，教育部分配下达各高等学校的年度预算经费，试行包干使用，年终结余全部留归学校结转下年度支配。学校贯彻上述规定精神，从1981年起，每年保留5%以上的经费作为经费包干结余，年终时在银行冲减这笔经费，待至下一年度，作为教育事业费的"拨入经费"。

1986年10月，国家教委、财政部联合颁发《高等学校财务管理改革实施办法》，提出高等学校有权按照"包干使用，超支不补，节余留用，自求平衡"的原则，自主统筹安排使用主管部门核定的预算经费。学校校办工厂、出版社、招待所、劳动服务公司等单位，可以实行"事业单位，企业化管理，独立核算，自负盈亏"的管理办法，实行定额承包或其他形式的经济承包责任制。学校认真贯彻上述文件精神，结合学校的具体情况，决定在校内实行"分灶吃饭、层层包干、结余留用、超支不补"的原则，并先在部分系(所、中心)进行工资总额包干的试点工作。试点单位按定编人数定工资总额，增人不增工资总额，减人不减工资总额。节余经费80%由系（所、中心）支配使用，20%上交学校。学校对试点单位逐步下放人事管理权限，引入竞争机制，逐步实现以直接控制过程管理为主向宏观控制目标管理为主的转化，克服用人与治事相脱节的弊病，体现责权利一致的原则，调动基层单位的积极性和主动性，增强办学活力。此后，工资总额包干的办法在全校各单位普遍实行。

1989年5月，国家教委颁发《关于适当集中财权加强财务管理的意见》。学校根据文件的精神，加强了经费的宏观控制，合理调度资金，严肃财经纪律，实现综合预算平衡。对学校准备上马的大项目，进行严格的财务预算，加强项目论证，防止“钓鱼”工程发生。在全校范围内开展物价收费检查，并于1991年5月制定《北京大学行政性事业性收费管理试行办法》，规定学校行政性事业性收费必须严格遵照国家文件规定的收费项目和收费标准收费，无文件依据而又应该收费的项目，必须经学校有关主管部门同意，报校长批准后，转报政府物价管理部门批准，方可收费。

为贯彻国家教委《关于当前国家教委属高校财经工作中几点意见的通知》精神，进一步理顺财务管理体制，加强对各种不同类型的所属单位的财务管理，学校在总结过去财务管理经验的基础上，于1995年11月制定《关于加强校内财务管理的决定》。该决定规定，学校财务工作实行统一领导分级管理的原则，学校财务处是校一级财务管理机构，统筹调控学校经费运行，对全校财务活动实施归口管理。校内其他部门，如后勤、校产办、基建处等财务机构为学校的二级财务管理机构。学校财务管理体制分成一级核算二级管理和二级核算二级管理两类。

各院、系（所、中心）、图书馆、机关等单位实行一级核算二级管理，由学校财务处统一核算财力。这些单位不得在银行开立账户，也不得将学校统一管理的款项存放在其他账户内。单位领导拥有从预算经费切块中分得的经费、创收提成经费、从科研中提取的酬金、各项戴帽下达的专项经费以及其他属于单位支配的收入的管理权和支配权。

勺园管理处、出版社等为实行企业化管理的事业单位，校、院系办的科技产业、校办各类公司，以及经过批准的其他独立核算单位实行二级核算二级管理。学校对各独立核算单位的结算采取先费后利的方式，各独立核算单位应进行严格的成本核算，凡使用学校资源（包括人、财、物，有形资产和无形资产）均应合理计价，向学校交费。独立核算单位在实行全额成本核算的基础上须按照学校有关规定上缴利润或分成。

三、预算的编制

新中国成立后，学校按教育部的指示，每年编制学校年度预算，报教育部批准后执行。1954年，学校制定《北京大学财务制度》，对学校预算的编制作出明确的规定：编制年度预算和季度经费计划，都要根据高教部的指示，由校长室领导布置，各教学及行政单位负责编制，分别送教务处及总务处审核，然后转会计科汇编造册，经校长审阅和同意后，呈送高教部，并要求各单位要以实事求是的精神审慎考虑各项开支，既不要漏掉任何一项开支，更不要凭空设想，以免造成不合实际的现象。

1981年12月，教育部颁发《教育部部属高等学校财务管理试行办法》。该办法规定，编制年度预算必须坚持"量力而行、收支平衡、留有后备"的原则，精打细算，厉行节约，合理分配，注重效益。学校一切财务支出计划，必须严格控制在财力允许的范围内，不得搞赤字预算。1991年，国家教委下发《高等学校预算规程》。该规程指出，高等学校的年度预算是学校的综合财务计划，它包括教育事业费、科研经费、学校基金、基建投资和其他专项经费等预算内、外的全部资金收支计划。进入20世纪90年代，学校根据国家预算的法律、法规和上述诸文件精神，在总结过去历年编制学校预算经费经验的基础上，结合学校事业发展的新情况，提出做好学校预算编制工作的以下各项规定。

(1) 预算的管理权限：校长办公会是学校收入和支出总预算的最高主管机构。预算经校长办公会通过后，委托主管财务的校长"一支笔"审批执行。

(2) 预算编制的原则：编制预算坚持"量入为出、收支平衡"的原则。校级预算和所属各级预算，必须各自平衡，不得编制赤字预算。

(3) 预算编制的时间和方法：在预算年度(每年1月1日至12月31日为一个预算年度)开始前，即每年12月下旬编制上报第二年的预算。其方法是，学校各职能部门、直属行政单位根据当年预算执行情况及下年度本系统的事业计划、经费需求编制本部门经费预算草案，并报送学校财务处。学校财务处根据学校下年度教育事业任务要求、财力状况及各职能部门、直属行政单位的预算草案，综合平衡，编制下年度学校经费预算建议方案。

(4) 预算的审批：财务处提出的学校年度预算建议方案，经校长办公会讨论通过后，上报国家教委审核。根据国家教委审核批准的年度预算控制数，编制学校年度预算，经国家教委审核同意后执行。

(5) 预算的执行：学校按照管事与管钱相结合的原则，实行支出预算切块管理。即将支出预算分为外事口、学生口、教学口、后勤口、行政口等几大部分，其预算资金的分配归口由各主管校长或书记审批执行。学校按照国家财经法规、开支标准，审核各项预算支出，严格按照预算中列明的金额和支款方式办理。学校的收入预算按其来源，相应地由各主管校长或书记监督各职能部处严格执行。

(6) 预算的管理:学校的经费管理,对各院、系(所、中心)、图书馆、机关等单位实行“一级核算、二级管理”;对既为校内服务,又为社会生产产品或提供服务并有经常性收入的校办工厂(企业)、出版社、招待所等单位实行“二级核算、二级管理”的办法。学校的一切财务收支,都必须具有合法的凭证和完备的手续。会计凭证、会计账簿、会计报表等都必须符合国家统一的会计制度规定,不得伪造或变造。预算项目调整,必须按原预算批准程序,由校长办公会审定,任何部门或个人不得超越权限作出减少或增加的决定。在预算年度终了后,必须按上级部门的要求,认真及时地编制年度决算报告,决算报表经校长办公会审查批准后,由主管会计、学校财务部门负责人、主管财务的校长签字后,上报主管部门。教育事业费年末余额转入下年度使用,作为下年度教育事业费。

四、关于教育、科学技术对外服务的收费管理

根据 1980 年 6 月,教育部、国家劳动总局、财政部颁发的《高等学校建立学校基金和奖励制度试行办法》和 1985 年 5 月中共中央《关于教育体制改革的决定》的精神,结合我校的具体情况,从 1980 年起,学校在保证完成国家下达的教学、科学研究任务的前提下,调动各方面的积极性,挖掘潜力,充分利用人才和设备的有利条件,努力加强同各方面的联系,开展人才培训、协作科研和科技、文化服务等方面的工作,同时为学校筹集教育经费开辟了新的渠道。我校对外服务的主要内容如下。

(1) 人才培养:接受委托培养研究生、本科生和专科生,接受旁听我校研究生院及大学本科、专科课程,接受进修教师,举办教师进修班、干部专修科、夜大学、函授教育等。

(2) 协作科研:承接委托科研项目、工程设计、新技术新产品研制、咨询服务等。

(3) 成果转让:新技术、新产品、新工艺及计算机软件等各种成果转让。

(4) 科技、文化服务:利用学校各种设施、仪器设备、图书资料等条件,提供分析、测试、加工、计算、复制、录音、录像及维修等各种服务工作。

为了做好上述各项工作,学校制定了相应的规章制度,其主要内容如下。

(1) 教育、科技服务,必须统筹安排,加强管理,信守合同,保证质量;讲究经济效益和社会效益,遵守国家法令、法规;收益分配要兼顾国家、集体、个人三方面的利益,贯彻按劳分配、奖励先进的原则。

(2) 接受委托培养研究生和本、专科生以及需要由学校签发证书证件的人才培训、协作科研、成果转让等项目,必须事先报告学校主管部门审核同

意,报请学校批准。凡未经批准的任何单位或个人均不得以学校名义擅自举办或与外单位联合举办各类培训班、讲习班等,也无权颁发各类学历的证书或证明。

(3) 各类项目的收费标准,收入、收益分配及开支标准,均须按照国家规定或学校批准的办法执行。

(4) 各类教育、科技服务的收入均由学校预算外银行账户统收,然后按规定的经费分配比例切为校、系(所、中心)两块,实行分级包干核算。收入上缴学校的部分划入学校基金。拨归院、系(所、中心)部分,扣除直接费用、折旧及劳务等各项成本性开支后作为纯收入,各院、系(所、中心)可自主安排,其中70%作为发展基金,30%作为奖励福利基金。任何单位或个人均不得避开学校财务监督,借用校内外其他银行账户截留上述各项收入,坐收坐支或套取现金。

学校及各主管职能部门,为做好管理和服务工作,按照学校规定的职责范围,制定多项规定、办法和要求,其中主要有:《北京大学关于"科学技术服务管理试行办法"的补充规定》(1985 年 9 月)[①]、《北京大学关于科技开发收入管理的若干规定》(1988 年 9 月)、《北京大学关于成人教育收入的分配办法(试行)》(1988 年 5 月)、《北京大学关于研究生院计划外收入管理办法》(1988 年 9 月)、《北京大学关于举办各种成人非学历教育培训班的暂行规定(试行)》(1988 年 5 月)、《北京大学行政性、事业性收费管理试行办法》(1991 年 5 月)等。

五、财务审计

新中国成立后,学校在财务部门配备财务审计人员,负责学校财务工作的审计和监督。1985 年 5 月,教育部颁发《关于在高等学校组建审计机构开展审计工作的通知》,学校根据该通知精神设立审计室,负责学校的财务审计工作。1987 年 9 月,根据国家教委颁发的《关于委属高等学校内部审计工作的暂行规定》,结合我校具体情况,制定《北京大学审计工作暂行办法》。该办法指出,学校内部审计工作的根本目的是:通过对各处、系(所、中心)及各独立核算单位、经济承包单位的财务收支和经济活动效益等进行审计监督,加强学校内部管理,维护财经法规,提高资金使用效益,保证教育、科技体制改革顺利进行,为学校培养更多更好的合格人才服务。该办法规定,学校审计室在校长直接领导下,依照国家有关方针政策、财经法规和规章制度,进行审计活动,独立行使审计监督权,不受其他部门和个人干涉。

① 括号内的数字为该试行办法制定的时间,下同。

审计室的主要任务如下。

(1) 参与制定学校教育事业费、基本建设投资、科研经费、外资贷款、外汇等收支计划、预算和重要的经济决策会议，并对计划、预算执行情况及资金使用效益，进行审计监督。

(2) 对学校及其所属单位（包括独立核算单位、经济承包单位和服务公司）的各项预算外资金、基金收支计划执行情况和使用效益进行审计监督。

(3) 对学校及各系（所、中心）的财产、物资、设备的购置、存储、调拨、折旧、报废等情况，进行审计监督。

(4) 对侵占国家和集体资财、造成损失浪费等行为，进行审计监督。

(5) 监督检查财经纪律执行情况，纠正和制止偷税、漏税、乱挤成本，截留、挪用、拖欠应交国家或学校的各项收入，巧立名目滥发奖金、实物，请客送礼、游山玩水、铺张浪费以及贪污、盗窃、投机倒把、行贿受贿等行为。

(6) 宣传、贯彻执行国家审计法规，制定学校内部审计规章制度，参与拟定学校有关重要的财经规章制度和管理办法。

审计室的主要职权如下。

(1) 检查校内被审计单位的账目、资产和有关文件、资料。被审计单位必须如实提供，不得拒绝或隐匿。

(2) 参加学校召开的重要财经工作会议和被审计单位的有关会议。对审计中发现的问题进行调查并向有关单位和个人索取证明材料。有关单位应当积极配合，不得设置障碍。

(3) 报经校长批准，责成被审计单位纠正违反国家规定的收支，制止损失浪费。

(4) 对阻挠、拒绝和破坏审计工作的单位，报经校长批准，可采取封存账册、冻结资财等临时措施，并追究责任人和有关领导的责任。

(5) 支持和协助学校财会、物资等管理部门和有关人员，按照《会计法》和国家有关规定履行职责。通报违反财经法纪的重大案件，表扬遵守和维护财经法纪成绩显著的单位和个人。

(6) 凡经审计室确定为事先审计和报审项目，其年度决算须经审计室审计签章后方能核销。

该办法还对审计工作程序、审计人员要求等方面作出相应的规定。

为适应学校教育事业发展的新情况，在总结前些年审计工作经验的基础上，学校于 1991 年 11 月对《北京大学审计工作暂行办法》进行修改和补充，制定《北京大学内部审计工作实施办法》。该实施办法与原来的暂行办法相比较，主要是在审计范围方面增加了对学校综合财务计划的执行和财务决算、校办企业单位厂长（经理、社长）的经济责任等的审计，同时增加了

“政纪责任”一章，对拒绝提供有关文件、凭证、账簿、报表、资料、证明材料的，阻挠审计人员行使职权、抗拒、破坏监督检查的，弄虚作假、隐瞒事实真相的，拒不执行审计决定的，打击报复审计人员和举报人的单位和个人，审计室可根据情节轻重，向校长提出给予警告、通报批评、经济处罚乃至行政处分的建议。

第十五章 校园和学校的基本建设

第一节 校园

一、校园的变迁与发展

（一）北大原城内校园

1898年京师大学堂开办之初，校址在景山东街马神庙公主府，后称二院或理学院；1903年在北河沿购地建成译学馆校舍，后称为三院；1904年在公主府西侧空地，修建了14排平房，作为学生宿舍，称为西斋；1918年，红楼建成，校部和文、法科及图书馆迁入，称为一院。1930年12月，学校收购了汉花园以北嵩公府的全部房地，陆续修建了图书馆、灰楼宿舍、地质馆。抗战时期，北平沦陷期间，又修建一栋教室楼，称为北楼。附近还有翠花胡同16号的文科研究所、银闸胡同的植物园、大学夹道的煤气厂等教学科研用房。上述地区是原北大的本部，是学校活动的中心。此外，抗战胜利、复员北平后，还增加了工、农、医三个学院和国会街的四院、五院，以及分散在北京城内数十处的教工宿舍。

1. 景山东街马神庙公主府理科校区（二院）。1898年清政府批准设立京师大学堂后，于是年7月4日，指派庆亲王奕劻和礼部尚书许应骙负责建设大学堂工程事务。7月20日，许应骙奏请将地安门内马神庙空闲府第四公主府或称和嘉公主府暂时为大学堂开办之用。府第面积东西40丈，南北60丈，约合40亩地，有房舍340间，经修缮后又新建130间，于是年11月交大学堂接收使用。1900年7月，因义和团起事，大学堂停办。8月，八国联军入侵北京，学堂为俄兵、德兵占住，校舍、图书、仪器、家具、案卷等遭严重毁坏。1902年1月10日，清政府下令复校，拓增了东、西、南三面破旧民房，并于是年10月完成修建工程，添建校舍120余间，复学招生。清朝末年，修建一栋教室楼，称为南楼。1904年在公主府西侧空地修建了14排平房，作为学生宿舍，称为西斋。在1918年红楼落成前，公主府的校舍是北大校舍的主体，学校行政管理机构和主要教学活动都在这里。1952年院系调整后，北大迁往西郊燕园，医预科曾留此继续上课，直到1954年北京医学院建成，医预科回到北京医学院之后，人民教育出版社和高等教育出版社陆续迁入。20世纪80年代进行大规模建设，理学院内仅留下公主府正殿改造的大讲堂、南楼和西斋14排平房，当年五间三门的理学院大门也已不复存在。院中，李四光当年设计的荷花池业已被填平，池中的日晷现移放在燕园内赛克勒考古博物馆门前，只有西斋门口北京市政府1990年2月所立的"文物保护单位"的石碑，记录着北大百年前创业时第一处校舍的遗址。

2. 沙滩红楼校区（一院）。1905年清政府将汉花园一块空地拨给大学堂做运动场，1909年在其西南角建成东斋学生宿舍。在这之前，1905年清政府曾将德胜门外旧操场（现在的安德里北街21号）1600余亩地拨给大学堂建设分科大学。1909年开工，建成经科和文科部分房屋，辛亥革命爆发后因经费困难停工。1914年北大向政府呈请继续建设德外新校舍，未获批准。教育部和审计院将剩余材料拍卖充作教育经费，该地被用作军用。1916年学校向比利时仪器公司借款20万元，在东斋东侧建预科学生宿舍，1918年建成，因其全部用红砖砌成，故名红楼。是年2月，学校将有200多个房间的红楼改为教学楼，文科、法科和图书部迁入，此地逐步成为北大校园的中心，称为北大一院。1961年，红楼被国务院列为第一批全国重点文物保护单位。

1930年12月，学校收购了汉花园以北嵩公府的全部房地产。1935年7月，在嵩公府祠堂内（现沙滩北街15号）建成北大地质馆。同年11月，建成红楼操场北头有220个房间的学生宿舍灰楼，12月建成占地1256平方米的图书馆。地质馆院内埋葬着对北大早期地质学系发展作出卓越贡献的美籍地质学家葛利普教授。1982年7月，葛利普教授的墓迁往燕园，并重新立了墓碑。1990年2月，地质馆被市政府命名为文物保护单位。

抗战时期，北平沦陷期间，日伪举办的"北京大学"文学院在图书馆北侧嵩祝寺夹道旁建成一栋三层的教学楼，称为北楼。

1950年和1951年，在沙滩红楼校区又新建了新缮厅、教室楼、女生宿舍、合作社、学生活动楼等建筑。

1952年北大迁往西郊燕园后，北大工农速成中学继续在红楼办学。1956年工农速成中学迁往百万庄，1958年停办。工农速成中学迁出红楼后，《红旗》杂志社、国家文物局先后迁入红楼办公。沙滩地区其他校舍在1952年陆续由中宣部、文化部等单位迁入使用。银闸胡同北大植物园在20世纪50年代与教育部礼士胡同宿舍交换后，由教育部使用。

3. 北河沿法科校区（三院）。三院是1903年修建的译学馆馆址，1911

年译学馆停办后改为北大预科，1920 年起为法科校区，称三院。1946 年后文法两科都集中在一院，三院改为男生宿舍。三院主要建筑有拱券式二层楼校门、“工”字形教室和大礼堂等。当时全校性集会、演讲等重要活动，多在三院大礼堂举行。1930 年后，北大开始实行学院制，设文、理、法三个学院：一院为文学院，二院为理学院，三院为法学院。

4. 国会街北大四院和五院。宣武门内国会街 26 号北大四院，原是北洋政府国会所在地，1925 年成为国立北京政法大学校舍，1928 年后改为北平大学法学院，北平沦陷期间成为日伪举办的新民学院校舍。1946 年 10 月，北大从昆明复员回北平后，校舍紧张，国民政府将该处拨给北大使用。北大的先修班和文、法科一年级学生先后在此学习和住宿。1949 年 4 月，四院交新华社使用，至今仍是新华社总社所在地。四院往西国会街 50 号为北大五院，是北大出版部所在地。出版部承担印刷、出版教材和校内部分文件、刊物的任务。《中国化学学报》曾长期在这里印刷、出版，新中国成立前夕，地下党很多文件和宣传品也是在这里秘密印刷的。五院内还有一些北大教工宿舍。新中国成立后，出版部脱离学校改为公营的北京市印刷二厂。

5. 北大农学院。1902 年京师大学堂在京西丰台瓦窨村、郭家庄、小屯村征地 1330 余亩，1905 年将瓦窑村土地拨作筹建大学堂农科大学校舍用。1908 年，改拨望海楼一带（今日的玉渊潭附近）建农科大学校舍。在望海楼征地 970 亩，罗道庄征地 155 亩，蔡公庄征地 110 亩，共计 1235 亩，作为农科大学及农事试验田地。从 1910 年开工，用了两年时间，建成讲堂大楼、办事楼及校门等一批重要建筑。农科大学于 1910 年开始招生上课，1912 年民国成立后改为北京大学农科。1912 年 11 月农科由城内马神庙迁到罗道庄。1914 年 2 月，奉教育部令，农科脱离北大独立办学，改称北京农业专门学校。1918 年 4 月，教育部电令，将丰台瓦窨村土地改为该校农场，又拨南口叉峪、汤玉沟、刘家峪山地 1100 亩，作该校第二林场，老山山地 340 亩作第三林场。1923 年该校改称北京农业大学。1927 年，它作为北京九所国立高校之一，合并成立京师大学校，成为京师大学校的农科，1928 年又改为北平大学的农科。抗战期间，北平大学南迁，日伪在该处举办“北京大学”农学院。抗战胜利，北大复员北平，该处由北大接收，成为北大农学院的校址。1949 年 9 月，北大农学院和清华大学农学院、华北大学农学院合并成为北京农业大学，继续在此办学。1958 年，北京农大迁到海淀区马连洼新校址办学，原校舍为北京量具刃具厂等单位使用。此时，京师大学堂时期的主要建筑早已拆掉。

6. 北大医学院。1898 年，京师大学堂建立时，附设有医学堂，以当时已经裁撤的通政司之衙门作为开办之所。1900 年，医学堂随大学堂停办。1902 年大学堂恢复后，设医学实业馆。医学馆于 1903 年租地安门内太平街民房作为馆所，招生开学。1905 年 4 月，在前门外孙公园施医局东偏余地建医学馆，与施医局合并。1907 年 1 月，学部奏准将医学馆改为京师专门医学堂，脱离北大，由学部直辖。民国成立后，1912 年 9 月，教育部购得和平门外八角琉璃井后孙公园原京师大学堂医学馆旧址，成立医科专门学校。1923 年 9 月，学校奉命改建为北京医科大学。1927 年，包括该校在内的北京九所国立高校合并组成京师大学校，成为京师大学校的医科。1928 年改为北京大学医学院。抗战时期，北平大学内迁。1938 年，日伪设立“北京大学”医学院。院本部设在和平门外后孙公园，该院分院设在府右街运料门内，附属医院设在西单背阴胡同。1942 年，医学院迁入西什库后库新校舍。抗战胜利后，该处由北大接收，成为北大医学院。1947 年，将当时政府拨给位于西安厅大街 49 号的参谋部旧址改建为医疗用房，内科、妇产科，儿科等病室迁入。1950 年 2 月 13 日，北大医学院及附属医院划归卫生部领导，1952 年院系调整时更名为北京医学院。

7. 北大工学院。1919 年以前，北大设有工科，其办学地点在马神庙公主府。1919 年，蔡元培校长调整学科设置，决定工科预科学生愿学工者，转送入北洋大学，本科俟原有学生毕业后停办。抗战期间，日伪在北京举办的“北京大学”设有工学院。工学院地址在祖家街旧端王府原北平大学工学院院址。抗战胜利后，由北洋大学接收，成为北洋大学北平部。1946 年，复员后的北大决定设工学院，在沙滩校舍上课。1947 年 8 月，北洋大学北平部并入北大后，端王府校舍成为北大工学院院址。1952 年院系调整时，工学院各系并入清华大学和其他学校，端王府校舍由地质学院使用(现为官园中国少年儿童活动中心)。

8. 北大在市内的教工宿舍。1952 年院系调整前，北大在市内东、南、西、北四城都有教工宿舍，主要的有中老胡同 33 号、府学胡同、南锣鼓巷、东四十条等教授住宅，还有东高房、腊库、西老胡同、北河沿等一批教工住宅，东厂胡同一号则为校长公舍。1952 年院系调整时，这批校舍随住房人调整到政法学院、地质学院和北京医学院等院校，北大大部分教工迁往燕园后，所腾空的校舍也多为上述院校使用。目前仍由我校管理的还有东城黄米胡同 7 号、黄米胡同 9 号、北河沿大街 155 号、东高房 21 号及礼士胡同 141 号。

(二) 燕园

燕园原为燕京大学校园，1952 年北大迁入后成为北大的校园，但仍称燕园。燕园泛指整个北大海淀校区。它不仅包括原燕大的古园林校址，也包括北大迁来后扩展的整个成府村及其耕地、海淀镇北半部和市规划路红线外的燕园周边全部农田荒地。目前的燕园北临圆明园遗址，东与清华大学、中国科学院接壤，南临海淀镇，西与海淀体育馆和西苑交界，面积约为 180 余万平方米，合 2700 余亩（不包括燕北园）。

燕园位于北京西郊西山山麓的东界，是古永定河的故道，地下水源极其丰富，海淀就是诸多泉水汇成的湖泊。在 1958 年前，学校附近有很多自流井，西校门内的自流井是补充未名湖的主要水源。蔚秀园的自流井灌溉数十亩稻田。自古以来，这里就是著名的风景区。明代有米万钟修建的勺园和李伟修建的清华园（位置在西校门外，不是今日的清华园）。清朝初年，随着畅春园和圆明园的建设，这里又建筑了大量附属园林，赏赐给皇亲贵戚和宠臣。在英法联军火烧圆明园时，这些附园同样受到毁坏，大部分夷为平地。1920 年，燕京大学以 6 万银元从陕西督军陈树藩手中购得淑春园和勺园，并以淑春园为中心进行校园建设。美国建筑师墨菲（H. K. Murphy）在虽遭破坏但山水风光依旧的皇家园林的基础上，采用中国传统民族风格的个体建筑与古老园林协调的布局手法，规划设计了燕园校园。工程于 1921 年动工，1928 年基本建成。1990 年 2 月，北京市政府将这一园区及建筑物定为文物保护单位。

淑春园大概位置是以未名湖为中心，西起西校门，东到第一体育馆东操场，南到一教后小马路，北到建斋北侧小路，原为圆明园属园。乾隆把它赏给了宠臣和珅。和珅大肆营造，将园中水田开凿连通为大小湖泊，挖掘的泥土堆筑为湖中岛屿和环湖山冈，未名湖就是淑春园中被保留下来的最大的一个湖泊。西校门内有一些小的池沼，在燕大建设燕园时已被填平。和珅失宠衰败时，查抄的家产清单中列淑春园共有楼台 64 座，房屋 1003 间，游廊、楼亭 357 间。他“逾制”模仿圆明园和颐和园的楼台石舫，成为其罪状之一。淑春园现在的遗物，除石舫底座外，仅有慈济寺的庙门。

勺园位于现在勺园大楼一带，为明朝万历年间大书法家米万钟所建，是当时西郊一处小巧幽雅的著名园林。清初勺园归皇家所有，在其旧址上建造了弘雅园，后又改称集贤院。这里曾是清政府接待外国使臣和文职官员的公寓。乾隆以来，清帝经常在圆明园设朝听政，从城里赶来的官员上朝前后在集贤院落脚。英法联军火烧圆明园时，淑春园和勺园首先遭到破坏，几乎夷为平地。

燕京大学除购得淑春园和勺园外，还租用了朗润园，购置了镜春园、鸣鹤园、蔚秀园、治贝子园等园林，并建造了燕东园、燕南园两个住宅区。北大迁来后，又收购了朗润园、承泽园以及畅春园东北角，形成了今天的燕园，也就是北大的校园。

朗润园原名春和园，是圆明园属园。道光末年，春和园赐给恭亲王奕訢，改称朗润园。该园位于燕园北部，其园界大体与今日相同。其主体为一方形岛屿，四周环绕曲溪湖泊，外环土山阜岗，园林格局至今仍明晰可见。在全盛时期，其房屋达到237间，游廊80余间，至今主要房屋还基本保持完整，但缺乏维修。清朝末年，慈禧常在颐和园垂帘听政，因朗润园与之相去不远，内阁军机及诸大臣经常在此集合。1923年，该园主人载涛与燕大签租约30年，年租金1400元，将该园租给燕大做教职员宿舍。北大迁来后，又于1953年与载涛协议，用82650万元旧币购下朗润园全部房屋游廊305间，地117亩。

镜春园、鸣鹤园同为圆明园属园。原镜春园史料很少，也没有遗迹保留。它大体位于现在北材料厂一带，即第一体育馆北端通向朗润园小马路以东为镜春园，以西为鸣鹤园。现在的镜春园75号、79号地区应为鸣鹤园的东半部，红湖附近到考古博物馆、学校西围墙内为鸣鹤园西半部。而1992年恢复鸣鹤园所立的园名石刻则在原鸣鹤楼的南墙外。鸣鹤园曾是京西名园，1860年英法联军火烧圆明园时也遭到严重破坏。民国初年曾当过大总统的徐世昌，以年租金400元，从退位的清帝手中租下了鸣鹤园和镜春园。但他仅付了一年租金，而且进园后还大量盗卖了园中的建筑材料。现在的鸣鹤园中保留下来的仅有75号和79号两所庭院和红湖岸边的翼然亭(校景亭)、金鱼池。燕大租用朗润园后曾与徐家商量购买鸣鹤园和镜春园，但直到1937年抗战爆发也未能达成协议。其后北京沦陷，燕大打通了镜春园的界墙，镜春园、朗润园与整个校园联成一个整体。

蔚秀园也是清代的皇家园林。它东侧隔一条马路与西校门相望，西至万泉河，南临畅春园遗址，北与圆明园隔路相邻。蔚秀园原名含芳园，1858年咸丰赐给光绪生父醇亲王奕譞时，赐名蔚秀园，并亲题园名。该匾现存圆明园管理处。1860年英法联军火烧圆明园时，此园遭到严重破坏。1931年11月，燕大以21250银元购得此园。当时园内有房80余间，地120亩，山水亭台还保持往日面貌。

农园的前身是治贝子园，为清代皇族的私家园林。其范围西边到现在的大讲堂、16—25斋的西侧，东侧从太平洋大厦斜向法学楼到交流中心，约有300余亩地。原来的园子主人是清朝末代皇帝溥仪的堂兄溥侗。民国后，溥侗家败落，欠银行贷款本利达3万元，由法院将该园拍卖后还债。燕京大学以45200元购得此园，用作农学系的实验农场，称农园。当时农园与燕园之间各有围墙，中间有一沟壑式通道，是成府村到海淀镇的唯一道路。1952年，三校建委会在农园建成北大学生宿舍1—21斋和大膳厅，两园之间搭一过往行人的天桥，1954年随着哲学楼、化学楼的建成，经市政府同意，才逐步将其填平，使其与校园连成一片。当时，农园东部的旧日园林遗址还依稀可见。1975年，兴建五四游泳场时，将小湖填平，将小土山推平。小土山及其上的三间龙王庙，因存放过放射性材料曾被封闭多年。此时，龙王庙也被处理拆除，小土山变成绿地。当年改作体育器材室使用的“流杯庭”中曾设有

"曲水流觞"，其云形石沟已拆移到圆明园的西洋楼遗址中，其后殿北侧的四株青翠高大白皮松，因办食堂时厨房污水的污染而死掉三棵。可能是明代勺园遗物的三米多高的太湖石，连同精美的底座，一起移到赛克勒考古博物馆的内院之中。农园现仅剩下完整的后殿，是保留下来的唯一的古建筑物。它由哲学系和文化研究所加以修缮后继续使用。新建的农园食堂延续着农园的名称。

承泽园亦是圆明园的附属园林。它始建于1725年，位于万泉河以西，有小桥跨河与蔚秀园相连。民国时，文化名人张伯驹从园主奕劻手中购得此园。奕劻当时主管外交事务，经常在承泽园宴请外宾。那时承泽园门前车来人往，园内高朋满座，热闹之极。1953年，北大以旧币74620万元从张伯驹手中购得此园。20世纪80年代后，北大又陆续征用了承泽园以南的农田，使承泽园从原来的31亩地扩增到88亩，原承泽园主体建筑现仍保存完整，为海淀区重点文物保护单位。

畅春园位于校园以西，蔚秀园以南。它的前身是明代万历年间李伟修建的清华园。及至清朝，康熙以原清华园为基础，为自己修建了京西第一个大型皇家园林，其规模可与后来的圆明园、颐和园相媲美。它于1690年竣工，被命名为畅春园。畅春园是一座兼有宫廷和游乐双重功能的园林。南部是议政和居住的宫殿，北部是以水景为主的园林。建成后，康熙经常在这里听政。1860年英法联军火烧圆明园时，畅春园首当其冲，园中建筑俱毁，夷为平地，现仅存恩佑寺、恩慕寺两座庙门。

燕东园和燕南园都是燕大的教师住宅区。1929年建成的燕东园在学校东门外成府的东侧，南临王家花园（今北大附小），占地70亩。根据地形，住宅小洋楼建筑在东西两块高地上。东、西院之间各有围墙，中间为清华园及清河方向的居民去海淀镇来往的小路，两院之间架有小桥连接。1971年，将小桥以北的通道加盖修成人防工事，南通道逐步被填平，燕东园变成一个整体。原燕大校园与燕东园之间隔着成府村，该村居住的不少人是建设皇家园林的管事的后代。他们的住房质量较好，燕大在这里租用或购置了不少分散的住宅，用来解决学校住宅的不足。

燕南园在校园的南部。它占地48亩，住宅有洋式小楼，也有中式小院。燕大和北大的一些教授校领导曾经住于此园内。

1952年院系调整前的燕大校园，占地1426亩，基本上保持了燕园建成时的规模格局。建筑师对未名湖周围的古园林景观进行了精心的有计划的大规模整理与修缮，在近乎废墟的古园林的基础上建成一所功能齐全的现代化高等学府，使其成为当时国内大学中最美的校园之一。

（三）北大迁入燕园后校园的扩展

1952年北大迁入燕园后，随着规模的扩大和学生、教职工人数的增加，校园不断扩展，根据统计，海淀校本部校园面积共为2703亩。校本部校园以外的土地，包括昌平分校、燕北园、北大附中、科学院内楼基地等共810亩地未统计在内，金山寺、寨口村两个实习站及城内、海淀零星住宅的宅基地，也未统计在内。校本部校园的扩展，主要在20世纪50年代和80年代。在这两个时期的中间，由于要建设昌平分校、汉中分校和江西鲤鱼洲农场、大兴农场，海淀校本部基本上停止基建，因此也没有继续征地（1973年和1974年，在校本部建设图书馆，但未征地）。20世纪50年代，从1952年至1959年，校本部共征用了中关园、物理大楼地区、学生宿舍和4—7公寓四处土地，购置了承泽园，共599.6亩。①1952年院系调整时，三校（北大、清华、燕大）建委会征用原中官村土地240.3亩用于建设教工住宅。中官村的原址在二公寓北侧。1952年夏，时任副校长汤用彤请俞平伯等教授和学校有关人员讨论改定燕大的楼名和地名时，决定中官村改名中关园。1952年中国科学院也在中官村地区进行建设，科学院称这一地区为中关村。中关村西侧、北侧是以市路为界；东侧以规划局定的从化学所到蓝旗营的小路为界，小路以东为科学院，小路以西为北大；南侧与科学院同时建设而各自分别征地。征地时，以生产队土地归属和自然地形划地界，造成分界走向弯曲复杂，两个单位的土地犬牙交错，南侧东段的分界河沟已被填平，界线模糊。南侧西段三公寓以东原有一片核桃林，1978年，为解决学校教工使用液化气而让给液化公司建立供气站。三公寓南侧自来水公司水源井是20世纪60年代借用北大的土地。中关村二小的校园，原是北大征用的土地，20世纪60年代经教育部协调，由科学院办小学，北大中关园的教工子女就近上学。公交公司售票点的地是北大所有，原是燕大坟地，现在南侧仍留有坟地的柏树围墙。燕大在二公寓北侧还有一块坟地，多年前已平掉。②物理大楼、印刷厂、力学系、附小地区共占地160亩。这一地区东、北两侧在校内，西、南两侧为规划路，没有边界纠纷。力学院内原有一座刚秉庙，传说为明朝太监刚秉的庄园土地，现在还有几棵古柏存留。附小校园原为王家花园。这一地区从1955年征用成府村东土地作为临时体育场开始，到1958年征用完毕。③学生宿舍区的征地范围是从17—23斋一线向西，到43、44斋西侧，南到规划路，北到燕南园的南墙外约143.6亩。这一地区全部为拆迁民房。为搬迁这些居民，在海淀镇内太平庄、杨家井一带征地建筑了相当数量的平房。在拆迁地区中，军机处胡同房屋质量较好，其中不少宅院是清代达官贵人的私宅，现在学一食堂门口的两棵古槐就是大宅门门口的遗物。在44斋东侧家园餐厅西端原有座冰窖，是严冬季节存储自然冰块供暑热时使用的设施。

相传该冰窖是专供清皇室在颐和园使用。冰窖用大石条铺底，大城砖砌帮，非常考究，其产权一直为颐和园所有，直到20世纪70年代才收归学校，1985年扩建锅炉房时拆掉。④1957年，由于学校住宅用地紧张，市规划局在清华园南侧批地23.6亩，建设一万平方米住宅，即4—7公寓。⑤此外，学校还从张伯驹手中购得承泽园31.6亩，为日后扩建承泽园住宅区打下基础。

20世纪50年代，除在校本部扩建校园599.6亩外，还在校本部校园之外多处征地建设。①昌平分校征地1692亩，包括代征市政道路用地。三年暂时经济困难时期，昌平分校基建奉命下马后，又根据国务院规定，征而未用的土地919亩退还农民。现昌平分校的土地证，占地面积542亩，另有道路、水井等零星土地及海军与我校交换的8—5实验室用地未计在内。②1954年，在中国科学院内建设物理研究室（技物系），由于土地产权属科学院，学校仅拥有楼座的土地使用权和教学楼的一个小院，共计27.1亩。③1960年建设北大附中，接管了104中学，并由北京市教育局出资征用了60亩农田。现北大附中共有土地82.3亩，产权归北大。④此外，1955年还在西山金山庵共建生物系实习站，在寨口村建地质系实习站。

20世纪80年代，我国高等教育有了很大发展。国家将北大校园、校舍的扩建列为重点建设项目。在此有利时机，学校将周围规划范围内归北大征用的土地，除成府村居民区以外，全部征用，共计360亩。其中有校园西南角的工程兵汽车连、东校门外桃园及成府村南头居民区、燕东园北侧居民区、承泽园南院、畅春园及加速器实验室，还有灯泡厂、北河沿搬迁房屋零星用地。①校园西南角工程兵汽车连的34.5亩地。新中国成立后初期，该处为中国人民银行休养所。20世纪50年代学校曾计划请其迁走，因种种原因未能办成。"文革"中该地转为工程兵所有。1985年，经市领导多次协调，为我校征用，建设47、48两栋研究生宿舍及资源宾馆。②东校门外桃园55亩地和成府村南头居民区53亩地，为1985年我校建设理科楼群时征用。桃园原名俞家桃园，桃的品种在当时很有名。该两处地征用后建设新地学大楼和生命科学院，并将现中关村北路调直，建设路东的方正大厦。在北河沿北口征地建设搬迁楼，安置成府村南头居民及我校部分职工。③燕东园北墙外，原为成府村居民区，占地33.44亩。1979年搬迁后建设31—40教工住宅楼。④承泽园南院原有一组海淀乡的简易办公房。1984年，学校将之租了下来。1986年，经申请批准，将简易办公房及其与承泽园之间的土地和周围马路以内的土地，全部规划为我校建教工住宅用地。现已征用建设完毕的土地为56.44亩。只有西北角还有一块规划内没有搬迁的居民房。⑤1983年，为建设二附中和教职工住宅，在畅春园征地51亩，又于1986年将原海淀乡政府办公楼及平房办公区全部买下，共为90.96亩。⑥1981年建设加速器实验室时，征用了海淀区菜蔬公司在蓝旗营的菜窖使用，并为其在上地朱房征地11亩，搬迁菜窖。由于各种原因，朱房地后来没有给菜蔬公司。1984年建设35KV变电站时又将菜窖与附小之间的耕地征用，整块土地共为26.67亩，现为加速器实验室和变电站使用，并与物理大楼、印刷厂、附小校区连成一体。⑦灯泡厂位于学生宿舍32楼和34楼之间，是规划中33楼的位置。它原是一座旧娘娘庙，新中国成立初期是组织街道妇女生产的挑花社，"文革"中为我校制药厂接管，后在此处组织北大职工家属生产日光灯的"启辉器厂"。"文革"之后，将这工厂交海淀街道管理，改为灯泡四厂。1986年，我校将这块厂址征用，工厂职工中的北大职工子女由学校安置，其余职工调走。由此完整了学生宿舍用地。⑧1986年，为安置成府村南头居民，在成府村北河沿北口征地10亩，建搬迁楼二栋，一栋大楼安置校外居民，一栋小楼安置校内职工。校外居民搬迁楼的房产划归海淀区房管局，抵还拆迁海淀公房的面积，房产和土地一并转为海淀区房管局。我校土地证上仅有小楼基坐地0.87亩。

20世纪80年代，除在校本部征用了360亩土地以外，还在圆明园西侧哨子营建设了一个新的住宅区燕北园，征地207亩。除去道路代征地外，土地证上的实际面积为148亩。另如上面所述，在上地朱房征用搬迁菜窖用地11亩。

二、燕园的河湖水系

北大校本部校园——燕园的整体地形为东南高、西北低，农园海拔为50米左右，而朗、镜地区则为45米左右。未名湖周围和朗、镜园区原来水源十分丰富。据燕大老工人回忆，20世纪40年代，鸣鹤园附近遍地都可看到地下涌泉，水面保持在一定水平，外有万泉河调节，使这些湖泊流量稳定，水质清冽，水温很少变化。当时，万泉河水由西校门南侧篓斗桥下涵洞流入校内后，分为两支。南支沿勺园湖，经办公楼东侧明渠进入未名湖，再经北材料厂小湖入朗润园湖，出北招待所东侧涵洞，入万泉河。北支经西校门方池子，沿考古博物馆湖东向流入红湖、镜春园湖，入朗润园大湖。1958年后，由于万泉河水源不足，水质恶化，校内地下涌泉因水位逐年降低，也已停止出水。学校在西校门方池子打了一口自流井，补充校内各湖水源，其流向基本没变。此时，校内农园没有水源的小湖，靠雨水和地下表层水，还能维持一定水位。勺园也还有几处没有水源的小湖。现在勺海亭长廊南端旧亭子以南，那时是气象园，在其周围有大片稻田。蔚秀园进门的前后湖都有大片荷花和苇塘，西部有生物系的鸭场和实验田，那儿有一口自流井补充整个蔚秀园的水源。承泽园公主楼的小湖长年有水。校园外，在蔚秀园以南、承泽园以东是大片稻田，蛙鸣稻香，小鸟喳喳，是一幅城市中的乡村景色。

随着水位继续下降，水质进一步恶化，1984 年万泉河进行大规模治理。原来的"万泉"早已无水，改由京密引水渠计费取水。河道整修改造，从万泉庄直奔蔚秀园西墙外，不再经海淀镇、北大西门外、蔚秀园南墙外故道。这一改变对燕园河湖水系产生巨大影响。经与河道设计部门多次协调，在校园北部招待所外墙增设了一个水闸，提高水闸上游的水位，使万泉河水能从校园的西北角进入校园各湖，从东北排出。这样校内水系从西北角入园，经考古博物馆西侧诸湖，提升后向南往西校门、勺园、办公楼暗渠入未名湖，然后再经由朗润园湖排出，西北角入园的水也可经红湖入镜春园湖，再入朗润园湖。这水系一直维持到现在。万泉河有水时，校内未名湖、朗润园湖可以保持一定水位。万泉河没水时，靠井水保证未名湖、勺园湖、考古博物馆湖水的水位，其余各处则只能靠雨水。

20 世纪 80 年代后，校内除保留上述水系，其余各湖有的已干涸，有的已填平。农园死水塘已填平建了篮球场，勺园湖填平建成勺园大楼，蔚秀园西侧水稻田填平建设了教职工住宅。

三、燕园的文化古迹、纪念建筑和景点

1. 校门。北大校园面积有 2700 余亩，又处于几条市政干道包围之中，因而有五个校门。①西校门，原燕京大学的正门，1926 年由校友集资修建，当时又称校友门。它在燕园东西主轴线的西端，坐东向西，三间开，朱漆宫门建筑，民族形式，与校内建筑风格一致，尺度恰当，与校门前的石狮、门内的石桥、水池、华表、龙爪槐和垂柳共同组成和谐的古建园林群体，是燕大也是今日北大的标志性建筑之一。燕大时期，不仅行人通过此门，校车(大轿车)机动车也通过此门，人车拥挤，大型机动车威胁到建筑的安全。1952 年北大迁来后，大型车辆停止通行，20 世纪 80 年代开通了机动车专用的西侧门，相应调整了校内道路，西校门成为专供行人与自行车过往的校门。②东门，也叫小东门。燕大时期，它是通往燕东园和成府村的唯一校门，位于东操场南侧。成府村有居民 1300 多户，有一条颇为热闹的小商业街。居民中除燕大、清华两校教工外，有不少人是从事专为两校师生服务的小饭馆、成衣铺、自行车修理等服务性行业的。现在的海淀路邮局当年叫成府邮局，就在小东门内侧平房营业。成府村中，有的小饭铺门面不大，但质量不错；有的成衣铺师傅能做出质量较高的西服洋装。小东门关闭后，在遥感楼东侧开辟了新东校门。③东南门，位于老化学楼东侧，原是 20 世纪 40 年代燕大修的专门用于从清华火车站运煤进学校的门，所以也称铁道门。1952 年北大建成中关园住宅区，成府路也修通直达八大学院，东南门过往的行人车辆

大为增加。20世纪90年代初中期，理科楼群中的地学楼、法学楼等建成后，将东南门移到中关村北路西侧，正对成府路的丁字路口。根据首都规划委员会审批理科楼群的总体方案的意见，此门只能过往行人，机动车通行的门南移到法学楼北侧。④南门，1954年建成24、25斋后，开通了从南墙直到一教的马路，并于1974年建成了现在的南校门。⑤小南门，也称西南门。1959年兴建学生宿舍38、39斋时，为避免施工对学生的干扰，在40斋西侧，开了一个施工的临时小门。宿舍建成后，由于学生出入此门去海淀镇方便，因而保留下来。它只供人员出入，不准机动车通行。

2. 未名湖。它是原淑春园保留下来的一个湖泊，水面约有57亩，历经200余年，湖泊的形状基本保持原样。燕大以未名湖为中心，进行校园的总体规划设计，建成一座中国古园林形式的校园。1990年2月，北京市政府将未名湖及燕大原校区定为北京市文物保护单位。在未名湖周围，汇集了大量文物古迹和纪念景点。其中斯诺墓、博雅塔、岛亭三处，在下面有专门条目记述。除这三处外还有：(1)慈济寺庙门：它是淑春园留下的遗物，在未名湖南岸，俗称花神庙。其正殿在现斯诺墓处。庙门西侧有燕大1937届毕业生献给母校作为纪念的旗杆座。(2)石舫：它亦是淑春园中留下的遗物，是乾隆宠臣和珅仿照颐和园清宴舫所建，毁于1860年英法联军炮火，只剩底座保留至今。(3)石鱼：靠近未名湖西岸湖边，露出水面的翻尾石鱼为用作观察湖水高低的标志。石鱼原是圆明园的遗物，1930年燕大毕业生从原朗润园主人载涛(1887—1970)手中买下，赠给母校作为毕业纪念。载涛在民国初年得到朗润园后，听说有一批圆明园中的遗物被盗卖，他出钱将这批文物买下，其中有大水法的石屏风、长春园的翻尾石鱼、安佑宫的一对麒麟和丹墀。石鱼安放在未名湖中，石麒麟和丹墀置放在办公楼西门，石屏风在20世纪80年代为圆明园管理处取走，现安放在大水法原处。(4)石雕五供及石供桌：位于未名湖南岸，钟亭土山东侧。这组雕工精美的石雕五供，其来源至今尚未查到确切史料。(5)石屏风：它位于未名湖北岸以东、全斋前山冈之南。这组乾隆手书的四扇青石屏风，是圆明园一处景点“夹镜鸣琴”的遗物，战乱中何以到燕大校园已不可考，1953年北大迁来后立于此地。20世纪80年代，圆明园收归遗物时，因它已立此多年，未拉走。(6)华表：西校门内办公楼前草坪上的一对华表，是圆明园安佑宫的遗物。燕大建校时，商诸圆明园主管，移来学校保存。当时移来三根，后为北京图书馆拉走一根，与城内另一根在文津街北京图书馆配对。搬运时拉错，结果两处都不成对。(7)未名湖周围安置的圆明园遗物还有岛亭的石桥、西门南侧的流水槽、临湖轩院内房子外面的汉白玉花盆等多项石器。20世纪80年代，圆明园管理处将没有安置的石器件都拉回圆明园。目前在西校门内以北鸣鹤园石墙内还存放着一些已零星加工成形的石料。(8)钟亭:位于未名湖西南角的土山上,1929年建成。铜钟上铸有“大清国丙申年捌月制”字样,应为1886年所铸。据颐和园有关记载,这口铜钟为1889年慈禧在颐和园检阅水师时的报时大铜钟,1900年八国联军入侵时被劫走,后流落到燕大。燕大用此钟报时,一直延续到1952年北大迁来之后才停止。(9)文水陂:一教西北角小岛路北侧,有侯仁之手书的石碑“文水陂”。文水陂原是明代米万钟勺园的一处重要景观。(10)抗日战争联络点:在办公楼与未名湖之间的小路南侧,有一座毫不起眼的小丘,向北有一地窖式的小门。它原是燕大的污水泵站,有人按时巡视值班,检查污水泵运行情况。在抗战初期,燕大被日军侵占以前,这里曾是平津地下抗战组织与抗日根据地之间传送文件、情报、宣传品及军用器材、药品的联络点。校医院东侧的污水泵站,也曾进行过类似活动。这两个污水泵站到20世纪70年代废除不用。

3. 岛亭。它位于未名湖的湖心岛上。湖心岛是清代乾隆年间宠臣和珅修建淑春园时,仿照圆明园的蓬岛瑶台所建。4000余平方米的小岛是挖湖时的泥土堆筑而成。经过英法联军的炮火摧毁,岛上原有建筑夷为平地,仅留下一些树木,特别是那棵300多年树龄、树冠如盖的老油松,至今仍葱茏茂密。湖东岸石舫底座,成了一艘永不沉没的石船,成为燕园的一处景点。在湖心岛上,美国人亨利·鲁滨逊·鲁斯为纪念他的先人——燕京大学副校长亨利·鲁斯(Harry Luce),集资建了一个与周围建筑环境十分协调的民族形式的八角方亭,取名“斯义亭”,1952年北大迁来后定名为“岛亭”。

4. 博雅塔。位于未名湖东南畔,是燕京大学的水塔。它是燕大美籍教授博晨光家族捐资、仿通州的燃灯塔所建,命名为博雅塔。该塔从基础到塔顶全部为现浇钢筋混凝土灌铸,高37米,13层,八角形,斗拱密檐。1924年开始动工修建,施工历时三年多,于1928年建成。塔顶内自上而下有三层水箱,分别为供水贮水水箱、锅炉补水水箱和暖气膨胀水箱。1952年北大迁来后,人员骤增,用水量加大,水塔上的水箱仅作为保持自来水的压力平衡之用,自来水的溢水口在未名湖的东南角,该处湖面冬季不结冰,20世纪80年代后又恢复博雅塔原名。

5. 静园。它位于一至六院之间。六个院中,一、二、四、五四个院是燕大时修建的女生宿舍,三、六两个院是20世纪50年代修建的。六个院之间是一块开阔绿地。当年几十棵挺拔高大的白皮松和苍劲古朴的油松是园内的主调。银杏、元宝枫、黄栌等季节鲜明的乔木,又将园林搭配得宁静而绚丽,园北头的藤萝架则是休息吟读的好去处。“文革”中,树型好且树龄适中的松柏树全被挖走,并将此园改为果园。“文革”后逐步恢复园林原貌,并命名为“静园”。1997年建设新图书馆时,占用了原图书馆前的大草坪,因而将静园全部改造成现在的草坪绿化。静园北头坐落着1993年落成的“北京大学革命烈士纪念碑”。

6. 校景亭。它位于民主楼东北侧的土山上。这一地区是原鸣鹤园的“西所”，耸立在土山上的重檐尖顶方亭，名为翼然亭，是鸣鹤园经1860年英法联军炮火后唯一保留下来的完整建筑。燕大收回鸣鹤园后，对翼然亭进行了修整，并在亭内彩绘12幅燕园景点，之后翼然亭改称校景亭。从翼然亭循石阶踏步下山，是原称“迭落游廊”的台阶。其下西侧的方形青白石砌岸的养鱼池，至今犹存。水池中近年从朗润园移来一块高3米的玲珑剔透的褐色奇石。游廊下来名为“华清榭”的遗址基础尚在。榭东边石阶临湖，即红湖，北边是大块花岗岩砌筑的钓鱼台，仍原样保留下来。养鱼池西侧约10米处，为“颐养天和”建筑的遗址，残存一段修筑精巧的花砖墙。花墙之内有一台阶可以上到“颐养天和”的平台。这一段遗址在1973年建设“电解层观测站”时拆掉。翼然亭西侧土山下，叠石假山之间的“洋式门”已毁，但两边精雕细刻的石基还保存着。这些残迹还能依稀反映当年“西所”的盛景。

7. 红湖。原为鸣鹤园的主要水面，在英法联军火烧圆明园时，周围的建筑物一并夷为平地。其后沿湖周围杂草丛生，人迹罕至，成了一塘死水，仅留下湖南侧土山上的翼然亭，湖北岸的花神庙，以及湖内的钓鱼台和湖西侧的养鱼池。1958年7月，在“大跃进”的氛围中，全校师生奋战18个昼夜，将一个死水塘改造成游泳池。修建游泳池的主要任务，是将淤积了多年的污泥清走，并以砂石铺底后放进清水。由于淤泥太深，地下水不断上冒，像米汤一样的污泥很难清干净，根本无法摊铺沙石。最后研究用荆笆铺在泥上，压住稀泥，然后再铺上石子。游泳池边修建了6间更衣室。当时命名游泳池为“红湖”，并立石碑在校景亭南侧进口处以为标志。红湖修建完成后，成为学生上游泳课、师生员工及家属消夏锻炼的一个场所。20世纪60年代初，利用废弃的楼板，重新铺装了湖底，使游泳池得以继续使用，直到20世纪70年代初，还有人来红湖游泳。后来五四游泳场正式建成使用，而红湖则水源枯竭，水质恶化，不能游泳。之后成为基建处的材料厂，只有1958年树立的“红湖”石碑还立在原处。

8. 勺海亭。1981年勺园大楼落成后，考虑到勺园大楼的建筑外观与原燕园的民族形式建筑群体之间有较大差异，采取了以下三项措施。一是在勺园3号楼北侧堆砌一道土山，种植松柏长绿树；二是修整小湖堤岸，种植荷花；三是在勺园大楼西北角空地，修建一段亭榭曲廊。这样做使原民族形式的建筑群体和园林风貌与现代一般建筑之间有一个过渡。勺园大楼是在明代勺园的原址上建造的，原勺园有个勺海堂，因此将新建曲廊北头的亭子取名为勺海亭，并请书法家溥杰题写了匾额。它与长廊南头由赵朴初题写“缨云”的旧有亭子相呼应。南头旧亭是20世纪20年代燕大修建燕园时营造商为投标所做的古建工程样板，因质量较好，保留至今。曲廊和南头北头两个亭子浑然一体，成为燕园的一个新景点。

9. 日晷。古代用来观测日影认定时间的日晷，我校有两座。一座位于赛克勒考古博物馆门前。它原来安放在城内景山东街原北大理学院大讲堂前荷花池内。理学院大讲堂前，原是一处杂乱无章的空地，20 世纪 20 年代李四光任北大二院庶务主任时，将其修整为大草坪，中间是一个圆形荷花池，在荷花池中央立此日晷。1952 年北大搬到燕园后，人民教育出版社搬进理学院。1980 年前后，出版社在理学院内进行基建时，将荷花池拆除建车库，日晷由学校拉回，1992 年考古博物馆建成后，将其立于此地。日晷的用料汉白玉十分考究，雕刻花纹精细，虽经几十年风雨，除晷针遗失外，通体毫无损伤。晷身上篆刻富于哲理的铭文："仰以观于天文，俯以察于地理"；"远取诸物，近取诸身"。另一座在西校门内老桑树旁的日晷是 20 世纪 30 年代燕大毕业生献给母校的纪念物，从体形大小到做工精细度都不及考古博物馆的日晷。它曾数次被推到湖中，后虽经多次捞出重立，但损伤严重，现已无踪迹，仅存一基础残痕。

10. 斯诺墓。1973 年 10 月 19 日，斯诺夫人秉承斯诺先生的遗愿，将斯诺先生的部分骨灰，安葬在未名湖畔。周恩来总理亲自拟定碑文并抱病出席安葬仪式。埃德加·斯诺 1905 年出生于美国，1928 年来华，1934 年应聘为燕大新闻系讲师来到燕园，1936 年到延安访问并撰写《红星照耀中国》（中译名《西行漫记》）一书。这本书在世界上产生了重要影响。新中国成立后，他曾三次访问中国。1970 年国庆时，他曾受邀到天安门城楼观礼。《人民日报》发表了他与毛泽东主席站在城楼上的照片，向美国人民传达了友好信息。1972 年 2 月，斯诺在瑞士去世，毛泽东发去唁电："斯诺先生是中国人民的朋友。他一生为增进中美两国人民的友谊进行不懈的努力，作出了重要贡献。他将永远活在中国人民心中。"斯诺病重时留下遗嘱："我爱中国，我希望死后我有一部分留在那里，就像生前一贯的那样。"斯诺夫人遵照遗嘱于 1973 年 10 月将他的一部分骨灰送来中国安葬。当时，有关方面和北大提供了三个方案，一是未名湖北岸四扇石屏风前，一是岛亭北侧西古油松树下，三是未名湖南岸原淑春园慈济寺的遗址正殿废墟上。1973 年八九月间，斯诺夫人亲自来察看了三处墓址，选定了未名湖南岸的方案。10 月 19 日在未名湖畔举行隆重的安葬仪式。墓碑是由斯诺夫人提议，按照斯诺先生的性格，在一块天然花岗岩上，稍做修饰为底座，上立一块简朴的汉白玉碑身。碑文是由叶剑英同志书写，刻于碑上。

11. 葛利普墓。它位于西校门内南荷花池草坪上。葛利普（1870—1946）是美国著名地质学家。他于 1920 年来华任北大地质系教授，1934 年任北大地质系主任，1946 年在北平逝世。他对北大地质系和中国地质学的发展做出了重要贡献。他病逝后，北大教授会一致通过决议，根据他生前的愿望，在沙滩北大地质馆楼前为他建了墓。墓碑为一块平卧的汉白玉碑。1952 年北大迁往燕园后，地质馆使用单位几经更换，又经“文革”风暴的洗劫，墓碑早已不复存在。1982 年 8 月，在中国地质学会成立 60 周年之际，在北大地质系和中国地质学会的倡议下，在中国科协的支持下，北大将葛利普的墓迁到燕园，并重新建墓园、立墓碑。

12. 赖朴吾、夏仁德墓。在未名湖南岸、临湖轩后小山坡上，有一处小小的墓园。墓园内仅有数棵黄刺梅和一株青松，青松下立一石碑，其上刻 RALPH LAWOOD、RANDOLPH SAILER、GARDEN（赖朴吾、夏仁德花园）。赖朴吾（1909—1984），英国人，1936 年至 1952 年在燕大任教，1984 年病逝于北京，骨灰撒在未名湖畔小山坡上。夏仁德（1898—1981），美国人，1923 年至 1950 年在燕大任教，1981 年在美国病逝。这两位中国人民的朋友都为中国的抗日救亡运动做出过贡献。

13. 革命烈士纪念碑。北京大学革命烈士纪念碑坐落在静园北部的五棵古老而又枝繁叶茂的苍松翠柏之间。碑身采用最坚硬的石材——泰山花岗岩“柳有红”砌筑而成，象征烈士坚如岩石的意志和甘洒热血的牺牲精神。该碑由五块大小不一的碑身组成群碑，碑体前倾，形似乘风破浪的航船，近似锥状帆形的岩石组合而成，主碑最高点离地 4 米，象征“五四”。纪念碑于 1993 年校庆 95 周年时落成。陈云同志为纪念碑题写碑名，碑上镌刻着烈士的英名。

14. 西南联大纪念碑。国立西南联合大学纪念碑位于西校门内南荷花池东侧。纪念碑记载着抗日战争时期，北京大学、清华大学、南开大学三校共同走过的一段不同寻常的历史，记载着抗战以来八百多名从军学生的名录。原碑在昆明云南师范大学校内，北大于 1989 年 5 月 4 日照原碑复制，立于此处。正面碑文为冯友兰撰写、闻一多篆额、罗庸书丹，背面的从军学生名单由联大校志委员会纂列，唐兰篆额，刘晋年书丹。

15. 振兴中华碑。一教阶梯教室前，花木掩映中有一块天然巨石，镌刻“振兴中华”四个苍劲有力的大字。这是 20 世纪 80 年代初，在一场国际排球赛中，中国队先落后而后奋起直追，最后取得胜利，激发了北大学生的爱国热情。他们于当晚在校园内游行庆祝胜利，喊出了“团结起来、振兴中华”的口号。1980 级学生毕业时，捐建了刻上这四个字的石碑。该碑原立于勺园大楼北侧草坪，在建塞万提斯铜像时，将之移到学生人流更为集中的教室楼前。

16.“三一八”烈士纪念碑。在校史馆正东方的苍松翠柏环抱中，有一处小小的烈士陵园。园中竖立着两座呈方锥形的纪念碑，北侧为北大所立的

“三一八”遇难烈士黄君克仁、李君家珍、张君仲超纪念碑。该纪念碑1929年5月立于原北大三院。北大迁来燕园后，三院为其他单位使用，纪念碑于1982年3月18日迁来燕园与魏士毅烈士纪念碑并列而立。魏士毅烈士纪念碑在该纪念碑的南侧，是燕大学生会建立的。四位烈士都是在1926年3月“三一八”惨案中遇难的。

17. 塞万提斯铜像。勺园大楼北侧草坪上，矗立着塞万提斯铜像。米格尔·德·塞万提斯·萨维德兰(1547—1616)是文艺复兴时西班牙著名的文学家。1835年，西班牙政府在马德里市西班牙广场为他建立纪念碑。碑的上端有塞万提斯雕像。1986年，北京市与马德里市结为友好城市，之后马德里市政府复制了该城市西班牙广场的塞万提斯铜像，赠送北京市民。北京市政府决定将它安放在北大校园内。

18. 蔡元培、李大钊铜像。蔡元培(1868—1940)从1916年12月至1927年7月担任北大校长；1929年9月至1930年9月，又被任命为北大校长，但未到任。蔡元培是学界泰斗、人世楷模，为中国教育文化事业做出了卓越贡献。李大钊(1889—1927)是中国共产党的主要创始人之一，1918年1月至1922年12月任北大图书馆主任，1920年7月至1927年4月英勇就义时为北大教授。北大1977级、1978级毕业生在毕业前夕集资筹铸两位先辈铜像，以示深切怀念。蔡元培铜像立于未名湖畔、钟亭土山西麓，李大钊铜像立于俄文楼前松林中。

19. 梅石碑。它位于临湖轩西侧土山下，碑面为一株苔梅和一块怪石，故名“梅石碑”。据说，南宋杭州德寿宫内有古苔梅一株，奇石一方，名曰“芙蓉石”，明代画家孙秋和蓝瑛在一块石碑上刻画了梅石。清代乾隆皇帝南巡时，见到断残的梅石碑和完好的芙蓉石，将芙蓉石运回北京，放置在圆明园，题名“青莲朵”，后又复制梅石碑与青莲朵相伴。1860年英法联军火烧圆明园后，此两物奇迹般地保存下来。青莲朵1915年移至中山公园新建的来今雨轩的东南侧，梅石碑流落到燕大北阁的土山上。1993年，学校将其立于现址，并配上须弥座和碑冠，1996年又仿照青莲朵选配三块太湖石小品，立于梅石碑前。

20. 乾隆御碑。钟亭土山西南侧，有一方乾隆御制诗碑，正反两面记种松和筑土墙诗各一首，俗称植树碑。燕大建设燕园时在西校门附近挖出。从诗的内容看应当为畅春园遗物。

21. 花神庙碑。花神庙是圆明园总管祈求花神庇佑的地方，故称花神庙碑。它安置在燕南园北坡上，东西各立一座。有人考证是淑春园慈济寺(俗称花神庙)的旧物。燕大修建燕园时移此，也有人说是圆明园的花碑。两种说法都没有史料记载。

22. 杭爱碑。静园北端革命烈士纪念碑的左右两角，各有一石碑（墓碑）。墓碑的主人是杭爱，称杭爱碑。杭爱，满洲人，父亲叫古尔嘉珲，顺治初年任国子监祭酒，相当于今天的大学校长和最高教育行政长官。杭爱一生为官，“劳绩甚著”，四川都江堰至今还有他的功德铭。他死后，皇帝立碑嘉奖。据考证，杭爱墓地当在现俄文楼与六院之间一带，燕大建燕园时，将墓碑移于现在的地方。

23. 社会主义花坛。图书馆东门前大台阶下，与文史楼、地学楼西墙之间有南北两个斜坡形花坛，种植着五彩缤纷的月季花。南北花坛的内侧端头各有一棵大圆球形翠柏。在北侧花坛的球形翠柏墙下，镶嵌着一块白色大理石，上面刻着：“向全国青年社会主义建设积极分子大会献礼，北京大学全体青年义务劳动纪念，共清除积土1000立方米，1955年国庆节。”20世纪50年代初期，文史楼与地学楼已竣工使用，马路以西是北大附小操场，附近土坎泥路环境凌乱。1955年，团中央发动青年参加义务劳动建设社会主义，校团委发动全校团员和学生，整治了这块荒地，将其命名为社会主义花坛。40多年来，周围环境有了很大变化，但这花坛始终没有改变，留下当年青年学生参加劳动、建设社会主义的历史记忆。

24. D. S雕像。D. S是英文Democracy（民主）和Science（科学）两个单词的字头，代表“五四”运动以来北大的光荣传统。1986年10月，1982级毕业班全体同学在28楼和31楼之间的草坪上竖立了这个D. S雕像，作为毕业纪念。

第二节　基本建设

一、各时期校舍的主要建筑

（一）北大原城内校舍的主要建筑

1. 红楼。红楼是五四运动的发祥地，是北大的象征。1914年秋季开学，学生人数倍增，宿舍拥挤。1916年，学校向比利时仪器公司借款20万元，在汉花园建学生宿舍。汉花园原为河滩地，故名沙滩。开工后，发现有两处古坑，基础不好，因而向南平移到现在位置，重新进行了设计。新设计比原设计面积有所减少。大楼地上四层，半地下室一层，建设面积7786平方米，地上共有200多个房间，为西式建筑风格，砖木结构，通体用红砖砌成，故名红楼。红楼于1918年竣工。

红楼建成后，改作校部、图书馆和文科法科教室。当时的布局是：半地下室为印刷厂，一层是图书馆，二层是校行政办公处和大教室，三、四层是文科法科教室。蔡元培校长在二层208室办公，李大钊、毛泽东都曾在一层图书馆工作，鲁迅在二层大教室讲授过“中国小说史”，胡适的“中国哲学史”、钱玄同的“声韵学”和李大钊的“唯物史观”也都是在二层的大教室讲授的。红楼印刷厂印刷的进步刊物有《新潮》《国民》《每周评论》等。除北大学生外，还有不少知识青年到红楼听课，在红楼图书馆阅读。当时许多进步社团，如新潮社、国民杂志社、新闻研究会、哲学研究会等都在红楼。红楼北面是一个操场，是学生的集会场所。1919年5月4日，学生的游行队伍就是从这个操场集合出发的。1947年，全市学生反饥饿、反内战的“五二〇”大游行也是从这里出发的。“五二〇”游行队伍回到北大后，于当晚举行的群众大会上，决定命名红楼北面的操场为“民主广场”。1961年，红楼被国务院列为第一批全国重点文物保护单位。

2. 图书馆。它位于红楼西北侧，松公府夹道10号总办事处院内，1934年4月开工，1935年8月建成。图书馆的建筑面积为6600平方米，主体部分阅览室为两层，中间及后部为四层，全部为钢筋混凝土防火建筑；设有五个阅览室，448个阅览座位，研究室24间。书库位于大楼山字中竖，可藏中文书30万册。图书馆由天津华信公司设计，总投资22.35万元。

3. 地质馆。它位于嵩公府祠堂（现沙滩北街15号），由梁思成设计，总投资6.6万元，由北大与中华文化教育基金会合作拨款及李四光、丁文江两教授捐款资助建成。它于1934年5月开工，1935年7月竣工，砖混结构，占地791平方米，建筑平面为L形。南部三层，一层为教室、古生物陈列室、地史陈列室、阅览室等；二层为教室、大讲堂、化验室、显微照相室、矿床实习室、矿物岩石陈列室；三层为地质陈列室等。北部地上二层、地下一层。地下室为磨片室、库房和锅炉房。1990年2月，北京市政府公布其为文物保护单位。现由中国社科院法学研究所使用。

4. 理学院。它位于景山东街，原为乾隆纯惠皇贵妃的四女和嘉公主下嫁给大学士傅恒之子福隆安时建造，故称四公主府或和嘉公主府。和嘉公主和驸马去世后，空闲了百余年。京师大学堂开办时，内务府将府第修缮后交大学堂使用。1902年又进行了维修和扩建。1904年建成14排学生宿舍，称西斋。清朝末年建成南楼，为公共教室楼。民国初年建成北楼为工科、理科专用，后来为生物系专用，称生物楼。工科并入北洋大学，文科和校部及图书馆迁往红楼后，公主府为理科校区，也称二院。公主府正殿改造的大讲堂及其前的草坪、荷花池、日晷，连同东侧的南楼、北楼是理学院的中心。1952年北大迁往燕园后，为高教出版社使用，20世纪80年代又进行了大规模基建，现仅留下大讲堂、南楼和14排学生宿舍。1990年2月，北京市政府将京师大学堂残留的建筑物定为文物保护单位。

（二）原燕大的主要建筑

原燕大的主校园是在淑春园和勺园遗址的基础上，由美国建筑师亨利·墨菲负责规划设计的。建筑界认为它主要有四个特点：①采用中国传统建筑布局手法，结合原有的山形水系，因地制宜规划。建筑散布于园林之中，建筑与园林相依成景，又借景西山，风光入园。②注意纵横交替建筑轴线的对应关系，格局完整。纵横两条主轴线，串联起三组功能和性质各不相同的建筑群体，又交会于湖光山色之中。每组建筑群体都由中国传统的三合院组成，中高边低，主次分明，重复总体的品字形建筑格局。③功能分区清晰，有利教学，方便生活，易于管理。教学行政区、男女生生活区、体育活动区、教工宿舍区、公用设施区都各得其所，与环境协调。④建筑造型比例严谨，尺度合宜，工艺精致，把中国传统形式与现代功能结合得比较好。

1. 20世纪20年代燕大的主要建筑。燕大的主要建筑于1921年开工，1926年基本建成，主要有28栋楼和两栋住宅小区，共55137平方米。具体情况见下列三表。

现存20世纪20年代原燕京大学重要建筑表

序号	项目名称	面积（平方米）	原名
1	办公楼	2620	贝公楼、施德楼
2	外文楼	2985	穆楼
3	化学南楼	2985	化学楼
4	化学北楼	2985	睿楼
5	民主楼	1388	宁德楼
6	图书馆	2080	丽瑞楼
7	俄文楼	2100	适楼
8	南阁	788	甘德楼、姐妹楼
9	北阁	788	麦风阁、姐妹楼
10	第一体育馆	2360	华氏体育馆
11	第二体育馆	2170	鲍氏体育馆
12	实验东馆	510	男生卫生处、新闻馆
13	一食堂	1040	
14	二食堂	1040	
15	德斋	1500	斐斋、一楼
16	才斋	1500	蔚斋、二楼
17	均斋	1500	干斋、三楼
18	备斋	1500	复斋、四楼

续表

序号	项目名称	面积(平方米)	原名
19	体斋	274	湖滨楼、五楼
20	健斋	862	平津楼、六楼
21	一院	1580	敬斋
22	二院	1639	业斋
23	四院	1340	乐斋
24	五院	1332	群斋
25	临湖轩	563	临湖轩(司徒雷登住宅)
26	岛亭	194	思义亭、鲁斯亭
27	西校门		校友门
28	燕东园	7640	东大地
29	燕南园	5620	南大地
30	水电中心	1444	机器房
31	住院处	810	

现已拆除的20世纪20年代原燕京大学重要建筑表

序号	名称	面积(平方米)	原名和拆除时期
1	燕大附中、附小	1074	原在图书馆东草坪，1975年建图书馆时拆除。其中附中曾在蔚秀园内，1949年迁于此处。1952年，燕大附中撤销，并入清华附中。
2	燕大幼儿园	953	原在哲学楼处。1952年院系调整建哲学楼时拆除。
3	天合厂		原在生物楼处一批质量较好的住宅。建生物楼时，搬迁到镜春园住宅处。

20世纪20年代燕京大学主要建筑竣工年份和捐赠人统计表

名称 竣工年份	旧中文名称	现中文名称	捐赠者
1924年	贝公楼	办公楼	美国人捐赠
1924年	宁德楼	民主楼	同上

续表

名称 竣工年份	旧中文名称	现中文名称	捐赠者
1928年	穆楼	外文楼	同上
1925年	睿楼	化学北楼	同上
1925年	化学南楼	化学南楼	同上
1924年	甘德楼	南阁	同上
1924年	麦风楼	北阁	同上
1924年	适楼	俄文楼	同上
1930年	华氏体育馆	第一体育馆	同上
1930年	鲍氏体育馆	第二体育馆	同上
1924年	斐斋(男生宿舍1楼)	德斋	同上
1926年	蔚斋(男生宿舍2楼)	才斋	同上
1926年	复斋(男生宿舍3楼)	均斋	同上
1926年	幹斋(男生宿舍4楼)	备斋	同上
1928年	湖滨楼(男生宿舍5楼)	体斋	中国平津银行界人士资助
1930年	平津楼(男生宿舍6楼)	健斋	同上
1926年	第一膳厅	第一食堂	美国人捐助
1926年	第二膳厅	第二食堂	同上
1929年	慕氏疗养院	生物东馆	麦夫人捐助
1926年	机器房	工程科	美国人捐助
1926年	博雅塔	水塔	博晨光的叔父捐助
1929年	思义亭	岛亭	为纪念路思义捐助
1924年	第一院(女生宿舍)	一院	美国人捐助
1924年	第二院(女生宿舍)	二院	同上
1925年	第三院(女生宿舍)	四院	美国人捐助
1925年	第四院(女生宿舍)	五院	同上
1931年	校长住宅(司徒雷登住宅)	临湖轩	费省的居里夫人捐赠

续表

竣工年份＼名称	旧中文名称	现中文名称	捐赠者
1928年	钟亭	钟亭	
1929年	校友门	西校门	中国校友捐赠
1928年	围墙	围墙	同上

说明:此表录自1973年4月(党委卷)关于清理燕京大学财产的报告的附件。原表的标题为《新燕京大学楼群竣工情况表》。原表中还列有现在的三院、六院和全斋,不过注明它们是新中国成立后兴建的。此表中删去。

2. 1941年日本侵略军占领燕大时期的建筑。日本军方的华北综合调查研究所和医院进驻燕大校园后,在水塔之南建设"方楼",面积580平方米;1946年燕大复校后,作为工科学生教学用房。在方楼的东、南侧,日军还建设库房七八栋,每栋约300平方米,1980年代建遥感中心时,大部分拆除。现还残留两栋,一栋在遥感中心南侧,曾长期作考古系库房使用,现为教材中心;另一栋在方楼东侧面围墙内,曾作为煤气厂的厂房。

3.新中国成立初期燕大的建筑。1950年,燕大承办华侨先修班,由政府投资建学生宿舍一栋,面积713平方米,当时称7楼,现改为教工住宅。另建学生食堂一栋,位于现图书馆南翼楼,面积583平方米,曾作留学生食堂,1975年建图书馆时拆掉。1952年,华侨先修班与华侨补习学校合并后,先修班迁走。1950年,燕大还在现文史楼、地学楼东侧建电机馆,为工科学生实习用,1952年院系系调整后扩建为第三阅览室、印刷厂,建理科楼群时拆除。1950年,燕大与中央贸易部合作办"贸易专修科",租用承泽园为学生宿舍。这为1953年北大购买承泽园打下基础。

4. 校园内古园林的旧住宅及校园周边零散住宅(见下表)。

园名	面积(平方米)	地址名	面积(平方米)
朗润园	5550	碓房居	520
镜春园	2244	书铺胡同	460
勺园	986	槐树街	1360
佟府		军机处	874
农园	2110	喜洋胡同	1294
蔚秀园	2608	北河沿	169
		桑树园	142

续表

园名	面积(平方米)	地址名	面积(平方米)
		大成坊	286+334
		(住宅及燕大引得印刷厂)	

5. 关于校园内各园、楼的名称。1952年夏,北大迁入燕园前夕,汤用彤副校长召集俞平伯等专家及学校有关人员,对原燕大校园内的园名、楼名逐一进行讨论,作出了决定。其中主要有:①将原燕大以捐资人命名的楼名改为按使用性质定名;②燕大男生宿舍原称1至7楼,改用"才德兼备、体魄健全"排序;"才、德"顺序又改为"德、才";"兼"字因与"健"字谐音改为"均";"魄"字念起来不雅,减掉;这样,恰好七个字七栋楼;③燕大女生宿舍原称一至四院,当时改为"敬""业""乐""群"四个斋,后因增加现在的三、六院,需六个字,同时"敬、业、乐、群"四个字念起来不上口,又恢复称院,为一至六院;④各住宅区园名,沿用古园林的名称不变,但治贝子园则根据燕大的习惯叫农园,新建的中关村住宅区定名为中关园。

(三) 1952年院系调整后的重要建筑

1. 三校建委会规划建设的项目。1952年2月,为实施院系调整计划,北大、清华、燕京三校成立基本建设委员会,分别研究和规划北大和清华两校校园校舍的扩建工作。三校建委会规划中,北大的建设项目分为两类。一类是临时性的简易用房。这些用房要确保当年暑假北大迁入燕园时能用上,将来拆除。这类用房共约3万余平方米。另一类是永久性建筑。其中有一部分也要求于当年能够使用,其余可于三年内建成。临时性建筑中有:(1)1—15斋学生宿舍。它们为二层砖混结构,共为20个单元。每个单元为四大间宿舍,每间宿舍又分隔为三个小间,每小间上下铺位8人,很像火车的硬卧车厢。每个单元设集中使用的厕所洗漱间和服务间。每个单元住96人,20个单元共住1920人,安排了城内迁来的全部北大学生住宿。之后,随着正式学生宿舍的陆续建成,这批临时性学生宿舍完成了应急使命,改为其他用途,20世纪八九十年代陆续拆除。(2)大膳厅,它是一栋宽30米、长60米的大厅。厅内没有柱子,能容纳3000多名学生按系级排桌次(不放凳子)、一次性统一时间内用餐,在搬开餐桌后可供开大会、听报告、看电影等使用。到20世纪80年代,它不再用作膳厅,改装为有固定座椅的大讲堂,专门作会堂使用。20世纪90年代后期该建筑在建造百年大讲堂时拆除。大膳厅这样一座大跨度、1800平方米的大厅,从设计到建成仅用了半年时间。设计者采用14品裂环结构的落地式木屋架,四周用木质门窗作维护墙,屋顶为檩条望板盖水泥瓦。经过40多年的风雨地震考验,结构没有出现任何问题。

(3)中关园简易教工住宅。这批住宅均为红砖灰瓦砖木结构,建筑面积分为100平方米、75平方米、50平方米、35平方米、24平方米五个档次。除24平方米型为公用厕所外,其余户内都有厨房、卫生间。各户房前屋后有一块空地可以种花栽豆。在建国初期经济困难的情况下,大家对这批住房还是比较满意的。许多知名教授当时都住在此处。这些临时性的简易住宅,现已全部拆除。

永久性建筑分为两批。一批也要求能当年建成使用,另一批是要求三年内建成。前者有第一教室楼、地学楼、文史楼、16至21斋学生宿舍、一公寓等,共约两万余平方米。后者有化学楼、生物楼、哲学楼、22至27斋学生宿舍。这两批房屋建成,组成了一个新的教学区和一个新的学生生活区,成为今日燕园的一个重要组成部分。两组建筑都采用原燕园规划中的中国传统三合院组合,建筑之间柱廊相连,外形采用灰色筒瓦的大屋顶民族形式,灰色清水砖墙混合结构,有简单的檐部装饰,延续燕园的建筑风格。可惜的是1952年当年竣工的文史楼、地学楼、一教和16至21斋,由于工期过紧,又值冬季施工,这些楼的屋顶和檐部处理过于简化,与其后的建筑不甚协调,也为后来的维护造成一些困难。

2. 20世纪50年代中期到20世纪70年代的重要建筑。(1)物理大楼。建筑面积19423平方米,南楼四层,北楼五层,主入口向西,隔马路与主校园相望,整栋大楼为砖混结构。1957年开工兴建,1960年竣工交付使用。它是新中国成立后北大第一栋较大型的教学科研楼。物理大楼兴建时,适逢在全国开展建筑行业整风,要节约资金、降低造价,将原设计的各层楼的层高降低了30厘米,管线的铺设造成困难,也影响使用;一些实验室改为水泥地面,不符合使用要求;电力及设备的改动影响了后来的使用和维修。(2)力学风洞。建筑面积3924平方米,1956年完成工艺设计,1957年土建开工,1958年10月1日投入使用并一次试车运转成功。风洞直径为2.25米,最大风速为50米/秒,是当时国内最大的唯一能进行飞行器模型实验的风洞。它承担了国内首批各种机型的模型气动试验,为我国航空事业和国防建设作出了贡献。在建设大风洞的同时,还建成2097平方米的力学试验室,称小风洞。(3)技物大楼。建筑面积8493平方米,主楼五层,砖混结构,1955年开工,1956年建成。它一直由技术物理系(当时称物理研究室,后改为原子能系,现称技术物理系)使用。该楼建在中国科学院院内,同时还在该楼附近建成150实验室等一批实验室和附属用房,共约3000多平方米,还在科学院内建造学生宿舍一栋、食堂一栋、教职工住宅三楼,共10345平方米。(4)6—1大楼。十三陵分校按规划每个系为一个教学区,数学力学系为第6区,其主教学楼为6—1大楼,建筑面积18334平方米。1960年10月开工,

1961年9月竣工。大楼平面为E字形，东侧为数学系用房，五层砖混结构；南侧为计算专业用房，四层内框架结构；南侧楼的首层、二层全部为计算机房，是研制红旗机的试验室；北侧楼未建，作为预留发展用地；中间为阶梯教室和阅览室。1963年无线电系迁入使用时将南侧楼全部改成教学和科研实验室。“文革”期间，电子仪器厂在6—1大楼内研制成我国第一块1024位大规模集成电路、MOS随机存储器，研制出我国第一台百万次集成电路计算机DJS11(150机)和我国第一个多道运行操作系统，用于石油勘探领域，首次实现了勘探数据数字化处理和计算机化管理。在建造6—1大楼的同时，还建成6—2力学实验室。(5)图书馆。原燕大图书馆面积很小。1952年北大迁来后，北大图书馆和燕大图书馆的书加在一起有一百多万册，根本放不下，只好成捆堆放在几个楼顶阁楼上，不能上架使用。原燕大图书馆没有几个阅览座位，为解决这一问题，在文史楼三层开辟了第二阅览室，将燕大原电机馆加以扩建改为第三阅览室(在文史楼东侧，现已拆除)，在学生宿舍区临时建了一栋简易砖混二层楼为第四阅览室(现已拆除)。从20世纪50年代起，学校多次提出建图书馆都未建成。1972年，北京市革委会批准建北大图书馆，于1973年5月开工，1974年12月竣工。1975年5月1日正式启用。图书馆坐落在第一教室楼与哲学楼之间，是学校的中心地区、新老建筑群交汇之处。图书馆正门向东，正对成府路路中，形成这一教学区的轴线中心。整栋建筑呈田字形，东、南、北三面为四层，大阅览室为框架结构，其余为砖混结构；中部为五层框架结构，分格为十层书库；外檐为深绿色琉璃瓦檐与灰色清水墙，融会于周围大屋顶建筑群之中，比较协调得体。图书馆前的大草坪，是周围密集教学楼群中的一块开阔地，学生可在这里漫步休息。图书馆建筑面积为24813平方米，可藏书350万册，拥有2400个阅览座位和20余间研究室，恒温恒湿的善本书库，是当时国内大学图书馆中面积最大、藏书最多、条件最好的图书馆。(6)勺园大楼。20世纪70年代中期，留学生增多。1978年，上级批准学校建造19200平方米的留学生宿舍。因其选址在明代勺园旧址上，故延用勺园为楼名，勺园由五栋五层砖混结构的宿舍楼和一座餐厅，组成为一组建筑群。它沿用燕大校园建筑风格，工整对称的布局，中高侧低，柱廊相接，成为从成府路中经过文史楼、图书馆、穿过一至六院的教学区的东西向轴线的终点。大楼北侧是古亭、长廊、湖水、山冈、松柏翠屏，与燕园的民族形式大屋顶建筑群相呼应。大楼南部接连现代建筑群，成为新旧建筑群之间的过渡。勺园大楼共有443个房间，可容纳留学生770人住宿，并可接待专家55人。餐厅面积1600平方米，有中、西餐，另设有佟府餐厅为清真食堂。餐厅地下室设咖啡厅和健身房。大楼于1979年开工，1981年暑假交付使用。

3. 20世纪八九十年代的重要建筑。(1)电教大楼。它位于图书馆到四教的公共教学区的中段，建筑面积11260平方米，1986年建成交付使用。大楼平面呈E字形，南、西、北三面为四层局部五层砖混结构的教室，中部为框架结构的报告厅和演播室。楼内有条件较完善的大、中、小各种类型的电化教室和报告厅，有设施较完善的大、中型演播室和电化教学设备。(2)化学大楼。它位于校园东部、成府路西口路南，与物理大楼遥遥相对，建筑面积20780平方米，1989年建成交付使用。大楼平面为H形，北楼五层是教学实验室，南六层是科研实验室，中部为公共行政区，全部为框架结构。(3)加速器实验楼。它位于学校东部、成府路北侧，建筑面积6413平方米，1986年建成交付使用。它的前楼是框架结构的四层实验室，后部为整体钢筋混凝土浇筑的高24.8米、壁厚1.5米的专用实验大厅。先后安装了4.5MV静电加速器、6MV串列加速器等实验设备，并先后建成我国高校最大的中子实验大厅、我国第一台14C加速器质谱仪、我国第一台RFQ加速器、我国第一个射频超导实验室。(4)考古与艺术博物馆。它是美国赛克勒基金会捐资兴建，正式名称为“北京大学赛克勒考古与艺术博物馆”。博物馆坐落在校园西北角、燕园大屋顶建筑群体之中，与对称的外文楼外形一致。全部为框架结构，一层及后厅1800平方米为展厅，二层为办公行政区，三层为文物库房，四层为设备层(三、四层均在大屋顶内)，地下室为教室，总面积为4552平方米，1993年建成。(5)理科楼群的地学楼和法学楼。1981年12月，校党委向中央书记处、国务院并教育部报送《关于北京大学基本建设问题》，同时抄报国家计委、国家建委和北京市的有关部门。该报告指出，北大近20年来在海淀区只建了一幢2.4万平方米的图书馆。现在教室、实验室、资料室、工作室、学生和教师宿舍以及生活设施全面紧张，已经到了难以再维持下去的局面，从北大当前和长远需要出发，在今后需扩建教学、科研、生产、生活及其他配套用房共32万平方米，希望国家能将北大扩建32万平方米的基建任务列为六五、七五计划中的重点项目，专项拨款，集中使用。该报告上报后，几经领导批示和修改，到1985年，国家计委批复《北京大学基本建设总体任务书》，将北大的扩建工程列为国家七五计划中的重点建设项目。批准建房的面积为29万平方米。其中11.3万平方米的理科楼群是重点建筑项目的核心，包括数学、计算机、无线电、地球、地质、地理、生物七个理科系和法律、经济两个文科系的教学科研用房。学校将理科楼群项目在全国进行规划设计招标。城乡建设部副部长戴念慈主持的专家评选组选中广东省设计院设计的方案，最后由万里、胡启立、陈希同、张百发等一起审议、批准了这个方案。1989年理科楼群中的3号楼(地学楼，由地质、地理两系使用)和5号楼(法学楼，由法律、经济两系使用)开工。两栋楼共32040平方米，其中地下室

6447平方米。地学楼于1991年竣工,法学楼于1993年竣工。这两栋楼的建设资金中有香港知名人士邵逸夫捐赠的2000万港元。一直到1997年,理科楼群只建成了这两栋楼。(6)图书馆扩建工程(图书馆新馆)。它建在1975年建成的图书馆东侧,新馆与老馆连成一体.新馆建筑面积为26680平方米。新旧馆总建筑面积为51493平方米,阅览座位4000多个,总藏书量超过600万册,是当时亚洲高校第一大图书馆。新馆于1996年6月开工,预计于1998年5月竣工,总投资1.2亿元人民币,其中有香港知名人士、北京大学名誉博士李嘉诚捐赠的1000万美元。新馆主楼和主入口设于东侧,正对成府路,主楼五层,南北配楼四层。主楼为仿古歇山坡屋顶,灰色外墙,拱形外廊,与燕园原有传统建筑协调和谐,风格一致。新旧馆浑然一体,接壤自然,居校园中心。(7)光华管理学院楼。建筑面积为11487平方米,主楼五层,配楼二至三层,全部为框架结构。1995年10月开工,1997年7月竣工。它由台湾光华教育基金会出资兴建,三合院的布局,深灰色的琉璃瓦四坡顶,灰白色外墙,与燕园的主体风格相呼应。(8)百周年纪念讲堂。它是为纪念北大建校百周年而建,位于学生生活区与教学区的结合部、原大膳厅的旧址上,是学生活动的中心地带。建筑总面积为12672平方米,地上三层,地下二层,全部为框架结构。1997年8月开工。它属于多功能的厅堂建筑,设有2169个座位,并设有机械化专业舞台的剧场,有能容纳400多人的多功能排练厅,还有纪念厅、接待室、会议室等附属工程,2000年竣工。

4. 科技开发建设项目。①资源楼。它位于校园南门东侧,分东、西楼,建设面积共21768平方米,1993年春开工,1994年末竣工。②资源宾馆。它位于校园西南角,海淀路路口,建筑面积19197平方米,1996年末开工,预计1998年5月竣工。③上地方正大厦。它位于海淀上地高新技术开发区,是方正公司科研开发和产业一体化的基地,建筑面积21300平方米,1993年开工,1995年5月竣工。

二、基础设施建设

北大原城内校舍,多是旧房改建,又分散城内各处,基础设施十分落后,水、电及污水排放都是靠市政的水电设施就近解决。冬天采暖,旧平房是小煤炉烤火,一些较现代的楼房,各楼附设的锅炉房只为本楼供暖。冬天,校园内到处是煤堆炉碴,污染严重。电话通讯也十分落后,红楼及总办事处地区,包括文、法学院和图书馆,仅有一台120门供电式电话交换机,理学院只有一台20门的供电式电话交换机,当时的动物学系全系只有一部电话放在楼道,全系师生共用。工、农、医各学院也都是各自安装容量很少的供电式电话交换机。1937年6月,物理系和化学系合作购买煤气发生设备,在理学院东侧大学夹道建设一座365平方米的煤气厂，为教学提供实验用煤气。

1952年，北大迁入原燕京大学校址。燕大在1922年建燕园时，按照总体规划，建成一栋1444平方米的机器房，集中管理除污水排放以外的全部公用设施。机器房位于水塔东侧现水电中心所在地。机器房内装有6台4吨蒸汽锅炉，交换二次热水，为全校46337平方米校舍供暖。除东大地、南大地小楼和临湖轩外，全部楼房都由机器房集中供暖。机器房内有2台125马力柴油直流发电机，为全校供电。20世纪40年代后增加一路市电为补充电源。供水由机器房西面的自流井水引入机器房北侧水柜，经过沉淀、过滤后再由机器房水泵送上水塔。水塔上部有三层水箱，由上而下排列称为一箱、二箱、三箱。一箱为圆周15英尺（4.573米）、高15英尺（4.573米）的供水水箱，容积约为74吨；二箱为锅炉的补水水箱，容量约为一箱的1/3；三箱为暖气的膨胀水箱。全部配电设备和100门供电式电话交换机在机器房二楼。燕大污水排放系统是一套较先进的生物处理系统，办公楼东侧和校医院东侧各有一座污水提升泵站，将污水送至位于现勺园七号楼附近的水处理厂，经生物净化后提升排入万泉河。上述各项公用设施一直运行到北大迁入燕园。

1952年北大迁入燕园后，随着校园校舍的扩建，各项公用设施有了很大发展。

1. 供电。新中国成立后，燕大逐步将市电引入校内，将直流改为交流，以市电为主，自己发电为辅。北大迁入燕园后，机器房和新建楼房地区的变压器总容量为420KVA，电压也逐步改为10KV。1970年新建10KV配电室投入运行（位于理科楼群公共教室楼处），全校12台变压器量为2020KVA。1985年新建35KV变电站投产，安装2台5000KVA主变压器，从供电局文教区电缆铺设第一路35KV电缆，穿过中国科学院，进入中关园，送到变电站，由一台主变压器运行。1989年，第二台主变压器运行。1994年，从肖庄变电站引入第二路35KV电缆送电。之后主变压器增容为10000KVA。1997年，各住宅区用电全部改为由供电局直接供电，校园电网只供应教学科研和公用。此外，在昌平分校建有一座35KV变电站，其装容量为二台5600KVA主变压器；在燕北园建有一座10KV配电站，安装800KVA和400KVA变压器各一台。

2. 供水。燕大的供水系统全部为自备井。北大迁入后燕大时期的老井陆续报废。学校从20世纪60年代起，陆续新建了一些水井：①1963年10月建成的化学楼井和43楼井；②1973年11月建成的西校门井和物理楼井；③1973年建设、1978年7月开始投入使用的中关园井；④1978年7月建成的水塔井；⑤1982年建成的畅春园井；⑥1975年建成的五四游泳池专用补水井;⑦1992 年建成的燕北园住宅区专用井。校园本部,根据 1989—1997 年 10 月统计,总用水量为 4258 万立方米,平均年用水量约为 426 万立方米。

3. 污水处理。燕大的污水排放系统和污水泵站一直沿用到 20 世纪 70 年代。1975 年,随着图书馆建成,调整了校园内的污水管网,铺设了由校医院、勺园南侧直到万泉河的污水干管,撤销了使用近 40 年的三个污水泵站,全校污水全部自流入干管后排入万泉河。随着市政建设的进展,20 世纪 80 年代校园东侧从中关村到成府的两污水管线和校园西侧从海淀镇沿万泉河故道向北到圆明园的雨污水管线相继竣工,中关园和物理大楼地区的雨污水都汇入校园东侧的成府干线,校园内的污水除勺园南侧的总干管出口外,向西增加了几个出口,较彻底地解决了校园内的污水排放问题。

4. 雨水排泄。20 世纪 70 年代以前,校园内没有排雨水的系统,全部为路面排水,靠校园内大小湖泊贮洪,湖泊流入万泉河,一旦雨量过大,经常淹水。1975 年,修建了从大图书馆南侧到勺园直到万泉河的校园内第一条雨水干线,开始有组织排泄雨水的历史。20 世纪 80 年代校园外东西两侧市政的雨水管道建成,中关园、物理大楼地区和新建理科楼群沿线的雨水,都引入成府雨水干线;从南校门到一教马路以西的校园的雨水则汇入校园外西侧的雨水干管,再经过万泉河彻底治理。自此,校园内未名湖、朗镜区等低洼地区不再会因为河道堵塞不畅而倒灌,校园内基本上免除了大雨成灾的局面。

5. 供暖。1952 年北大迁入燕园前,燕大由机器房锅炉房集中供暖,供暖面积为 46337 平方米。尚有住宅 30408 平方米(包括燕东园、燕南园)由住户分散采暖。北大迁入燕园后,从 1952 年到 1960 年,海淀校区共扩建校舍 26.5 万平方米。这一时期的供暖锅炉从依附各楼的分散小型锅炉房逐步按当时的基建规划,相对集中建立独立锅炉房,如 31 斋锅炉房、25 斋锅炉房、物理楼锅炉房、新公寓锅炉房、四公寓锅炉房等,但还是有一批附楼锅炉房。这些楼房由于各种原因没有采取集中供暖,如校医院、北招待所、一公寓、二公寓、附中、技物楼等。这一时期的供暖锅炉多为铸铁锅炉,蒸发吨位少,热效率低,污染环境,浪费能源。从 20 世纪 80 年代开始,基本建设有了很大发展,供暖面积也有了很大增加。学校将供暖锅炉从铸铁炉改为排管往复式热水锅炉,进而又改为 4 吨—10 吨工业锅炉。现已上升为 20 吨—30 吨工业锅炉。1997 年,校园内除勺园锅炉房由于供暖的特殊要求继续保留以外,其他锅炉房已陆续拆除,而在原物理楼锅炉房基础上建成一座自动化程度较高、综合管理现代化的大型供暖锅炉房,安装 38 吨热水锅炉三台,将 1990 年建成的热电联产 20 吨高压蒸汽锅炉改造成 25 吨热水锅炉。此外,1991 年在远离校园本部的燕北园建成一座两台 10 吨燃煤热水炉锅炉房。

6. 电话。1952 年北大迁到燕园后，将机器房二楼的 100 门供电式交换机，扩充到方楼二层的 200 门供电式交换机。1967 年，新电话室建成，安装了 1000 门步进式交换机。此后，逐步扩充至 1600 门。1992 年，电话机房进行扩建，在原房上扩建二层楼房，安装 5000 门程控电话交换机，其中 2000 门为全自动入网（DID），3000 门为半自动入网（BID）。1985 年，中关园教工住宅区安装 60 门供电式电话交换机，后扩增到 200 门，1986 年又扩建到 500 门。1985 年，蔚秀园教工住宅建成 200 门供电式电话交换机，1992 年换成 500 门程控电话交换机，半自动入网（BID）。1995 年，北大与北京市电话局在北大电话室联建 20000 门程控电话支局，扩充了总机容量，实现了通讯自动化。原机房 5000 门程控交换机、1600 门步进交换机和中关园 500 门供电交换机、蔚秀园 500 门程控交换机一并转入北大电话支局。1995 年 12 月 20 日，北大电话支局正式运行，当年安装量为 12000 门。

7. 煤气。1952 年院系调整前，燕大为化学系、生物系安装了一套重油裂化煤气发生装置和一个储气罐。1954 年，学校建设煤气厂，安装两台干馏煤气发生炉及净化设备和一座 160 立方米的储气罐，20 世纪 60 年代又增建了一台干馏炉。这个煤气厂生产工艺落后，污染校园环境，排放的废水污染成府小河，影响成府居民，也是学校防火重点。在校园人群密集地区有这样一个危险物，使学校终日为之担心。1987 年，北京市天然气管道送至海淀，在校园内建设了中关园、大膳厅、镜春园三座调压站，教工住宅使用管道天然气代替了罐装液化气。1989 年，新化学楼建成后，该系实验室首先使用了天然气，之后物理系、生物系各实验室也逐步置换成天然气，学校使用 40 多年的煤气厂撤销。随着天然气的利用，校园内各食堂和开水茶炉也都逐步用上了天然气，以清洁能源代替了烧煤。

8. 浴室。燕大男女生宿舍和 1952 年后北大兴建的 16—27 斋宿舍都有沐浴设备，但由于热水供应、管网维护、各楼设备不均等诸多原因，问题很多，之后逐步改为集中浴室淋浴。1955 年，在建造 28 斋学生宿舍时，曾在该楼一层建设规模较大的集中浴室，1957 年又在现学一食堂北侧建造一座独立的 588 平方米的大浴室，1984 年又新建 1617 平方米的学生大浴室，有淋浴头 288 个，并附有 42 个浴位的教工浴室，以及部分桑拿设备，大浴室由专门的锅炉房 3 台 4 吨蒸气锅炉供热水。

三、分校建设

1. 昌平理科分校。1960 年，国家计委批准北大昌平理科分校计划任务书。任务书规定，在校各类学生规模为 10000 人；各类用房（不包括教工住宅）35 万平方米，；总投资 5000 万元，三年建成。在北京市的支持下，当年选址、设计，当年征地开工。1960 年 5 月，四栋学生宿舍首先开工，之后 6－1 工程（数学大楼）和阅览室、食堂及配套工程陆续开工，水、电、暖、电话等公用设施也紧随上马。到 1961 年暑假，首批工程 5 万余平方米校舍及配套设施全部完工，具备开学条件。由于此时适逢国家暂时经济困难，教育部指示，分校基建暂停，也暂不迁系开学。已完成征地和施工设计的 2－1 工程（化学大楼）下马停建。1963 年，经济情况好转，教育部同意分校启用，无线电系和数学力学系的力学专业 1300 余名学生迁到分校上课，但基本建设仍不准继续进行。1965 年，国家开始大三线建设，教育部安排北大在汉中建设分校，昌平理科分校建设停止。1969 年，无线电系和力学专业迁往汉中，昌平分校已建成的部分，由学校安排给其他单位使用。

昌平分校位于昌平县城西，天寿山南麓、卧虎山之西的一个山口冲积平原上，南距京张公路 1.8 公里。地表土之下，全部为极深的卵石层，宜于作为建筑用地。平原范围约有数千亩，北部群山环绕，像一道天然围屏，西山口、小宫门两个自然村坐落其中。按分校校区规划，理科各系分区排列在中央广场两侧，教学区的外侧为东、西两个学生区及体育场地，水、电等公用设施建筑位于西侧教学区与学生生活区之间，各系按规划位置排列区号，数学力学系为六区，其教学大楼为 6－1；化学系为二区，化学大楼为 2－1。技术物理系由于防护和保密的特殊要求，设在远离校区 2 公里处，其序号为八区，先施工的一个实验室代号为 8－5。昌平分校开工之初共征地 1692 亩，1962 年根据国务院批示，基本建设征而未用的土地一律退还生产队耕种，分校共退地 919 亩。20 世纪 90 年代，政府正式核定，分校校园土地为 542 亩，另有 231 亩为市政道路、水井、铁路用线及与海军交换 8－5实验用地等，不属学校所有。

分校校区西北方向山口之外约 2.5 公里为太平庄村，村北的山坡上，有 1985 年修建十三陵水库时纺织工业部绿化山区的一个生活点，约有 80 余间平房。1962 年，因分校已建成部分校舍，市政府将北大原来负责绿化温泉山区的任务调整到此处，将该区房舍拨给北大为师生绿化劳动时使用，土地和房屋产权仍归政府。1965 年，历史系师生在此开门办学，并对房舍加以维修和扩建。“文革”期间有部分学校干部、教师曾在此劳动改造。1972 年及其后，西语系曾在此处开门办学。现该处房产已由政府收回，但学校仍继续承担该山区的绿化任务。

1960 年为搬迁西山口村住户，经批准在十三陵太陵园村南征地，建搬迁房 30 间，占地 3 亩。后住户没有搬迁，该房仍归学校所有。

2. 汉中分校。根据国家建设三线的计划，1965 年教育部安排北大在陕西省汉中市勉县建设北大分校。1965 年 3 月 18 日，教育部批复的设计任务书中核定北大分校 7 个专业各类学生 1700 人，教职工 930 人，从 1965 年起三年内建成校舍 82000 平方米，建筑安装费用为 1019.65 万元。分校工程代号为 653 工程。

1965 年 4 月，陕西省批准分校用地 442 亩，5 月又增 98 亩，共为 540 亩。1965 年 5 月正式开工，1967 年基本建成，共有校舍 81965 平方米。其中公共教室、公共设施用房为 15327 平方米，力学系用房 7135 平方米，无线电系用房 10426 平方米，技术物理系用房 13011 平方米，生活用房 36066 平方米。

1969 年 10 月，技术物理系、无线电电子学系、数学力学系的力学专业和无线电工厂及学校行政职工迁入分校。1970 年，分校开始招收工农兵学员，先后招了七届，共 1126 人。77、78 两届，因分校各系准备迁回北京，未招生。1978 年 6 月，汉中分校奉命撤销。1979 年 2 月，分校各系迁回北京，学校将分校 96985 平方米的校舍移交陕西省陕西工学院。

3. 江西分校。1969 年 7 月，北大宣传队在江西省南昌鲤鱼洲建立北大试验农场（五七干校）。学校先后有二千多名教职工及家属在那里劳动。1970 年 5 月，农场改为北大江西分校，中文、历史、哲学、外语和生物等系招收了工农兵学员 400 多名。1971 年分校撤销，移交地方。1972 年 4 月 9 日，江西分校汇报共花费基建投资 307.5 万元。

4. 大兴分校。1971 年 9 月，北大宣传队决定建大兴农场，计划建家属房 1800 平方米；集体宿舍 1500 平方米；生产及其他用房 5000 平方米。1975 年决定将农场作为中文、历史、经济、国际政治、东语、俄语等系一年级师生进行半工半读的基地，并于是年 8 月 14 日将之改名为北大大兴分校。1979 年 1 月，大兴分校撤销。

1952—1997 年海淀区校园完成基建投资和主要建设项目情况见下表。

1952—1997 年海淀区校园完成基建投资和主要建设项目

年度	完成投资（万元）	完成主要建设项目（平方米）	备注
1952	396	一教（3254）	
		1—15 斋（8515）★	
		地学楼（3068）	
		16—21 斋（8870）	
		文史楼（3068）	
		中关园平房（16974）★	
		一公寓（3187）	
		大膳厅（2549）★	

续表

年度	完成投资(万元)	完成主要建设项目(平方米)	备注
1953	252	三院(1472)	购承泽园投资7.5万元未列入,购朗润园投资8.3万元未列入
		22斋(1606)	
		哲学楼(3252)	
		25斋(2676)	
		化学楼(4991)	
		农园工棚(2417)★	农园工棚后为基建处、物资办公室
1954	344	生物楼(5093)	
		23、24斋(2553)	
		六院(1443)	
		26、27斋(5600)	
		实验西馆(761)	
		2—3公寓(6004)	
		小膳厅(1044)★	
1955	185	技物系大楼(8493)	技物系大楼及中关村四栋住宅投资未列入
		28—30斋(10783)	
		校医院(3155)	
		中关村19—26(9796)	
		北招待所(2002)	
		第四阅览室(1222)★	
		二教(1883)★	
1956	197	技物系150工程(827)	
		31、32斋(8103)	
		技物系食堂(549)	
		34、35、36斋(9303)	
		临时平房教室(2618)★	
		中关园临时住宅(2897)★	
		太平庄搬迁房(2068)★	

续表

年度	完成投资(万元)	完成主要建设项目(平方米)	备注
1957	359	力学风洞(3924)	
		4—7 公寓(10526)	
		力学实验室(2097)	
		37 斋(3101)	
		留学生食堂(燕春园)(882)★	
		40 斋(3101)	
		学生浴室(588)★	
1958—1959	246	物理大楼(19423)	
		学三食堂(2000)	
		附小(1500)	
		38、39、41—43 斋(15443)	
		8—13 公寓(10347)	
1960	42	44 斋(3100)	
		员工食堂(1300)★	
		学一食堂(2000)	
1961—1965		生物系恒温实验室(1046)	1960 年以后，因建昌平分校和汉中分校，海淀校区基建停止，仅安排一些填平补齐的配套项目，其投资资料不详。
		生物系钴源实验室(436)	
		物理系低温实验室(904)	
		电话室	
		配电室★	“文革”期间，1966 年至 1970 年没有基建。
		化学系高压实验室★	
		化学系危险品药库★	
1971	47	汽车库(1869)★	
		木工厂(922)	
		商店(1016)	

续表

年度	完成投资(万元)	完成主要建设项目(平方米)	备注
1972	41	蔚秀园16公寓(1824)	
		附小教室(465)	
		东幼儿园(2343)	
		聚砜车间(232)★	
1973	153	药厂针剂车间(1111)	
		激光实验室(296)	
1974	420	图书馆(24813)	仪器厂的建设资金为海军换成昌平分校技术物理系一个实验室的费用。
		蔚秀园14、15公寓(6657)	
		仪器厂(2000)	
1975	159	蔚秀园17—19、21、22公寓(12267)	
1976	41	蔚秀园23公寓(1686)	
1977	31		
1978	485	蔚秀园20、26公寓(4901)	
		蔚秀园27公寓(4908)	
1979	568	蔚秀园24、28、29公寓(12812)	
		学四食堂(1235)	
		燕东园32、33公寓(6310)	
1980	639	燕东园31、35—38公寓(13161)	
		学五食堂(2156)	
1981	849	燕东园39、40公寓(6556)	
		留学生一期(13238)	
		中关园41、42公寓(7052)	
		学七食堂(2112)★	
1982	544	四教(5072)	
		燕东园34公寓(3940)	
		环保风洞(895)	
		中关园43、46公寓(6350)	
		留学生二期(5961)	
		附中2#、3#公寓(5927)	

续表

年度	完成投资（万元）	完成主要建设项目（平方米）	备注
1983	976	仪器厂（2691）	
		中关园44、45、47、48楼（14408）	
1984	943	遥感中心（3935）	
		畅春园55公寓（3779）	
		二附中教学楼（4234）	
1985	1380	元件车间（3703）	
		畅春园51—54公寓（12218）	
		学生浴室（1617）	
1986	2280	动物房（1805）	
		研究生宿舍45、46楼（12364）	
		畅春园服务楼（2406）	
		西幼儿园（2273）	
		总务楼（1500）★	
1987	2277	电教楼（17260）	
		研究生宿舍47、48楼（10900）	
		校医院病房楼（3236）	
1988	2172	静电加速器楼（6413）	
		承泽园1、2、5、6、7号楼（8500）	
		三教（4128）	
		畅春园56公寓（4390）	
		北河沿1、3号搬迁楼（7130）	
		二公寓甲乙楼（7228）	
1989	4188 其中捐赠1432	化学楼（20780）	
		学生活动中心（4614）	
		印刷大楼（9530）	
		承泽园3、4、8号楼（5100）	
		风雨操场（4557）	
		中关园503—506（16524）	

续表

年度	完成投资(万元)	完成主要建设项目(平方米)	备注
1990	2538 其中捐赠 541	附中阶梯教室(2090)	
		学生食堂冷库(386)	
1991	2111 其中自筹 137	理科 3 号楼(21340)	
		承泽园 11 号楼(1798)	
		东锅炉房热电联运(1700)	
		6 公寓甲、7 公寓甲(6186)	
1992	4011 其中自筹 736 捐赠 682	附中风雨操场(2310)	
		燕北园 5、6、7 号楼(10392)	
		微电子楼(600)	
		勺园 7 号楼(4564)	
		燕北园搬迁 1 号楼(4958)	
1993	2893 其中自筹 275	理科 5 号楼(10700)	
		服务楼扩建(1935)	
		考古博物馆(4552)	
		燕北园 22、19、20、21 楼(13059)	
1994	3658 其中自筹 1025	燕北园搬迁 2 号楼、3 号楼(3430)	
		博士后公寓 1 号楼、2 号楼(1222)	
1995	8486 其中自筹 4636 捐赠 474	附小教室(3070)	
		燕北园 11—18 楼(32931)	
		力学水洞(679)	
		博士后公寓 3—6 号楼(1222)	
1996	28676 其中自筹 1840 捐赠 5828	勺园(10519)	
		燕北园 1、2 号楼(9653)	
		附小一期(1600)	
		畅春园 A、B、C(9731)	
		燕东园人才楼(4102)	
		基因工程(1855)	

续表

年度	完成投资（万元）	完成主要建设项目（平方米）	备注
1997	33326 其中自筹 11044 捐赠 5957	光华学院（11487）	
		燕北园 8 号楼（4172）	
		附中图书馆（2013）	
1960—1963		昌平分校总面积 5 万余平方米，总投资约为 1200 万元。	
1965—1969		汉中分校在 1979 年移交时总面积 96985 平方米，固定资产总值 1600 万元。	
1969—1971		江西分校总投资 307.5 万元。	
1994—1995		科技开发项目： 资源楼（21768） 上地方正大厦（21300）	

注：★为现已拆除建筑。

第十六章　总务后勤

1898年京师大学堂建立之初,《奏拟京师大学堂章程》规定:设提调八人,其中以二人管堂中杂务;提调之下,设供事若干。1902年奏准的《钦定京师大学堂章程》规定:设杂务提调二员,襄办一员,以照料学生饮食并随时置办堂中应用一切物件,其下仍设供事。1904年奏准的《奏定大学堂章程》规定:设庶务提调,下设杂务官专司厨务、人役、房屋、器具一切杂事;设斋务提调,管理整饬席舍、监察起居一切事务,其下设监学官、检察官、卫生官。

民国成立后,1914年8月,教育部颁行《直辖专门以上学校职员任务暂行规定》,其中规定,大学堂设庶务主任和事务员。庶务主任掌庶务会计事宜,事务员承庶务主任之命分掌庶务会计事宜。1917年,蔡元培校长进行改革,设总务长和总务处,总务处不设处长,其领导人即总务长。总务长总掌事务。总务处设六个部,其中有总务、庶务两个部,部下设课,各课设事务员和书记若干。1931年,蒋梦麟校长将总务长改为秘书长,将总务处改为秘书处,将总务处下设的部改为在秘书处下设的组。秘书长商承校长处理全校事务行政事宜。在秘书长领导下具体处理事务工作的是庶务组。该组设主任一人,事务员若干人。1938年,西南联大时设总务处,由总务长负责全校总务行政事务。总务处下设事务组具体负责全校事务。复员回北平后,又改为设秘书长和秘书处。秘书处下设事务组,组内又分庶务、采购两课。

新中国成立前后,仍按旧制设秘书长和秘书处。1952年院系调整后,改设总务长,下设事务科、生活科、膳食科、校产管理科等,分管各个方面的总务工作。1956年,撤销总务长一职,改设总务处长,下设庶务、物资供应、工程、校舍管理、膳食等科。1962年恢复设总务长,但其下又设总务处长,处下设科。"文革"期间,成立"革命委员会"后设后勤组,下设政工、供应、服务、生产等组。1972年改设校务组,下设行政、修建、生活、房管、农林、物资等组和幼儿园。1973年又改设校务部,下设总务、房管等处。1976年又改为校务部下设政工组、办公室和伙食、房产、修建、事务等科。"文革"后,1978年开始整顿各级领导班子,逐步建立健全行政机构。1978年12月,设总务部,部下设伙食管理和房产管理等处,1979年增设事务、修建两处。1980年,撤销总务部建制，恢复设正、副总务长，其下设伙食、房管、事务、修建等处。1995 年，将修建处改为动力处。

新中国成立前，由于校区较小、分散，很多后勤服务基本上是向社会购买。新中国成立后，主要是院系调整以后，按照国家的体制，逐步实行学校自办后勤、形成自我配套的服务运作方式。

1950 年 6 月，高等教育部发布《关于高等学校总务工作的指示》，提出高等学校总务工作方针任务应该是：根据国家培养高级建设人才的计划和人力、物力、财力的可能条件，在校长、院长统一领导之下，加强职工的政治思想、政策方针和业务学习，大力贯彻发挥潜力、提高质量的方针，继续厉行精简节约，更好地为教学工作服务。其具体任务是：管好财务，做好基本建设工作，管好财产物资，管好全校师生员工的生活事项，做好学校环境卫生、疾病预防和部分医疗工作，做好勤工人员的教育工作。1964 年 6 月，高等教育部召开直属高等学校总务工作会议，会议确定高等学校总务工作的方针和任务是：认真执行党的教育方针和勤俭办学的方针，在国家财力、物力的可能范围内，精打细算，克勤克俭，积极改善学校的工作条件和生活条件，切实为教学和科研工作服务，为师生员工的生活服务。

"文革"期间，总务后勤机构同其他党政系统机构一样受到了严重冲击，有一段时间，实行按连队编制，打乱了职能部门的职责和工作。粉碎"四人帮"以后，总务后勤的机构和工作逐步恢复正常。20 世纪 80 年代，高校之间对总务后勤工作的宗旨形成了"三服务、两育人"的共识。"三服务"即为教学服务、为科研服务、为师生员工的生活服务；"两育人"即管理育人、服务育人。

"文革"以后，随着国家改革开放政策的实施，北大的总务后勤工作也进行了一系列改革。1978 年 3 月，伙食处为了开展好"五好食堂评比竞赛"，克服"干多干少一个样"的平均主义，开始试行"包干经济责任制"。此后，到 20 世纪 80 年代初，逐步建立和完善了单项定额承包。20 世纪 80 年代中期又从单科单项承包逐步发展为多科多项多形式的经济承包。1993 年 6 月，北京市高等教育局在归纳、总结各校改革的情况和意见的基础上，发布了《关于深化北京高等学校后勤改革的意见》，其中提出：今后北京高校后勤管理改革，在坚持"三服务、两育人"的前提下，逐步由单纯服务型向服务经营型转化，逐步做到服务职能和管理职能相对分开，建立行政管理的小机关和经营服务的大实体。北大的总务后勤工作按此思路继续深化改革。

第一节　校舍管理

一、学生宿舍管理

京师大学堂成立之初，学生分为住堂和不住堂两类，前者为正班，后者为外班。住堂生不需交住宿费。根据1899年1月颁行的《京师大学堂规条》，住堂学生斋舍约分十人为一斋，每斋由本斋学生公举斋长一人，如学生有犯学规各事由斋长据实举报，其有包庇与诬告者，一经查出，反罪斋长。学堂大门，按季节定时起闭。大门关闭后，一切人等不得出入。后来还规定，学生出入皆登记时刻。

1902年，大学堂颁发《京师大学堂堂谕》，其中"堂舍规条"规定：仕学、师范两馆学生均须一律住居寄宿舍，不得朝来暮散；各馆学生分为数斋，每斋置斋长及副斋长各一名，由学生自行推荐，管学大臣命之；学生外出时需到堂提调办事处领取自己名牌，悬于学堂二厅挂牌处，回堂时，就该处取之呈回。

中华民国成立后，起初学生仍免费住宿，后决定要交住宿舍费。1917年6月，北大的招考简章规定：寄宿舍费每年24元；寄宿舍额满时须自行另觅居处。1918年12月，学校针对学生对住宿费的议论，专门出布告解释说："本校学生达二千余名之多，将来增加正未有艾，区区三所宿舍，容纳至属有限……如今全校生徒尽住宿舍，议费尚有可原，仅以少数人寄住之宿舍，学校既难另筹经费补垫，而收费亦系参酌各方面情形酌定，仰住舍各生务须于此片面之见妥为劝阻，共策远大。"当时规定，每所宿舍由学生推定舍长。舍长对舍内同学有不守规则之事得纠正之，同学对舍内公共事项有欲向本校职员陈请者须由舍长代表。不过民国时期已不像京师大学堂时期那样，出入校门要领取、悬挂、呈回名牌，出入时间要登记。

西南联大时期，全校学生皆由学校安排住学生宿舍，并规定暂时不征收宿费，实际上一直没征收宿费。有的家里有钱的学生，在校外租民房住，但仍在学生宿舍中占有一个床位，以便让同窗住得宽敞点。学生住宿安排原由总务处事务组的斋务服务股管理，1939年成立训导处后，由训导处的学生生活指导组管理。

1946年北大复员北平后，学生人数增加很多，而所有学生均由学校安排住学生宿舍，并仍不收住宿费。学生住宿安排仍由训导处管理。1946年11月，学校训导委员会会议通过《国立北京大学学生宿舍规则》，其主要内容有：(1)凡取得本校学籍经核准住宿并办完入舍手续的学生，皆得入指定宿舍住宿。(2)住宿生的斋号床号及所用的家具应按照规定办理，不得任意变动或擅自挪占，如必要变动时，应事先取得宿舍管理人员的允许。(3)取得住宿权的学生，自核准之日起超过十日仍不迁入而又未请准假者，以弃权论，注销其床位。(4)住宿生每晚应在宿舍住宿，如因事宿于家中或亲友处者，应先向宿舍管理人员请假或事后申述理由。(5)凡未请假而不在宿舍内住宿连续十日以上经查明属实者，取消其住宿权。(6)宿舍内午睡时及熄灯后至起身前之时间内，不得有玩弄乐器或高声喊唱及一切妨碍他人研习之举动，更不得有酗酒、赌博及玷污校誉之情事。训导委员会会议在通过宿舍规则的同时，还通过《学生宿舍管理暂行办法》，其中规定，各宿舍得因学生之多寡、事务之繁简设置管理员若干人，并以其中一人为主任管理员，由训导处提请学校委派之。各宿舍管理员秉承训导处，协同秘书处办理下列诸事项：学生寝室之分配与管理、宿舍内清洁卫生之管理、宿舍内公共秩序之管理、学生在宿舍内生活之管理与指导、学生在宿舍内偶然事件之处理。

北平解放后，学生住宿免费，学校训导处撤销，学生住宿事务归秘书处(后改为总务处)事务组负责。1952 年院系调整后，学校迁入西郊原燕京大学校园——燕园。由于和原燕大相比，学校规模扩大很多，学生人数增加很多，原燕大学生宿舍改作他用，学校赶在暑期迁入燕园前建成简易用房 1 至 15 斋，作为学生宿舍。它们为二层砖混结构，每个单元有四大间宿舍，每间宿舍又隔成三小间，每小间上下铺住 8 人。同年 16 至 21 斋和此后的各斋楼房建成后，学生才陆续搬到楼房住宿。尽管院系调整以后一直到 20 世纪 80 年代后期，除“文革”时期以外，学校不停地进行学生宿舍建设，但由于人数递增，学生宿舍仍相当拥挤。

新中国成立以后，学生的党团组织和学生会等发挥各自的作用，协助行政部门和管理人员共同进行宿舍管理，使宿舍管理工作得到了加强。1986 年，为进一步搞好学生宿舍的管理和服务，学校建立了楼长管理制度，聘请了一批政治素质好、有管理经验、工作热情高且有一定文化知识水平的退休人员任每楼的楼长，同时每楼配管理人员两名、卫生员两名，在楼长领导下开展工作。楼长要协助学生健全楼委会和室长组织，注意发挥学生参与宿舍管理和自我教育的积极性，把管理、服务和育人结合起来。1992 年，国家教委把北大的“楼长管理制”作为学生宿舍管理的新经验，在高校推广。

1952 年院系调整后，北大学生宿舍的建设情况如下表所示。

1952 年院系调整后北大学生宿舍建设情况一览表

斋楼号	建设年代	层数	建筑面积(m²)	居住面积(m²)	房间数	房间面积(m²)	备注
1—15	1952	2	8515				已拆
16	1952	3	1624	847	77		
17	1952	3	1257.9	440	57		
18	1952	3	1624	847	77		
19	1952	3	1624	847	77	11.4	
20	1952	3	1257.9	440	57	13.5	
21	1952	3	1624	847	77		
22	1953	3	1606	799	77		
23	1954	3	991	446	44		
24	1954	3	1562	788	77		
25	1953	3	2680.1	1254	111	10.7	
26	1954	3	2800	1332	117	11.2	
27	1954	3	2800	1387	117	14.2	
28	1955	4	5001.7	2608	181	13.2	
29	1955	4	2886.9	1690	131	12.4	
30	1955	4	2886.9	1690	131	12.4	
31	1955	4	5001.7	2800	214	13.2	
32	1956	4	3101.2	1719	120	14.7	
34	1956	4	3101.2	1719.9	127	14.7	
35	1956	4	3101.2	1719.9	112	14.7	
36	1956	4	3101.2	1719.9	127	14.7	
37	1956	4	3101.2	1719.9	127	14.7	
38	1960	5	15443	9454	554	14.5	
39	1960	5	15443	9454	554	14.5	
40	1956	4	3101	1719.9	127	14.7	
41	1960	5	15443	9454	554	14.5	
42	1960	5	15443	9454	554	14.5	
43	1960	5	15443	9454	554	14.5	

续表

斋楼号	建设年代	层数	建筑面积（m²）	居住面积（m²）	房间数	房间面积（m²）	备注
44	1960	5	3118	1377	85	15.3	改为教工宿舍
45	1985	6	6285	3237.6	228	14.2	
46	1985	6	6034	3067.2	216	14.2	
47	1985	6	5450	2726.2	192	14.2	
48	1985	6	5450	2726.2	192	14.2	
45、46（研究生宿舍）	1986		12364				
47、48（研究生宿舍）	1987		10900				

二、教职工住宅管理

北大自建校到抗日战争前，没有带眷教职工的住宅。西南联大时期，除有不带眷教职工宿舍外，还有很少量眷属宿舍，供带眷教职员工租住。1944年校务会议曾通过《职教员眷属宿舍租用办法》，其中规定：凡本大学职教员有妻在昆明无住所者，均得登记租用本大学设置之职教员眷属宿舍，但眷属自外省迁来者有优先权；凡欲租用职教员眷属宿舍者，须先向学校登记，首次用抽签方法决定，将来以登记先后为递补次序；宿舍区域种类及租金额另表公布。每一宿舍区域内由学校派工友一名维持环境清洁，不负其他使役，工资津贴由学校支给。

抗战胜利，北大复员北平后，除接收日伪举办的“北京大学”的一切校产和抗战前北平大学的部分校产外（抗战期间，北平大学迁至西北后，其各学院分别组成西北大学和几所专门学院，抗战胜利后，教育部决定取消北平大学建制，其各个学院不再复员北平），还经批准接收、借用、租用、收购一批敌伪房屋，其中一部分用作教职工住宅。至新中国成立前，北大除在沙滩区校本部有东斋教员宿舍和红楼第四层作为单身男教员和复员单身男职员住处外，在市内东、南、西、北四城，均有教职工宿舍，主要有中老胡同33号、府学胡同、南锣鼓巷、东四十条等教授住宅，东高房、腊库、西老胡同、北河沿等教工住宅，东厂胡同一号则为校长公舍。这些教职工住宅，1952年北大迁入燕京大学原校址后，均交由其他院校等单位使用。只有东城黄米胡同等零星房舍仍属北大。

1946 年 9 月，学校行政会议通过了《教授住宅解决办法》，其主要内容有：(1)教授住宅解决办法分两种。(甲)学校置备简单(家具)宿舍：①此种宿舍之分配原则为：房间多少、大小，与人口为比例，人口相等时，应以年资为先后。②分配时如遇人口年资相同情形，以抽签法决定之。③学校置备简单家具，住者迁入后，凡有所更动及补充设备，皆自行负担其费用。④水电费由住者负担。⑤学校得酌量收租。(乙)教授自租住宅者，学校得根据人口比例酌量予以津贴。(2)东四十条、中老胡同教授住宅分配办法：①此二处住宅，先就已到平或配偶已到平之文理法三院教授分配之。②东四十条住宅按房间之多少、大小分一、二、三等，中老胡同住宅按房间之多少、大小分一、二、三、四、五等，二处合分为五等。③各家庭人口多少分为五组：六口以上者为第一组，五口者为第二组，四口者为第三组，三口者为第四组，二口者为第五组。④这五等住宅分别分配予五组家庭，即第一等住宅配予第一组家庭，第二等住宅配予第二组家庭，余类推。⑤每一家庭依其组别、人口、年资，依此选定或抽签相当等级之住所一所。(3)东斋住宅住用办法：东斋为教授临时宿舍。讲师及主任以上之职员亦得居住。东斋宿舍分甲、乙、丙三种。甲种作为有子女三人或三人以上者住宅，乙种作为有子女一或二人者住宅，丙种作为夫妻二人者住宅。同时夫妇有父母同住东斋者，得另行借用丙种宿舍一所。有子女二人而年龄均在八岁以上者，得另行借用丙种宿舍一所。借用之宿舍，学校需要时得随时收回。

新中国成立以后，对教职工的住房问题，基本原则是实行包下来的政策。已婚正式教职工，双方户口在京，且在北京其他地方无住房的，均由学校安置住房。不过院系调整以前，对教职工住宅并未作什么变动。1952 年院系调整后，学校迁入原燕京大学校址。原燕大有燕南园、燕东园教授住宅，有朗润园、镜春园等教职工住宅(其中亦有少量教授住宅)。由于北大教职工人数比原燕大多很多，所以 1952 年又在中关园建成一批教职工住宅。这批住宅的建筑面积分为 100 平方米、75 平方米、50 平方米、35 平方米等档次。当年著名的资深教授和校长、副校长都安排在燕南园、燕东园的小楼居住。其他教授安排在中关园 100 平方米或 75 平方米的平房居住。也有个别家庭人口少的教授住在镜春园、朗润园的平房中。其余教职工按职称、职务、教龄、工龄、家庭人口分别安排在中关园 75 平方米和 75 平方米以下的平房及其他教职工宿舍居住。其后，随着教职工人数的增加，学校不断兴建新的教职工住宅。由于兴建的速度赶不上需要，一些住在集体宿舍的教职工，直到结婚生子，也没有分到可住眷属的住宅，结果是把这些楼变成了教职工家属的筒子楼。1992年为解决北京市部委所属高校教职工住宅困难，国务院有关领导和北京市领导商定，由国务院给予资金等方面的支持，北京市给予优惠政策，学校集资，在海淀区西三旗建设40.6万平方米、住房4366套的教职工住宅。北大从其中购得住房600套。这项工程于1996年落成。北大分到住房的教职工于是年9月上旬入住。

1995年9月，学校根据《国务院关于深化城镇住房制度改革的决定》《北京市人民政府贯彻国务院关于深化城镇住房制度改革决定的通知》和国家教委的有关规定，制定《北京大学一九九五年度出售公有住宅楼房实施办法》，开始稳步出售公有住房，以逐步实现国家、学校、个人三者共同筹资建房，转换住房机制，合理调整家庭消费结构，使住房制度走向商品化、社会化，达到住房资金投入产出的良性循环。该办法的主要内容有：(1)学校向教职工出售属于本校产权的公有单元式住宅楼房。为保证学校当前和长远办学的需要，遵照国家教委关于“已经建在教学、科研和学生生活、体育运动区及其近、远期规划区域内的住房不宜出售”的规定，我校校园内的公有住房不出售。可出售公有住宅楼房是指单元式住宅楼房，筒子楼、合住单元楼房、平房、危旧房以及规划改造地区的房屋不出售。(2)购房条件：购房坚持自愿的原则。凡按照《北京大学教职工住房分配办法》分到住房者，均可购买已租住的公房。购买公有住房只能用于自住，购房数量依照《北京大学教职工住宅分配办法》规定的标准。现住房已超标准的，须在解决超标住房后，方可申请购房。(3)售房价格按当年北京市的有关规定办理。(4)公有住宅楼房出售后，由学校指导产权人组织小区管理机构，委托物业管理公司负责楼房的维修和日常管理。此后，1996年和1997年基本上均按此办法实行，主要是增加出售一些新建成的单元式住宅楼房。

1997年时，北大在海淀区拥有的教职工住宅（包括集体宿舍，不包括西三旗的宿舍）如下列各表所示。

(一)原燕京大学所建教职工住宅小楼

地区	楼街	竣工年代	建筑面积(m^2)	户数
燕东园小楼	21号	1928	471.50	3
燕东园小楼	22号	1928	376.10	2
燕东园小楼	23号	1928	346.10	2
燕东园小楼	24号	1928	372.00	2
燕东园小楼	25号	1928	216.50	2
燕东园小楼	30号	1928	413.30	3

续表

地区	楼街	竣工年代	建筑面积(m²)	户数
燕东园小楼	31 号	1928	362.60	3
燕东园小楼	32 号	1928	235.20	3
燕东园小楼	33 号	1928	325.90	2
燕东园小楼	34 号	1928	361.40	3
燕东园小楼	35 号	1928	233.70	2
燕东园小楼	36 号	1928	334.20	3
燕东园小楼	37 号	1928	371.50	3
燕东园小楼	39 号	1928	231.10	3
燕东园小楼	40 号	1928	227.50	2
燕南园小楼	50 号	1926	218.50	3
燕南园小楼	51 号	1926	488.20	2
燕南园小楼	52 号	1926	465.60	2
燕南园小楼	54 号	1926	420.50	3
燕南园小楼	56 号	1926	268.90	1
燕南园小楼	57 号	1926	283.50	1
燕南园小楼	58 号	1926	289.20	4
燕南园小楼	59 号	1926	247.00	1
燕南园小楼	61 号	1926	406.30	1
燕南园小楼	62 号	1926	353.60	2
燕南园小楼	63 号	1926	509.20	2
燕南园小楼	64 号	1926	266.00	4
燕南园小楼	65 号	1926	236.30	1
燕南园小楼	66 号	1926	248.40	2
合计			9579.80	67

(二)教职工住宅成套楼房情况表

地区	楼街	竣工年代	改造年代	建筑面积(m²)	总套数	1居室	1.5居室	2居室	2.5居室	小3居	3居室	3.5居	4居室	多代居	合住
畅春园	51 公寓	1986		3500	84	44	40								

续表

地区	楼街	竣工年代	改造年代	建筑面积（m²）	总套数	1居室	1.5居室	2居室	2.5居室	小3居	3居室	3.5居	4居室	多代居	合住
畅春园	52公寓	1985		2826	40						40				
畅春园	53公寓	1985		2826	40						40				
畅春园	54公寓	1985		2826	40						40				
畅春园	55公寓	1983	1997	3700	60	48		12							
畅春园	56公寓	1986		4390	60						60				
成府	北河沿3号楼	1989		2958	54			18	36						
承泽园	101公寓	1987		1700	24			0			24				
承泽园	102公寓	1987		1700	24						24				
承泽园	103公寓	1989		1700	24						24				
承泽园	104公寓	1989		1700	24						24				
承泽园	105公寓	1988		1700	24						24				
承泽园	106公寓	1987		1700	24						24				
承泽园	107公寓	1987		1700	24						24				
承泽园	108公寓	1988		1700	24						24				
承泽园	109公寓	1991		2500	42	10	6	2			24				
承泽园	110公寓	1991		1700	26			2	4		18	2			
承泽园	111公寓	1991		1700	26			2	4		18	2			
承泽园	122公寓	1991		600	12			12							
承泽园	123公寓	1991		600	12			12							
承泽园	124公寓	1991		600	12			12							
承泽园	125公寓	1994		610.1	12			12							
承泽园	126公寓	1994		610.1	12			12							
承泽园	127公寓	1994		610.1	12			12							
承泽园	128公寓	1994		610.1	12			12							
承泽园	129公寓	1994		610.1	12			12							
承泽园	130公寓	1994		610.1	12			12							

续表

地区	楼街	竣工年代	改造年代	建筑面积（m²）	总套数	1居室	1.5居室	2居室	2.5居室	小3居	3居室	3.5居	4居室	多代居	合住
六道口		1997		6166.26	83	1		82							
附中	1公寓	1982		3000	54			18	36						
附中	2公寓	1982		3000	54			18	36						
科学院	23公寓	1956		1417	18						9				9
科学院	25公寓	1956		2965	28								5		23
科学院	26公寓	1956		2965	28								3		25
朗润园	8公寓	1960		1639	16						10		6		
朗润园	9公寓	1960		1639	16						10		6		
朗润园	10公寓	1960		1639	16						7		4		5
朗润园	11公寓	1960		1639	16						9		5		2
朗润园	12公寓	1960		1639	16						10		5		1
朗润园	13公寓	1960		1639	16						10		5		1
清华园	4公寓	1957		2500	24								4		20
清华园	5公寓	1957		2500	24								12		12
清华园	6公寓	1957		2747	36			12			19				5
清华园	7公寓	1957		2747	36			11			13				12
清华园	6甲公寓	1991		1190.3	24	18		6							
清华园	6乙公寓	1992	1998	767.8	25	21		4							
清华园	7甲公寓	1991		3759.6	78	54	12	12							
清华园	7乙公寓	1993		229.7	5	4					1				
蔚秀园	14公寓	1973		3126	56			48			8				
蔚秀园	15公寓	1973		3126	60			60							
蔚秀园	16公寓	1973		2674	60			12							48
蔚秀园	17公寓	1973		3292	56			44		4	8				
蔚秀园	18公寓	1973		3292	60			55		5					
蔚秀园	19公寓	1973		3292	60			55		5					
蔚秀园	20公寓	1978		1458	30			30							
蔚秀园	21公寓	1976		1526	30			30							

续表

地区	楼街	竣工年代	改造年代	建筑面积（m²）	总套数	1居室	1.5居室	2居室	2.5居室	小3居	3居室	3.5居	4居室	多代居	合住
蔚秀园	22公寓	1976		1472	30			25		5					
蔚秀园	24公寓	1979		3154	60			40	10	10					
蔚秀园	26公寓	1977		3069	56			48			8				
蔚秀园	27公寓	1978		4912	88			58	12	8	5	3	2		
蔚秀园	28公寓	1979		4912	93			68	15	10					
蔚秀园	29公寓	1979		4098	78			58	10	10					
西三旗	（一期）	1997		22386.64	316	65		152			95			4	
燕北园	301公寓	1997		4465	84	20		56			8				
燕北园	302公寓	1997		5188	60			12			48				
燕北园	303公寓	1997		3856	60			36			24				
燕北园	304公寓	1997		4274	60			12			48				
燕北园	305公寓	1993		3463.9	48						48				
燕北园	306公寓	1993		3463.9	48						48				
燕北园	307公寓	1993		3463.9	48						48				
燕北园	308公寓	1997		4127	72			72							
燕北园	311公寓	1995		3481.88	48			6			48				
燕北园	312公寓	1995		4284.6	60						54				
燕北园	313公寓	1995		3481.88	48						48				
燕北园	314公寓	1995		5163.43	60						60				
燕北园	315公寓	1995		3481.88	48						48				
燕北园	316公寓	1995		5163.43	60						60				
燕北园	317公寓	1995		3481.88	48						48				
燕北园	318公寓	1994		2605.08	36						36				
燕北园	319公寓	1993		3463.9	48						48				
燕北园	320公寓	1993		3036.7	54			54							
燕北园	321公寓	1993		3463.9	48						48				
燕北园	322公寓	1994		3036.7	54			54							
燕北园	331公寓	1993		4958	90	30			30			30			

续表

地区	楼街	竣工年代	改造年代	建筑面积（m²）	总套数	1居室	1.5居室	2居室	2.5居室	小3居	3居室	3.5居	4居室	多代居	合住
燕北园	332公寓	1994		1983	34	10			10			14			
燕北园	333公寓	1994		1370	30	18		12							
燕东园	31公寓	1979		2539	46			34	4	4	2	1	1		
燕东园	32公寓	1979		3154	56			32	8	8	4	2	2		
燕东园	33公寓	1979		3182	56			32	8	8	4	2	2		
燕东园	34公寓	1982		3277	56			16	32		4	4			
燕东园	35公寓	1980		1591	28			16	4	4	2	1	1		
燕东园	36公寓	1980		1591	28			16	4	4	2	1	1		
燕东园	37公寓	1980		3154	56			32	8	8	4	2	2		
燕东园	38公寓	1981		3154	60			40	10	10					
燕东园	39公寓	1981		3277	60			20	40						
燕东园	40公寓	1981		3277	60										
燕东园	38甲公寓	1996		4102.3	72										
中关园	1公寓	1952		2852	44										1
中关园	2公寓	1954		3006	34						22		8		4
中关园	3公寓	1954		3015	36						24		8		4
中关园	41公寓	1981		3525	50						50				
中关园	42公寓	1981		3525	50						50				
中关园	43公寓	1981		3525	50						50				
中关园	44公寓	1982		3525	50						50				
中关园	45公寓	1982		3525	50						50				
中关园	46公寓	1982		2828	40						40				
中关园	47公寓	1982		3525	50						50				
中关园	48公寓	1982		3525	50						50				
中关园	49公寓	1988		3525	50						50				
中关园	501公寓	1985		3300	65	55	10								
中关园	502公寓	1985		3800	65			19	38			8			
中关园	503公寓	1990		5236	120	98	6	10	6						

续表

地区	楼街	竣工年代	改造年代	建筑面积（m²）	总套数	1居室	1.5居室	2居室	2.5居室	小3居	3居室	3.5居	4居室	多代居	合住
中关园	504公寓	1990		3025	72	72									
中关园	505公寓	1989		3025	72	72									
中关园	506公寓	1989		5236	120	98		16	6						
	合计			343897.2	5458	738	74	1811	411	103	1980	72	82	4	172

（三）教职工住宅房筒子楼表

地区	楼街	竣工年代	建筑面积（m²）	层数	总间数
科学院	19楼	1956	2449.00	4	103
蔚秀园	23楼	1975	1685.00	5	104
校内	20楼	1952	1187.00	3	61
校内	44楼	1960	3118.00	3	107
合计			8439.00		375

（四）教职工住宅平房表

地区	建设年代	使用面积（m²）	户数	总间数
承泽园平房	1956	2000.40	80	184
蔚秀园平房	1976	1219.30	40	70.5
镜春园平房	1949年前	1140.30	61	117.5
全斋	1949年前	534.60	39	41
朗润园平房	1949年前	1717.50	62	131
吉永庄	1949年前	2000.10	72	146
一公寓平房	1950年代	494.30	35	57
东城平房	1949年前	532.00	35	19
合计		9638.50	424	766

(五)教职工集体宿舍情况表

地区	楼街	建设年代	建筑面积(m²)	间数
校内	16 楼	1952	1624.00	77
校内	17 楼	1952	1257.90	56
校内	18 楼	1952	1624.00	77
校内	19 楼	1952	1624.00	77
校内	21 楼	1952	1624.00	77
校内	22 楼	1953	1606.00	77
校内	23 楼	1954	1187.00	44
校内	24 楼	1954	1562.00	68
合计	共 8 栋楼		12108.90	

三、公用房屋管理

学校迁至燕园后,除原燕京大学的公用房仍作为公用房以外,还将原燕京大学的男生宿舍(现德、才、均、备四个斋)和女生宿舍(现一、二、四、五院)改为公用房,在校园南边购地建设新的学生宿舍区。1952 年兴建的二层砖混结构的简易学生宿舍 1 至 15 斋,在学生搬入新建宿舍楼房住宿后,改为公用房,后又因为要建设新楼,除 13 斋以外,都被拆掉。1955 年建的二教(第二教室楼)也因为要盖别的楼而拆掉。1954 年建的二十六楼和二十七楼一度用作公用房,后改为学生宿舍。到 1997 年,全校共有公用房 75 栋,其中原燕京大学时期建的有 27 栋。现有公用房的基本情况见下表。

北京大学公房建设年代建筑面积和使用单位表

房屋名称	建设年代	建筑面积(m²)	使用性质	使用单位	曾经使用单位
红湖植物园	1984	509.4	教学科研	生物系	
实验动物房	1984	301	教学科研	心理系	
生物动物楼	1985	313.2	教学科研	生物系	
实验动物房	1985	1046	教学科研	生物系	
赛特勒博物馆	1992	4254	教学科研	考古	
外文楼	1928	1960.3	教学科研、办公	外语学院	

续表

房屋名称	建设年代	建筑面积（m^2）	使用性质	使用单位	曾经使用单位
化学北楼	1925	1968.1	教学科研、办公	外语学院、财务部	1950年代为物理系所用，称物理北楼。校友会、电教、社科中心、科技开发部、比较文学所、就业指导中心、统战部、人口所
化学南楼	1925	1962.4	教学科研	化学学院	1950年代为物理系所用，称物理南楼。
档案馆（老图书馆）	1926	1828.1	档案、办公	档案馆	
办公楼	1927	2584.7	办公	校办、党办、人事档案	财务处、组织部、宣传部、统战部
民主楼	1924	1054.8	教学科研、办公	外语学院	西语系
俄文楼	1924	1412	教学科研、办公	外语学院、汉语中心	社会科学处
南阁	1924	533.7	办公	国际合作部	校友会、外事处、统战部
北阁	1924	533.7	办公	学生就业指导中心	计算机系
生物系钴实验室	1987	436.8	教学科研	生物系	
生物系实验西馆	1954	818	教学科研	生物系	
生物系实验东馆	1929	640.1	教学科研	生物系	
德斋	1924	1285.7	办公	组织部、宣传部、纪委、规划部	计算机系、研究生院、财务处、人事处、组织部、审计、环保、专利、老干部处
才斋	1924	1285.7	办公	研究生院	计算中心

续表

房屋名称	建设年代	建筑面积（m²）	使用性质	使用单位	曾经使用单位
均斋	1926	1285.7	办公	产业办、社科部、科学研究部	成人教育学院、教务处、教务长办公室
备斋	1926	1285.7	办公	教务部、继续教育部	无线电系、研究生院、宣传部、统战部、产业办、校友会、基金会
梁斋	1949年前	492	办公	人事部	计算中心、学报、员二食堂
栋斋	1949年前	1067.22	办公	资产部、审计室、实验室与设、备管理部	计算中心
生命遥感楼	1984	3909.9	教学科研、办公	地空学院、生物系	遥感所
方楼	1941	575.5	办公	水电中心、建筑研究所	技物系
生物基因实验室	1990	1855	教学科研	生物系	
中国经济研究中心	1949年前	419.7	教学科研、办公	经济中心	家属房改造
勺园1、2、3楼	1981	13384.6	办公（1、2号楼）	会议中心、汉语中心	
老化学楼	1953	4959	教学科研、办公	文科基地、元培、现代物理中心、历史系	计算机系、概率系、物理系、无线电系、古文献、政治系
哲学楼	1953	3279.8	教学科研、办公	心理系、古文献中心	哲学系、信息中心、无线电系、西语系、英语系、计算语言所、指纹公司
一院	1924	1579.9	教学科研、办公	文科基地	数学系、统战部、国政系

续表

房屋名称	建设年代	建筑面积（m²）	使用性质	使用单位	曾经使用单位
二院	1924	1639	教学科研、办公	历史系	国政系、图书馆系
三院	1953	1461.6	教学科研、办公	信息管理系、亚非所	外哲所、国政系、马列学院、经济学院、法律系
四院	1925	1340	教学科研、办公	哲学系	经济学院、法律系
五院	1925	1332.1	教学科研、办公	中文系	图书馆系
六院	1954	1433.3	教学科研、办公	学报、广播台、外语学院	哲学系、中古史、亚非所、残疾人基金会
文史楼	1952	3068	教学科研、教室	心理系、教室	中古史中心、法律系、人口所
生物楼	1954	4988.7	教学科研、办公	生物系、工会	
老化学楼	1952	3069.5	教学科研、办公	环境学院	经济中心、计算机系、技物系、无线电系、法律系、化学系
生物系小白楼	20世纪80年代	1046	教学科研	生物	
电教大楼	1984	11000	教学科研、办公	电教中心、教育学院	计算机研究所、物理系、高教所
学生活动中心	1990	4587	教学、办公	艺术学系、学工部、食堂	就业指导中心
力学东院	1956	2099.1	教学科研	力学系、环境中心	制药厂、地质系
力学西院	1956	3581.6	教学科研	力学系	已拆一部分
力学大楼	1998	4112	教学科研、办公	力学系、仪器设备采购中心	资产部、实验设备管理部

续表

房屋名称	建设年代	建筑面积（m^2）	使用性质	使用单位	曾经使用单位
物理大楼	1959	19000	教学科研、办公	物理学院、地球物理系空间学院	无线电系、无线电工厂、地球物理系
风洞实验室	1995	679.5	教学科研	力学系	
低温实验室	1965	904.7	教学科研	物理系	
物理大楼东平房	1970	526.2	教学科研	物理学院	青鸟公司、地球物理、无线电系
微电子所	1982	2508.8	教学科研、办公	微电子所	
加速器楼	1987	6285	教学科研、办公	物理学院、化学学院	技物系
新化学楼	1987	22584	教学科研、办公	化学学院	
印刷大楼	1989	9713	教学科研	出版社、印刷厂、力学系、社会学系	计算机研究所
技物大楼	1956	8493	教学科研、办公	化学学院、物理学院、环境学院、力学系	生物系
技物大楼西北平房	1956	2971	教学科研	化学学院、物理学院、出版社	
技物大楼西院	1956	633.61	教学科研	化学学院、物理学院、环境学院	
技物大楼东平房	1956	933.2	教学科研	物理学院	力学系
技物大楼西院小楼	1981	457.6	教学科研	事务中心、运输中心	力学系、技物系
200号主楼	1961	18246.8	教学、办公	成人教育学院	电子仪器厂

续表

房屋名称	建设年代	建筑面积（m^2）	使用性质	使用单位	曾经使用单位
理科3号楼	1991	21340	教学科研、办公	地空学院、环境中心	计算机系、地球物理系、地理系、地质系、就业指导中心
理科5号楼	1993	10700	教学科研、办公	人口所、社会学系、马克思主义学院、数学学院、政府学院、经济学院	
考古博物馆	1992	4552	教学科研、办公	考古文博学院	
基因工程	1995	1855	教学科研	生命学院	
总务大楼	1986	1914.4	办公	后勤各部处	已拆
海卫旅馆	1970年代	1163.5	教学科研	社会学所、大友公司、集软公司	已拆
体斋	1928	274.1		惠普公司	地球物理系
健斋	1930	862.1		惠普公司	中古史、残疾人基金会、指纹公司
老三教	1953	1302.5	已拆	工会、团委	无线电系、地质系、信息中心、亚非所、国政系、法律系
第一体育馆	1930	2376.3	教学	体教	
第二体育馆	1936	1951.4	教学	体教	
七斋	1954	426.6		已拆	保卫部、化学系
四十四楼	1960	3117.9	教工宿舍		无线电系

续表

房屋名称	建设年代	建筑面积(m^2)	使用性质	使用单位	曾经使用单位
二十七楼	1954	2800	学生宿舍		保卫部、派出所、武装部、学工部、社会学所
二十六楼	1954	2800	学生宿舍		团委、技物系、产业办、计算机研究所、艺术教研室、人学研究中心、经济学院、房产教工组
燕园平房	20世纪50年代	1073.6	已拆		派出所、街道办事处、仪器厂、工会、事务处
资源西楼(二段)	1994	10467	办公、公司	总务部、基建部、燕园社区	公司
农园古建	1949年前	500	教学科研	哲学系	仪器厂木械车间
镜春园(基金会)	20世纪90年代		办公	基金会	家属房改造
街道办事处(蔚秀园)	20世纪80年代	290	办公	街道办事处	服务公司招待所、公司
一教	1952	3362.5	教室		
二教	1955	1777.2	教室	已拆	
三教	1982	5134.3	教室		
四教	1987	4114	教室		
一斋	20世纪50年代	850		已拆	学生宿舍、物资组、无线电厂
二斋	20世纪50年代	426.6		已拆	学生宿舍、无线电系、无线电厂
三斋	20世纪50年代	426.6		已拆	学生宿舍
四斋	20世纪50年代	426.6		已拆	学生宿舍
五斋	20世纪50年代	426.6		已拆	学生宿舍

续表

房屋名称	建设年代	建筑面积（m^2）	使用性质	使用单位	曾经使用单位
六斋	20世纪50年代	426.6		已拆	学生宿舍、653分栏驻京办事处
七斋	20世纪50年代	426.6		已拆	学生宿舍、保卫部、化学系
八斋	20世纪50年代	426.6		已拆	学生宿舍、化学系
九斋	20世纪50年代	850		已拆	学生宿舍、化学系、武装部、学工部
十斋	20世纪50年代	850		已拆	学生宿舍、化学系
十一斋	20世纪50年代	426.6		已拆	学生宿舍
十二斋	20世纪50年代	426.6		已拆	学生宿舍、电子仪器厂、无线电厂
十三斋	20世纪50年代	850	校园中心、武装部		学生宿舍、无线电系
十四斋	20世纪50年代	426.6		已拆	学生宿舍、化学系、电子仪器厂
十五斋	20世纪50年代	426.6		已拆	学生宿舍、化学系
合计		302442.23			

第二节　膳食管理

1898年，京师大学堂初建时，学生膳食由学堂免费供给。《奏拟京师大学堂章程》规定，学生据功课之优劣，其膏火分为六级：第一级20两，第二级16两，第三级10两，第四级8两，第五级6两，第六级4两。1902年，京师大学堂于1900年7月暂时裁撤后恢复设置，学生膳食仍由学堂免费供给，唯译学馆所设附学科的学生需交膳食费。1904年制定的《奏定译学馆章程》规定：附学生每年缴伙食费五十元。当时大学堂的《饭厅条规》规定：每桌八人为额，首坐为教习或堂提调，余七坐为学生坐次；无论教习、学生，齐同入坐，齐同举箸，齐同散坐，不得紊乱。

民国成立后不久，学校决定学生需交膳食费。1917 年北大的招考简章中规定：寄宿舍内膳费每月 5 元 4 角，随学费分期缴纳。这期间，学校还制定有《食堂规则》。其中规定：每日会食，按时鸣锣，未鸣锣以前，不得先上食堂；每桌八人，各须按照编定位次就座，每桌中有告假十日以上须算还膳费者，得酌减肴馔；会食宜肃静，不得高声哗笑，扰乱秩序；过会食时不得补行开饭。1927 年 7 月，北大西斋斋舍委员会公布与新厨房所定之包伙条件。其主要内容有：(1)包饭价目：三餐：合食：米，6 元 8 角；面，6 元 9 角；分食，7 元。两餐：合食：米，3 元 8 角；面，3 元 9 角；分食：4 元。(2)合餐的四碗四盘，各为两荤两素；分食的每人每顿一汤一菜。先一日由厨房选出盘菜四个，两荤两素，汤菜两个，公布于食堂内，由吃分餐人选定。(3)饭费交法：包饭按月，先交全或半月之费，而后能吃饭。中途停伙须告知厨房，以五天起，五天以上，停几天算几天。(4)小卖处之饭菜，按另单所设定之价目，得卖现钱。

西南联大时期，各处食堂由学生成立伙食委员会（亦称膳食委员会）进行管理。北大复员北平后亦实行这个办法。当时学校只提供房屋（厨房、食堂）、基本炊具和必要的水电设施。厨工由各个膳团招聘，伙食标准和每人每月的伙食费多少亦由各膳团自行规定。如 1946 年至北平解放前，绝大多数学生在吃丝糕（玉米面糕）的膳团吃饭，但也有很少数学生参加吃馒头的膳团或吃米饭的膳团。

新中国成立后，学生自己办伙食逐步改为由学校办伙食。1952 年院系调整以前，由秘书长领导下的事务组中的生活组负责膳食管理。学生伙食采取招标制，对外承包。院系调整以后，由总务长领导下的膳食科（伙食科）负责全校伙食工作。学生按月包伙，所交伙食费全部用于伙食，办伙所需开支均由学校支付。就餐方式是 8 人一桌，固定桌位，4 菜一汤，主食敞开；后改为凭饭票就餐，早、中、晚三张，分别为红、黄、粉三种颜色。为了满足不同人群的需要，除办有教工食堂以外，还先后办了“肺健会食堂”“回民食堂”“留学生食堂”等。1953 年，国家实行粮食统购统销以后，改为副食包伙，主食凭饭票就餐，后改为凭饭卡就餐，每餐在饭卡上划明用粮数。此后，副食也由包桌制改为份菜制。1956 年开始，食堂菜肴都达到 6 个以上，一般是 3 荤 3 素，学生可自由选择 1 荤 1 素。1958 年，在“大跃进”氛围的影响下，膳食科同各食堂也搞了机械化和技术革新，开办了主食加工厂，统一加工大米和馒头，开办了面包房、豆腐房和养猪场，但很多未能坚持下来。

三年经济暂时困难时期，学生粮食定量有所减少（平均每人每月减少 2—3 斤），副食品更不足。在这种情况下，为了尽可能让学生吃好饭，吃足定量的粮食，学校按照中央“干部下伙房，政治到食堂”的指示，选派 33 名中层干部下到食堂，加强食堂的管理工作。食堂还研究出“双蒸法”（即先将米饭蒸到七八成熟，再用水煮熟），提高出饭率。学校还派人到通县办农场、养猪场，为食堂提供一些副食品和粮食。国家经济情况好转以后，这些措施逐步取消。

“文革”期间，1969 年至 1972 年，学校按军队的体制，将系改为连队，各连队自办食堂，学校伙食科的炊事员亦分到各连队，搞乱了整个伙食管理体系，1972 年以后才逐步恢复。

“文革”后，1976 年，就餐方式由包伙改为凭饭票购买，饭票有钱票和粮票，前者分为 1 分、5 分、1 角和 2 角等几种，粮票分为 1 两、2 两等几种。国家不再实行粮食统购统销政策后，饭票中的粮票取消，饭票中的钱票，随着物价的上价，也逐步取消了一分、二分的低值票。

1978 年 3 月，伙食处试行“五好食堂评比竞赛”“三级包干经济责任制”，每学期评比一次，奖金分为 7 元、10 元和 15 元三等。从 1978 年 10 月到 1979 年 9 月，将评比改为百分制，并由每学期一次综合奖改为每月奖，由评比到人改为评奖到食堂。从 1979 年 10 月起，又将百分制改为定额超产奖，即按职工劳动质量和数量计奖。党的十一届三中全会后，受农村联产承包责任制启发，将“三级包干经济责任制”总结提高为“膳食工作经济承包责任制”，学校对食堂管理实行经费包干，按照食堂营业额下拨管理费。1982 年伙食处在学生食堂开辟小炒和主食花样（如糕点等），打破了学生饭食全部是大锅饭的一贯制，丰富了学生伙食。1985 年正式实行“一堂两制”，即一个食堂两种管理制度：保持原大伙食堂纯福利型伙食为主体，称为第一制；同时开辟小炒、客饭、糕点、售卖饮料等为第二制；两制实行单独核算，在第二制回收的间接成本中留 1%—2%直接补贴到第一制中。“一堂两制”受到学生、炊事员等各方面的好评。1993 年 4 月，伙食管理处与健力宝、新华社食品有限公司联营“北大宝华供餐”，开始了学校与大公司联营在校内开餐厅的尝试。1995 年，伙食处自筹资金 300 万元装修原宝华快餐厅，将其改为以宴会、小炒、快餐为特点的农园餐厅。1997 年 3 月，将学三食堂调整为全日开放的快餐食堂（公用餐具），保证学生可以随时就餐。从 1995 年 5 月起，伙食处将买饭票就餐改为用北佳公司的 IC 卡售饭系统就餐。

自 1994 年开始，伙食处对伙食进行全成本核算（除房屋、暖气外），经营性食堂向学校返还职工工资，1996 年开始向学校上交水电费。

第三节　基础设施和公用设施管理

一、供水、排水与供气

1. 供水。新中国成立前和新中国成立初期，北大在沙滩等处办学都由自来水公司供水。1952年院系调整迁入燕园后，北大全部采用原燕大的自备井供水。1924年燕大建的水塔（博雅塔）一直使用至今。由于学校规模不断扩大，用水量也不断增加。从1963年至1990年，学校新打水井九眼。它们是：1963年10月打的43楼水井和五四水井，1973年11月打的西校门水井和物理楼水井，1975年打的游泳池水井（1990年封闭），1978年7月打的水塔水井和中关园水井，1982年打的畅春园水井，1990年3月打的游泳池水井。这些水井在多年的使用过程中不断进行更新。

1989年至1998年，全校计划用水量为42214136立方米，实际用水量可能会多一些。

截止到1991年，全校供水管道总长（DN50－300 mm）30860米，供水系统共有阀门井（DN≥5 mm）983座，室外消水栓161座。

2. 排水。截止到1986年，全校排水管道（DN150－600 mm）总长度为29410米。1988年重新测量，全校排水管道（DN150－600 mm）总长度为35125米，校园管沟总长3727米，雨水口103个。

3. 供气。20世纪50年代在水塔东部建煤气厂一座，供教学、科研使用，煤气管道（DN50－200 mm）共计2195米，手动压水机的抽焦油井一座，煤气发生炉2台，贮气罐2个。

1985年起全校使用天然气，煤气厂停用。

二、供电

1952年北大迁至原燕大校址时，原燕大的200马力发电机不能满足学校用电需要，为此，于1953年把供电局电网引入学校。是年，在老锅炉房建一个配电室，电网电压为3300V，安装的变压器容量为420KVA。1956年11月，北京电业局为我校增加150KW容量，增加后全校为610KW容量，并将电网电压由原来的3300V改为6000V。

由于学校规模不断扩大，电力供应日趋紧张，为解决学校用电困难，1970年在原修建处院内再建10KW配电室，从供电局肖庄站的蓝旗营进一路10KV架空电源。配电室是一路进线，三路架空出线。三路架空线分别是新北路、学南路、力物路。新北路有 5 台配电变压器,容量共为 980KVA。学南路有 4 台配电变压器,容量共为 640KVA。力物路有 3 台配电变压器,容量共为 400KVA。全校共有 12 台配电变压器,总容量为 2020KVA。1976 年 1 月,北京供电局在 10KV 配电室又增加一路进线。该线路从青龙桥站的海淀路出线,由北大西门南侧架空引入,作为配电室的第二路电源。但从 20 世纪 70 年代后期到 20 世纪 80 年代初,学校用电量以每年 15%的速度递增,电仍不够用。经北京供电局反复审查论证,于 1983 年开始兴建 35KV 变电站。1985 年 12 月 28 日,35KV 变电站正式发电运行。35KV 变电站当时有两台 5000KVA 的主变压器,从供电局文教站经电缆送电站一路 35KV 进线。另外,从肖庄站的蓝旗营进一路 10KV 备用。35KV 变电站运行初期,只投入一台主变压器。此后,电教楼、化学楼、静电加速器楼等用电楼先后建成,学校与北京供电局协商决定,1989 年由供电局肖庄变压站进第二路 35KV 电源,同时投入第二台主变压器。第二台主变压器于 1990 年开始运行。

20 世纪 90 年代,随着我校基建工程逐年增多,新楼不断矗立,用电量急剧增加,经与供电局协商,1997 年将我校周边家属区(中关园、燕东园、4—7 公寓、8—13 公寓、北河沿、蔚秀园、畅春园、承泽园)的住宅用电,由学校供电改为由供电局直接供电。与此同时,因新建的理科楼群配电室变压器总容量为 8200KVA,由此需要增加 35KV 变电站变压器的容量,决定将其中一台主变压器更换为 10000KVA 作为过渡。预计到 1998 年我校共装有配电变压器 77 台(包括家属区),总容量为 37515KVA。

20 世纪 60 年代初,学校在昌平西山口村建昌平校区。1961 年 4 月 7 日,学校与北京供电局签订了北京地区高压供用电协议书,供电局同意供电容量为 82680KW,建 35KV 变电站,安装两台 5600KVA 主变压器。该变电站至今仍在运行。

1992 年学校在燕北园职工宿舍区建 10KV 的配电室,电源是从供电局青龙桥变电站的海淀路 10KV 架空线引入。配电室装两台变压器,一台为 800KVA,另一台为 400KVA。

三、供暖

新中国成立前,1946 年至 1948 年,学校的供暖由庶务课管理。供暖范围小而且分散,六个学院坐落在五个地方。供暖面积较大的文学院、法学院所在的沙滩红楼,锅炉房建在红楼地下室,有两台锅炉。北楼、灰楼、图书馆都独立供暖。学生宿舍多用火炉取暖。

新中国成立后,1952 年学校迁入燕园,接收燕大锅炉房 39 个。它们是:

1924 年建的民主楼锅炉房，设 1 台 0.3 吨热水锅炉；1926 年建的水塔锅炉房，设 2 台 20 吨和 2 台 10 吨热水锅炉；1926 年建的临湖轩锅炉房，设 1 台 0.3 吨热水锅炉；1926 年建的东大地幼儿园锅炉房，设 1 台 0.8 吨热水锅炉；1926 年建的燕南园小楼 17 个锅炉房，每个锅炉房设 1 台 0.3 吨热水锅炉；1928 年建的燕东园小楼 18 个锅炉房，每个锅炉房设 1 台 0.3 吨热水锅炉。供暖总面积约为 44,000 平方米。

1952 年迁入燕园后到 1959 年陆续新建 13 个锅炉房。它们是：①1952 年建的 4 个锅炉房：17 楼锅炉房，设 2 台 0.7 吨热水锅炉；一公寓锅炉房，设 1 台热水锅炉；25 楼锅炉房，设 4 台 1 吨热水锅炉；文史楼锅炉房，设 1 台0.7 吨热水锅炉；②1954 年建的生物试验西馆锅炉房，设 1 台 0.7 吨热水锅炉；六院锅炉房，设 2 台 1 吨热水锅炉；③1955 年建的 31 楼锅炉房，设 6 台 1 吨热水锅炉；28 楼锅炉房，设 2 台 0.7 吨热水锅炉；④1957 年建的四公寓锅炉房，设 4 台 1 吨热水锅炉；⑤1958 年建的附中锅炉房，设 4 台 1 吨热水锅炉；北招锅炉房，设 2 台 1 吨蒸汽锅炉；技物楼锅炉房，设 3 台 0.7 吨蒸汽锅炉；物理楼锅炉房，设 8 台 1 吨热水锅炉。这 13 个锅炉房建成后，全校共有 52 个锅炉房，供暖总面积为 223,600 平方米。

20 世纪 60 年代，学校陆续拆除 4 个锅炉房，新建 3 个锅炉房。拆除的为 1963 年拆除的 17 楼锅炉房，1965 年拆除的 28 楼、生物西馆和文史楼 3 个锅炉房。新建的为：1960 年建的新公寓锅炉房，设 2 台 1 吨热水锅炉；校医院锅炉房，设 1 台 1 吨热水炉；1963 年建的动物房锅炉房，设 2 台 1 吨热水锅炉。1965 年以后，全校共有 51 个锅炉房，供暖总面积约为 259000 平方米。

20 世纪 70 年代，学校拆除 3 个锅炉房，新建 2 个锅炉房，增容改造 5 个锅炉房。拆除的为：1973 年拆除的民主楼锅炉房；1974 年拆除的临湖轩锅炉房；1978 年拆除的六院锅炉房。新建的为：1973 年建的蔚秀园锅炉房，设 2 台 4 吨热水锅炉；1977 年建的陈岱孙家、王瑶家 2 台 0.2 吨热水锅炉房。增容改造的为：31 楼锅炉房改为 4 台 4 吨热水锅炉；25 楼锅炉房改为 2 台 4 吨热水锅炉；水塔锅炉房改为 6 台 4 吨热水锅炉；4 公寓锅炉房改为 2 台 4 吨热水锅炉；物理楼锅炉房改为 4 台 4 吨热水锅炉。20 世纪 70 年代末，学校共有 50 个锅炉房，供暖总面积为 368700 平方米。

20 世纪 80 年代有 8 个锅炉房，拆除 43 个锅炉房，增容改造 7 个锅炉房。拆除的为：燕南园小楼 17 个锅炉房；东大地小楼 18 个锅炉房；25 楼锅炉房；校医院锅炉房；北招锅炉房；陈岱孙和王瑶家锅炉房；新公寓锅炉房；4 公寓锅炉房；东大地幼儿园锅炉房；1、2 公寓锅炉房。增容改造的为：物理楼锅炉房改为 6 台 4 吨热水锅炉；31 楼锅炉房改为 4 台 6 吨热水锅炉；水塔锅炉房改为2台10吨热水锅炉；蔚秀园锅炉房改为2台10吨热水锅炉；技物楼锅炉房改为2台2吨热水锅炉；附中锅炉房改为2台4吨热水锅炉；动物房锅炉房改为2台蒸汽锅炉。增容改造后的7个锅炉房担负的供暖总面积约583000平方米。

20世纪90年代，学校拆除、增容改造和新建各1个锅炉房。拆除的为水塔锅炉房，将其并入物理楼锅炉房。增容改造的为物理楼锅炉房。第一次增容改造为1990年，增加1台20吨热电联产蒸汽锅炉；第二次增容改造为1997年，将6台4吨热水锅炉改为3台30吨热水锅炉。新建的为1991年建的燕北园锅炉房，设2台10吨热水锅炉。到1997年全校仍有7个锅炉房，供暖总面积约为923000平方米。

四、电话通信

1946年，北大从昆明复员北平，北平电话局为北大在嵩公府安装了60门电话的供电式交换总机。1949年北平解放后，增加了1台60门电话交换机，共有电话120门。

1952年北大迁入燕园后，将原燕大机器房二楼的100门供电式交换机，扩充到方楼二层的200门供电式交换机。1967年，在第一教室楼西侧新建电话室，安装了100门步进式电话交换机。此后，不断扩建、改进，一直到1995年学校与北京市电话局在北大联建20000门程控电话支局。同年12月，电话支局正式运行，当时电话安装总量为12000部。（1967年以后，电话通信的发展、改进情况，详见“校园和学校的基本建设”一章第二节第二部分（6）。）

五、汽车运输

1952年北大迁入燕园后，北大车队接收了原燕大车队，地点在方楼。车队除司机外还有修理工和后勤人员。从1952年至“文革”前，车队共有车辆31台，其中小轿车多为进口车。车队的运行机制是学校统管，实报实销，运行费用以单据为准，车辆更新由学校根据需要安排。

“文革”期间，车队管理混乱。

1979年，车队更名为车管科。当时有各种车辆57台，其中正常运行车辆43台，报废和待报废车辆共14台。车辆中有国产和进口的小轿车19台。运行机制与“文革”前相同。

1985年，汽车的运输运行机制改为半承包制，职工工资、车辆更新、养路费、保险费等由学校支付，运行收入的一部分支付司机公里费，按照司机行驶公里提成，年底发放年终奖（综合奖、安全奖、效益提成奖）。车队每年向学校上缴折旧费5万至6万元。

1988年1月,车队归行政事务处管理,并开始实行全承包制,职工工资返还学校,对校内用车实行有偿服务,自负盈亏,独立核算。学校不再统管车费,而是将各单位用车费用下放。由此,汽车运输的管理实现了向市场经济的转变。车队每年向主管单位缴纳承包费。1988年缴纳的承包费为50万元,1989年为55万元,1990年为46.6万元,1991年为70万元,1992年为68万元。车队每年还需上缴并留存车辆折旧费,用于设备更新。车队每年从车辆运营收入中提取一部分作为发展基金,用于提高职工福利待遇和改善生产环境。从1988年至1992年,共上缴留存折旧费总计184.7万元,留存发展基金30.8万元。5年中共新进车辆17台,多为小客车。1993年至1997年,汽车运行仍实行承包制。5年中淘汰了一批小客车,新增了11辆大小客车。

六、浴室管理

我校的浴室先是免费,后来长期实行低收费高补贴的办法。1993年进行体制改革,浴室班改名为浴室管理服务部,隶属事务服务中心,实行经济承包、有偿服务、主任负责制。为挖掘潜力,提高服务质量,浴室开办了小卖部、理发部、招待所以及量身高、测体重等有偿服务项目。1994年3月,事务服务中心与浴室管理服务部签订经济承包合同书,实行"定额承包、确保上交、超额提成、欠收自补"等经济核算办法,同时制订浴室岗位职责、服务道德规范和奖罚办法。1995年,为解决浴室锅炉的管理和浴室的管理分为两个单位分头负责的矛盾,学校把锅炉房和浴室合并,由修建处统一管理。浴室的澡票价原先定为学生0.5元/张,教工1元/张,其他人员2元/张;1997年改为学生1元/张,教工2元/张,其他人员4元/张。

七、茶炉管理

茶炉供应开水,主要是为满足学生饮水的需要。茶炉数随着学生人数的增加而增加。到1991年,有茶炉6个,多数座落在学生生活区。其中2个烧天然气,4个烧煤。茶炉总容量为20吨。从早7:00至晚10:30供应开水。

茶炉供应开水,长期免费,不仅浪费大,管理也困难。为了节约资源,培养学生爱惜水的节约意识,从1991年下半年起实行打开水收水票的办法(办公室打水凭牌,不收费,个人打水买水票)。水票每张2分钱,每张票可打一暖瓶(5磅)水,大暖瓶加收开水票。该办法实施后,用煤量和用水量均降低了四分之一。茶炉还节约挖井、自制设备利用太阳能、修旧利废、实行一人多岗和单炉承包等措施，在保证开水温度和服务质量的前提下，使全年节省的经费达到支出的40%。1993年，进行体制改革，茶炉班改为实行任务承包、经费包干的办法。

第四节　劳动服务公司

1981年，中共中央、国务院颁发《关于广开门路、搞活经济、解决城镇就业问题的若干决定》。1984年7月，学校决定成立“北京大学劳动服务公司”，并根据中共中央、国务院的精神制定了《北京大学劳动服务公司暂行条例》。该条例规定：(1)服务公司主要为北大及其师生员工服务，在完成学校交办任务的前提下，兼顾其他。主要是：①为师生员工生活服务，承担学校部分后勤工作，方便师生员工的生活。②为学校教学、科研服务，通过集体经济为教学、科研提供方便条件。③为教职工的待业子女提供就业和培训的机会，提高集体企业的技术及管理水平。④加强管理，发展集体经济，提高经济效益，增加积累。(2)服务公司受北大领导，在业务上接受市、区劳动服务公司指导。服务公司设经理一人，副经理若干人，实行经理负责制。服务公司及其所属生产、服务队（组），由集体所有制职工和全民所有制职工组成，但后者不得超过职工总数的40%。转到服务公司工作的学校职工仍保留全民所有制的身份及待遇，以后按政策规定及本人情况进行调整。(3)服务公司按照国务院规定的“自愿结合、自负盈亏、民主管理、按劳分配”作为经营管理的原则。(4)服务公司在国家法律、政策、计划许可的范围内，得自主安排生产、服务计划和产、供、销等经营活动，进行产品试制，技术改造，购置设备，与外单位签订经济合同；得自主决定本单位的财务收入、支出、收益分配和职工工资及福利；得自主考核、聘用（或解聘）、录用（或辞退）职工，决定对职工的奖惩。(5)服务公司的收益分配必须兼顾国家、集体和个人的利益。公司（所属企业）按政府规定上缴税利，按照与学校签订的合同规定收付款项，其余留给公司（企业），其中一部分用于发展，一部分用于职工集体福利和奖励。(6)公司所属职工的劳动报酬应贯彻按劳分配原则，实行多劳多得，少劳少得，职工的收入应随着经济效益和个人劳动成果的大小而浮动。(7)服务公司要根据本公司的经济条件，提取一定数额的保险基金，解决职工的年老退休及丧失劳动能力的生活保障等问题。

劳动服务公司成立初期，有集体制职工近700人。职工的工作岗位，50%在服务公司所属的企业安置，50%在学校的后勤和学校的附属单位安置。由于要安置因学校扩建征地而带来的农转非人员，学校先后拨给劳动服务公司安置费 422 万元。公司开办企业的初期因缺乏经验，连连亏损，安置费不到五年就所剩无几。1989 年，学校调整、加强了公司的领导班子，精简了机关工作人员，充实了第一线骨干力量，清理了积累的债权债务，并在此基础上推行了经营承包责任制，仅一年多时间就使所属企业全面扭亏为盈。1995 年 1 月，学校决定将劳动服务公司并入后勤产业中心，但对外仍可使用劳动服务中心的牌子，公司的集体职工身份则不因管理体制的变化而改变。这样做，一方面规范了校内商业市场（避免服务公司与后勤争饭吃），规范了后勤内的建筑市场（避免同时有多个建筑队），规范了校内的电话市场（将服务公司电话与学校电话并网）；另一方面是将服务公司企业的市场化机制、职工的市场观念和科学管理的成本意识，融入后勤的管理之中，加速了后勤社会化的进程。

第五节　幼儿园

新中国成立前和新中国成立初期，北大的教职工住宅很分散，没有办幼儿园。1952 年院系调整后，北大迁入燕园。燕京大学的心理系办有一个幼儿园，有 4 名教师，40 余名幼儿。北大在原燕大心理系幼儿园的基础上建立了北大幼儿园，园址在当时的五院（现第二体育馆的西边，勺园的东边，佟府食堂的所在地）。它由学校的总务处领导。1953 年至 1955 年，幼儿园有 10 至 12 个班级，300 名至 400 名幼儿，40 余名教职工。1956 年至 1961 年增至 12 个班级，350 名至 400 名幼儿，50 余名教职工。教师中有 7 名大学毕业生。这期间还开始举办寄宿制幼儿园。1962 年至 1966 年“文革”前，有 12 个至 14 个班级，400 名至 500 名幼儿，60 余名教职工。

“文革”中，1969 年至 1971 年，一部分教职工去江西鲤鱼洲农场和汉中分校，幼儿也跟随父母去了江西和汉中，幼儿园的班级降至 8 个，幼儿 250 余名，教职工 55 名。幼儿园的园址迁至原学生宿舍 25 楼，1972 年又分别迁至三院、朗润园和中关园三处，其中朗润园幼儿园又称红旗幼儿园。1971 年，江西鲤鱼洲农场撤销，农场的教职工回到学校，因此 1972 年至 1974 年，幼儿园又恢复到 10 个至 11 个班级，幼儿 400 余名，教职工 55 名至 70 名。1974 年 1 月，兴建燕东园幼儿园，并设立医务室，三院和中关园的园址撤销。1975 年至 1980 年有 18 个至 23 个班级，700 余名幼儿，70 余名教职工。1981 年至 1985 年增至 21 个至 27 个班级，670 余名至 860 余名幼儿，67 名至 86 名教职工。教师中新增 2 名专科毕业生和中专毕业生。

1986 年，学校兴建蔚秀园幼儿园，红旗幼儿园停办。至此，全校有两个幼儿园——燕东园幼儿园和蔚秀园幼儿园，统一归事务行政处管理。1989年1月，两个幼儿园合并，改称为“北大一幼”和“北大二幼”。

1991年至1992年，幼儿园共有19个班级，600余名幼儿，70名教职工；1993年至1997年有18个班级，550余名幼儿，51名至75名教职工。

1987年，幼儿园首次参加教师职称评定，评出小教高级7名，小教一级2名，小教二级21名，小教三级12名；1989年，通过北京市幼儿园二级二类验收；1994年至1996年又有多名教师晋升职称。